Berliner Schriften zur Stadt- und Regionalplanung

herausgegeben von

Univ.-Prof. Dr.-Ing. habil. Stephan Mitschang

Band 38

Simon Dörr

Pragmatische Stadtentwicklung nach § 34 Baugesetzbuch?

Die Realisierung von kommunalen Steuerungsinteressen und Bürgerbeteiligung im unbeplanten Innenbereich

Nomos

Die Deutsche Nationalbibliothek verzeichnet diese Publikation in der Deutschen Nationalbibliografie; detaillierte bibliografische Daten sind im Internet über http://dnb.d-nb.de abrufbar.

Zugl.: Berlin, Technische Universität, Diss., 2019

ISBN 978-3-8487-6409-9 (Print)
ISBN 978-3-7489-0500-4 (ePDF)

Die Bände 1-31 dieser Reihe sind im Peter Lang Verlag erschienen.

1. Auflage 2019

Kurzfassung

Vornehmlich in wachsenden Städten mit angespannten Wohnungsmärkten lässt sich immer wieder ein Bestreben zur möglichst schnellen und günstigen Ausweisung von Baurecht beobachten. Gleichzeitig soll eine Realisierung von städtebaulichen Steuerungsinteressen und Bürgerbeteiligung gewährleistet werden. Im Kontext der Innenentwicklung, einem aktuell bedeutsamen Segment des Städtebaus, kommen hauptsächlich die Instrumente des Bebauungsplans und der Planersatzvorschrift des § 34 BauGB zur Anwendung. Ersterer ermöglicht eine aktive Steuerung und bietet Raum für Bürgerbeteiligung, ist jedoch mit größerem Aufwand verbunden. Letztere erlaubt eine bauliche (Weiter-)Entwicklung des unbeplanten Innenbereichs im Einklang mit der jeweiligen Umgebungsbebauung, bietet hingegen keinen Raum für eine planerische Steuerung oder eine Beteiligung der Öffentlichkeit. Gleichwohl zeigt sich in der Praxis, dass auch im Rahmen von Bauvorhaben und Nachverdichtungsprojekten nach § 34 BauGB Elemente der Steuerung und Beteiligung Bedeutung erlangen können.

Acht empirische Fallstudien zu Einzelbauprojekten und Nachverdichtungsprozessen gewähren Einblicke in den praktischen Umgang mit der Planersatzvorschrift des § 34 BauGB und lassen dabei aus planungstheoretischer Perspektive nicht zu erwartende Fallgestaltungen erkennen. Die städtebauliche Entwicklung nach § 34 BauGB steht zum Teil in enger Wechselwirkung mit zusätzlichen Planungs-, Aushandlungs- und Beteiligungsprozessen.

Im Ergebnis lässt sich feststellen, dass die Planersatzvorschrift des § 34 BauGB in der Praxis teilweise den Charakter einer gebundenen Genehmigungsnorm einbüßt, wenn sich aufgrund von faktischen Beurteilungsspielräumen bei der Auslegung der zahlreichen unbestimmten Rechtsbegriffe im Einzelfall potenziell Raum für Steuerungseinflüsse im Interesse von Kommunalpolitik, Verwaltung oder Vorhabenträgern eröffnet. Die Grenzen einer Stadtentwicklung nach § 34 BauGB stellen sich dabei von Fall zu Fall unterschiedlich dar, etwa in Bezug auf den nur in bestimmten Konstellationen bestehenden Rechtsschutz Dritter gegen Baugenehmigungen nach § 34 BauGB oder den Umgang mit möglichen Planungserfordernissen.

Kurzfassung

Es bleibt Aufgabe der selbstverwalteten Gemeinde, die Realisierung von Steuerungsinteressen und Bürgerbeteiligung im unbeplanten Innenbereich zu ermöglichen. Dafür stehen verschiedene formelle und informelle Instrumente bzw. Handlungsstrategien zur Verfügung, deren Effektivität je nach konkreter Sachlage variiert.

Die rechtmäßige Anwendung des § 34 BauGB durch die Bauaufsichtsbehörde und das verantwortliche Handeln des örtlichen Planungsgebers sind zentrale Voraussetzungen für eine rechtsstaatliche und demokratisch legitimierte Stadtentwicklung im unbeplanten Innenbereich.

Abstract

Mainly in growing cities with tense housing markets there is an endeavour to find fast and cheap ways for the designation of building rights. At the same time, it is desired to account public interests concerning urban planning and citizen participation. In the context of the interior development of cities – a currently significant field in urban development – notably the 'Bebauungsplan' and the regulation of § 34 BauGB are utilized. The former enables the municipality to control the urban development and to conduct citizen participation, demands however more resources. The latter allows for the constructional development of the unplanned areas of the city in accordance with the respective surrounding buildings, but does not provide any space for active planning or citizen participation. Nevertheless, it appears in practice, that in the context of building projects and redensification by § 34 BauGB elements of planning and participation can gain significant meaning.

Eight empirical case studies give insight into the practical handling of the regulations in § 34 BauGB in the context of single constructional projects and bigger redensification processes. This reveals case designs that were not to be expected from a planning theory perspective. Urban development based on § 34 BauGB is in part closely related to other processes of planning, negotiation and participation.

As a result, it can be stated that the regulation of § 34 BauGB to some extend lose its character of a bound legal norm of building regulation, once there unfolds factual space for planning in the interests of local politics, administration or investors through the interpretation of the many vague legal concepts of the norm. The limits of a city development according to § 34 BauGB are different from case to case, for example in relation to the not in all cases existing legal protection of neighbours against building permits based on § 34 BauGB or the handling of planning requirements.

It remains the task of the self-governing municipality to realize public interests and public participation in the unplanned areas of the city. To make this possible, there are different formal and informal planning instruments and strategies available, whose degree of effectiveness varies depending on the real circumstances.

The lawful enforcement of the regulations in § 34 BauGB by the building control authority and the responsible acting of the local municipality as a planner are important prerequisites for a democratically legitimatized urban development of the unplanned areas of the city in accordance with the rule of law.

Inhaltsverzeichnis

Abbildungsverzeichnis

Tabellenverzeichnis

Abkürzungsverzeichnis

BauGB	Baugesetzbuch
BauNVO	Baunutzungsverordnung
BBauG	Bundesbaugesetz
BGB	Bürgerliches Gesetzbuch
BImSchG	Bundes-Immissionsschutzgesetz
B-Plan	Bebauungsplan
BVerfG	Bundesverfassungsgericht
BVerwG	Bundesverwaltungsgericht
BVV	Bezirksverordnetenversammlung
FNP	Flächennutzungsplan
GG	Grundgesetz
HOWOGE	Howoge Wohnungsbaugesellschaft mbH
ISEK	Integriertes Stadtentwicklungskonzept
MBO	Musterbauordnung
SenStadtUm	Senatsverwaltung für Stadtentwicklung und Umwelt
SenStadtWo	Senatsverwaltung für Stadtentwicklung und Wohnen
SVV	Stadtverordnetenversammlung
VEP	Vorhaben- und Erschließungsplan
VwGO	Verwaltungsgerichtsordnung
VwVfG	Verwaltungsverfahrensgesetz
WBM	Wohnungsbaugesellschaft Berlin-Mitte mbH

1 Einleitung

Im deutschen Städtebau der Gegenwart kommt der baulichen Entwicklung innerhalb der Grenzen bereits erschlossener Siedlungsgebiete zentrale Bedeutung zu. Das Bauplanungsrecht sieht für die Innenentwicklung in erster Linie zwei Instrumente vor: den Bebauungsplan und die Planersatzvorschrift des § 34 BauGB[1]. Der Bebauungsplan ist das zentrale städtebauliche Steuerungs- und Gestaltungsinstrument, das die Gemeinde im Rahmen ihrer Planungshoheit eigenverantwortlich zur Anwendung bringt. Die Durchführung eines vielschichtigen Aufstellungsverfahrens gewährleistet eine rechtsstaatliche und demokratisch legitimierte Planung. Demgegenüber ist die bauplanungsrechtliche Genehmigungsvorschrift des § 34 BauGB eine bundesweit gültige Rechtsnorm, die das Baugeschehen bei nicht erfolgter gemeindlicher Planung ersatzweise regelt und insofern die Freiheit des Eigentums garantiert. Im Unterschied zum Bebauungsplan besteht im Rahmen des § 34 BauGB grundsätzlich kein Raum für eine Steuerung durch die Gemeinde oder für eine Beteiligung der Öffentlichkeit. Nach § 34 Abs. 1 S. 1 BauGB ist ein Vorhaben dann zulässig, wenn es sich in die Bebauung der näheren Umgebung einfügt.

Insbesondere in wachsenden Städten, wie beispielsweise Berlin, Potsdam oder München, lässt sich einerseits ein bedeutendes Interesse an einer schnellen und günstigen Schaffung bzw. Ausweisung von Baurecht feststellen. Der dringende Bedarf an Wohnbauland übt starken politischen Druck auf die Gemeinde aus und befördert die Suche nach pragmatischen Handlungsmöglichkeiten. Die städtebauliche (Weiter-)Entwicklung innerhalb des Ordnungsrahmens des § 34 BauGB erscheint in diesem Zusammenhang sehr attraktiv, denn sie erfolgt lediglich im Vollzug gebundener Genehmigungsentscheidungen durch die Bauaufsichtsbehörde und ohne aufwändige Plan- und Beteiligungsverfahren. Andererseits stehen vornehmlich bei größeren Bauvorhaben immer wieder stadtentwicklungspoli-

1 In dieser Arbeit wird mit der Bezeichnung ‚§ 34 BauGB' grundsätzlich auf den Hauptanwendungsfall des § 34 Abs. 1 BauGB unter Berücksichtigung der besonderen Zulässigkeitsanforderungen in Abs. 2 und 3 abgestellt. Die Abweichungsmöglichkeiten nach Abs. 3 a und die Innenbereichssatzung (Abs. 4 bis 6) sind als eigenständige Maßnahmen anzusehen und werden daher nachfolgend nicht im genannten Begriff impliziert.

tische Steuerungsinteressen und der Bedarf einer Beteiligung der Bürger im Raum, die den Einsatz von Planungs- und Beteiligungsmaßnahmen geeignet erscheinen lassen.

Demgegenüber kann in der Praxis beobachtet werden, dass die Planersatzvorschrift des § 34 BauGB nicht nur in Fällen unstrittiger Baulückenschließungen kleineren Ausmaßes, sondern auch im Rahmen umfangreicher Bauprojekte und Nachverdichtungsprozesse zur Anwendung kommt. Dabei spielen kommunale Steuerungsinteressen und Bürgerbeteiligung im Kontext des § 34 BauGB eine größere Rolle, als es aus theoretischer Perspektive zu erwarten wäre. Zwei Beispiele veranschaulichen dies:

Im Fall des Wohnungsbauprojekts ‚Box Seven' in Berlin-Friedrichshain entsteht auf einer Fläche von 2,6 ha ein neues Wohnquartier mit 650 Wohneinheiten. Nach einem mehrjährigen konfliktträchtigen Planungsprozess wurde entgegen der ursprünglichen Absicht der beteiligten Akteure kein Bebauungsplan aufgestellt, sondern eine Genehmigung über § 34 BauGB erteilt. Dennoch fanden die wohnungsbaupolitischen Steuerungsinteressen des Senats Berücksichtigung, indem der private Vorhabenträger eine ‚freiwillige' Kooperation mit einer öffentlichen Wohnungsbaugesellschaft einging und auf diesem Wege die Errichtung von 125 bezahlbaren Wohnungen ermöglichte.

Im Rahmen einer geplanten Nachverdichtung der öffentlichen Wohnungsbaugesellschaft WBM in Berlin Friedrichshain-West sollten 37 zehngeschossige Punkthochhäuser innerhalb bestehender Wohngebiete errichtet werden. Von Beginn an war eine Umsetzung über § 34 BauGB geplant, was im Bezirk deutliche Kritik hervorrief. Die Durchführung zahlreicher Beteiligungsveranstaltungen konnte letztlich nicht verhindern, dass das gesamte Projekt trotz Zulässigkeit der Vorhaben nach § 34 BauGB faktisch am Widerstand der Bevölkerung scheiterte.

Die Beispiele lassen andeutungsweise erkennen, dass im Zusammenhang mit konkreten Fällen einer städtebaulichen Entwicklung nach § 34 BauGB jenseits des reinen Gesetzesvollzugs weitere stadtentwicklungspolitische Interessen Bedeutung erlangen können. Im Rahmen der vorliegenden Forschungsarbeit soll daher empirisch untersucht werden, inwiefern sich eine Diskrepanz zwischen Theorie und Praxis hinsichtlich der Charakteristik des § 34 BauGB als originär gebundener Planersatzvorschrift auftut. Welche Möglichkeiten einer unmittelbaren städtebaulichen Steuerung bietet die Anwendung des § 34 BauGB in tatsächlicher Hinsicht?

Die städtebauliche Entwicklung des nicht beplanten Innenbereichs scheint sich uneingeschränkt im Rahmen des § 34 BauGB vollziehen zu können, ohne dass die Gemeinde aktiv planerisch tätig wird. Selbst Bauvorhaben oder Nachverdichtungsprozesse größeren Umfangs lassen sich mit wenig Aufwand über § 34 BauGB genehmigen. Welche zwingenden Grenzen können sich im Zusammenhang mit einer städtebaulichen Entwicklung nach § 34 BauGB in der Praxis auftun?

Das Interesse der Gemeinde an einer eigenverantwortlichen Steuerung der städtebaulichen Entwicklung ihres Gemeindegebiets erstreckt sich immer wieder auch auf den (noch) nicht beplanten Innenbereich. Es gilt zu untersuchen, mithilfe welcher Instrumente und Strategien eine Steuerung der Stadtentwicklung in diesen Teilbereichen der Gemeinde erreicht werden kann. Sowohl Chancen als auch Grenzen der jeweiligen Strategien sind anhand empirischer Erkenntnisse aus der Praxis zu analysieren.

Die empirische Untersuchung dieser Arbeit bedient sich der Fallstudienmethodik. Anhand eines kontextbezogenen Forschungsansatzes lassen sich reale Bauvorhaben und Nachverdichtungsprozesse in Bezug auf die Möglichkeiten und die Grenzen einer Stadtentwicklung nach § 34 BauGB untersuchen. Theoretische Grundlagen aus Gesetz, Rechtsprechung und Literatur werden mit konkreten Anwendungsfällen in Verbindung gebracht. Die Praxis einer pragmatischen Stadtentwicklung nach § 34 BauGB ist anhand rechtstheoretischer Anforderungen kritisch zu hinterfragen und das komplexe theoretische Konstrukt rund um die Planersatzvorschrift des § 34 BauGB aus Perspektive der Praxis zu diskutieren. Mithilfe dieses angewandten Forschungsansatzes soll die vorliegende Studie einen Erkenntnisgewinn in einem empirisch nicht erschlossenen Forschungsfeld erzielen.

2 Zentrale Planungsinstrumente und Genehmigungsvorschriften im Städtebaurecht

Die Stadt ist ein lebendiger und im ständigen Wandel begriffener Raum. Mit Stadtentwicklung kann in diesem Sinne die Gesamtheit der baulichen und nutzungsbezogenen Veränderungen im Stadtraum bezeichnet werden.

Stadtentwicklung vollzieht sich im Spannungsfeld zwischen öffentlichen und privaten Interessen. Die Eigentumsfreiheit in Art. 14 Abs. 1 S. 1 GG garantiert die privatnützige Verwendung des Grundeigentums. Demgegenüber verfolgt der Staat übergeordnete Entwicklungsziele von öffentlichem Interesse, z.B. die Herstellung einer sozial gerechten Ordnung (Art. 20 Abs. 1 GG).[2] Es obliegt daher dem Gesetzgeber, Inhalt und Schranken des Eigentums zu bestimmen und die Bautätigkeit in geordnete Bahnen zu lenken (Art. 14 Abs. 1 S. 2 GG).

Die flächenbezogene Bebaubarkeit und die Nutzung von Grundstücken sind durch das Städtebaurecht im BauGB geregelt. Die städtebauliche Entwicklung erfolgt gemäß dem allgemeinen Städtebaurecht auf Grundlage der Bauleitplanung und der bauplanungsrechtlichen Genehmigungsnormen der §§ 34 und 35 BauGB. Aufgrund der im Rahmen der empirischen Arbeit ermittelten Relevanz für das vorliegende Forschungsthema sind außerdem die Instrumente der informellen Planung und der im besonderen Städtebaurecht geregelten Erhaltungssatzung zu betrachten. Ferner wird im Rahmen der theoretischen Vorarbeit an geeigneter Stelle auf das Baugenehmigungsverfahren und die Bauaufsicht eingegangen, wohingegen weitere Aspekte des Bauordnungsrechts der Länder wegen des Fokus auf der baulich-technische Ausführung einzelner Gebäude nicht näher zu behandeln sind.

---

2 *Voßkuhle/Wischmeyer*, JuS 2015, 693.

2.1 Bauleitplanung

Das in § 1 Abs. 1 BauGB enthaltene Planmäßigkeitsprinzip hebt das für das gesamte Städtebaurecht prägende Institut der Planung in Gestalt der Bauleitplanung hervor.[3] Es verlangt, dass die städtebauliche Entwicklung in erster Linie auf der Basis formeller Planung erfolgt und verbindet diesen Anspruch mit der komplexen Systematik der Bauleitplanung. Die Bebauung und Nutzung des Siedlungsgebiets bzw. einzelner Grundstücke soll durch die Bauleitplanung vorbereitet und geleitet werden, um eine geordnete städtebauliche Entwicklung zu ermöglichen. Lediglich bei nicht erforderlicher Planung sind ersatzweise die Genehmigungsvorschriften der §§ 34 und 35 BauGB heranzuziehen. Zahlreiche Verfahrensanforderungen im Rahmen der Bauleitplanung gewährleisten einen rechtsstaatlichen Planungsprozess unter der Berücksichtigung betroffener privater und öffentlicher Belange sowie einer Beteiligung der Bürger. Das BVerwG betont den Stellenwert des Planmäßigkeitsprinzips, wenn es die Bauleitplanung im Allgemeinen und den Bebauungsplan im Besonderen als zentrales Planungs- und Gestaltungsinstrument im Städtebaurecht bezeichnet.[4]

Die Aufstellung eines Bauleitplans ist Aufgabe der Gemeinde. Es wird unterschieden zwischen dem Flächennutzungsplan als dem vorbereitenden Bauleitplan und dem Bebauungsplan als dem verbindlichen Bauleitplan. Für die inhaltliche Ausgestaltung der Bauleitpläne ist die BauNVO als ergänzende Vorschrift heranzuziehen (§ 9 a BauGB).[5]

2.1.1 Planungshoheit: zwischen Planmäßigkeitsprinzip und Planungsfreiheit

Die kommunale Selbstverwaltungsgarantie in Art. 28 Abs. 2 S. 1 GG gewährt den Gemeinden die Planungshoheit über ihr Gemeindegebiet. Die Bauleitplanung, als zentraler Ausdruck dieser Planungshoheit, ist öffentliche Aufgabe der Gemeinden:[6]

---

3 *Söfker* in: *Ernst/Zinkahn/Bielenberg/Krautzberger*, BauGB, § 1 Rn. 16 (116. Lfg. Februar 2015).

4 BVerwG, Urt. v. 17.09.2003 - 4 C 14.01, BauR 2004, 443 (445).

5 *Söfker* in: *E/Z/B/K*, BauGB, Vorbemerkungen zur Baunutzungsverordnung, Rn. 1 (127. Lfg. Oktober 2017).

6 *Mehde* in: *Maunz/Dürig*, GG, Art. 28 Abs. 2 Rn. 59 (67. Lfg. November 2012).

> „Die Gemeinden haben die Bauleitpläne aufzustellen, sobald und soweit es für die städtebauliche Entwicklung und Ordnung erforderlich ist." (§ 1 Abs. 3 S. 1 BauGB)

Das Planungserfordernis nach § 1 Abs. 3 S. 1 BauGB begrenzt die gemeindliche Planungsfreiheit grundsätzlich in zwei Richtungen: Es **verbietet** Planungen, die nicht für die städtebauliche Entwicklung und Ordnung erforderlich sind (Verbotswirkung) und es **verpflichtet** zu Planungen, die für die städtebauliche Entwicklung und Ordnung erforderlich sind (Gebotswirkung).[7] Es ist Aufgabe der Gemeinde, ihre eigenen städtebaulichen Entwicklungs- und Ordnungsvorstellungen zu bestimmen und somit ein Planungserfordernis herzuleiten:

> „Bauleitpläne sind dann erforderlich, wenn sie nach der planerischen Konzeption der Gemeinde als erforderlich angesehen werden können. Diese Konzeption festzulegen und städtebauliche Schwerpunkte zu setzen, ist gerade Aufgabe der Gemeinde."[8]

Eine Planung ist von einer planerischen Konzeption getragen, wenn mit ihr positive Planungsziele verfolgt werden (Planungsbefugnis).[9] Soll hingegen lediglich eine Nutzung verhindert werden, ohne dass der Ausschluss dieser Nutzung konkret städtebaulichen Zielen dient, liegt eine Negativplanung oder Verhinderungsplanung vor (Verbotswirkung). Ein nicht erforderlicher Bebauungsplan im Sinne des § 1 Abs. 3 S. 1 BauGB ist unwirksam.[10]

Auf die Aufstellung von Bauleitplänen kann kein Anspruch erhoben werden, auch nicht durch Vertrag (§ 1 Abs. 3 S. 2 BauGB). Die Aufstellung von Bauleitplänen bleibt daher gesetzlich geschützter Kernbestandteil der Planungshoheit und der Planungsfreiheit der Gemeinde. Es liegt insbesondere im planerischen Ermessen der Gemeinde, welche Art von Bebauungsplan und welche Festsetzungsdichte im Blick auf die Inhalte der Bebauungspläne zur Umsetzung der planerischen Ziele gewählt wird.

---

7 *Schmidt* 2013, S. 49ff.; vgl. Kap. 3.9.

8 BVerwG, Beschl. v. 16.01.1996 – 4 NB 1.96, NVwZ-RR 1997, 83.

9 BVerwG, Beschl. v. 11.05.1999 – 4 BN 15.99, ZfBR 1999, 279 (280); *Söfker* in: *E/Z/B/K*, BauGB, § 1 Rn. 32ff. (116. Lfg. Februar 2015).

10 BVerwG, Beschl. v. 18.12.1990 – 4 NB 8.90, NVwZ 1991, 875.

2.1.2 Der Flächennutzungsplan

Der Flächennutzungsplan ist der vorbereitende Bauleitplan. Er stellt die sich aus der beabsichtigten städtebaulichen Entwicklung ergebende Art der Bodennutzung nach den voraussehbaren Bedürfnissen der Gemeinde in den Grundzügen dar (§ 5 Abs. 1 S. 1 BauGB). Der Flächennutzungsplan umfasst das gesamte Gemeindegebiet und kann Darstellungen zur Art der baulichen Nutzung für die zur Bebauung vorgesehenen Flächen, zu öffentlicher und privater Infrastruktur sowie zur sonstigen Nutzung von Flächen[11] enthalten (§ 5 Abs. 2 BauGB).

Der Flächennutzungsplan wird von der Gemeinde beschlossen und ist nach herrschender Meinung weder Verwaltungsakt noch Rechtsnorm oder Vertrag, sondern eine hoheitliche Äußerung sui generis.[12] Er entfaltet keine unmittelbare Rechtswirkung gegenüber Dritten, sondern ist ein verwaltungsinterner Planungsschritt für die Vorbereitung der rechtsverbindlichen Bebauungsplanung.[13] Weiterhin kommt dem Flächennutzungsplan eine wichtige integrierende Funktion im Rahmen des Anpassungsgebots der Ortsplanung an die Raumordnungsplanung zu (§ 1 Abs. 4 BauGB).[14] In den Ländern Berlin, Bremen und Hamburg kann ein Flächennutzungsplan die Funktion eines Raumordnungsplans übernehmen (§ 13 Abs. 1 S. 2 ROG).

2.1.3 Der Bebauungsplan

Der Bebauungsplan ist der verbindliche Bauleitplan und das „klassische[] Instrument zur Ordnung des Baugeschehens“[15]. Er enthält qualifizierte, parzellenscharfe Festsetzungen über die bauliche und sonstige Nutzung der Grundstücke in seinem Geltungsbereich. Der umfangreiche Katalog möglicher Bebauungsplanfestsetzungen ist § 9 Abs. 1 BauGB zu entnehmen. Von besonderer Relevanz sind die Festsetzungen über die Art und das Maß der baulichen Nutzung (Nr. 1), die überbaubaren Grundstücksflächen (Nr. 2) und die Verkehrsflächen (Nr. 11), da sie zu den Mindestfest-

11 U.a. Naturschutz und Landwirtschaft.
12 BVerwG, Beschl. v. 20.07.1990 – 4 N 3.88, NVwZ 1991, 262 (263); *Brenner* 2014, S. 56.
13 *Söfker* in: *E/Z/B/K*, BauGB, § 5 Rn. 7 (126. Lfg. August 2017).
14 *Runkel* in: *E/Z/B/K*, BauGB, § 1 Rn. 44 (125. Lfg. Mai 2017).
15 BBSR 2000, S. 30.

setzungen eines qualifizierten Bebauungsplans zählen und ferner die Festsetzung der Bauweise (Nr. 2), da sie auch für die Zulässigkeit von Vorhaben nach § 34 BauGB bedeutsam ist. Bebauungspläne werden als Satzungen (§ 10 Abs. 1 BauGB) bzw. in Berlin und Hamburg als Rechtsverordnungen[16] erlassen (§ 246 Abs. 2 BauGB).[17]

2.1.3.1 Zentrale Inhalte des Bebauungsplans

Eine Bebauungsplanfestsetzung über die Art der baulichen Nutzung (§ 9 Abs. 1 Nr. 1 BauGB) bestimmt, welche bauliche Nutzung auf den Grundstücken im entsprechenden Baugebiet zulässig ist. § 1 Abs. 2 Nr. 1 bis 11 BauNVO zeigt die abschließende Liste von elf möglichen Baugebietstypen.[18] Die zulässigen Nutzungen sind den §§ 2 bis 11 jeweils Abs. 2 und 3 BauNVO zu entnehmen. Im Wesentlichen unterscheiden sich die einzelnen Baugebietstypen in den Zulässigkeitsvoraussetzungen für Wohnen und Gewerbe. So ist etwa im reinen Wohngebiet (§ 3 BauNVO) fast ausschließlich Wohnnutzung und im Gewerbegebiet (§ 8 BauNVO) fast ausschließlich Gewerbenutzung zulässig, während das Mischgebiet (§ 6 BauNVO) von Wohnen und Gewerbe geprägt ist.

Unabhängig von der Gebietstypologie der BauNVO enthält § 9 Abs. 1 BauGB einen abschließenden Katalog weiterer Festsetzungen zur Art der baulichen Nutzung.[19] Demnach ist beispielsweise die Ausweisung von Flächen möglich, „auf denen ganz oder teilweise nur Wohngebäude, die mit Mitteln der sozialen Wohnraumförderung gefördert werden könnten, errichtet werden dürfen“ (§ 9 Abs. 1 Nr. 7 BauGB).

Festsetzungen über das Maß der baulichen Nutzung (§ 9 Abs. 1 Nr. 1 BauGB) beziehen sich auf die zulässigen Bebauungsmaße im Geltungsbereich eines Bebauungsplans. Die abschließende Auflistung möglicher Maßbestimmungsfaktoren ist § 16 Abs. 2 Nr. 1 bis 4 BauNVO zu entnehmen. Darunter zählen Festsetzungen über die Zahl der Vollgeschosse (§ 16 Abs. 2 Nr. 3 und § 20 Abs. 1 BauNVO)[20] und die zulässige Höhe baulicher Anlagen (§ 16 Abs. 2 Nr. 4 und § 18 BauNVO). Bei den drei weiteren Maß-

---

16 Vgl. § 6 Abs. 3 S. 1 AGBauGB Bln, § 3 Abs. 1 S. 1 BLPFestG Hbg; Im Folgenden ist vereinfacht vom Bebauungsplan als Satzung die Rede.

17 *Stock* in: *E/Z/B/K*, BauGB, § 10 Rn. 41 (126. Lfg. August 2017).

18 *Söfker* in: *E/Z/B/K*, BauGB, § 9 Rn. 20 f. (121. Lfg. Mai 2016).

19 Ebd.

20 Die Definition eines Vollgeschosses ist landesrechtlich geregelt (§ 20 Abs. 1 BauNVO).

bestimmungsfaktoren wird jeweils unterschieden zwischen einer relativen, auf die Grundstücksgröße bezogenen, und einer absoluten, von der Grundstücksgröße unabhängigen Variante:[21] Der Maßfaktor der Grundflächenzahl oder der Größe der Grundflächen der baulichen Anlagen (§ 16 Abs. 2 Nr. 1 und § 19 BauNVO) bestimmt, wie viel Fläche des Grundstücks maximal überbaut werden darf. Die Geschossflächenzahl oder die Größe der Geschossfläche (§ 16 Abs. 2 Nr. 2 und § 20 BauNVO) definiert die auf dem Baugrundstück zulässige kumulierte Fläche der Vollgeschosse. Die Baumassenzahl oder die Baumasse (§ 16 Abs. 2 Nr. 2 und § 21 BauNVO) gibt das höchstens zulässige kumulierte Raumvolumen der Vollgeschosse an.

Die einzelnen Bestimmungen zum Maß der baulichen Nutzung werden grundsätzlich als Höchstmaße festgesetzt. Für bestimmte Faktoren können Mindestmaße und zwingende Maße festgesetzt werden (§ 16 Abs. 4 BauNVO). Das Maß der baulichen Nutzung in einem Bebauungsplan gilt als ausreichend bestimmt, wenn mindestens die Grundflächenzahl oder die Größe der Grundflächen der baulichen Anlagen und die Zahl der Vollgeschosse oder die Höhe baulicher Anlagen festgesetzt sind (Festsetzungsverpflichtung) (§ 16 Abs. 3 Nr. 1 und 2 BauNVO).[22]

Die Festsetzung der Bauweise (§ 9 Abs. 1 Nr. 2 BauGB) regelt die Anordnung der Gebäude auf dem Grundstück im Blick auf die seitlichen Grundstücksgrenzen. Unterschieden wird dabei nach § 22 Abs. 1 BauNVO grundsätzlich zwischen der offenen und der geschlossenen Bauweise. Bei der offenen Bauweise (§ 22 Abs. 2 BauNVO) müssen zwischen Gebäude und seitlicher Grundstücksgrenze Abstandsflächen eingehalten werden.[23] Die Baukörper treten einzeln in Erscheinung. Bei der geschlossenen Bauweise hingegen müssen die Gebäude ohne seitlichen Grenzabstand errichtet werden (§ 22 Abs. 3 BauNVO). Es entstehen geschlossene Gebäudefronten. Gemäß § 22 Abs. 4 BauNVO kann auch eine von § 22 Abs. 1 BauNVO abweichende Bauweise, z.B. eine halboffene Bauweise mit nur einseitiger Grenzbebauung, festgesetzt werden.[24]

Festsetzungen zu den überbaubaren Grundstücksflächen (§ 9 Abs. 1 Nr. 2 BauGB) bestimmen den für die Errichtung von baulichen Anlagen

---

21 *Söfker* in: *E/Z/B/K*, BauNVO, § 16 Rn. 1 (120. Lfg. Februar 2016).

22 Festsetzungen über die Zahl der Vollgeschosse oder die Höhe baulicher Anlagen sind nur dann geboten, wenn ohne sie eine Beeinträchtigung öffentlicher Belange vorläge (*Söfker* in: *E/Z/B/K*, BauNVO, § 16 Rn. 33 f. (120. Lfg. Februar 2016)).

23 Geregelt im Bauordnungsrecht der Länder.

24 *Blechschmidt* in: *E/Z/B/K*, BauNVO, § 22 Rn. 1, 23, 35, 43 f. (107. Lfg. Januar 2013).

zur Verfügung stehenden Teilbereich eines Grundstücks. Gemäß § 23 Abs. 1 S. 1 BauNVO stehen für die Eingrenzung der überbaubaren Grundstücksflächen drei Instrumente zur Verfügung: die Baulinie, die Baugrenze und die Bebauungstiefe.[25] Bei der Festsetzung einer Baulinie muss eine Bebauung zwingend bis an diese Linie heranreichen (§ 23 Abs. 2 BauNVO). Eine Baugrenze definiert dagegen lediglich die äußere Grenze, die nicht von Bebauung überschritten werden darf (§ 23 Abs. 3 BauNVO). Die Festsetzung einer Bebauungstiefe bestimmt faktisch die hintere Baugrenze. Sie ist von der Straßengrenze ab zu ermitteln (§ 23 Abs. 4 BauNVO). Es können vordere, hintere oder seitliche Baulinien und Baugrenzen festgesetzt werden.[26]

Nach § 9 Abs. 1 Nr. 11 BauNVO können in einem Bebauungsplan Festsetzungen über Verkehrsflächen und Verkehrsflächen besonderer Zweckbestimmung getroffen werden. Hierzu zählen neben Straßen und Wegen beispielsweise auch Parkflächen und Fußgängerbereiche.[27]

2.1.3.2 Der qualifizierte, der einfache und der vorhabenbezogene Bebauungsplan

Ein Bebauungsplan enthält rechtsverbindliche Regelungen zur baulichen und sonstigen Nutzung der Grundstücke in seinem Geltungsbereich. Er regelt die Zulässigkeit von „Vorhaben, die die Errichtung, Änderung oder Nutzungsänderung von baulichen Anlagen zum Inhalt haben" (§ 29 Abs. 1 BauGB). Je nach Festsetzungsdichte und Funktion können drei Arten von Bebauungsplänen unterschieden werden: der qualifizierte, der einfache und der vorhabenbezogene Bebauungsplan (§ 30 BauGB):

Ein Bebauungsplan, der mindestens Festsetzungen über die Art und das Maß der baulichen Nutzung, die überbaubaren Grundstücksflächen und die örtlichen Verkehrsflächen enthält, ist ein qualifizierter Bebauungsplan. Ein qualifizierter Bebauungsplan regelt die bauplanungsrechtliche Zulässigkeit von Vorhaben in seinem Geltungsbereich abschließend (§ 30 Abs. 1 BauGB).[28] Die genannten Mindestanforderungen zum Maß der baulichen Nutzung und der überbaubaren Grundstücksfläche nehmen Bezug auf § 9 Abs. 1 Nr. 1 und 2 BauGB i.V.m. §§ 16 und 23 BauNVO. Die geforderte

---

25 *Blechschmidt* in: *E/Z/B/K*, BauNVO, § 23 Rn. 11 (107. Lfg. Januar 2013).
26 *Blechschmidt* in: *E/Z/B/K*, BauNVO, § 23 Rn. 30ff. (107. Lfg. Januar 2013).
27 *Söfker* in: *E/Z/B/K* BauGB, § 9 Rn. 102 f. (121. Lfg. Mai 2016).
28 *Söfker* in: *E/Z/B/K*, BauGB, § 30 Rn. 10 (118. Lfg. August 2015).

Festsetzung über die Art der baulichen Nutzung kann einerseits gemäß § 9 Abs. 1 Nr. 1 BauGB eines der Baugebiete der §§ 2 bis 11 BauNVO sein, jedoch auch eine der weiteren Flächenfestsetzungen nach § 9 Abs. 1 BauGB.[29] Die Anforderung einer Festsetzung über die örtlichen Verkehrsflächen bezieht sich auf eine Regelung nach § 9 Abs. 1 Nr. 11 BauGB.[30]

Ein Bebauungsplan, der nicht alle in § 30 Abs. 1 BauGB aufgeführten Mindestfestsetzungen enthält, ist ein einfacher Bebauungsplan (§ 30 Abs. 3 BauGB). Die Zulässigkeit von Vorhaben in seinem Geltungsbereich ist nur zum Teil geregelt und richtet sich im Übrigen nach den bauplanungsrechtlichen Genehmigungsvorschriften der §§ 34 und 35 BauGB.[31]

Der vorhabenbezogene Bebauungsplan ist ein besonderer Bebauungsplan, der auf einer öffentlich-privaten Zusammenarbeit zwischen privatem Vorhabenträger und Gemeinde basiert. In einem vom Vorhabenträger in Absprache mit der Gemeinde erstellten Vorhaben- und Erschließungsplan (VEP) werden die Inhalte des Bebauungsplans erarbeitet (§ 12 Abs. 1 S. 1 BauGB). Die möglichen Festsetzungen sind dabei nicht auf den Katalog des § 9 BauGB oder die Baugebiete der BauNVO begrenzt (§ 12 Abs. 3 S. 2 BauGB). Der VEP ist notwendiger und in der Regel ausschließlicher Bestandteil des von der Gemeinde beschlossenen vorhabenbezogenen Bebauungsplans (§ 12 Abs. 3 S. 1 BauGB).[32]

Voraussetzung für den Erlass eines vorhabenbezogenen Bebauungsplans ist der Abschluss eines Durchführungsvertrags (§ 12 Abs. 1 S. 1 BauGB). Der Durchführungsvertrag ist ein städtebaulicher Vertrag (§ 11 BauGB), der Rechte und Pflichten im Verhältnis zwischen Vorhabenträger und Gemeinde regelt. Er enthält mindestens Vereinbarungen über den Zeitraum der Durchführung der Bauvorhaben sowie die vollständige oder partielle Übernahme der Planungs- und Erschließungskosten durch den Vorhabenträger (§ 12 Abs. 1 S. 1 BauGB). Der Durchführungsvertrag ist kein Bestandteil des vorhabenbezogenen Bebauungsplans, sichert aber dessen Realisierung. Dies ist ein entscheidender Unterschied zum qualifizierten Bebauungsplan, bei dem die tatsächliche Verwirklichung der Planung offenbleibt.[33] Ein weiterer Unterschied besteht darin, dass eine entschädigungslose Aufhebung des vorhabenbezogenen Bebauungsplans möglich ist,

---

29 BVerwG, Beschl. v. 23.12.1997 – 4 BN 23/97, NVwZ-RR 1998, 538.

30 *Söfker* in: *E/Z/B/K*, BauGB, § 30 Rn. 16ff. (118. Lfg. August 2015).

31 Vgl. Kap. 2.2 und Kap. 2.3.

32 *Krautzberger* in: *E/Z/B/K*, BauGB, § 12 Rn. 79, 118 (123. Lfg. Oktober 2016).

33 *Krautzberger* in: *E/Z/B/K*, BauGB, § 12 Rn. 91ff., 119 (123. Lfg. Oktober 2016).

sollte das entsprechende Vorhaben nicht innerhalb der vereinbarten Frist durchgeführt worden sein (§ 12 Abs. 6 BauGB).

Bei der vertraglichen Vereinbarung von Gegenleistungen, die der Vorhabenträger für die Aufstellung eines vorhabenbezogenen Bebauungsplans durch die Gemeinde erbringen muss, ist wie bei allen öffentlich-rechtlichen Austauschverträgen (§ 56 VwVfG) das Angemessenheitsgebot und das Koppelungsverbot zu beachten:

Das Angemessenheitsgebot (§ 11 Abs. 2 S. 1 BauGB) verlangt, dass die vom privaten Vertragspartner zu erbringenden wirtschaftlichen Gegenleistungen in angemessenem Verhältnis zum Wert des Vorhabens und zu den behördlichen Leistungen steht. Eine entsprechende objektive Ausgewogenheit ist stets nach der Sachlage des Einzelfalls festzustellen.[34]

Das Koppelungsverbot (§ 11 Abs. 2 S. 2 BauGB bzw. § 56 Abs. 2 VwVfG) besagt,

> „dass – zum einen – durch einen verwaltungsrechtlichen Vertrag nichts miteinander verknüpft werden darf, was nicht ohnedies schon in einem inneren Zusammenhang steht, und dass – zum anderen – hoheitliche Entscheidungen ohne entsprechende gesetzliche Ermächtigung nicht von wirtschaftlichen Gegenleistungen abhängig gemacht werden dürfen, es sei denn, erst die Gegenleistung würde ein der Entscheidung entgegenstehendes rechtliches Hindernis beseitigen."[35]

In einem Durchführungsvertrag darf die Schaffung von Baurecht nicht im Austausch für sachfremde Gegenleistungen vereinbart werden (Ausverkauf von Hoheitsrechten).[36]

Der vorhabenbezogene Bebauungsplan bietet wie der qualifizierte Bebauungsplan eine abschließende Regelung über die bauplanungsrechtliche Zulässigkeit von Vorhaben in seinem Geltungsbereich (§ 30 Abs. 2 BauGB).[37]

Ein Vorhaben im Geltungsbereich eines Bebauungsplans ist zulässig, wenn es den Festsetzungen nicht widerspricht und die Erschließung gesichert ist (§ 30 Abs. 1 und 2 BauGB; § 30 Abs. 3 BauGB i.V.m. § 34 oder § 35 BauGB). Regelmäßig ist die Erschließung eines Grundstücks gesichert, wenn davon auszugehen ist, dass spätestens bis zur Fertigstellung des Bau-

---

34 *Krautzberger* in: *E/Z/B/K*, BauGB, § 11 Rn. 167 (122. Lfg. August 2016).

35 BVerwG, Urt. v. 16.12.1993 – 4 C 27.92, NVwZ 1994, 485.

36 VGH München, Urt. v. 12.05.2004 – 20 N 04.329, NVwZ-RR 2005, 781; BVerwG, Urt. v. 06.07.1973 – 4 C 22.72, NJW 1973, 1895 (1897); BVerwG, Urt. v. 16.05.2000, 4 C 4.99, NVwZ 2000, 1285; *Krautzberger* in: *E/Z/B/K*, BauGB, § 11 Rn. 168ff. (122. Lfg. August 2016).

37 *Söfker* in: *E/Z/B/K*, BauGB, § 30 Rn. 30 (118. Lfg. August 2015).

vorhabens ein hinreichender Anschluss an das öffentliche Straßennetz vorhanden ist und die Versorgung mit Strom und Wasser sowie die Abwasserbeseitigung gewährleistet wird.[38] Eine erfolgreiche Erschließung der Grundstücke kann gegebenenfalls entsprechende Festsetzungen im Bebauungsplan erfordern (§ 9 Abs. 1 Nr. 11 bis 14 BauGB).

2.1.4 Die Aufstellung von Bebauungsplänen

Das Aufstellungsverfahren eines nach § 1 Abs. 3 S. 1 BauGB erforderlichen Bebauungsplans beginnt mit einem Aufstellungsbeschluss durch die Gemeindevertretung (§ 2 Abs. 1 S. 2 BauGB).[39] Grundsätzlich sind Bebauungspläne aus dem Flächennutzungsplan zu entwickeln (§ 8 Abs. 2 S. 1 BauGB). Im sogenannten Parallelverfahren kann der Flächennutzungsplan jedoch auch gleichzeitig mit dem Bebauungsplan aufgestellt oder geändert werden (§ 8 Abs. 3 S. 1 BauGB).

Der Gesetzgeber macht deutlich, dass mit dem Instrument des Bebauungsplans nicht ohne Weiteres und ausschließlich die planauslösende städtebauliche Zielsetzung der Gemeinde verfolgt werden soll. Vielmehr formuliert er in § 1 Abs. 5 BauGB allgemeine Leitbilder und Zielsetzungen, denen die Bauleitplanung unterliegt. Satz 1 lautet:

> „Die Bauleitpläne sollen eine nachhaltige städtebauliche Entwicklung, die die sozialen, wirtschaftlichen und umweltschützenden Anforderungen auch in Verantwortung gegenüber künftigen Generationen miteinander in Einklang bringt, und eine dem Wohl der Allgemeinheit dienende sozialgerechte Bodennutzung gewährleisten."

Ein Bebauungsplan, der den Planungsleitsätzen in § 1 Abs. 5 BauGB sowie den konkretisierten Planungsgrundsätzen in § 1 Abs. 6 BauGB gerecht werden und zudem eine rechtsstaatliche Inhalts- und Schrankenbestimmung des Eigentums darstellen soll (Art. 14 Abs. 1 S. 2 GG i.V.m. Art. 20 Abs. 3 GG), muss die von der Planung betroffenen öffentlichen und privaten Belange ermitteln und angemessen berücksichtigen. Dies geschieht über zentrale Verfahrensschritte bei der Aufstellung eines Bebauungsplans: die Öffentlichkeitsbeteiligung (§ 3 BauGB), die Behördenbeteiligung (§ 4

---

38 BVerwG, Urt. v. 20.05.2010 – 4 C 7.09, NVwZ 2010, 1561 (1565); *Mitschang* in: *B/K/L*, BauGB, § 30 Rn. 19, 21, 23 (13. Aufl. 2016).

39 Die Vorschriften zur Aufstellung von Bebauungsplänen gelten gleichermaßen für die Änderung, Ergänzung und Aufhebung von Bebauungsplänen (§ 1 Abs. 8 BauGB).

BauGB), die Umweltprüfung (§ 2 Abs. 4 BauGB) und die Abwägung (§ 2 Abs. 3 und § 1 Abs. 7 BauGB).

2.1.4.1 Öffentlichkeitsbeteiligung, Behördenbeteiligung und Umweltprüfung

Zu einem möglichst frühen Zeitpunkt im Bebauungsplanverfahren oder gegebenenfalls schon vor dem Aufstellungsbeschluss findet die vorgezogene Öffentlichkeitsbeteiligung (§ 3 Abs. 1 BauGB) statt. Dabei ist die Öffentlichkeit[40] über die allgemeinen Ziele und Zwecke der Planung, mögliche Planungsalternativen und die Auswirkungen der Planung zu unterrichten. Weiterhin ist ihr Gelegenheit zur Äußerung und Erörterung zu geben. Das Gesetz enthält keine Vorschriften zu Verfahren und Form der vorgezogenen Beteiligung, sodass die Gemeinde hier eigene Schwerpunkte setzen kann.[41]

Ebenfalls zu einem möglichst frühen Zeitpunkt findet die vorgezogene Beteiligung der Behörden und sonstigen Träger öffentlicher Belange, deren Aufgabenbereich durch die Planung berührt werden kann, statt (§ 4 Abs. 1 BauGB). Sie ist entsprechend den Vorschriften zur vorgezogenen Öffentlichkeitsbeteiligung durchzuführen, wobei zusätzlich die Anforderungen an Umfang und Detaillierungsgrad der nach § 2 Abs. 4 BauGB vorgeschriebenen Umweltprüfung ermittelt werden sollen. Im Unterschied zur Öffentlichkeitsbeteiligung erfolgt die Behördenbeteiligung nicht teilnehmeroffen, sondern adressatenbezogen und für die Beteiligten verpflichtend.[42]

Im Rahmen der Umweltprüfung (§ 2 Abs. 4 BauGB) werden die voraussichtlichen erheblichen Umweltauswirkungen des aufzustellenden Bebauungsplans untersucht. Dabei sind die von der konkreten Planung betroffenen, also abwägungsbeachtlichen Umweltbelange (§ 1 Abs. 6 Nr. 7 und § 1 a BauGB) zu ermitteln und zu bewerten. Die Ergebnisse der Umwelt-

---

40 Der Begriff der Öffentlichkeit im Sinne des § 3 BauGB meint jedermann, also „jede natürliche oder juristische Person, die von der Bauleitplanung betroffen ist oder ein sonstiges Interesse an ihr hat.“ (*Battis* in: *B/K/L*, BauGB, § 3 Rn. 6 (13. Aufl. 2016)); Der weithin gebräuchliche und auch in dieser Arbeit verwendete Begriff der Bürgerbeteiligung kann irreführend sein, da er eine Beschränkung auf die Beteiligung der Bürger assoziiert. Gemeint ist eine Beteiligung der Öffentlichkeit.

41 *Winter* 2013 a, S. 111; vgl. Kap. 2.5.

42 *Krautzberger* in: *E/Z/B/K*, BauGB, § 4 Rn. 34, 36, 39 (101. Lfg. September 2011).

prüfung werden im Umweltbericht dokumentiert und der Begründung beigefügt (§ 2 a S. 3 BauGB).[43]

Der fertig ausgearbeitete Planentwurf und die Begründung samt Umweltbericht sind der formellen Öffentlichkeitsbeteiligung und der regulären Behördenbeteiligung zu unterziehen. Im Rahmen der regulären Behördenbeteiligung (§ 4 Abs. 2 BauGB) werden die Stellungnahmen der gemäß § 4 Abs. 1 BauGB zu beteiligenden Behörden innerhalb eines Monats eingeholt.[44] Für die formelle Öffentlichkeitsbeteiligung werden der Planentwurf und die Begründung mit gleicher Fristsetzung öffentlich ausgelegt. Innerhalb dieser Zeit kann jedermann, also nicht nur die von der Planung Betroffenen, Stellungnahmen abgeben (§ 3 Abs. 2 BauGB).

Die Behördenbeteiligung und die Öffentlichkeitsbeteiligung dienen der Ermittlung und zutreffenden Bewertung abwägungsrelevanter privater und öffentlicher Belange (Informationsfunktion und Rechtsschutzfunktion) (§ 4 a Abs. 1 BauGB). Die Öffentlichkeitsbeteiligung informiert zudem über die Planung (demokratische Funktion) und soll die Akzeptanz für diese erhöhen (Integrationsfunktion).[45]

2.1.4.2 Das Abwägungsgebot in der Bauleitplanung

Eine neue Bauleitplanung führt regelmäßig zur Beeinträchtigung privater und öffentlicher Belange bzw. zur Kollision von Belangen untereinander. Das Abwägungsgebot (§ 2 Abs. 3 BauGB) fordert zum einen, die betroffenen privaten und öffentlichen Belange zu ermitteln und zu bewerten (Abwägungsmaterial): Als leitendes Grundprinzip prägt es das gesamte Bauleitplanverfahren, denn sowohl die Leitbilder und Grundsätze der Bauleitplanung (§ 1 Abs. 5 und 6 BauGB)[46] als auch die geschilderten Verfahrensschritte der Umweltprüfung sowie der Öffentlichkeits- und Behördenbeteiligung haben die primäre Funktion, das für die konkrete Planung relevante Abwägungsmaterial zu ermitteln und zu bewerten.[47] Abwägungsbeachtlich im Blick auf die privaten Belange sind „schutzwürdige Interessen

---

43 *Krautzberger* in: *E/Z/B/K*, BauGB, § 2 Rn. 203ff. (127. Lfg. Oktober 2017); *Söfker* in: *E/Z/B/K*, BauGB, § 1 Rn. 192 a (117. Lfg. Mai 2015).

44 Die Frist zur Abgabe von Stellungnahmen darf 30 Tage nicht unterschreiten (§ 4 Abs. 2 S. 2 BauGB).

45 *Winter* 2013 a, S. 108 f.

46 Vgl. Kap. 2.1.4 und Kap. 3.4.

47 *Söfker* in: *E/Z/B/K*, BauGB, § 1 Rn. 101 (125. Lfg. Mai 2017), § 2 Rn. 143 (108. Lfg. April 2013).

bestimmter Personen, [die] von dem Plan in mehr als geringfügiger Weise betroffen werden."[48] Dies können je nach Sachlage im Einzelfall etwa sein: Bodenwertminderungen, Nachbarkonflikte durch Beschattung, Beeinträchtigungen durch Verkehrslärm oder die Gefährdung durch heranrückende, emittierende Gewerbenutzung. Nach herrschender Meinung können nicht nur Grundstückseigentümer, sondern beispielsweise auch Mieter Träger abwägungsbeachtlicher Belange sein.[49]

Das Abwägungsgebot fordert zum anderen, die betroffenen Belange angesichts der verfolgten Planungsziele „gegeneinander und untereinander gerecht abzuwägen" (§ 1 Abs. 7 BauGB). Die Abwägung ist als zentraler Bestandteil des Planungsakts verfassungsrechtlich gebotene Wirksamkeitsvoraussetzung einer rechtsstaatlichen Planung.[50]

Das Bundesverwaltungsgericht stellt folgende Anforderungen an die im Rahmen eines Bebauungsplanverfahrens durchzuführende Abwägung:

> „Das Gebot gerechter Abwägung ist verletzt, wenn eine (sachgerechte) Abwägung überhaupt nicht stattfindet, [...] wenn in die Abwägung an Belangen nicht eingestellt wird, was nach Lage der Dinge in sie eingestellt werden muss, [...] wenn die Bedeutung der betroffenen privaten Belange verkannt oder wenn der Ausgleich zwischen den von der Planung berührten öffentlichen Belangen in einer Weise vorgenommen wird, der zur objektiven Gewichtigkeit einzelner Belange außer Verhältnis steht."[51]

Bei der eigentlichen Abwägung der Belange geht es darum, inwieweit

> „[...] sachgerechte, d.h. an den Planungsleitsätzen orientierte und hinreichend gewichtige Gründe es rechtfertigen, den einen Belang hinter den anderen zurücktreten zu lassen."[52]

Dabei ist „allen Belangen in der Abwägungsentscheidung optimal Rechnung zu tragen."[53] Eine Abwägung ist verhältnismäßig, „wenn jeder betroffene öffentliche und private Belang am Maßstab der Planungsziele nur soweit eingeschränkt wird, wie dies bei möglichst weitgehender Wahrung der übrigen Interessen angemessen ist."[54]

---

48 BVerwG, Beschl. v. 09.11.1979 – 4 N 1.78, NJW 1980, 1061 (1063).

49 BVerwG, Urt. v. 21.10.1999 – 4 CN 1.98, NVwZ 2000, 807 (808); *Söfker* in: *E/Z/B/K*, BauGB, § 1 Rn. 195ff. (117. Lfg. Mai 2015).

50 BVerwG, Urt. v. 30.04.1969 – 4 C 6.68, BauR 1970, 35; *Söfker* in: *E/Z/B/K*, BauGB, § 1 Rn. 179 (117. Lfg. Mai 2015).

51 BVerwG, Urt. v. 12.12.1969 – 4 C 105.66, BVerwGE 34, 301 (309).

52 BVerwG, Urt. v. 01.11.1974 – 4 C 38.71, BVerwGE 47, 144 (148).

53 *Kersten*, JURA 2013, 478 (483).

54 Ebd.

Das Abwägungsgebot definiert einen Rahmen innerhalb dessen sich die planerische Freiheit der Gemeinde entfalten kann. Die Abwägung soll genau der Vorgang sein, in dem die städtebaulichen Ziele der Gemeinde bei angemessener Berücksichtigung der betroffenen privaten und öffentlichen Belange zur Geltung gebracht werden. Die Möglichkeiten einer gerichtlichen Überprüfung der Abwägung ist daher aufgrund der weitreichenden planerischen Gestaltungsfreiheit eingeschränkt (Art. 28 Abs. 2 S. 1 GG).[55]

2.1.4.3 Die Bebauungsplansatzung

„Die Gemeinde beschließt den Bebauungsplan als Satzung" (§ 10 Abs. 1 BauGB). Der Satzungsbeschluss ist ortsüblich bekanntzumachen (§ 10 Abs. 3 S. 1 BauGB), und „mit der Bekanntmachung tritt der Bebauungsplan in Kraft" (§ 10 Abs. 3 S. 4 BauGB).

Die Satzung über einen Bebauungsplan gilt als Rechtsnorm und gemäß Art. 14 Abs. 1 S. 2 GG als Inhalts- und Schrankenbestimmung des Eigentums. Der Bebauungsplan bildet in seinem Geltungsbereich fortan den verbindlichen bauplanungsrechtlichen Zulässigkeitsmaßstab für Vorhaben nach § 29 Abs. 1 BauGB (§ 8 Abs. 1 und § 30 BauGB). Unter besonderen Voraussetzungen sind auch eine vorzeitige Genehmigung während der Planaufstellung (§ 33 BauGB) oder eine Befreiung von den Festsetzungen eines Bebauungsplans möglich (§ 31 Abs. 2 BauGB).

2.1.4.4 Vereinfachtes und beschleunigtes Verfahren

Das Bebauungsplanverfahren kann alternativ im vereinfachten Verfahren durchgeführt werden, wenn bei der Änderung oder Ergänzung eines bereits bestehenden Bebauungsplans die Grundzüge der Planung nicht berührt werden oder bei der Aufstellung eines Bebauungsplans der bestehende bauplanungsrechtliche Zulässigkeitsmaßstab nach § 34 BauGB nur geringfügigen Veränderungen unterzogen wird.[56] Im vereinfachten Verfahren kann auf die vorgezogene Öffentlichkeits- und Behördenbeteiligung sowie die Umweltprüfung verzichtet werden (§ 13 Abs. 2 S. 1 Nr. 1 und Abs. 3 BauGB). Außerdem ist eine Beteiligung der von der Planung *betrof-*

---

55 BVerwG (Fn. 51), BVerwGE 34, 301 (309 f.); *Uechtritz* 2013, S. 36 f.; vgl. Kap. 2.1.9.

56 Vgl. Kap. 2.3.2.

fenen Öffentlichkeit und der *berührten* Behörden ausreichend (§ 13 Abs. 2 S. 1 Nr. 2 und 3 BauGB i.V.m. § 3 Abs. 2 und § 4 Abs. 2 BauGB).

Bebauungspläne für die Wiedernutzbarmachung von Flächen, die Nachverdichtung oder andere Maßnahmen der Innenentwicklung können im beschleunigten Verfahren aufgestellt werden (Bebauungspläne der Innenentwicklung, § 13 a Abs. 1 S. 1 BauGB). Das beschleunigte Verfahren ist geeignet für Bebauungspläne mit einer Grundfläche von weniger als 20.000 m^2 oder, nach positiver Vorprüfung der Umweltauswirkungen, auch für Bebauungspläne mit einer Grundfläche von 20.000 bis 70.000 m^2 (§ 13 a Abs. 1 S. 2 BauGB). Die Verfahrenserleichterungen unterscheiden sich in geringer Weise von denen des vereinfachten Verfahrens (§ 13 a Abs. 2 und 3 BauGB).[57]

Seit dem Inkrafttreten der BauGB-Novelle 2017 können bis Ende 2021[58] Bebauungspläne zur Schaffung von Wohnraum auch auf Flächen mit weniger als 10.000 m^2 im direkten räumlichen Anschluss an die im Zusammenhang bebauten Ortsteile im beschleunigten Verfahren aufgestellt werden (§ 13 b S. 1 BauGB).[59]

Es lassen sich qualifizierte, einfache und vorhabenbezogene Bebauungspläne potenziell im beschleunigten Verfahren aufstellen.[60]

2.1.5 Grundlagen zum Baugenehmigungsverfahren im Planbereich

Die Genehmigung zur Errichtung, Änderung oder Beseitigung einer baulichen Anlage erfordert grundsätzlich die bauaufsichtsbehördliche Durchführung eines Baugenehmigungsverfahrens, sofern es sich nicht um verfahrensfreie Bauvorhaben handelt oder sonstige Genehmigungsvorschriften einschlägig sind (§ 59 Abs. 1 MBO[61]). Die Konzeption der Baugenehmigungsverfahren (§§ 63 bis 77 MBO) und die Katalogisierung verfahrensfreier Bauvorhaben (§ 61 MBO) sind in den Bauordnungen der Länder geregelt.

---

57 *Krautzberger*, UPR 2007, 170 (173 f.).

58 Bebauungsplanverfahren können nur bis zum 31.12.2019 eingeleitet werden. Der Satzungsbeschluss ist spätestens am 31.12.2021 zu fassen (§ 13 b S. 2 BauGB).

59 Vgl. Kap. 3.2.

60 *Krautzberger* in: *E/Z/B/K*, BauGB, § 13 a Rn. 21 (110. Lfg. August 2013).

61 Die von der Bauministerkonferenz erarbeitete Musterbauordnung dient als gemeinsamer Orientierungsrahmen für die Landesbauordnungen (vgl. *Spannowsky* in: *Spannowsky/Uechtritz*, BeckOK BWLBO, Grundlagen des Bauordnungsrechts in Deutschland, Rn. 79 (2. Edition April 2017)).

Die Bauaufsicht ist keine Selbstverwaltungsaufgabe der Gemeinde, sondern Aufgabe des Staates (§ 58 Abs. 1 MBO). Unter dem Vorbehalt landesspezifischer Besonderheiten sehen die meisten Landesbauordnungen eine dreistufige Gliederung der Bauaufsicht vor: Die Obersten Bauaufsichtsbehörden sind die zuständigen Landesministerien, die oberen Bauaufsichtsbehörden sind die Bezirksregierungen und die Landräte und die unteren Bauaufsichtsbehörden sind die kreisfreien Städte und die Kreise.[62] Die Durchführung von Baugenehmigungsverfahren ist Aufgabe der unteren Bauaufsichtsbehörden (§ 57 Abs. 1 S. 2 MBO). In den Stadtstaaten ist die Organisationsstruktur der Bauaufsicht stärker konzentriert. In Berlin etwa sind die unteren Bauaufsichtsbehörden bei den Bezirksämtern angesiedelt. Darüber folgt unmittelbar die Oberste Bauaufsicht bei der Senatsverwaltung für Stadtentwicklung und Wohnen.

Im Baugenehmigungsverfahren wird zum einen die bauplanungsrechtliche Zulässigkeit nach den §§ 29 bis 38 BauGB und zum anderen die bauordnungsrechtliche Zulässigkeit nach den Vorschriften der jeweiligen Landesbauordnung geprüft (§ 64 S. 1 Nr. 1 und 2 MBO). Im Gegensatz zu den nicht beplanten Bereichen sind im abschließend bzw. teilweise beplanten Bereich die entsprechend gültigen Bebauungsplansatzungen verbindlich zu berücksichtigen (§ 30 BauGB). Wenn einem Bauvorhaben keine der zu prüfenden öffentlich-rechtlichen Vorschriften entgegenstehen, muss eine Baugenehmigung erteilt werden (§ 72 Abs. 1 S. 1 MBO). Die Erteilung einer Baugenehmigung ist in diesem Fall eine gebundene Entscheidung ohne Ermessensspielraum seitens der Genehmigungsbehörde. Eine Baugenehmigung ist ein Verwaltungsakt (§ 35 S. 1 VwVfG).

Bereits im Vorwege des Baugenehmigungsverfahrens kann ein Bauvorbescheid beantragt werden (§ 75 MBO). Dieser Verwaltungsakt entscheidet verbindlich über einzelne Teilfragen der bauplanungsrechtlichen Zulässigkeit eines Bauvorhabens.[63]

Ein landesspezifisch festgelegter Katalog an Bauvorhaben innerhalb des Geltungsbereichs eines qualifizierten (§ 30 Abs. 1 BauGB) oder vorhabenbezogenen Bebauungsplans (§ 30 Abs. 2 BauGB) kann vom Baugenehmigungsverfahren freigestellt werden (§ 62 MBO). Die Gemeinde äußert sich in diesem Fall lediglich per Mitteilung, ob die Genehmigungsfreistellung gewährt wird (§ 62 Abs. 3 MBO). Diese Regelung dient der Entlastung der

---

62 *Rabe/Heintz* 2006, S. 355 f.

63 BVerwG, Urt. v. 03.02.1983 – 4 C 39.82, NJW 1984, 1473.

Bauaufsichtsbehörden und der Beschleunigung der Vorhabenrealisierung im beplanten Gebiet.[64]

2.1.6 Baugebot

Einem Eigentümer steht es frei, sein Grundstück einer baulichen Maßnahme zu unterziehen oder dies zu unterlassen (Baufreiheit, Art. 14 Abs. 1 S. 1 GG). Inwieweit ein Bebauungsplan gemäß seinen Festsetzungen auch umgesetzt wird, hängt somit wesentlich von den subjektiven Interessen der Grundstückseigentümer ab. Es besteht ein Spannungsverhältnis zwischen den städtebaulichen Entwicklungserfordernissen und dem fehlenden Bauwillen des Eigentümers.[65]

Mit dem Baugebot (§ 176 BauGB) steht der Gemeinde ein Eingriffsinstrument zur Verfügung, das die Durchsetzung planerischer Maßnahmen gegen den Willen privater Eigentümer ermöglicht: Im Geltungsbereich eines Bebauungsplans kann der Eigentümer durch Bescheid dazu verpflichtet werden, sein Grundstück entsprechend der Festsetzungen zu bebauen bzw. seine bauliche Anlage an die Planung anzupassen (§ 176 Abs. 1 Nr. 1 und 2 BauGB).

Der Erlass eines Baugebots, als starker Eingriff in die Eigentumsfreiheit, unterliegt strengen Voraussetzungen. Gemäß § 175 Abs. 2 BauGB müssen dringliche städtebauliche Gründe vorliegen, die eine Durchsetzung des Bebauungsplans erforderlich machen. Diese müssen in ihrem Gewicht das allgemeine Interesse an einer Durchführung der Planung übersteigen.[66] Nach § 175 Abs. 2 BauGB kann dem dringenden Wohnbedarf der Bevölkerung eine solche herausragende Bedeutung zukommen.

Ein Baugebot muss die objektive wirtschaftliche Zumutbarkeit wahren. Nach § 176 Abs. 3 BauGB ist die Durchführung der Maßnahmen objektiv wirtschaftlich zumutbar, wenn sie „auch mit öffentlichen Mitteln voraussichtlich rentabel sein wird."[67] Des Weiteren kann auch eine auf den spezifisch betroffenen Eigentümer bezogene subjektive wirtschaftliche Unzu-

---

64 *Robl* in: *Spannowsky/Manssen*, BeckOK BayBO, Art. 58 Rn. 35 (4. Edition Juni 2017); *Seith* in: *Spannowsky/Uechtritz*, BeckOK BWLBO, § 51, Vorbemerkungen (1. Edition November 2016).

65 *Stock* in: *E/Z/B/K*, BauGB, § 176 Rn. 1 (104. Lfg. April 2012).

66 BVerwG, Beschl. v. 03.08.1989 – 4 B 70.89, NVwZ 1990, 60; *Stock* in: *E/Z/B/K*, BauGB, § 175 Rn. 40 f. (114. Lfg. Juli 2014).

67 BVerwG, Urt. v. 15.02.1990 – 4 C 41.87, NVwZ 1990, 658 (663).

mutbarkeit dem ermessensfehlerfreien Erlass des Baugebots entgegenstehen oder die Durchsetzung des Baugebots mindestens erschweren.[68]

Sind die Voraussetzungen in § 175 Abs. 2 BauGB und § 176 Abs. 3 BauGB gegeben, liegt es im Ermessen der Gemeinde, ein Baugebot zu erlassen. Bevor eine entsprechende Anordnung in Form eines Verwaltungsakts ergeht, ist eine Erörterung (§ 28 VwVfG) und Beratung mit dem betroffenen Eigentümer vorzunehmen (§ 175 Abs. 1 BauGB).[69]

Ein Baugebot kann auch für die Durchführung baulicher Maßnahmen auf unbebauten oder geringfügig bebauten Grundstücken innerhalb der im Zusammenhang bebauten Ortsteile (§ 34 BauGB) erlassen werden (§ 176 Abs. 2 BauGB). Das Gesetz nennt hier die Schließung von Baulücken als Hauptanwendungsfall. Die Anforderungen in §§ 175 und 176 BauGB sowie die Zulässigkeitsvoraussetzungen nach § 34 BauGB gelten entsprechend.[70]

2.1.7 Instrumente der Plansicherung

Damit vor dem Abschluss eines Bebauungsplanverfahrens und dem Erlass der rechtsverbindlichen Bebauungsplansatzung keine der Planung zuwiderlaufenden baulichen Maßnahmen ergriffen werden, kann die Gemeinde ihre intendierte Planung mithilfe der Instrumente der Veränderungssperre und der Zurückstellung von Baugesuchen sichern (§§ 14 bis 18 BauGB).

Nachdem der Beschluss über die Aufstellung eines Bebauungsplans gefasst wurde, kann die Gemeinde eine Veränderungssperre erlassen (§ 14 Abs. 1 BauGB). Eine Veränderungssperre bewirkt, dass „Vorhaben im Sinne des § 29 nicht durchgeführt oder bauliche Anlagen nicht beseitigt werden dürfen" (§ 14 Abs. 1 Nr. 1 BauGB). Zudem ist es untersagt, „erhebliche oder wesentlich wertsteigernde Veränderungen von Grundstücken und baulichen Anlagen" vorzunehmen (§ 14 Abs. 1 Nr. 2 BauGB). Eine Veränderungssperre wird als Satzung beschlossen (§ 16 Abs. 1 BauGB) und tritt nach der Bekanntmachung (§ 16 Abs. 2 BauGB) zunächst für zwei Jahre in

---

68 Weitere Möglichkeiten der Gemeinde bei subjektiver wirtschaftlicher Unzumutbarkeit: Übernahme des Grundstücks gegen Entschädigung (§ 176 Abs. 4 BauGB) oder Enteignung (§ 176 Abs. 8 und 9 BauGB i.V.m. § 85 Abs. 1 Nr. 5 BauGB).

69 *Stock* in: *E/Z/B/K*, BauGB, § 175 Rn. 27 f. (114. Lfg. Juli 2014).

70 Vgl. Kap. 2.3.2.

Kraft (§ 17 Abs. 1 S. 1 BauGB).[71] Ist das Bebauungsplanverfahren abgeschlossen, tritt die Veränderungssperre in jedem Fall außer Kraft (§ 17 Abs. 5 BauGB).

Wenn keine Veränderungssperre beschlossen wird, obwohl die Voraussetzungen dafür gegeben sind, oder „wenn eine beschlossene Veränderungssperre noch nicht in Kraft getreten“ ist, kann die Gemeinde bei der Baugenehmigungsbehörde die Zurückstellung von Baugesuchen beantragen, „wenn zu befürchten ist, dass die Durchführung der Planung durch das Vorhaben unmöglich gemacht oder wesentlich erschwert werden würde“ (§ 15 Abs. 1 S. 1 BauGB). Die Entscheidung über die Zulässigkeit von Vorhaben kann bis zu zwölf Monate ausgesetzt werden.

2.1.8 Planungsschadensrecht

Die Aufstellung, Änderung, Ergänzung oder Aufhebung von Bebauungsplänen hat regelmäßig Änderungen in der Zulässigkeit von baulichen und sonstigen Nutzungen der Grundstücke zur Folge. Im Planungsschadenrecht der §§ 39 bis 44 BauGB sind daher mögliche Entschädigungstatbestände infolge rechtmäßigen Planungshandelns der Gemeinde geregelt. Sie bieten einen Ausgleich für Eingriffe infolge der Inhalts- und Schrankenbestimmung des Eigentums durch Bauleitplanung.[72] An dieser Stelle sollen die Generalnorm für Vertrauensschäden nach § 39 BauGB und die Generalnorm für die Entschädigung bei Änderung oder Aufhebung einer zulässigen Nutzung (§ 42 BauGB) erläutert werden:

„§ 39 BauGB erfasst Aufwendungen zur Vorbereitung für die Verwirklichung von Nutzungsmöglichkeiten, die nicht oder noch nicht zu Bodenwerterhöhungen geführt haben.“[73] Der Eigentümer kann einen Entschädigungsanspruch geltend machen, wenn die genannten Maßnahmen im berechtigten Vertrauen auf den Bestand der Bebauungsplanfestsetzungen seines Grundstücks durchgeführt wurden, jedoch aufgrund einer durch Änderung, Ergänzung oder Aufhebung des Bebauungsplans entstandenen Veränderung der Sachlage an Wert verlieren.[74]

---

71 Die Geltungsdauer kann zweimal um je ein Jahr verlängert werden (§ 17 Abs. 1 S. 3 und Abs. 2 BauGB).

72 *Runkel* in: *E/Z/B/K*, BauGB, § 42 Rn. 6 (105. Lfg. Juni 2012).

73 *Runkel* in: *E/Z/B/K*, BauGB, § 39 Rn. 5 (104. Lfg. April 2012).

74 *Runkel* in: *E/Z/B/K*, BauGB, § 39 Rn. 12 (104. Lfg. April 2012).

§ 42 BauGB regelt den Anspruch auf Entschädigungszahlungen für planungsrechtliche Eingriffe in die zulässige Nutzung eines Grundstücks. Die zulässige Nutzung kann dabei nicht nur durch einen Bebauungsplan bestimmt sein (§ 30 BauGB), sondern auch durch die bauplanungsrechtlichen Genehmigungsnormen der §§ 34 und 35 BauGB.[75] Die durch rechtmäßige Nutzungseinschränkungen, vor allem durch Bebauungsplanung entstandenen Vermögensnachteile sind zu entschädigen, sofern sie eine nicht nur unwesentliche Wertminderung des Grundstücks bedeuten (§ 42 Abs. 1 BauGB). Bei planungsrechtlichen Eingriffen, die innerhalb einer Siebenjahresfrist nach Eintritt der Zulässigkeit der Nutzung auftreten, ist die Bodenwertdifferenz zu entschädigen (§ 42 Abs. 2 BauGB). Nach Ablauf der Siebenjahresfrist kann nur noch eine Entschädigung für die Differenz zwischen der tatsächlich ausgeübten Nutzung und der neuen zulässigen Nutzung verlangt werden (§ 42 Abs. 3 BauGB).

Die Geltendmachung von finanziellen Entschädigungsansprüchen nach § 39 und § 42 BauGB erfolgt grundsätzlich außergerichtlich im Rahmen eines privatrechtlichen Vertrags (§ 43 Abs. 2 BauGB).[76]

2.1.9 Rechtsschutz Dritter

Die statthafte Klageart gegen einen Bebauungsplan ist die Normenkontrolle (§ 47 Abs. 1 Nr. 1 VwGO). Antragsbefugt sind natürliche oder juristische Personen, die geltend machen können, „durch die Rechtsvorschrift oder deren Anwendung in ihren Rechten verletzt zu sein oder in absehbarer Zeit verletzt zu werden“ (§ 47 Abs. 2 S. 1 VwGO). Der Drittschutz im Fall des Bebauungsplans wird durch das enthaltene Abwägungsgebot vermittelt, denn das Abwägungsgebot hat keinen rein objektiv-rechtlichen Charakter, sondern dient auch dem Schutz von Individualinteressen. Es hat „drittschützenden Charakter hinsichtlich solcher privater Belange, die für die Abwägung erheblich sind.“[77] Im Rahmen der Normenkontrolle wird die Abwägung der „rechtlich geschützten eigenen Belange des Betroffenen“[78] und damit die Gültigkeit des Bebauungsplans überprüft.[79] Nicht nur Grundstückseigentümer, sondern beispielsweise auch Mieter können

75 *Runkel* in: *E/Z/B/K*, BauGB, § 42 Rn. 27ff. (105. Lfg. Juni 2012).
76 *Runkel* in: *E/Z/B/K*, BauGB, § 43 Rn. 4 (105. Lfg. Juni 2012).
77 BVerwG, Urt. v. 24.09.1998 – 4 CN 2.98, BauR 1999, 134.
78 BVerwG, Urt. v. 14.02.1975 – 4 C 21.74, NJW 1975, 1373.
79 *Söfker* in: *E/Z/B/K*, BauGB, § 1 Rn. 184, 255 (117. Lfg. Mai 2015).

als potenzielle Träger abwägungsbeachtlicher Belange im Normenkontrollverfahren antragsbefugt sein.[80]

In besonderen Fällen von umweltverträglichkeitsprüfungspflichtigen Vorhaben,[81] die über einen vorhabenbezogenen Bebauungsplan genehmigt werden sollen (§ 1 S. 1 Nr. 1 UmwRG i.V.m. § 2 Abs. 6 Nr. 3 UVPG und Anlage 1 UVPG), sind anerkannte Umweltverbände (§ 3 UmwRG) im Interesse der Allgemeinheit klageberechtigt und können gegen den Verstoß von Umweltschutzvorschriften bei der Aufstellung des entsprechenden Bebauungsplans vorgehen (Verbandsklage, § 2 UmwRG).

Die statthafte Klageart gegen eine Baugenehmigung ist die Anfechtungsklage (§ 42 Abs. 1 Alt. 1 VwGO). Sie ist zulässig, wenn der Kläger geltend macht, „durch den Verwaltungsakt oder seine Ablehnung oder Unterlassung in seinen Rechten verletzt zu sein" (§ 42 Abs. 2 VwGO).

Baugebietsfestsetzungen (§ 9 Abs. 1 Nr. 1 BauGB i.V.m. §§ 2 bis 11 BauNVO) verbinden Planbetroffene hinsichtlich der Nutzung ihrer Grundstücke zu einer „rechtlichen Schicksalsgemeinschaft."[82] Die Beschränkung der Nutzungsmöglichkeit wird zur gemeinsamen Last, die von allen Grundstückseigentümern gleichermaßen getragen wird. Baugebietsfestsetzungen kommen insofern grundsätzlich nachbarschützende Wirkung zu, als dass die Nachbarn[83] den ‚Verbleib in der Schicksalsgemeinschaft' gegenseitig durchsetzen können. Sie haben einen berechtigten Anspruch auf die Bewahrung der Gebietsart (§ 15 Abs. 1 S. 1 BauNVO).[84]

Bebauungsplanfestsetzungen zum Maß der baulichen Nutzung (§ 9 Abs. 1 Nr. 1 BauGB), den überbaubaren Grundstücksflächen und der Bauweise (§ 9 Abs. 1 Nr. 2 BauGB) können unter Umständen drittschützende Wirkung vermitteln. Ausschlaggebend ist dabei das objektiv-rechtliche Vorliegen einer entsprechenden Schutzwirkung.[85] Verstöße gegen nicht

---

80 BVerwG (Fn. 49), NVwZ 2000, 807.

81 Z.B. große Projekte im Bereich Industrie, Landwirtschaft und Infrastruktur (Anl. 1 UVPG).

82 BVerwG, Urt. v. 16.09.1993 – 4 C 28.91, NJW 1994, 1546.

83 „Nachbar im Baurecht ist jeder Dritte, dessen Interessen ein Rechtssatz des öffentlichen Rechts in seinen Schutzzweck mit aufgenommen hat." (*Timmermann* 2008, S. 26).

84 BVerwG (Fn. 82), NJW 1994, 1546; *Steffen*, BayVBl. 1999, 161 f.

85 *Dürr*, VBlBW 2015, 319 (323); Die Gemeinde kann Bebauungsplanfestsetzungen nachbarschützend ausgestalten (BVerwG, Beschl. v. 19.10.1995 – 4 B 215.95, NVwZ 1996, 888; *Söfker* in: *E/Z/B/K*, BauNVO, § 16 Rn. 49ff. (120. Lfg. Februar 2016), § 22 Rn. 48ff. (107. Lfg. Januar 2013), § 23 Rn. 55ff. (107. Lfg. Januar 2013)); vgl. Kap. 3.7.

nachbarschützende Festsetzungen können gegebenenfalls über das Rücksichtnahmegebot abgewehrt werden (§ 15 Abs. 1 BauNVO).[86]

Vor Klageerhebung erfolgt im Rahmen des Widerspruchsverfahrens zunächst eine erneute Prüfung des Verwaltungsakts durch die Bauaufsichtsbehörde (§§ 68 bis 73 VwGO).[87] Sofern ein negativer Widerspruchsbescheid ergeht, kann fristgerecht Klage vor dem zuständigen Verwaltungsgericht erhoben werden (§ 74 Abs. 1 VwGO). Im Zuge der Inzidentkontrolle wird auch die entsprechende Ermächtigungsgrundlage, hier der Bebauungsplan, auf Rechtmäßigkeit geprüft.[88] Gibt es aufgrund einer Genehmigungsfreistellung (§ 62 MBO) keinen anfechtbaren Verwaltungsakt, kann ein betroffener Nachbar nach erfolglosem Antrag auf ein Einschreiten der Baugenehmigungsbehörde Verpflichtungsklage zur Untersagung des Bauvorhabens erheben (§ 42 Abs. 1 Alt. 2 VwGO i.V.m. § 58 Abs. 2 S. 1, § 59 Abs. 2 und § 80 MBO).[89]

Klagebefugt in diesem Zusammenhang sind nach herrschender Meinung nur Grundstückseigentümer und sonstige dinglich am Grundstück Berechtigte[90], nicht aber lediglich obligatorisch Berechtigte wie z.B. Mieter.[91]

2.1.10 Zwischenfazit: Bauleitplanung

Die Bauleitplanung umfasst den Flächennutzungsplan als vorbereitenden und den Bebauungsplan als verbindlichen Bauleitplan. Der Bebauungsplan ist das zentrale Planungs- und Gestaltungsinstrument für die städtebauliche Entwicklung und Ordnung. Ein wichtiges Wesensmerkmal des Bebauungsplans ist der enge Zusammenhang mit der Planungshoheit der Gemeinde, denn über Bebauungspläne lässt sich aktive Stadtentwicklung

---

86 BVerwG, Urt. v. 05.08.1983 – 4 C 96.79, NJW 1984, 138; BVerwG, Urt. v. 06.10.1989 – 4 C 14.87, NJW 1990, 1192.

87 *Hüttenbrink* in: *Posser/Wolff*, BeckOK VwGO, § 68 Rn. 1 (44. Edition April 2017).

88 *Reidt* in: *B/K/L*, BauGB, § 10 Rn. 25 (13. Aufl. 2016).

89 *Robl* in: *Spannowsky/Manssen*, BeckOK BayBO, Art. 58 Rn. 32 (4. Edition Juni 2017); *Eiding/Heck* in: *Spannowsky/Eiding*, BeckOK HBO, § 56 Rn. 78 (5. Edition Juli 2017); *Seith* in: *Spannowsky/Uechtritz*, BeckOK BWLBO, § 51 Rn. 28 f. (1. Edition November 2017).

90 Z.B. durch Auflassungsvormerkung gesicherte Käufer (*Seibel*, BauR 2003, 1674 (1675)).

91 Vgl. Kap. 3.7 und Kap. 3.8.

betreiben. Das Planungserfordernis in § 1 Abs. 3 BauGB schränkt die gemeindliche Planungsfreiheit ein.

Ein weiteres wichtiges Merkmal des Bebauungsplans ist das vielschichtige Aufstellungsverfahren. Es sorgt dafür, dass die erforderliche Planung dem Rechtsstaats-, Sozialstaats- und Demokratieprinzip genügt. Über die zentralen Bestandteile der Öffentlichkeits- und Behördenbeteiligung werden die entsprechend von der Planung betroffenen privaten und öffentlichen Belange ermittelt und im Zuge der Abwägung in einen verhältnismäßigen Ausgleich gebracht.

Ein rechtskräftiger Bebauungsplan enthält final abgewogene, abschließende Regelungen zur bauplanungsrechtlichen Zulässigkeit von Vorhaben in seinem Geltungsbereich und stellt dadurch eine Inhalts- und Schrankenbestimmung des privaten Eigentums dar (Art. 14 Abs. 1 S. 2 GG). Die Vielfalt an möglichen Bebauungsplanfestsetzungen (§ 9 BauGB), die verschiedenen Planvarianten (§ 30 Abs. 1 bis 3 BauGB), aber auch sonstige Maßnahmen wie die Plansicherung oder das Baugebot verdeutlichen die komplexe Systematik des Bebauungsplans und seine vom Gesetzgeber herausgehobene Stellung als zentrales Steuerungsinstrument im Städtebaurecht.

2.2 *Zulässigkeit von Vorhaben im Außenbereich*

Nach § 1 Abs. 1 BauGB ist es Aufgabe der Gemeinde, die bauliche und sonstige Nutzung der Grundstücke im Gemeindegebiet mithilfe der Bauleitplanung vorzubereiten und zu leiten.[92] Für die Gebiete, in denen keine qualifizierten oder vorhabenbezogenen Bebauungspläne vorliegen (beplanter Bereich, § 30 Abs. 1 und 2 BauGB) bzw. die bauplanungsrechtliche Zulässigkeit nur teilweise über einen einfachen Bebauungsplan geregelt ist (teilweise beplanter Bereich, § 30 Abs. 3 BauGB), sollen die sogenannten Planersatzvorschriften der §§ 34 und 35 BauGB eine geordnete städtebauliche Entwicklung gewährleisten.[93]

Es wird unterschieden zwischen der Zulässigkeit von Vorhaben innerhalb der im Zusammenhang bebauten Ortsteile (§ 34 BauGB) und der Zulässigkeit von Vorhaben im Außenbereich (§ 35 BauGB). Damit dem für die vorliegende Forschungsarbeit zentralen Themenfeld der Zulässigkeit

92 Planmäßigkeitsprinzip; vgl. Kap. 2.1.

93 *Krautzberger* in: *E/Z/B/K*, BauGB, Vorbemerkungen zu den §§ 29-38, Rn. 28 (119. Lfg. November 2015).

von Vorhaben nach § 34 BauGB in geeigneter Weise begegnet werden kann, ist ein grundlegendes Verständnis der Zulässigkeitsanforderungen von Bauvorhaben im Außenbereich notwendig.

Der Außenbereich ist der Teil des Gemeindegebiets, der außerhalb der Geltungsbereiche qualifizierter und vorhabenbezogener Bebauungspläne (§ 30 Abs. 1 und 2 BauGB) und der im Zusammenhang bebauten Ortsteile (§ 34 BauGB) liegt. Die genaue Abgrenzung des Außenbereichs ist somit nicht ohne die Abgrenzung des Innenbereichs möglich.[94]

Der Außenbereich ist grundsätzlich von Bebauung freizuhalten. Der bauplanungsrechtlichen Zulässigkeit von Vorhaben im Außenbereich sind daher sehr enge Grenzen gesetzt.[95] Bei den potenziell im Außenbereich zulässigen Vorhaben wird zwischen privilegierten (§ 35 Abs. 1 BauGB), sonstigen (§ 35 Abs. 2 BauGB) und begünstigten Vorhaben (§ 35 Abs. 4 BauGB) unterschieden:

Die privilegierten Vorhaben sind in einem abschließenden Katalog in § 35 Abs. 1 Nr. 1 bis 8 BauGB aufgeführt. Hierunter zählen beispielsweise Bauvorhaben zum Zwecke der Land- und Forstwirtschaft (Nr. 1), der Biomassenutzung (Nr. 6) oder der öffentlichen Versorgungsinfrastruktur (Nr. 3). Privilegierte Vorhaben sind zulässig, wenn öffentliche Belange nicht entgegenstehen und die ausreichende Erschließung gesichert ist (§ 35 Abs. 1 BauGB).[96] Inwieweit einem privilegierten Vorhaben öffentliche Belange entgegenstehen, also das Gewicht der Beeinträchtigung der öffentlichen Belange höher wiegt als das der gesetzgeberischen Privilegierung,[97] muss in einer sogenannten „nachvollziehenden Abwägung"[98] zwischen dem privilegierten Nutzungszweck und dem konkret beeinträchtigten öffentlichen Belang einzelfallbezogen ermittelt werden. Die nachvollziehende Abwägung meint, anders als die bauleitplanerische Abwägung nach § 1 Abs. 7 BauGB,

> „einen gerichtlich uneingeschränkt überprüfbaren Vorgang der Rechtsanwendung, der eine auf den Einzelfall ausgerichtete Gewichtsbestimmung verlangt."[99]

---

94 Vgl. Kap. 2.3.2.1.

95 *Söfker* in: *E/Z/B/K*, BauGB, § 35 Rn. 13 (126. Lfg. August 2017).

96 An die Erschließung privilegierter Vorhaben im Außenbereich werden geringere Anforderungen gestellt als an die innerörtliche Erschließung von Vorhaben im beplanten Bereich (§ 30 Abs. 1 und 2 BauGB) und im Innenbereich (§ 34 Abs. 1 BauGB).; BVerwG, Beschl. v. 20.05.2010 – 4 B 20.10, ZfBR 2010, 584.

97 *Söfker* in: *E/Z/B/K*, BauGB, § 35 Rn. 76 (119. Lfg. November 2015).

98 BVerwG, Urt. v. 19.07.2001 – 4 C 4.00, NVwZ 2002, 476 (477).

99 Ebd.

Entgegenstehen können neben den in § 35 Abs. 3 BauGB beispielhaft aufgeführten auch andere bodenrechtlich relevante Belange (v.a. § 1 Abs. 6 BauGB). Sofern die Zulässigkeitskriterien des § 35 Abs. 1 BauGB erfüllt sind, besteht ein Anspruch auf Genehmigung, ohne Ermessensspielraum seitens der Baugenehmigungsbehörde.[100]

Alle nicht privilegierten Vorhaben sind sonstige Vorhaben. Sie sind nicht für die Bebauung im Außenbereich vorgesehen und daher nur zulässig, wenn „ihre Ausführung oder Benutzung öffentliche Belange nicht beeinträchtigt und die Erschließung gesichert ist“ (§ 35 Abs. 2 BauGB). Auch die Beeinträchtigung öffentlicher Belange muss im Rahmen einer nachvollziehenden Abwägung ermittelt werden,[101] wobei hier im Gegensatz zu den privilegierten Vorhaben bereits das Vorliegen einer belastenden Einwirkung auf einen öffentlichen Belang ausreicht.[102] Bei der Genehmigung eines sonstigen Vorhabens, das die Anforderungen des § 35 Abs. 2 BauGB erfüllt, besteht nach herrschender Meinung ebenfalls kein Ermessensspielraum.[103]

Manchen sonstigen Vorhaben im Zusammenhang mit vorhandenen baulichen Anlagen können bestimmte öffentliche Belange nicht entgegengehalten werden (begünstigte Vorhaben, § 35 Abs. 4 BauGB).[104] Diese Regelung dient dem Bestandsschutz im Außenbereich.

Es bleibt der Gemeinde unbenommen, etwa über Darstellungen im Flächennutzungsplan (§ 35 Abs. 3 S. 1 Nr. 1 BauGB) oder die Aufstellung eines Bebauungsplans mittelbar Einfluss auf die Zulässigkeit von Vorhaben im Außenbereich zu nehmen.

---

100 BVerwG, Urt. v. 29.04.1964 – I C 30.62, VerwRspr 1966, 79 (81ff.); BGH, Urt. v. 07.03.1985 – 3 ZR 126.83, NJW 1985, 3071 (3072); *Söfker* in: *E/Z/B/K*, BauGB, § 35 Rn. 60, 75 (119. Lfg. November 2015).

101 BVerwG (Fn. 98), NVwZ 2002, 476 (477).

102 BVerwG (Fn. 100), VerwRspr 1966, 79.

103 BVerwG (Fn. 100), VerwRspr 1966, 79 (83); BGH (Fn. 100), NJW 1985, 3071 (3072); *Söfker* in: *E/Z/B/K*, BauGB, § 35 Rn. 73, 76 (119. Lfg. November 2015).

104 U.a. Darstellungen des Flächennutzungsplans; *Söfker* in: *E/Z/B/K*, BauGB, § 35 Rn. 131 (119. Lfg. Nov. 2015).

2.3 *Zulässigkeit von Vorhaben im Innenbereich*

Die Erforderlichkeit, die städtebauliche Entwicklung und Ordnung mithilfe der Bauleitplanung zu leiten, liegt im planerischen Ermessen der Gemeinde und ist abhängig von ihrer planerischen Konzeption (§ 1 Abs. 3 S. 1 BauGB i.V.m. Art. 28 Abs. 2 S. 1 GG).[105] Im unbeplanten bzw. nur teilweise beplanten Innenbereich[106] hat die Gemeinde die bauplanungsrechtliche Zulässigkeit von Vorhaben nicht mithilfe qualifizierter (§ 30 Abs. 1 BauGB) oder vorhabenbezogener Bebauungspläne (§ 30 Abs. 2 BauGB) abschließend geklärt. Eine faktische Bausperre für jene Gebiete aufgrund planerischer Untätigkeit wäre nicht mit der Eigentumsfreiheit in Art. 14 Abs. 1 S. 1 GG zu vereinbaren. Die bauplanungsrechtliche Zulässigkeit von Vorhaben richtet sich in diesen Fällen nach § 34 BauGB[107]:

> „Innerhalb der im Zusammenhang bebauten Ortsteile ist ein Vorhaben zulässig, wenn es sich nach Art und Maß der baulichen Nutzung, der Bauweise und der Grundstücksfläche, die überbaut werden soll, in die Eigenart der näheren Umgebung einfügt und die Erschließung gesichert ist."
> (§ 34 Abs. 1 S. 1 BauGB)

Es gebietet sich eine ausführliche, dem Forschungsthema angemessene Erörterung der planungstheoretischen Hintergründe zu Entstehung, Inhalt und Zweck des § 34 BauGB.

2.3.1 Entstehung und Ausformung des § 34 BauGB

2.3.1.1 § 34 BBauG 1960

Die Geschichte der Zulässigkeit von Bauvorhaben im unbeplanten Innenbereich reicht zurück bis zur ersten Fassung des Bundesbaugesetzes (BBauG) im Jahr 1960:

> „In Gebieten, für die die Gemeinde **noch nicht** beschlossen hat, einen Bebauungsplan im Sinne des § 30 aufzustellen, oder für die die Aufstellung eines solchen Planes nicht erforderlich ist, ist innerhalb der im Zusammenhang bebauten Ortsteile ein Vorhaben zulässig, wenn es nach der vor-

---

105 Vgl. Kap. 2.1.1.

106 Im Folgenden vereinfacht nur ‚unbeplanter Innenbereich' im Sinne von nicht abschließend beplanter Bereich. – In Anlehnung an *Söfker* in: *E/Z/B/K*, BauGB, § 34 Rn. 7 (125. Lfg. Mai 2017).

107 Fn. 1.

handenen Bebauung und Erschließung unbedenklich ist.“ (§ 34 BBauG 1960, eigene Hervorhebung)

Hintergrund für die Einführung dieser neuen Vorschrift waren die Erfahrungen der ersten Jahre des Wiederaufbaus nach dem zweiten Weltkrieg und die Erkenntnis, dass die flächendeckende Schaffung von Baurecht durch Bebauungspläne (Planmäßigkeitsprinzip, § 1 Abs. 1 BBauG 1960) nicht ausreichend schnell, oder nur mit unverhältnismäßig großem Aufwand geleistet werden konnte.[108] Das öffentliche Interesse am Planmäßigkeitsprinzip stand in einem Spannungsverhältnis zur privaten Eigentumsgarantie, die eine freie Bebaubarkeit der Grundstücke forderte (Art. 14 Abs. 1 S. 1 GG[109]). Die Einführung des § 34 BBauG 1960 sollte dieses Spannungsverhältnis auflösen, indem die Beurteilung der bauplanungsrechtlichen Zulässigkeit von Vorhaben und somit die Bebaubarkeit der Grundstücke auch ohne Bebauungsplan möglich wurde. Aus dem Wortlaut des § 34 BBauG 1960 ergibt sich, dass die Vorschrift zunächst nur als „Übergangsregelung“[110] fungieren sollte, bis eine formelle Planung stattfinden würde.[111]

Nach Einführung der Planersatzvorschrift des § 34 BBauG 1960 bestand zunächst gewisse Unklarheit im Blick auf die Auslegung der Norm. Von besonderer Relevanz war in den 1960er-Jahren die Frage, wie der Begriff der Unbedenklichkeit ausgefüllt werden sollte und inwieweit die Planungsgrundsätze der Bauleitplanung in § 1 Abs. 4 BBauG 1960[112] auch bei einer Genehmigung nach § 34 BBauG 1960 zu berücksichtigen seien. Das Bundesverwaltungsgericht vertrat zunächst in Ermangelung anderer Bewertungsmaßstäbe die Auffassung, „für die Bestimmung des Begriffs ‚unbedenklich‘“ seien die für die Bauleitplanung geltenden Richtlinien zu beachten. § 34 BauGB solle anstelle eines Bebauungsplans die „Durchsetzung der Ziele des BBauG sichern.“[113] Dies beinhaltete insbesondere die Berück-

108 „Die Bauleitpläne sind von den Gemeinden in eigener Verantwortung aufzustellen, sobald und soweit es erforderlich ist.“ (§ 2 Abs. 1 BBauG 1960).; vgl. Planmäßigkeitsprinzip in Kap. 2.1.

109 Entspricht dem Wortlaut des Art. 14 Abs. 1 S. 1 GG 1949.

110 *Gatz*, DVBl. 2013, 1304.

111 *Söfker* in: *E/Z/B/K*, BauGB, § 34 Rn. 1 (125. Lfg. Mai 2017).

112 „[1] Die Bauleitpläne haben sich nach den sozialen und kulturellen Bedürfnissen der Bevölkerung, ihrer Sicherheit und Gesundheit zu richten. [2] Dabei sind die öffentlichen und privaten Belange gegeneinander und untereinander gerecht abzuwägen. [3] Die Bauleitpläne sollen den Wohnbedürfnissen der Bevölkerung dienen und die Eigentumsbildung im Wohnungswesen fördern.“ – Man beachte das in Satz 2 enthaltene Abwägungsgebot.

113 BVerwG, Urt. v. 29.08.1961 – 1 C 36.60, NJW 1962, 507.

sichtigung der Planungsgrundsätze aus § 1 Abs. 4 BBauG 1960[114] sowie die Anwendung der Baunutzungsverordnung als Bewertungsmaßstab für die im faktischen Baugebiet zulässigen Maße und Nutzungen (§ 24 Abs. 2 BauNVO 1962).[115]

2.3.1.2 Auslegung des § 34 BBauG 1960 durch das BVerwG

Im Jahr 1969 erfolgte eine wegweisende Rechtsprechung des Bundesverwaltungsgerichts, die der Genehmigungsvorschrift des § 34 BBauG eigene Bewertungsmaßstäbe zuwies: „Ein nach § 34 BBauG zu beurteilendes Vorhaben ist ‚unbedenklich', wenn es sich mit der vorhandenen Bebauung in dem Sinne vereinbaren lässt, dass seine Ausführung keinen bodenrechtlich relevanten Widerspruch hervorruft."[116] Ein Widerspruch liegt insbesondere vor, wenn ein Vorhaben „die vorhandene Situation mehr als nur geringfügig verschlechtert."[117] Den Planungsgrundsätzen in § 1 Abs. 4 und 5 BBauG 1960 und den Regelungen der BauNVO 1962 komme jenseits einer indiziellen Bedeutung keine entscheidende Rolle mehr bei der Beurteilung der Unbedenklichkeit eines Vorhabens nach § 34 BBauG 1960 zu.[118]

Sendler[119] bemerkt zu dieser neuen Auffassung: Der „Planungsgesetzgeber des Bundes" wurde im unbeplanten Innenbereich „gewissermaßen stellvertretend für den gänzlich oder jedenfalls teilweise schweigenden örtlichen Planungsgesetzgeber[] tätig" und schaffte mit § 34 BBauG 1960 einen „notwendig grobmaschig[en]"[120] Planersatz:

> „§ 34 erlaubt das, was auch geplant werden könnte, verbietet aber nicht, was eine zulässige Planung durchaus verbieten könnte, aber eben noch nicht verboten hat."[121]

---

114 Ebd.; BVerwG, Urt. v. 13.08.1966 – 4 B 149.65, DÖV 1967, 276.

115 OVG Münster, Urt. v. 20.11.1967 – 7 A 1084/67, VerwRspr 1968, 588 (589).

116 BVerwG, Urt. v. 23.04.1969 – 4 C 12.67, BVerwGE 32, 31.

117 Ebd.

118 BVerwG (Fn. 116), BVerwGE 32, 31ff.; *Vogel*, BauR 1977, 6 (7).

119 Richter am Bundesverwaltungsgericht (1966-1991), Präsident des Bundesverwaltungsgerichts (1980-1991).

120 *Sendler*, BBauBl. 1968, 12 (13).

121 *Sendler*, BBauBl. 1968, 63 (68); *Sendler* räumt die Zuspitzung in dieser Aussage ein und bemerkt ebenda einschränkend: „Manches, was im Rahmen einer größeren Planung durchaus zulässig werden könnte, braucht es im Hinblick auf das in die vorhandene Bebauung eingebettete Vorhaben noch längst nicht zu sein.".

> „[...] bei der Frage, ob ein Vorhaben unbedenklich ist, [sei] im Zweifel der Baufreiheit de[r] Vorrang zu geben."[122]

Das Urteil des Bundesverwaltungsgerichts senkte die Anforderungen an die Zulässigkeit von Vorhaben im unbeplanten Innenbereich und schwächte dadurch die Stellung des Planmäßigkeitsprinzips (§ 1 Abs. 1 BBauG 1960) zugunsten der Eigentumsfreiheit (Art. 14 Abs. 1 S. 1 GG).[123]

> „Damit hat § 34 zumindest auch die Funktion, einen Planungsdruck auszuüben. Wenn es anders wäre, dann brauchten wir im Grunde für bebaute Ortsteile gar keinen Plan; seine Aufgabe könnte [...] der § 34 im Grunde genommen genauso gut erfüllen."[124]

Den Genehmigungsansprüchen privater Grundstückseigentümer und einer potenziellen Verschlechterung der städtebaulichen Situation konnte bisweilen nicht ohne Entschädigungszahlungen (§ 44 BBauG 1960) entgegengesteuert werden. Folglich begünstigte die Planersatzvorschrift des § 34 BBauG 1960 in den späten 1960er- und frühen 1970er-Jahren eine intensive, zum Teil strukturverändernde Bautätigkeit ohne förmliche Planung.[125] Im Rahmen der Erneuerungs- und Sanierungsaktivitäten[126] von Städten mit historischen Baubeständen wurde besonders deutlich, dass, wenn sich das Baurecht der Innenstadtgebiete überwiegend nach § 34 BBauG 1960 richtete, einer „Verfestigung städtebaulicher Missstände"[127] wenig entgegenzusetzen und insbesondere der Schutz erhaltenswerter Bausubstanz im Rahmen der Stadtsanierung wesentlich erschwert war.[128]

Im Zusammenspiel von Rechtsprechung und Praxis entwickelte § 34 BBauG 1960 eine vom „Übergangscharakter unabhängige eigenständige Bedeutung."[129]

---

122 *Sendler*, BBauBl. 1968, 63 (67).

123 *Vogel*, BauR 1977, 6; *Scharmer* 1992, S. 57, 62; *Gatz*, DVBl. 2013, 1304 (1305).

124 *Sendler*, BBauBl. 1968, 63 (67).

125 *Scharmer* 1992, S. 59, 62.; *Gatz*, DVBl. 2013, 1304 (1305); *Söfker* in: *E/Z/B/K*, BauGB, § 34 Rn. 2 (125. Lfg. Mai 2017).

126 Basierend auf dem Städtebauförderungsgesetz von 1971 (BGBl. I 1971, S. 1125).

127 Arbeitsgemeinschaft Bamberg, Lübeck und Regensburg, Zeitschrift für Stadtgeschichte, Stadtsoziologie und Denkmalpflege 1974, 314 (317).

128 Ebd., S. 318; BT-Drucksache 7/4793 vom 23.02.1976, S. 34.

129 *Söfker* in: *E/Z/B/K*, BauGB, § 34 Rn. 1 (125. Lfg. Mai 2017).

2.3.1.3 Einfügungsgebot in § 34 BBauG 1976 als Reaktion des Gesetzgebers

Der Gesetzgeber registrierte diese Entwicklungen und bemerkte „erhebliche Schwierigkeiten“[130] und Unsicherheiten bei der Anwendung der Norm: In der Praxis bestünde demnach „die Gefahr einer ungeordneten und insbesondere unkontrollierten städtebaulichen Entwicklung innerhalb der im Zusammenhang bebauten Ortsteile“, weil „manche Gemeinden [...] in den bebauten Ortslagen auf die Aufstellung von Bauleitplänen verzichtet und so die Planungsverpflichtung nach § 2 Abs. 1 des Gesetzes umgangen“[131] hatten. Sie hielten die „weitgefassten Tatbestände des § 34 BBauG“[132] für ausreichend, um die städtebauliche Entwicklung angemessen zu leiten.

Gemäß dem neu gefassten § 34 Abs. 1 BBauG 1976 ist ein Vorhaben „innerhalb der im Zusammenhang bebauten Ortsteile“ dann zulässig, wenn es sich „nach Art und Maß der baulichen Nutzung, Bauweise und der Grundstücksfläche, die überbaut werden soll, in die Eigenart der näheren Umgebung“ **einfügt**. Die Erschließung muss gesichert sein und es dürfen keine sonstigen öffentlichen Belange entgegenstehen, insbesondere müssen die Anforderungen an gesunde Wohn- und Arbeitsverhältnisse gewahrt und Beeinträchtigungen des Ortsbildes[133] unterbleiben.[134] Mit § 34 Abs. 2 BBauG 1976 wird den Gemeinden zudem die Möglichkeit gegeben, eine Innenbereichssatzung zu erlassen, um die im Zusammenhang bebauten Ortsteile vom Außenbereich abzugrenzen.[135] § 34 Abs. 3 BBauG 1976 bestimmt darüber hinaus, dass bei der Beurteilung von Art und Maß der baulichen Nutzung von Vorhaben innerhalb eines faktischen Baugebiets (§§ 2 bis 11 BauNVO 1962) die entsprechenden Maßstäbe der BauNVO heranzuziehen sind.[136]

Der Gesetzgeber intendierte mit der Schaffung des Einfügungsgebots und der weiteren Tatbestandsmerkmale in § 34 Abs. 1 BBauG 1976 eine

---

130 BT-Drucksache 7/2496 vom 22.08.1974, S. 48.
131 Ebd.
132 Ebd.
133 Zum Schutz der historischen Altstädte. – BT-Drucksache 7/4793 vom 23.02.1976, S. 13.
134 Eine Erläuterung der Normtatbestände folgt in Kap. 2.3.2.
135 BT-Drucksache 7/4793 vom 23.02.1976, S. 13, 34; vgl. Kap. 2.3.2.1.
136 BT-Drucksache 7/4793 vom 23.02.1976, S. 35; Nach altem Recht erfolgte die Anwendung der BauNVO im Rahmen des § 34 BBauG 1960 gemäß § 24 Abs. 2 BauNVO 1962.

Verschärfung der Zulässigkeitsvoraussetzungen, weg von der durch die Rechtsprechung ausgeformten Unbedenklichkeitsklausel und hin zu einer planartigeren Ordnungsvorschrift.[137] Dies wird zum einen daran deutlich, dass mit Art. 3 § 10 Abs. 2 ÄndG BBauG 1976[138] eine Entschädigungsregelung für die durch die Änderung des § 34 BBauG 1976 ausgelösten Wertminderungen der Grundstücke eingeführt wurde.[139] Zum anderen lässt sich eine gewisse Annäherung zum Bebauungsplan feststellen: Die Entsprechung im Wortlaut der Einfügungstatbestände in § 34 Abs. 1 BBauG 1976 mit zentralen Festsetzungen der Bebauungspläne (§ 9 Abs. 1 Nr. 1 und 2 BBauG 1976) ist offensichtlich. Die erforderliche Berücksichtigung sonstiger öffentlicher Belange,[140] die Anwendung der Baunutzungsverordnung[141] und das Instrument der Innenbereichssatzung[142] weisen ebenfalls Parallelen zum Bebauungsplan auf (§ 1 Abs. 6 und 7, § 2 Abs. 8, § 9 Abs. 5 BBauG 1976).[143]

2.3.1.4 Auslegung des § 34 BBauG 1976 durch das BVerwG

Auch wenn es angesichts des Normtextes und der gesetzgeberischen Intention zunächst naheliegend erschien, dass das neue Einfügungsgebot tatsächlich zu einer deutlichen Verschärfung der Rechtslage führen würde,[144] weil es „ein positives Anpassen an die vorhandene Bebauung“[145] fordere und anders als die Unbedenklichkeitsklausel jegliche Verschlechterung der städtebaulichen Situation verhindere, vertrat das Bundesverwaltungsgericht eine andere Auffassung. Im bis heute maßgeblichen sogenannten ‚Harmonie-Urteil‘ vom 26.05.1978[146] erkennt das Gericht zwar an, dass § 34 BBauG 1976 strengere Anforderungen an die Zulässigkeit von Vorha-

---

137 BT-Drucksache 7/4793 vom 23.02.1976, S. 13.

138 Überleitungs- und Schlussvorschriften; vgl. BGBl. I 1976, S. 2316.

139 Heute in § 238 BauGB; *Vogel*, BauR 1977, 6; *Söfker* in: *E/Z/B/K*, BauGB, § 34 Rn. 2 (125. Lfg. Mai 2017).

140 § 34 Abs. 1 BBauG 1976.

141 § 34 Abs. 3 BBauG 1976; im Gegensatz zum alten Recht nun Bestandteil der Norm.

142 Instrument zur satzungsmäßigen Gebietsabgrenzung des Innenbereichs (§ 34 Abs. 2 BBauG 1976).

143 *Schmidt-Eichstaedt*, JZ 1978, 12; *Battis* 2006, S. 146.

144 *Schmidt-Aßmann*, NJW 1976, 1913 (1916); *Finkelnburg*, NJW 1977, 840 (841 f.); *Lenz*, BauR 1978, 329ff.; *Bielenberg*, BlGBW 1977, 141 (142 f.).

145 *Schmidt-Eichstaedt*, JZ, 1978, 12.

146 BVerwG, Urt. v. 26.05.1978 – 4 C 9.77, BVerwGE 55, 369.

ben stellt[147] bzw. stellen müsste[148] als § 34 BBauG 1960, sodass „**grundsätzlich** geringfügige Verschlechterungen nicht mehr gestatte[t]"[149] sein dürften. Die positive Definition des Einfügens bereite jedoch insofern Schwierigkeiten, als dass anhand des Wortsinns nicht ohne Weiteres ersichtlich sei, worin genau der Unterschied zur Unbedenklichkeit bestehe. Ein Verbot jeglicher „materieller Verschlechterung[en]"[150] sei in jedem Fall keine geeignete Zulassungsschranke, da die wertende Beurteilung und Abwägung der städtebaulichen Folgen eines Vorhabens der gemeindlichen Bauleitplanung vorbehalten ist.[151]

Das Einfügungsgebot verlangt nach Ansicht des Bundesverwaltungsgerichts, dass „das zu beurteilende Vorhaben zu dem aus seiner (maßgebenden) Umgebung ableitbaren Rahmen in bestimmter Beziehung steht."[152] Dem städtebaulichen Rahmen liegen die Maßstäbe der vorhandenen Bebauung zugrunde, also u.a. Art und Maß der baulichen Nutzung in der näheren Umgebung.[153] Ein Vorhaben, das sich in jeglicher Hinsicht innerhalb dieses Rahmens hält und zudem die gebotene Rücksichtnahme[154] auf die sonstige Bebauung wahrt, fügt sich in der Regel ein. Dies „erschöpft jedoch die Möglichkeiten des Einfügens nicht"[155], denn

> „bei der ‚Einfügung' geht es weniger um ‚Einheitlichkeit' als um ‚Harmonie'. Daraus, dass ein Vorhaben in seiner Umgebung [...] ohne ein Vorbild ist, folgt noch nicht, dass es ihm an der ‚harmonischen' Einfügung fehlt. [...] Das Gebot des ‚Einfügens' soll nicht als starre Festlegung auf den gegebenen Rahmen allen individuellen Ideenreichtum blockieren; es zwingt nicht zur Uniformität."[156]

Ein rahmenüberschreitendes Vorhaben fügt sich erst dann nicht ein, wenn es selbst oder infolge einer Vorbildwirkung „im Verhältnis zu seiner Umgebung bewältigungsbedürftige Spannungen begründet oder erhöht"[157] und die vorgegebene Situation in diesem Sinn in Bewegung bringt. „Soll es zugelassen werden, kann dies sachgerecht nur unter Einsatz der – jene

147 BVerwG (Fn. 146), BVerwGE 55, 369 (370).
148 BVerwG (Fn. 146), BVerwGE 55, 369 (381).
149 BVerwG (Fn. 146), BVerwGE 55, 369 (382); eigene Hervorhebung.
150 BVerwG (Fn. 146), BVerwGE 55, (381).
151 BVerwG (Fn. 146), BVerwGE 55, (383 f).
152 BVerwG (Fn. 146), BVerwGE 55, (385).
153 BVerwG (Fn. 146), BVerwGE 55, (380); vgl. Kap. 2.3.2.2.
154 Vgl. Kap. 2.3.3.
155 BVerwG (Fn. 146), BVerwGE 55, (386).
156 Ebd.
157 BVerwG (Fn. 146), BVerwGE 55, 369 (387).

Unruhe gewissermaßen wieder auffangenden – Mittel der Bauleitplanung geschehen.“[158]

Insgesamt orientierte sich das Bundesverwaltungsgericht mit seiner Auslegung des § 34 BBauG 1976 eng an der bisherigen Rechtslage nach § 34 BBauG 1960.[159] *Jäde* kommentiert daher, das Bundesverwaltungsgericht habe sich „auf (scheinbar) altbewährte Positionen zurückgezogen“, statt „dem großen Entwurf die liebevolle Detailarbeit folgen zu lassen.“[160] Weder das Einfügungsgebot[161] noch die übrigen Normtatbestände, denen in vielen Fällen praktisch keine vom Einfügungsgebot unabhängige Bedeutung zukam,[162] sorgten im Ergebnis für eine wesentliche Verschärfung der Rechtslage.[163] *Vogel* sieht im Szenario drohender Entschädigungsansprüche einen praktischen Grund, „den neuen § 34 großzügig in Richtung auf das alte Recht auszulegen.“[164]

2.3.1.5 Rechtsvereinfachung durch das Baugesetzbuch von 1986

Der Erlass des Baugesetzbuchs 1986 führte zu einer Neufassung des § 34 BauGB 1986. In Absatz 1 entfiel das Zulässigkeitserfordernis, dass „sonstige öffentliche Belange nicht entgegenstehen“ dürfen. Dies trug nach Auffassung des Gesetzgebers dem Umstand Rechnung, dass sonstige öffentliche Belange bereits nach geltender Rechtslage u.a. aus eigentumsrechtlichen Gründen nicht in der Lage waren, der Zulässigkeit eines sich einfügenden Vorhabens tatsächlich entgegenzustehen.[165] Die Zulässigkeit sollte sich künftig „grundsätzlich nur danach richten, ob sich das Vorhaben in die Eigenart der näheren Umgebung einfügt.“[166] Beibehalten wurden die

---

158 Ebd.; vgl. Kap. 2.3.4.

159 *Lenz*, BauR 1978, 329 (330ff.); *Schlichter* 1978, S. 30.

160 *Jäde*, BauR 1985, 639 (640).

161 Vgl. etwa die Parallelität zwischen ‚bodenrechtlichen Spannungen‘ und ‚bodenrechtlich relevantem Widerspruch‘; BVerwG (Fn. 146), BVerwGE 55, 369 (382).

162 *Weyreuther*, BauR 1981, 1 (12 f.); BVerwG, Urt. v. 29.05.1981 – 4 C 34.78, NJW 1982, 196; BVerwG, Beschl. v. 05.03.1984 – 4 B 171.83, NVwZ 1984, 646 (647); BVerwG, Beschl. v. 25.04.1985 – 4 B 48.85, ZfBR 1985, 192 f.

163 *Schlichter* 1978, S. 30; *Vogel*, BauR 1977, 6 (7 f.); *Scharmer* 1992, S. 86ff.

164 *Vogel*, BauR 1977, 6 (11).

165 *Weyreuther*, BauR 1981, 1 (2ff.); BT-Drucksache 10/4630 vom 10.01.1986, S. 87; BVerwG (Fn. 162), ZfBR 1985, 192 f.; Zur Kritik am Wegfall der ‚sonstigen öffentlichen Belange‘ vgl. die Ausführungen in Kap. 3.4 b).

166 BT-Drucksache 10/4630 vom 10.01.1986, S. 86 f.;

Zusatzkriterien der Wahrung gesunder Wohn- und Arbeitsverhältnisse und des Ortsbildschutzes.

Absatz 2 enthält die geänderte Regelung zur Anwendung der Baunutzungsverordnung im Fall des Vorliegens eines faktischen Baugebiets.[167] Die Baunutzungsverordnung ist nur noch für die Beurteilung der Zulässigkeit nach der Art der baulichen Nutzung heranzuziehen. Das zulässige Maß der baulichen Nutzung sei sachgerechter im Rahmen des Einfügungserfordernisses (Abs. 1) anhand der tatsächlichen Verhältnisse zu bestimmen.[168]

Weiterhin wurde Absatz 3 eingeführt, der die Genehmigung von Vorhaben im Zusammenhang mit vorhandenen gewerblichen Anlagen in Abweichung zu den Absätzen 1 und 2 ermöglicht. Diese neue Regelung sollte betriebliche Investitionen im Bestand erleichtern.[169] Die neugefassten Vorschriften zur Innenbereichssatzung waren in den Absätzen 4 und 5 enthalten.

Während der Gesetzgeber noch mit der BBauG-Novelle von 1976 eine Verschärfung der Rechtslage intendierte und dadurch einen stärkeren Anreiz zur Aufstellung von Bebauungsplänen schaffen wollte,[170] weisen die Reduzierung und Konzentrierung der Genehmigungstatbestände durch die Änderungen im BauGB 1986 auf eine materiell-rechtliche und symbolische Aufwertung der Planersatzvorschrift des § 34 BauGB 1986 in der Systematik des Städtebaurechts hin. Dies lässt sich auch als Reaktion auf die städtebauliche Praxis verstehen, in der die Planersatzvorschrift des § 34 längst nicht mehr bloß Auffangtatbestand, sondern gleichgewichtiges Genehmigungsinstrument neben dem Bebauungsplan war.[171]

---

167 Zuvor regelte § 34 Abs. 3 BBauG 1976 die Anwendung der BauNVO.; vgl. Kap. 2.3.1.3.

168 BT-Drucksache 10/4630 vom 10.01.1986, S. 87.

169 Ebd.

170 Weitestgehend ohne Erfolg, wie die vorangehenden Ausführungen zeigten.; vgl. *Weyreuther*, BauR 1981, 1 (12).

171 *Rubel*, DVBl. 2018, 403; *Zoubek et al.*, DVBl. 1985, 36 (39); *Kleinlein*, DÖV 1986, 1010; Bundesminister für Raumordnung, Bauwesen und Städtebau 1984, S. 15; Zwischen 1977-1982 wurden knapp die Hälfte der Baugenehmigungen nach § 34 BauGB erteilt (*Schäfer/Schmidt-Eichstaedt*, DVBl. 1984, 588 (590)).

2.3.1.6 Änderungen durch Gesetze seit 1990 im Überblick

Das von 1990 bis 1997 bestehende BauGB-Maßnahmengesetz erleichterte die Genehmigungsmöglichkeiten von Bauvorhaben im unbeplanten Innenbereich zum Zwecke des Wohnungsbaus. Nach § 4 Abs. 2 BauGB-MaßnahmenG 1990 galten die Möglichkeiten zur Abweichung vom Einfügungserfordernis im Sinne des § 34 Abs. 1 und 2 BauGB 1986 in bestimmten Fällen baulicher Maßnahmen im Bestand auch für zulässigerweise errichtete bauliche Anlagen, die Wohnzwecken dienten.[172]

Im Rahmen des Europarechtsanpassungsgesetzes Bau 2004 wurde mit § 34 Abs. 3 BauGB 2004[173] eine neue Vorschrift eingeführt:

> „Von Vorhaben nach Absatz 1 oder 2 dürfen keine schädlichen Auswirkungen auf zentrale Versorgungsbereiche in der Gemeinde oder in anderen Gemeinden zu erwarten sein."

§ 34 Abs. 3 BauGB 2004 richtete sich in erster Linie gegen die Ansiedlung großflächiger Einzelhandelsbetriebe, wenn diese trotz Einfügens nach § 34 Abs. 1 und 2 BauGB 2004 die genannten negativen Fernwirkungen verursachten.[174] Nach Auffassung von *Berkemann* kann die Normierung des § 34 Abs. 3 BauGB 2004 interpretiert werden als eine gewisse „Korrektur der Entscheidung des Gesetzgebers, das Tatbestandsmerkmal der ‚sonstigen öffentlichen Belange' in § 34 Abs. 1 BauGB 1987 zu entfernen."[175]

Mit dem BauGB-Änderungsgesetz 2007 wurde erneut eine Ergänzung der Vorschrift zur Abweichung vom Erfordernis des Einfügens vorgenommen. Vergleichbar mit der von 1990 bis 1997 geltenden Norm des § 4 Abs. 2 BauGB-MaßnahmenG 1990 ermöglichte § 34 Abs. 3 a S. 1 Nr. 1 BauGB 2007 nun unter bestimmten Voraussetzungen entsprechende Genehmigungserleichterungen bei Wohnzwecken dienenden Vorhaben im Bestand.[176] Im BauGB-Änderungsgesetz 2013 wurde eine weitere Fallgestaltung in diese Regelung aufgenommen, wonach auch Nutzungsände-

---

172 *Söfker* in: *E/Z/B/K*, BauGB, § 34 Rn. 5 f. (125. Lfg. Mai 2017).

173 § 34 Abs. 3 BauGB 1986 wurde durch das BauROG 1998 aufgehoben und als § 34 Abs. 3 a BauGB 2004 neu gefasst.

174 *Uechtritz*, NVwZ 2007, 660; *Söfker* in: *E/Z/B/K*, BauGB, § 34 Rn. 6 a (125. Lfg. Mai 2017); weiterführend zu § 34 Abs. 3 BauGB 2004: *Reidt*, NVwZ 2007, 664; *Claus*, NVwZ 2010, 753; vgl. Kap. 2.3.2.3 c).

175 *Berkemann* in: *Berkemann/Halama*, § 34 Rn. 11 (2. Aufl. 2011), zit. nach: *Schmidt* 2013, S. 158.

176 *Söfker* in: *E/Z/B/K*, BauGB, § 34 Rn. 6 b (125. Lfg. Mai 2017); Nach neuer Rechtslage konnte nur noch von § 34 Abs. 1 S. 1 abgewichen werden (§ 34 Abs. 3 a S. 1 BauGB 2007).

rungen von Gewerbe- und Handwerksbetrieben zu Wohnzwecken entsprechend erfasst sind (§ 34 Abs. 3 a S. 1 Nr. 1 BauGB 2013). Beide Änderungen dienten der Stärkung der Innenentwicklung.[177]

Die im Zuge des BauGB-Änderungsgesetzes 2017[178] eingeführten mischgebietsähnlichen ‚Urbanen Gebiete' (§ 6 a BauNVO)[179] erweitern den Katalog an möglichen Baugebietsfestsetzungen. Urbane Gebiete können jedoch nicht als faktische Baugebiete im Sinne des § 34 Abs. 2 BauGB gelten (§ 245 c Abs. 3 BauGB).[180]

Eine weitere aktuelle Änderung betrifft § 34 Abs. 3 a S. 1 Nr. 1 BauGB: Zur Erleichterung des Wohnungsbaus kommen Abweichungen vom Einfügungserfordernis gemäß § 34 Abs. 1 S. 1 BauGB nun auch für Nutzungsänderungen jedweder baulicher Anlagen zu Wohnzwecken infrage.[181]

Die bauplanungsrechtliche Genehmigungsvorschrift des § 34 war seit ihrer Einführung im BBauG 1960 einem ständigen Wandel unterzogen, beeinflusst von politischen, gesellschaftlichen und wirtschaftlichen Veränderungen. Die heutige Fassung des § 34 BauGB ist das Ergebnis eines langjährigen, zum Teil konfligierenden Kommunikationsprozesses zwischen Gesetzgeber, Rechtsprechung und städtebaulicher Praxis.

2.3.2 Zulässigkeit von Vorhaben im Zusammenhang bebauter Ortsteile

Die bauplanungsrechtliche Zulässigkeit eines Bauvorhabens (§ 29 Abs. 1 BauGB) im unbeplanten Innenbereich richtet sich grundsätzlich nach der Planersatzvorschrift des § 34 BauGB. Der Innenbereich umfasst die nicht im Geltungsbereich qualifizierter oder vorhabenbezogener Bebauungspläne (§ 30 Abs. 1 und 2 BauGB) liegenden Gebiete der ‚im Zusammenhang bebauten Ortsteile'.[182]

---

177 *Söfker* in: *E/Z/B/K*, BauGB, § 34 Rn. 6 b, 6 c (125. Lfg. Mai 2017); vgl. Kap. 3.2.

178 Gesetz zur Umsetzung der Richtlinie 2014/52/EU im Städtebaurecht und zur Stärkung des neuen Zusammenlebens in der Stadt (BGBl. I 2017 Nr. 24, S. 1057ff.).

179 Im Vergleich zum Mischgebiet verlangt ein Urbanes Gebiet keine gleichgewichtige Mischung von Wohnen und Gewerbe (BT-Drucksache 18/11439 vom 08.03.2017, S. 15; *Battis/Mitschang/Reidt*, NVwZ 2017, 817 (823 f.); *Franßen*, ZUR 2017, 532 (533)).

180 Ein wesentlicher Unterschied im Zulässigkeitsmaßstab des sehr offen gefassten § 6 a BauNVO zu einer Gemengelage nach § 34 Abs. 1 BauGB wäre ohnehin nicht zu erwarten gewesen (*Battis/Mitschang/Reidt*, NVwZ 2017, 817 (825)).

181 *Söfker* in: *E/Z/B/K*, BauGB, § 34 Rn. 6 d (125. Lfg. Mai 2017).

182 *Söfker* in: *E/Z/B/K*, BauGB, § 34 Rn. 13 (125. Lfg. Mai 2017).

2.3.2.1 Im Zusammenhang bebaute Ortsteile

Das Vorliegen eines im Zusammenhang bebauten Ortsteils ist zentrale Voraussetzung für die Anwendbarkeit des § 34 BauGB. Der Grund hierfür ist, dass die bauplanungsrechtliche Beurteilung der Zulässigkeit eines Vorhabens außerhalb der Planbereiche zwingend eine bereits bestehende Umgebungsbebauung als Orientierungsmaßstab erfordert.[183] Der Begriff des im Zusammenhang bebauten Ortsteils enthält die Merkmale des Bebauungszusammenhangs und des Ortsteils.[184]

Ein Ortsteil ist nach ständiger Rechtsprechung „jeder Bebauungskomplex im Gebiet einer Gemeinde, der nach der Zahl der vorhandenen Bauten ein gewisses Gewicht besitzt und Ausdruck einer organischen Siedlungsstruktur ist."[185] Bei der Bestimmung des ‚gewissen Gewichts' ist auf die „siedlungsstrukturellen Gegebenheiten im Gebiet der jeweiligen Gemeinde"[186] abzustellen. Das Merkmal der organischen Siedlungsstruktur erfordert keine einheitliche, homogen gewachsene Bebauung, sondern im Gegensatz zur städtebaulich unerwünschten Splittersiedlung (§ 35 Abs. 3 S. 1 Nr. 7 BauGB) eine gewisse funktionale Regelhaftigkeit, die einer „angemessene[n] Fortentwicklung der Bebauung"[187] auf Basis des § 34 BauGB überhaupt als brauchbare Grundlage dienen kann.[188]

Ein Bebauungszusammenhang reicht so weit, „wie die aufeinanderfolgende Bebauung **trotz vorhandener Baulücken** nach der Verkehrsauffassung den Eindruck der Geschlossenheit und Zusammengehörigkeit vermittelt."[189] Dabei ist allein auf die tatsächlich vorhandene Bebauung abzustellen, die optisch wahrnehmbar ist und nach Art und Gewicht ein gewisses Maß an gebietsprägender Wirkung aufweist.[190] Wie eng sich die Aufeinanderfolge der Bebauung darstellen muss, um einen Bebauungszusammenhang zu bilden, ist „nicht nach geographisch-mathematischen Maßstäben, sondern aufgrund einer umfassenden Wertung und Bewertung des

---

183 *Krüper/Herbolsheimer*, JURA 2017, 286 (288); BVerwG, Urt. v. 01.12.1972 – 4 C 6.71, VerwRspr 1974, 69 (74).

184 *Söfker* in: *E/Z/B/K*, BauGB, § 34 Rn. 13 (125. Lfg. Mai 2017).

185 BVerwG, Urt. v. 06.11.1968 – 4 C 31.66, BVerwGE 31, 22 (26); BVerwG, Urt. v. 17.02.1984 – 4 C 56.79, NVwZ 1984, 434.

186 BVerwG (Fn. 185), NVwZ 1984, 434.

187 BVerwG (Fn. 185), BVerwGE 31, 22 (27); BVerwG, Urt. v. 14.09.1992 – 4 C 15.90, NVwZ 1993, 985 (986).

188 *Krüper/Herbolsheimer*, JURA 2017, 286 (289).

189 BVerwG, Urt. v. 16.09.2010 – 4 C 7.10, NVwZ 2011, 436; eigene Hervorhebung.

190 BVerwG, Beschl. v. 02.03.2000 – 4 B 15.00, ZfBR 2000, 428.

im Einzelfall gegebenen konkreten Sachverhalts zu entscheiden."[191] In welchem Umfang Anlagen und Flächen „dem ständigen Aufenthalt von Menschen dienen"[192] müssen, um als prägende Bebauung zu gelten, ist in Rechtsprechung und Literatur umstritten.[193]

Die genaue Abgrenzung der im Zusammenhang bebauten Ortsteile ist eine einzelfallbezogene Tatsachenentscheidung und vollständig gerichtlich überprüfbar.[194] Der Gemeinde und der Bauaufsichtsbehörde stehen dabei keinerlei Beurteilungsspielraum zu. Unter Umständen kann es in der Praxis jedoch schwierig sein, eine zweifelsfreie Abgrenzung des Innenbereichs vom Außenbereich vorzunehmen.[195] Dies betrifft sowohl Grenzziehungen zwischen Außen- und Innenbereich am Siedlungsrand[196] als auch innerhalb des städtischen Baukörpers.[197] Es stellt sich hier insbesondere die Frage, ab welcher Größe eine innerstädtische Baulücke den Bebauungszusammenhang unterbricht und dadurch als sogenannter „Außenbereich im Innenbereich"[198] gilt:

> „Eine ringsum von Bebauung umgebene Freifläche, die so groß ist, dass sich ihre Bebauung nicht als zwanglose Fortsetzung der vorhandenen Bebauung aufdrängt und die deshalb nicht als Baulücke erscheint, liegt nicht innerhalb eines Bebauungszusammenhangs im Sinne des § 34 Abs. 1 BauGB; sie ist damit bebauungsrechtlich Außenbereich."[199]

---

191 BVerwG, Urt. v. 12.12.1990 – 4 C 40.87, NVwZ 1991, 879 f.

192 BVerwG, Urt. v. 17.02.1984 – 4 C 55.81, NJW 1984, 1576.

193 BVerwG, Urt. v. 08.12.2016 – 4 C 7.15, NVwZ 2017, 717 (718); OVG Münster, Urt. v. 08.07.2016 – 10 A 2974/11, BauR 2016, 1748; BVerwG, Urt. v. 30.06.2015 – 4 C 5.15, NVwZ 2015, 1767 (1768); BVerwG, Urt. v. 06.12.2011 – 4 B 13.11, ZfBR 2012, 379; VGH Mannheim, Urt. v. 16.04.2014 – 3 S 1962.13, BeckRS 2016, 43799; VGH München, Urt. v. 09.09.2015 – 1 B 15.251, BeckRS 2015, 51960; *Rubel*, DVBl. 2018, 403 (404ff.); *Hauth*, BauR 2016, 1258ff.; *Hauth*, BauR 2018, 462ff.; *Krüper/Herbolsheimer*, JURA 2017, 286 (290).

194 BVerwG, Beschl. v. 01.04.1997 – 4 B 11.97, NVwZ 1997, 899 f.; *Söfker* in: *E/Z/B/K*, BauGB, § 34 Rn. 18 (125. Lfg. Mai 2017).

195 BVerwG, Beschl. v. 04.10.2006 – 4 BN 26.06, NVwZ 2007, 223; *Weiß-Ludwig*, NordÖR 2018, 1.

196 BVerwG, Beschl. v. 12.03.1999 – 4 B 112.98, NVwZ 1999, 763; BVerwG (Fn. 189), NVwZ 2011, 436ff.; *Söfker* in: *E/Z/B/K*, BauGB, § 34 Rn. 25 (125. Lfg. Mai 2017).

197 *Bienek/Krautzberger*, UPR 2008, 81 (82); *Dziallas*, NZBau 2006, 308.

198 BVerwG, Beschl. v. 15.09.2005 – 4 BN 37.05, ZfBR 2006, 54.

199 Ebd.; BVerwG (Fn. 192), NJW 1984, 1576.

Das BVerwG definiert in diesem Zusammenhang keine allgemeingültigen Höchstmaße.[200] Der tatrichterlichen Rechtsprechung lassen sich lediglich einige grobe Richtwerte entnehmen:[201] Noch als Baulücke anerkannt wurden beispielsweise Gebäudeabstände von 90 m[202], 140 m[203] und 150 m[204]. Abgelehnt wurden Distanzen von 160 m[205], 140 m[206] und 130 m[207]. Nach Auffassung des VG Saarlouis[208] und von *Krüper/Herbolsheimer*[209] kann unter Würdigung der Rechtsprechung im Falle einer aufgelockerten Bebauungsstruktur ein Höchstwert von etwa 150 m als Orientierungsmaßstab angenommen werden. Bei einer dichten Bebauung sei die Grenze niedriger anzusetzen.[210]

Die Abgrenzung des Innenbereichs vom Außenbereich bleibt eine Einzelfallentscheidung unter Würdigung der örtlichen Gegebenheiten.[211] Mit dem Instrument der Innenbereichssatzung in der Variante einer Klarstellungssatzung (§ 34 Abs. 4 S. 1 Nr. 1 BauGB) kann die Gemeinde die Grenzen für im Zusammenhang bebaute Ortsteile lediglich deklaratorisch festlegen.

---

200 BVerwG, Urt. v. 12.06.1970 – 4 C 77.68, VerwRspr 1971, 49 (50), – darin als „Faustregel“: „Mit ansteigender Größe [wird] das Vorliegen einer Baulücke weniger wahrscheinlich“.

201 *Spannowsky*, ZfBR 2014, 738 (743); *Krüper/Herbolsheimer*, JURA 2017, 286 (291).

202 VGH Mannheim, Urt. v. 08.07.1986 – 8 S 2815/85, BauR 1987, 59.

203 VG Saarlouis, Urt. v. 19.03.2013 – 5 K 623/12, BeckRS 2014, 57191.

204 OVG Berlin-Brandenburg, Beschl. v. 12.03.2014 – OVG 10 N 8.12, BeckRS 2014, 49100.

205 VGH Mannheim, Urt. v. 22.06.1987 – 8 S 658.87, VBlBW 1/1988, 23.

206 OVG Münster, Urt. v. 20.08.1992 – 7 A 111/90, [unveröffentlicht], S. 10ff.

207 VGH München, Urt. v. 04.08.1988 – 2 N 86.03043, BauR 1989, 309 (310).

208 VG Saarlouis (Fn. 203), BeckRS 2014, 57191.

209 *Krüper/Herbolsheimer*, JURA 2017, 286 (291).

210 Ebd.; VG Saarlouis (Fn. 203), BeckRS 2014, 57191.

211 Weitere Abgrenzungsmöglichkeit ist z.B.: Annahme einer Baulücke, wenn die „unbebaute Fläche etwa die Ausdehnung von zwei bis drei der benachbarten Bebauungsstruktur entsprechenden Baugrundstücken hat.“ (VGH München, Urt. v. 16.02.2009 – 1 B 08.340, BeckRS 2009, 43006; in Anlehnung an *Dürr* in: *Brügelmann*, BauGB, § 34 Rn. 12 (veraltete Lfg.)); findet Anwendung z.B. bei: VG München, Urt. v. 28.06.2016 – M 1 K 15.4494, BeckRS 2016, 50178; VG Greifswald, Urt. v. 18.10.2012 – 3 A 251/10, openJur 2012, 131068.

2.3.2.2 Das Einfügungsgebot

Zentrales Erfordernis für die Zulässigkeit von Vorhaben innerhalb der im Zusammenhang bebauten Ortsteile ist das Einfügen in die Eigenart der näheren Umgebung (§ 34 Abs. 1 S. 1 BauGB).

a) Städtebaulicher Rahmen

Der Bebauung in der näheren Umgebung eines zu beurteilenden Vorhabens lässt sich ein Rahmen entnehmen, der als Maßstab für die einzelnen Einfügungstatbestände gilt.[212] Dabei ist auf die Umgebung abzustellen, insoweit sie den bodenrechtlichen Charakter des Baugrundstücks prägt oder sich umgekehrt die Ausführung des Vorhabens auf sie auswirkt.[213] Unbeachtlich sind sogenannte ‚Fremdkörper', die in quantitativer oder qualitativer Hinsicht in auffälligem Kontrast zur übrigen Bebauung stehen.[214] Weiterhin ist der räumliche Umkreis nicht auf die unmittelbare Nachbarschaft begrenzt, sondern je nach konkreter städtebaulicher Situation zu ermitteln. In aller Regel geht jedoch eine größere Nähe mit einer stärker prägenden Wirkung einher.[215] Teilweise oder vollständig beseitigte Bebauung kann eine gewisse prägende Nachwirkung haben.[216]

Je einheitlicher die vorgefundene städtebauliche Struktur ist, desto enger ist auch der ihr zu entnehmende Rahmen definiert.[217] „Die nähere Umgebung ist für die in § 34 I 1 BauGB bezeichneten Kriterien jeweils gesondert abzugrenzen."[218]

Das Einfügungsgebot in die ‚Eigenart der näheren Umgebung' hat vier Teilkriterien: die Art und das Maß der baulichen Nutzung, die Bauweise und die Grundstücksfläche, die überbaut werden soll. Diese Merkmale

212 Die Ableitung des städtebaulichen Rahmens ist eine einzelfallbezogene Tatsachenentscheidung und voll gerichtlich überprüfbar.
213 BVerwG (Fn. 146), BVerwGE 55, 369 (380, 384).
214 BVerwG, Urt. v. 15.02.1990 – 4 C 23.86, NVwZ 1990, 755.
215 BVerwG, Beschl. v. 13.05.2014 – 4 B 38.13, NVwZ 2014, 1246 (1248); BVerwG (Fn. 146), BVerwGE 55, 369 (380).
216 BVerwG, Beschl. v. 02.10.2007 – 4 B 39.07, ZfBR 2008, 52; BVerwG, Urt. v. 27.08.1998 – 4 C 5.98, NVwZ 1999, 523 (525).
217 BVerwG (Fn. 146), BVerwGE 55, 369 (385).
218 BVerwG (Fn. 215), NVwZ 2014, 1246.

beziehen sich auf die in der BauNVO enthaltenen Regelungsbereiche zur baulichen Nutzung der Grundstücke.[219]

b) Art der baulichen Nutzung

Ein Vorhaben fügt sich nach der Art der baulichen Nutzung ein, wenn es sich innerhalb des Rahmens der in der näheren Umgebung tatsächlich vorhandenen Nutzungsarten hält. Dabei kann „grundsätzlich an die Typisierung der Nutzungsarten in der Baunutzungsverordnung angeknüpft werden."[220] Sofern die vorhandene Bebauung einem Baugebiet der BauNVO entspricht, richtet sich die Zulässigkeit eines Vorhabens nach der Art der baulichen Nutzung allein nach der jeweiligen Baugebietsvorschrift der Baunutzungsverordnung (§ 34 Abs. 2 BauGB i.V.m. §§ 2 bis 11 BauNVO). Diese sogenannten faktischen Baugebiete sind hinsichtlich der zulässigen Art der baulichen Nutzung den geplanten Baugebieten gleichgestellt.[221]

Lässt sich der Gebietscharakter keinem der Baugebiete der §§ 2 bis 11 BauNVO zuordnen, liegt ein Gebiet eigener Art vor. Im Falle einer solchen Gemengelage fügt sich ein Vorhaben nach der Art der baulichen Nutzung dann ein, wenn auf das Vorbild einer entsprechend vorhandenen Nutzungsart abgestellt werden kann.[222]

c) Maß der baulichen Nutzung

§ 34 Abs. 1 S. 1 BauGB fordert das Einfügen nach dem Maß der baulichen Nutzung in die Eigenart der näheren Umgebung. Dabei ist „in erster Linie auf solche Maße abzustellen, die nach außen wahrnehmbar in Erscheinung treten."[223] Als prägende Bezugsgrößen zählen die „(absolute) Größe nach Grundfläche, Geschosszahl und Höhe"[224], bei offener Bebauung zudem das Verhältnis der Baukörper zur umgebenden Freifläche.

---

219 *Söfker* in: *E/Z/B/K*, BauGB, § 34 Rn. 38 (125. Lfg. Mai 2017); vgl. Kap. 2.1.3.1.

220 BVerwG, Urt. v. 15.12.1994 – 4 C 13.93, NVwZ 1995, 698 (699).

221 BVerwG (Fn. 82), NJW 1994, 1546 (1547); *Steffen*, BayVBl. 1999, 161 (163).

222 *Gänslmayer/Hauth* in: *Rixner/Biedermann/Steger*, BauGB/BauNVO, § 34 Rn. 60 (1. Aufl. Juli 2010); BVerwG, Urt. v. 03.04.1987 – 4 C 41.84, NVwZ 1987, 884 (885).

223 BVerwG, Urt. v. 23.03.1994 – 4 C 18.92, NVwZ 1994, 1006.

224 Ebd.

Für die Bestimmung der Eigenart der näheren Umgebung hinsichtlich des Maßes der baulichen Nutzung ist allein auf die tatsächlichen Verhältnisse der Umgebungsbebauung abzustellen. Die Obergrenzen in § 17 BauNVO finden keine Anwendung.[225] Ein Vorhaben fügt sich grundsätzlich nach dem Maß der baulichen Nutzung ein, wenn es sich innerhalb des Rahmens der aus der näheren Umgebung abzuleitenden Merkmalsausprägungen hält.[226] Weist die prägende Bebauung der näheren Umgebung beispielsweise Gebäudehöhen von 16 bis 19 m auf, fügen sich neue Vorhaben mit Gebäudehöhen zwischen 16 und 19 m regelmäßig hinsichtlich dieses Teilkriteriums ein.

d) Bauweise

Gemäß § 34 Abs. 1 S. 1 BauGB muss sich ein Vorhaben nach der Bauweise in die Eigenart der näheren Umgebung einfügen. Unter Bezugnahme auf die entsprechend für Bebauungsplanfestsetzungen geltenden Begriffsbestimmungen in § 22 Abs. 1 BauNVO können eine offene oder geschlossene Bauweise maßstabsbildend sein.[227] Wird der Rahmen durch beide Bauweisen geprägt, sind sowohl offene als auch geschlossene Bauweisen zulässig.[228]

e) Überbaubare Grundstücksfläche

Das Erfordernis des Einfügens nach den überbaubaren Grundstücksflächen bezieht sich auf die ebenfalls für Bebauungspläne relevanten Bestimmungen zu Baulinien, Baugrenzen und Bebauungstiefen in § 23 BauNVO.[229] Je nach tatsächlicher Umgebungsbebauung ist ein enger oder weiter Rahmen mit entsprechenden Spielräumen für die Lage der Baukörper innerhalb der Grundstücke vorgegeben.[230]

---

225 *Söfker* in: *E/Z/B/K*, BauGB, § 34 Rn. 45 (125. Lfg. Mai 2017).
226 BVerwG (Fn. 146), BVerwGE 55, 369 (385).
227 Vgl. Kap. 2.1.3.1.
228 *Söfker* in: *E/Z/B/K*, BauGB, § 34 Rn. 46 (125. Lfg. Mai 2017).
229 Vgl. Kap. 2.1.3.1.
230 *Söfker* in: *E/Z/B/K*, BauGB, § 34 Rn. 47 (125. Lfg. Mai 2017).

f) Überschreitung des städtebaulichen Rahmens

Wie bereits dargelegt, definiert der jeweils zu ermittelnde Rahmen keine starren Grenzwerte für die bauplanungsrechtliche Zulässigkeit von Vorhaben. Sofern keine bodenrechtlichen Spannungen begründet oder vorhandene Spannungen erhöht werden, fügt sich auch ein rahmenüberschreitendes Vorhaben nach § 34 Abs. 1 S. 1 BauGB in die Umgebung ein.[231] Lässt es ein Vorhaben jedoch an der gebotenen Rücksichtnahme auf die umliegende Bebauung fehlen, fügt es sich trotz Einhaltung des aus der näheren Umgebung hervorgehenden Rahmens nicht ein.[232]

g) Abweichung vom Einfügungsgebot

Nach § 34 Abs. 3 a S. 1 BauGB kann im Einzelfall vom Erfordernis des Einfügens in die Eigenart der näheren Umgebung (§ 34 Abs. 1 S. 1 BauGB) abgewichen werden. Diese Ausnahmen sind auf bestimmte Vorhaben an bereits errichteten Wohn- oder Gewerbezwecken dienenden Gebäuden sowie auf die Nutzungsänderung baulicher Anlagen zu Wohnzwecken beschränkt. Ob Bauvorhaben im Bestand von den Anforderungen nach § 34 Abs. 1 S. 1 BauGB abweichen dürfen, bleibt eine Ermessensentscheidung der Bauaufsichtsbehörde unter Beachtung der städtebaulichen Vertretbarkeit, der Würdigung nachbarlicher Interessen und der Vereinbarkeit mit den öffentlichen Belangen (§ 34 Abs. 3 a S. 1 Nr. 2 und 3 BauGB). Hier wird ein abwägendes Element in das Baugenehmigungsverfahren einbezogen, das eine Kompensation von berührten öffentlichen und privaten Belangen ermöglicht.[233]

2.3.2.3 Weitere Anforderungen an die Zulässigkeit von Vorhaben nach § 34 BauGB

Neben dem Einfügungsgebot werden an die bauplanungsrechtliche Zulässigkeit von Vorhaben im unbeplanten Innenbereich vier weitere Anforderungen gestellt: die gesicherte Erschließung (§ 34 Abs. 1 S. 1 BauGB), die

---

231 BVerwG (Fn. 146), BVerwGE 55, 369 (387); vgl. Kap. 2.3.4.
232 BVerwG (Fn. 146), BVerwGE 55, 369 (386); vgl. Kap. 2.3.3.
233 BT-Drucksache 10/5111 vom 27.02.1986, S. 6; BVerwG (Fn. 214), NVwZ 1990, 755 (757); *Söfker* in: *E/Z/B/K*, BauGB, § 34 Rn. 87 a (125. Lfg. Mai 2017).

Wahrung gesunder Wohn- und Arbeitsverhältnisse, der Schutz des Ortsbildes vor Beeinträchtigungen (§ 34 Abs. 1 S. 2 BauGB) und der Schutz vor schädlichen Auswirkungen auf zentrale Versorgungsbereiche (§ 34 Abs. 3 BauGB).

Das Erfordernis einer gesicherten Erschließung entspricht dem Erschließungserfordernis für qualifizierte und vorhabenbezogene Bebauungspläne (§ 30 Abs. 1 und 2 BauGB).[234]

a) Anforderungen an gesunde Wohn- und Arbeitsverhältnisse

Die Wahrung der allgemeinen Anforderungen an gesunde Wohn- und Arbeitsverhältnisse (§ 34 Abs. 1 S. 2 Hs. 1 BauGB) ist ein allgemeiner Grundsatz des Städtebaurechts (§ 1 Abs. 6 Nr. 1 BauGB, § 136 Abs. 2 S. 2 Nr. 1 und Abs. 3 Nr. 1 BauGB).[235] Dieser Zulässigkeitsvoraussetzung kommt neben dem Einfügungsgebot nur in geringem Maße eigenständige Bedeutung zu. Seine Anwendung ist auf die Abwehr städtebaulicher Missstände,[236] insbesondere im Zusammenhang mit Emissionen (§ 3 BImSchG) und Beeinträchtigungen des Zusammenlebens in stark verdichteten Gebieten beschränkt.[237]

b) Beeinträchtigung des Ortsbildes

Die Vermeidung von Beeinträchtigungen des Ortsbildes (§ 34 Abs. 1 S. 2 Hs. 2 BauGB) ist ein eigenständiges Zulässigkeitskriterium für Vorhaben im unbeplanten Innenbereich, denn „ein Vorhaben, das sich in die Eigenart der näheren Umgebung einfügt, kann gleichwohl das Ortsbild beeinträchtigen."[238] Zweck dieser Vorschrift ist der Schutz der „baulichen Ansicht eines Ortes oder Ortsteils bei einer Betrachtung sowohl von innen als

---

234 *Söfker* in: *E/Z/B/K*, BauGB, § 34 Rn. 65 (111. Lfg. September 2013); vgl. Kap. 2.1.3.2.

235 *Söfker* in: *E/Z/B/K*, BauGB, § 34 Rn. 66 (125. Lfg. Mai 2017).

236 Vgl. Begriffsbestimmung zu städtebaulichen Missständen in § 136 Abs. 3 Nr. 1 BauGB, u.a. in Bezug auf die Belichtung, Besonnung und Belüftung der Wohnungen und Arbeitsstätten, die bauliche Beschaffenheit von Gebäuden, Wohnungen und Arbeitsstätten oder schädliche Umwelteinwirkungen.

237 BVerwG (Fn. 191), NVwZ 1991, 879 (880); *Krüper/Herbolsheimer*, JURA 2017, 532 (542).

238 BVerwG, Beschl. v. 16.07.1990 – 4 B 106.90, NVwZ-RR 1991, 59.

auch von außen her (unter Einschließung der Fernwirkung des Ortsumrisses) […].“[239] Dabei ist auf einen „größeren maßstabsbildenden Bereich [abzustellen] als auf die für das Einfügensgebot maßgebliche nähere Umgebung“[240]. Es muss ferner eine „gewisse Wertigkeit für die Allgemeinheit“, eine „aus dem Üblichen herausragende Prägung“[241] städtebaulicher Art vorliegen, um die Eigentumsfreiheit im unbeplanten Innenbereich zum Zwecke des Ortsbildschutzes einzuschränken.[242]

c) Schutz zentraler Versorgungsbereiche

Seit dem Erlass des EAG Bau 2004 dürfen von Vorhaben nach § 34 Abs. 1 und 2 BauGB keine schädlichen Auswirkungen auf zentrale Versorgungsbereiche[243] in der Gemeinde oder in anderen Gemeinden zu erwarten sein (§ 34 Abs. 3 BauGB). Mit dieser Regelung will der Gesetzgeber im Kern der „Ansiedlungsmöglichkeit großflächiger Einzelhandelsbetriebe im unbeplanten Innenbereich nach § 34 BauGB begegnen“[244], um potenziell entstehende Beeinträchtigungen abzuwenden. Die Frage nach schädlichen Auswirkungen ist in Anbetracht der konkreten Umstände im Einzelfall zu beurteilen.[245] Dem Zulässigkeitskriterium des § 34 Abs. 3 BauGB kommt insofern eine Sonderrolle in der Systematik des § 34 BauGB zu, als dass es,

239 *Söfker* in: *E/Z/B/K*, BauGB, § 34 Rn. 68 (125. Lfg. Mai 2017); Verwendung der Definition u.a. von: BT Wissenschaftliche Dienste, Aktenzeichen WD 7 – 3000 – 075/17 vom 06.06.2017, S. 7.

240 BVerwG, Urt. v. 11.05.2000 – 4 C 14.98, NVwZ 2000, 1169.

241 BVerwG (Fn. 240), NVwZ 2000, 1169 (1170).

242 Eine Beeinträchtigung des Ortsbildes lässt sich nur anhand der konkreten Situation im Einzelfall feststellen. „Es liegt auf der Hand, dass etwa das Ortsbild einer mittelalterlichen Stadt in anderer Weise – und stärker – schutzwürdig ist als ein durch Industriebauten geprägtes Ortsbild.“ (BVerwG (Fn. 238), NVwZ-RR 1991, 59).

243 Definition des BVerwG: „Zentrale Versorgungsbereiche sind räumlich abgrenzbare Bereiche einer Gemeinde, denen auf Grund vorhandener Einzelhandelsnutzungen eine Versorgungsfunktion über den unmittelbaren Nahbereich hinaus zukommt. Sie können sich sowohl aus planerischen Festlegungen als auch aus den tatsächlichen Verhältnissen ergeben.“ (BverwG, Urt. v. 11.10.2007 – 4 C 7.07, ZfBR 2008, 49).

244 *Uechtritz*, NVwZ 2007, 660.

245 BVerwG, Beschl. v. 12.02.2009 – 4 B 3.09, NVwZ 2009, 779 (780).

anders als die Prüfungstatbestände des § 34 Abs. 1 und 2 BauGB, auf städtebauliche Fernwirkungen abstellt.[246]

2.3.3 Das Gebot der Rücksichtnahme bei § 34 BauGB

Das Gebot der Rücksichtnahme ist ein baurechtlicher Grundsatz, der vom Bundesverwaltungsgericht entwickelt wurde, um die nachbarschützende Dimension bauplanungsrechtlicher Vorschriften herauszustellen.[247] „Inhalt und Reichweite des Rücksichtnahmegebots [werden] durch die einfachen Gesetze"[248] bestimmt. Im Rahmen des § 34 Abs. 1 BauGB stellt das Gebot der Rücksichtnahme daher auch kein isoliertes Zulässigkeitskriterium dar, sondern geht im Begriff des Einfügens auf.[249]

Das Rücksichtnahmegebot verlangt bei der Prüfung der Tatbestandsmerkmale des Einfügungsgebots (§ 34 Abs. 1 S. 1 BauGB) jeweils eine Interessenabwägung im Sinne einer nachvollziehenden Abwägung[250] zwischen dem, „was einerseits dem Rücksichtnahmebegünstigten und andererseits dem Rücksichtnahmepflichtigen nach Lage der Dinge zuzumuten ist."[251] In räumlicher Hinsicht ist dabei in erster Linie auf den Bereich der unmittelbar angrenzenden Bebauung abzustellen.[252] Die entsprechend berechtigten Nachbarinteressen sind im Einzelfall zu ermitteln: „Je empfindlicher und schutzwürdiger die Stellung derer ist, denen die Rücksichtnahme im gegebenen Zusammenhang zugutekommt, umso mehr kann an Rücksichtnahme verlangt werden."[253]

Wenn ein Vorhaben die gebotene Rücksichtnahme auf die umliegende Bebauung nicht wahrt, fügt es sich nicht in die Eigenart der näheren Um-

---

246 BVerwG, Urt. v. 20.12.2012 – 4 C 11.11, NVwZ 2013, 719 (723); *Uechtritz*, NVwZ 2007, 660 (661 f.).

247 BVerwG, Urt. v. 18.10.1974 – 4 C 77.73, BauR 1975, 29 (33); BVerwG, Urt. v. 25.02.1977 – 4 C 22.75, BVerwGE 52, 122ff.; BVerwG (Fn. 146), BVerwGE 55, 369 (386).

248 *Uechtritz*, VBlBW 2016, 265 (267).

249 BVerwG, Urt. v. 13.03.1981 – 4 C 1.78, BauR 1981, 354 (355).

250 BVerwG, Urt. v. 23.05.1986 – 4 C 34.85, BauR 1986, 542 (543); BVerwG (Fn. 246), NVwZ 2013, 719 (723); *Uechtritz*, VBlBW 2016, 265; *Kleinlein* bezeichnet die Abwägung im Rahmen des Rücksichtnahmegebots demgegenüber als „quasiplanerische Abwägung" (DÖV 1986, 1010 (1013)).

251 BVerwG (Fn. 247), BVerwGE 52, 122 (126).

252 *Uechtritz*, VBlBW 2016, 265 (265, 273); *Mampel*, BauR 1999, 854.

253 BVerwG (Fn. 247), BVerwGE 52, 122 (126).

gebung ein.[254] Ein rücksichtsloses Vorhaben ruft zugleich bodenrechtlich beachtliche Spannungen hervor und löst dadurch ein Planungsbedürfnis aus.[255] Dem Gebot der Rücksichtnahme kommt insofern eine Korrekturfunktion bei der Zulässigkeitsprüfung nach § 34 Abs. 1 BauGB zu, als dass einer unzumutbaren Beeinträchtigung schutzwürdiger Nachbarbelange angemessen Rechnung getragen wird.[256] Über das Rücksichtnahmegebot vermittelt § 34 Abs. 1 BauGB potenziell subjektive Abwehrrechte Dritter.[257]

2.3.4 Bodenrechtliche Spannungen

Das Einfügungsgebot in § 34 Abs. 1 S. 1 BauGB zwingt nicht zur Einheitlichkeit. Der aus der näheren Umgebung hervorgehende Rahmen soll nicht als starre Grenze aufgefasst werden, die „allen individuellen Ideenreichtum blockier[t]"[258]. Stattdessen ist auch eine Überschreitung des Rahmens zulässig, solange dadurch keine bodenrechtlich beachtlichen und bewältigungsbedürftigen Spannungen begründet bzw. verstärkt werden. Derartige Spannungen sind

> „dadurch gekennzeichnet, dass das Vorhaben die vorhandene Situation in bauplanungsrechtlich relevanter Weise verschlechtert, stört oder belastet und das Bedürfnis hervorruft, die Voraussetzungen für seine Zulassung unter Einsatz der Mittel der Bauleitplanung zu schaffen."[259]

Ein Vorhaben darf in seiner Umgebung keine städtebauliche Unruhe stiften und keine negative Vorbildwirkung auslösen, die zukünftige bauleitplanerische Maßnahmen erforderlich machen.[260] Dabei müssen konkrete Hinweise vorliegen, die eine derartige negative Veränderungsdynamik erwarten lassen.[261]

Das Kriterium der ‚bodenrechtlichen Spannungen' setzt das Einfügungsgebot in Beziehung zur Bauleitplanung und insbesondere zu den öffentli-

---

254 BVerwG (Fn. 146), BVerwGE 55, 369 (386).

255 BVerwG (Fn. 189), NVwZ 2011, 436 (438).

256 *Uechtritz*, DVBl. 2016, 90 (91); *Söfker* in: *E/Z/B/K*, BauGB, § 34 Rn. 48 (125. Lfg. Mai 2017).

257 BVerwG, Urt. v. 19.09.1986 – 4 C 8.84, NVwZ 1987, 409; *Uechtritz*, VBlBW 2016, 265 (266); vgl. Kap. 2.3.6.

258 BVerwG (Fn. 146), BVerwGE 55, 369 (386).

259 BVerwG (Fn. 189), NVwZ 2011, 436 (438).

260 BVerwG (Fn. 146), BVerwGE 55, 369 (387).

261 BVerwG, Urt. v. 18.02.1983 – 4 C 18.81, NJW 1983, 2713 (2715).

chen Belangen (§ 1 Abs. 5 und 6 BauGB), indem es beim Vorliegen qualifizierter städtebaulicher Gründe ein Planungserfordernis formuliert.[262] Die Frage nach bodenrechtlichen Spannungen ist „(…) einer rechtsgrundsätzlichen Klärung nicht zugänglich. Ihre Beantwortung hängt von den Umständen des Einzelfalls ab."[263]

2.3.5 Baugenehmigungsverfahren und gemeindliches Einvernehmen

§ 34 BauGB ist eine gesetzliche Bestimmung von Inhalt und Schranken des Eigentums (Art. 14 Abs. 1 S. 2 GG).[264] Der Gesetzgeber hat mit § 34 BauGB eine planersetzende Regelung für die Zulässigkeit von Vorhaben im unbeplanten Innenbereich geschaffen.[265] Anders als bei der Aufstellung von Bebauungsplänen wird im Baugenehmigungsverfahren im unbeplanten Innenbereich lediglich das vom Gesetz für den jeweiligen Einzelfall vorgesehene Abwägungsergebnis nachvollzogen.[266] Es besteht kein Raum für eine Abwägung mit planerischen Gestaltungsspielräumen oder einer Kompensation betroffener öffentlicher und privater Belange.[267] Demzufolge sind Genehmigungsentscheidungen nach § 34 BauGB in allen Teilfragen gerichtlich überprüfbar.

Die Durchführung eines Baugenehmigungsverfahrens nach § 34 BauGB ist Aufgabe der Bauaufsichtsbehörde. Sind die Zulässigkeitsvoraussetzungen gemäß § 34 BauGB erfüllt, besteht ein Rechtsanspruch auf Erteilung der Baugenehmigung.[268] Es bestehen weder Beurteilungs- oder Ermessensspielräume seitens der Genehmigungsbehörde noch direkte Steuerungsmöglichkeiten seitens der Gemeinde.

Zur Sicherung der gemeindlichen Planungshoheit (Art. 28 Abs. 2 S. 1 GG i.V.m. § 1 Abs. 3 BauGB) wird die Gemeinde über § 36 BauGB am Bau-

---

262 BVerwG (Fn. 146), BVerwGE 55, 369 (387).

263 BVerwG, Beschl. v. 14.03.2013 – 4 B 49.12, ZfBR 2013, 480.

264 *Weyreuther*, BauR 1981, 1 (9).

265 *Krüper/Herbolsheimer*, JURA 2017, 286 f.; *Söfker* in: *E/Z/B/K*, BauGB, § 34 Rn. 7 (125. Lfg. Mai 2017); die Planartigkeit befürwortend: u.a. *Jäde*, BayVBl. 1985, 577 (579); ablehnend: u.a. *Kleinlein*, DÖV 1986, 1010 (1012).

266 Gebundene Entscheidung; *Jäde*, BauR 1985, 639 (643); *Weyreuther* 1979, S. 18 f.; *Krüper/Herbolsheimer*, JURA 2017, 532 (541 f.).

267 BVerwG, Urt. v. 25.11.1980 – 4 B 140.80, NJW 1981, 1747 (1748); BVerwG (Fn. 146), BVerwGE 55, 369 (380, 384); *Jäde*, BayVBl. 1985, 577 (579); vgl. Unterschied zur bauleitplanerischen Abwägung in Kap. 2.1.4.2.

268 § 72 Abs. 1 S. 1 MBO; vgl. Kap. 2.1.5.

genehmigungsverfahren von Vorhaben nach § 34 BauGB beteiligt (§ 36 Abs. 1 S. 1 BauGB).[269] Die Erteilung des gemeindlichen Einvernehmens darf jedoch nur aufgrund eines Verstoßes gegen die Tatbestandsvoraussetzungen in § 34 BauGB versagt werden (§ 36 Abs. 2 S. 1 BauGB). Das Einvernehmen nach § 36 BauGB ist somit keine Ermessensentscheidung.

Das gemeindliche Einvernehmen eröffnet der Gemeinde die Möglichkeit, vor der zu erteilenden Zustimmung ihre eigenen städtebaulichen Ziele planerisch zu sichern. Mithilfe der Instrumente der Veränderungssperre und der Zurückstellung von Baugesuchen (§§ 14 bis 18 BauGB) kann die Aufstellung eines Bebauungsplans durchgesetzt werden.[270] Führt dies zur Aufhebung oder Änderung eigentlich gemäß § 34 BauGB zulässiger Nutzungen, können gegebenenfalls Entschädigungsansprüche entstehen (§ 42 BauGB).[271]

Die Vorschrift zum gemeindlichen Einvernehmen „ist auf das Verhältnis der Gemeinde zu der Baugenehmigungsbehörde eines anderen Rechtsträgers zugeschnitten."[272] Sie dient nicht „zur internen Abstimmung zwischen verschiedenen Organen der Gemeinde."[273] Demnach ist das Einvernehmen der Gemeinde nach § 36 BauGB nicht formell einzuholen, wenn die Baugenehmigungsbehörde Teil der Gemeindeverwaltung ist. Die Gefahr, dass die Bauaufsichtsbehörde ein Bauvorhaben über den Kopf der Gemeinde hinweg genehmigt, bestehe nicht. Es sei Sache der Gemeinde selbst oder Aufgabe des Landesgesetzgebers dafür zu sorgen, dass die Planungshoheit in diesen Fällen gewahrt bleibt.[274]

2.3.6 Rechtsschutz bei § 34 BauGB

Gegen eine Baugenehmigung nach § 34 BauGB kann nur klagen, wer durch sie in seinen subjektiven Rechten verletzt wird (§ 42 Abs. 2 VwGO, § 113 Abs. 1 Satz 1 VwGO). Dabei lässt sich kein unmittelbarer Abwehranspruch mehr aus Art. 14 Abs. 1 GG herleiten, sofern einfachgesetzliche

---

269 BVerwG, Urt. v. 16.09.2004 – 4 C 7.03, NVwZ 2005, 213.

270 *Söfker* in: *E/Z/B/K*, BauGB, § 36 Rn. 30 (123. Lfg. Oktober 2016); *Schlarmann/Uechtritz/Krappel*, VBlBW 2011, 136 (137); *Krüper*, ZJS 2010, 582ff.; vgl. Kap. 2.1.7.

271 *Runkel* in: *E/Z/B/K*, BauGB, § 42 Rn. 27ff. (105. Lfg. Juni 2012); vgl. Kap. 2.1.8.

272 BVerwG, Urt. v. 19.08.2004 – 4 C 16.03, NVwZ 2005, 84.

273 Ebd.

274 Ebd.; *Schlarmann/Uechtritz/Krappel*, VBlBW 2011, 136 (138ff.); *Krüper*, ZJS 2010, 582 (583).

Regelungen die Inhalts- und Schrankenbestimmung des Eigentums ausgestalten.[275] Eine Klagebefugnis Dritter setzt voraus, dass die dem Verwaltungsakt zugrunde liegende einfachgesetzliche Vorschrift, in diesem Fall § 34 BauGB, nicht nur dem Allgemeininteresse dient, sondern auch den Schutz von Individualinteressen verfolgt (Schutznormtheorie).[276]

§ 34 Abs. 1 BauGB ist nicht generell drittschützend. Subjektive Abwehrrechte Dritter können jedoch über das im Einfügungsgebot enthaltene Rücksichtnahmegebot entstehen.[277] Nach früherer Auffassung war das Rücksichtnahmegebot im Grundsatz ein objektiv-rechtliches Gebot, dem eine subjektiv-rechtliche Wirkung nur in Ausnahmefällen zukomme, bei denen in besonderer Weise auf schutzwürdige Interessen eines bestimmten *abgrenzbaren* Kreises Dritter Rücksicht zu nehmen sei.[278]

Nach neuerer Auffassung ist es ausreichend, dass sich „aus individualisierenden Tatbestandsmerkmalen der Norm ein Personenkreis entnehmen lässt, der sich von der Allgemeinheit unterscheidet."[279] Dies ist bei der gebotenen Rücksichtnahme auf schutzwürdige Interessen im Rahmen des Einfügens in die Eigenart der näheren Umgebung (§ 34 Abs. 1 S. 1 BauGB) regelmäßig der Fall.[280] Folglich wurde in der jüngeren Rechtsprechung die Unterscheidung zwischen objektiv- und subjektiv-rechtlicher Seite des Rücksichtnahmegebots aufgegeben und eine grundsätzlich drittschutzvermittelnde Wirkung angenommen.[281] Einem objektiv rücksichtslosen Vorhaben kann die Verletzung subjektiver Nachbarrechte nicht grundsätzlich abgesprochen werden. Entscheidend für den Erfolg einer Nachbarklage ist vielmehr, wie hoch die Intensität der Beeinträchtigung und wie stark die Schutzwürdigkeit der betroffenen Rechtsposition ist.[282] Dies erfordert in

---

275 Unmittelbarer Abwehranspruch aus Art. 14 GG: BVerwG, Urt. v. 13.06.1969 – 4 C 234.65, NJW 1969, 1787; kein unmittelbarer Abwehranspruch mehr aus Art. 14 GG: BVerwG, Urt. v. 26.09.1991 – 4 C 5.87, NVwZ 1992, 977.

276 BVerwG (Fn. 257), NVwZ 1987, 409.

277 Ebd.; BVerwG, Urt. v. 05.12.2013 – 4 C 5.12, ZfBR 2014, 257ff.; „Das Gebot der Rücksichtnahme ist eine Schranke noch vor der Schranke des Art. 14 GG." (BVerwG, Urt. v. 30.09.1983 – 4 C 74.78, NVwZ 1984, 509 (510)).

278 BVerwG (Fn. 247), BVerwGE 52, 122 (126, 129 f.); BVerwG (Fn. 249), BauR 1981, 354 (356).

279 BVerwG (Fn. 257), NVwZ 1987, 409.

280 *Uechtritz*, VBlBW 2016, 265 (266); *Rieger*, UPR 2015, 241 (242).

281 Ebd.; BVerwG (Fn. 277), ZfBR 2014, 257ff.; *Gaentzsch*, ZfBR 2009, 321 (323ff.).

282 BVerwG (Fn. 257), NVwZ 1987, 409; *Uechtritz*, VBlBW 2016, 265 (266), *Rieger*, UPR 2015, 241 (243); *Gaentzsch*, ZfBR 2009, 321 (326); vgl. Kap. 2.3.3 zur Reichweite des Rücksichtnahmegebots.

der Regel, dass es sich um unzumutbare Beeinträchtigungen in der unmittelbaren Nachbarschaft des Rücksichtnahmebegünstigten handelt.[283]

Die Wahrung der allgemeinen Anforderungen an gesunde Wohn- und Arbeitsverhältnisse (§ 34 Abs. 1 S. 2 BauGB) ist nach Maßgabe des Rücksichtnahmegebots ebenfalls drittschützend.[284] Aus § 34 Abs. 3 BauGB kann indes kein Nachbarschutz hergeleitet werden.[285]

Ein faktisches Baugebiet nach § 34 Abs. 2 BauGB i.V.m. §§ 2 bis 11 BauNVO wird in Bezug auf den Nachbarschutz einem durch Bebauungsplan festgesetzten Baugebiet gleichgestellt.[286] Ein Nachbar hat demnach einen die Schwelle der gebotenen Rücksichtnahme überschreitenden Schutzanspruch auf die Bewahrung der Gebietsart. Der Gebietserhaltungsanspruch „besteht nur soweit, wie die nähere Umgebung im Sinne von § 34 BauGB reicht."[287]

Nach herrschender Meinung gelten nur Grundstückseigentümer und sonstige dinglich Berechtigte als potenziell klagebefugte Dritte gegenüber dem Erlass einer Baugenehmigung nach § 34 BauGB. Lediglich obligatorisch Berechtigte, wie z.B. Mieter, sind hier grundsätzlich nicht klagebefugt.[288]

Die Ablehnung eines Bauantrags nach § 34 Abs. 1 BauGB begründet stets subjektive Abwehransprüche seitens des Vorhabenträgers (Adressatenstellung). Dieser kann Widerspruch gegen den Ablehnungsbescheid einlegen und schließlich Verpflichtungsklage zur Erteilung einer Baugenehmigung erheben (§ 68 Abs. 2 VwGO, § 42 Abs. 1 VwGO).

---

283 BVerwG (Fn. 249), BauR 1981, 354 (356); *Rieger*, UPR 2015, 241 (243); *Mampel*, BauR 1999, 854 (855).

284 BVerwG, Urt. v. 10.12.1982 – 4 C 28.81, NJW 1983, 2460; *Gaentzsch*, ZfBR 2009, 321 (326); *Spannowsky* in: *Spannowsky/Uechtritz*, BeckOK BauGB, § 34 Rn. 102 (38. Edition August 2017).

285 OVG Münster, Beschl. v. 09.03.2007 – 10 B 2675/06, NVwZ 2007, 735; *Söfker* in: *E/Z/B/K*, BauGB, § 34 Rn. 143 a (125. Lfg. Mai 2017).

286 BVerwG (Fn. 82), NJW 1994, 1546; vgl. Kap. 2.1.9.

287 BVerwG, Urt. v. 28.04.2004 – 4 C 10.03, ZfBR 2004, 691 (693).

288 BVerwG, Beschl. v. 11.07.1989 – 4 B 33.89, NJW 1989, 2766; OVG Berlin, Beschl. v. 01.11.1988 – 2 S 8.88, NVwZ 1989, 267; *Mager/Fischer*, VBlBW 2015, 313 f.; *Dürr*, VBlBW 2015, 319 (328); vgl. Kap. 3.8.

2.3.7 Zwischenfazit: Zulässigkeit von Vorhaben im Innenbereich

Im Ergebnis lässt sich erkennen, dass sowohl der Gesetzestext als auch die einschlägigen Ausformungen der Rechtsprechung bei § 34 BauGB zahlreiche im Einzelfall anzuwendende und voll gerichtlich überprüfbare unbestimmte Rechtsbegriffe aufweisen.

> „Insbesondere fehlen im unbeplanten Innenbereich konkrete Maßfestsetzungen, an denen das jeweilige Vorhaben gemessen werden könnte. Der aus der vorhandenen Bebauung zu gewinnende Maßstab ist notwendig grob und ungenau."[289]

Gleichzeitig handelt es sich bei Baugenehmigungen nach § 34 BauGB um gebundene Verwaltungsentscheidungen der Bauaufsichtsbehörde: „Sind die Voraussetzungen des § 34 Abs. 1 erfüllt, besteht ein Rechtsanspruch auf Genehmigung."[290] Es besteht weder ein Beurteilungsspielraum (Tatbestandsseite) noch ein Ermessensspielraum (Rechtsfolgeseite). Ebenfalls bietet sich kein Raum für eine planerische Steuerung.

Folglich „kommt es im unbeplanten Innenbereich darauf an, eine **vorgegebene** Ordnung aufrecht zu erhalten."[291] Will die Gemeinde gestaltend Einfluss auf die vorzufindende städtebauliche Ordnung nehmen, bleibt es ihr unbenommen, die bauliche Entwicklung aktiv durch die Anwendung bauleitplanerischer Instrumente zu steuern.

2.4 *Erhaltungssatzung*

Die Erhaltungssatzung ist ein eigenständiges städtebauliches Instrument, das auf den Erhalt baulicher oder sozialstruktureller Eigenarten eines bestimmten Gebiets abzielt (§ 172 Abs. 1 BauGB). Eine Erhaltungssatzung belegt die bauliche Entwicklung eines Gebiets mit einem Genehmigungsvorbehalt. Der Rückbau, die Änderung oder die Nutzungsänderung baulicher Anlagen unterliegt fortan den Schutzzielen der Erhaltungssatzung (§ 172 Abs. 1 S. 1 BauGB). Im Zuge der empirischen Arbeit hat sich das Instrument der Erhaltungssatzung als relevantes Steuerungsinstrument im Kontext der Innenentwicklung erwiesen. Es soll daher in seinen Grundzügen erläutert werden.

---

289 BVerwG (Fn. 223), NVwZ 1994, 1006.

290 *Söfker* in: *E/Z/B/K*, BauGB, § 34 Rn. 29 (125. Lfg. Mai 2017).

291 *Boeddinghaus*, BauR 1986, 506 (507); eigene Hervorhebung.

Mit einer Erhaltungssatzung können drei verschiedene Erhaltungsziele verfolgt werden: die Erhaltung der städtebaulichen Eigenart des Gebiets auf Grund seiner städtebaulichen Gestalt (§ 172 Abs. 3 BauGB), die Erhaltung der Zusammensetzung der Wohnbevölkerung (Abs. 4) und der sozialverträgliche Ablauf einer städtebaulichen Umstrukturierung (Abs. 5).[292]

Die erste Form der Erhaltungssatzung[293] zielt auf die Bewahrung städtebaulich schützenswerter Anlagen und Gebäudeensembles ab. Beeinträchtigungen durch bauliche Maßnahmen am gebietsprägenden Baubestand sollen verhindert werden. Der besondere Eigenwert entsprechender Anlagen kann künstlerisch, geschichtlich oder rein optisch begründet sein, wobei anders als im Denkmalschutz eine Prägung der städtebaulichen Gestalt des Gebiets erforderlich ist (§ 172 Abs. 3 S. 1 BauGB). Erhaltungssatzungen dieses Typs können beispielsweise den Erhalt einer schützenswerten historischen Altstadt im Sinne eines städtebaulichen Denkmalschutzes zum Ziel haben.[294] Entscheidend ist, dass ein Gebiet „insgesamt Besonderheiten aufweist, die die Erhaltung baulicher Anlagen aus den Festlegungsgründen in seiner Gesamtheit rechtfertigen."[295] Neben den in § 172 Abs. 1 S. 1 BauGB genannten baulichen Maßnahmen unterliegt in diesem Fall auch die Errichtung baulicher Anlagen einem Genehmigungsvorbehalt (§ 172 Abs. 1 S. 2 BauGB).

Die auch als Milieuschutzsatzung bezeichnete zweite Variante der Erhaltungssatzung[296] dient der „Verhinderung nachteiliger städtebaulicher Entwicklungen, die infolge einer Veränderung in der Zusammensetzung der Wohnbevölkerung in dem geplanten Satzungsgebiet zu befürchten sind."[297] Voraussetzung für den Erlass einer Milieuschutzsatzung ist das Vorliegen von besonderen städtebaulichen Gründen, die den Schutz der ansässigen Wohnbevölkerung vor bevorstehenden Verdrängungsprozessen durch Baumaßnahmen im Bestand rechtfertigen.[298]

---

292 *Stock* in: *E/Z/B/K*, BauGB, § 172 Rn. 1 (122. Lfg. August 2016); BVerwG, Urt. v. 04.12.2014 – 4 CN 7.13, NVwZ 2015, 901 (902).

293 § 172 Abs. 1 S. 1 Nr. 1 und Abs. 3 BauGB.

294 BVerwG (Fn. 292), NVwZ 2015, 901 (902ff.); vgl. Zusammenhang mit § 1 Abs. 6 Nr. 5 BauGB.

295 *Stock* in: *E/Z/B/K*, BauGB, § 172 Rn. 38 (122. Lfg. August 2016).

296 § 172 Abs. 1 S. 1 Nr. 2 und Abs. 4 BauGB.

297 *Stock* in: *E/Z/B/K*, BauGB, § 172 Rn. 47 (115. Lfg. November 2014).

298 *Mitschang* in: *B/K/L*, BauGB, § 172 Rn. 44 f. (13. Aufl. 2016); BVerwG, Urt. v. 18.06.1997 – 4 C 2.97, NVwZ 1998, 503.

Die dritte Form der Erhaltungssatzung[299] soll eine den sozialen Belangen der Wohnbevölkerung Rechnung tragende Durchführung von Abbruch- und Umbaumaßnahmen gewährleisten. Es findet ein Sozialplan (§ 180 BauGB) Anwendung, der die Vereinbarkeit der bevorstehenden Umstrukturierungsmaßnahmen mit den persönlichen Lebensumständen der Wohnbevölkerung prüft. Sozial nachteilige Auswirkungen sind zu verhindern bzw. abzumildern.[300]

Die Genehmigung von baulichen Maßnahmen im Geltungsbereich einer Erhaltungssatzung unterliegt einem Genehmigungsvorbehalt entsprechend den Erhaltungszielen. § 172 Abs. 3 bis 5 BauGB enthält abschließende Regelungen zu den jeweiligen Versagungsgründen. Sofern keine atypischen Fallgestaltungen vorliegen, besteht bei der Genehmigung kein Ermessensspielraum (gebundene Entscheidung).[301] Die Versagung einer Genehmigung kann in Fällen wirtschaftlicher Unzumutbarkeit einen Anspruch auf Übernahme des Grundstücks auslösen (§ 173 Abs. 2 BauGB).

Die förmliche Festlegung des Erhaltungsgebiets erfolgt entweder durch einen Bebauungsplan oder eine sonstige Satzung. Im ersten Fall werden die jeweiligen Erhaltungsziele (§ 172 Abs. 1 S. 1 Nr. 1 bis 3 BauGB) als Festsetzung im Bebauungsplan verankert. Das Bauleitplanverfahren ist regulär durchzuführen. Im zweiten, weitaus üblicheren Fall wird eine eigenständige Erhaltungssatzung erlassen. Es ist kein Bauleitplanverfahren erforderlich.[302] Nach überwiegender Auffassung besteht jedoch eine eingeschränkte Abwägungspflicht in Bezug auf die Gewichtigkeit der ein Erhaltungsinteresse begründenden Belange und die Abgrenzung des entsprechend schutzbedürftigen Gebiets.[303]

---

299 § 172 Abs. 1 S. 1 Nr. 3 und Abs. 5 BauGB.

300 *Stock* in: *E/Z/B/K*, BauGB, § 172 Rn. 54ff. (115. Lfg. November 2014); *Krautzberger* in: *E/Z/B/K*, BauGB, § 180 Rn. 1, 76 (114. Lfg. Juli 2014).

301 BVerwG, Urt. v. 30.06.2004 – 4 C 1.03, NVwZ-RR 2005, 383; *Stock* in: *E/Z/B/K*, BauGB, § 172 Rn. 130ff. (122. Lfg. August 2015).

302 *Stock* in: *E/Z/B/K*, BauGB, § 172 Rn. 66 f. (115. Lfg. November 2014).

303 *Mitschang* in: *B/K/L*, BauGB, § 172 Rn. 30 (13. Aufl. 2016); *Stock* in: *E/Z/B/K*, BauGB, § 172 Rn. 68 f. (115. Lfg. November 2014); OVG Hamburg, Urt. v. 09.07.2014 – 2 E 3.13, BeckRS 2014, 56242.

2.5 Informelle Planung

Die Möglichkeiten der aktiven Stadtplanung erschöpfen sich nicht in der Anwendung förmlicher Planungsinstrumente, sondern umfassen auch den Einsatz informeller Planungen. Im Gegensatz zur Bauleitplanung ist die informelle Planung nicht an gesetzlich definierte Verfahren und Formen gebunden, sodass diesbezüglich eine große Vielfalt zu erkennen ist. Maßnahmen der informellen Planung besitzen einen hohen Stellenwert in der Praxis und erlangen im weiteren Verlauf des Forschungsprozesses gewisse Bedeutung.[304]

Informelle Planungen haben keinen Rechtscharakter und entfalten weder eine Selbstbindung für die Gemeinde noch eine Außenwirkung. Sie dienen in erster Linie der Vorbereitung und der Unterstützung der förmlichen Bauleitplanung.[305] In § 1 Abs. 6 Nr. 11 BauGB werden städtebauliche Entwicklungskonzepte und sonstige städtebauliche Planungen explizit als abwägungsbeachtliche öffentliche Belange bezeichnet, die bei der Aufstellung von Bauleitplänen zu berücksichtigen sind.[306] Ihnen kommt eine herausgehobene Stellung unter den öffentlichen Belangen zu, da sie „typischerweise einen inhaltlich und/oder räumlich höheren Konkretisierungsgrad aufweisen"[307] als andere Belange. Sie können allerdings auch im Rahmen der Abwägung hinter andere Belange zurückgestellt werden, wenn hinreichende städtebauliche Gründe vorliegen.[308]

Eine konzeptionelle Vorarbeit in Gestalt einer informellen Planung ist Ausdruck der städtebaulichen Ordnungs- und Gestaltungsvorstellungen der Gemeinde. Sie kann gegebenenfalls ein Planungserfordernis nach § 1 Abs. 3 BauGB begründen.[309]

Explizit zu erwähnen sind in diesem Zusammenhang die Methoden der informellen Bürgerbeteiligung[310]. Beispielsweise kann die Erarbeitung

---

304 BBSR 2000, S. 41; *Uechtritz*, ZfBR 2010, 646.

305 *Uechtritz*, ZfBR 2010, 646 (647 f.).

306 Informelle Planungen müssen von der Gemeindevertretung beschlossen sein, um als abwägungsbeachtliche Belange im Sinne des § 1 Abs. 6 Nr. 11 BauGB zu gelten (*Uechtritz*, ZfBR 2010, 646 (647)).

307 Ebd.

308 Ebd., 646 (648); *Söfker* in: *E/Z/B/K*, BauGB, § 1 Rn. 175 (117. Lfg. Mai 2015); vgl. Kap. 2.1.4.2.

309 *Uechtritz*, ZfBR 2010, 646 (647 f.); *Ziekow*, VerwArch 2006, 115 (120); *Paul*, NVwZ 2004, 1033 (1034).

310 Vgl. Erläuterungen zu den Begriffen der Öffentlichkeitsbeteiligung und der Bürgerbeteiligung in Fn. 40.

eines städtebaulichen Entwicklungskonzepts unter Beteiligung der Bürger erfolgen. Weiterhin besteht im Rahmen der vorgezogenen Öffentlichkeitsbeteiligung (§ 3 Abs. 1 S. 1 BauGB) Raum für informelle Beteiligungsangebote.[311]

Der entscheidende Vorteil der informellen Planung liegt in der Vielfalt und Flexibilität ihrer Anwendungsmöglichkeiten im Rahmen der gemeindlichen Stadtentwicklung. Darum ist auch der Einsatz informeller Planungen ohne direkten Zusammenhang mit bauleitplanerischen Maßnahmen denkbar. Die Bezeichnungen entsprechender Instrumente sind so variabel wie die jeweils zugrunde liegenden Methoden. Beispielhaft sind zu nennen: städtebauliche Entwicklungskonzepte, Rahmenplanung, Bürgerforum, Zukunftswerkstatt, Stadtdialog.[312]

Informelle Planungen gelten nicht als öffentlich-rechtlichen Vorschriften und können daher der Zulässigkeit eines nach § 34 BauGB zu beurteilenden Vorhabens nicht entgegenstehen (§ 72 Abs. 1 S. 1 MBO).[313] Ebenso wenig haben sie zwingenden Einfluss auf das Handeln der Gemeinde oder eines Vorhabenträgers. Es sind weitere Maßnahmen nötig, um den Inhalten informeller Planungen zur Wirkung zu verhelfen.

2.6 *Zwischenfazit: Zentrale Planungsinstrumente und Genehmigungsvorschriften im Städtebaurecht*

Die bauplanungsrechtliche Zulässigkeit von Vorhaben im Sinne des § 29 BauGB richtet sich grundsätzlich nach den Vorschriften zu den abschließend beplanten Gebieten (§ 30 Abs. 1 und 2 BauGB) und zu den teilweise beplanten (§ 30 Abs. 3 BauGB) bzw. unbeplanten Gebieten im Innenbereich (§ 34 BauGB) und Außenbereich (§ 35 BauGB). Es liegt insofern eine in sich geschlossene Systematik vor, als dass eine lückenlose und überschneidungsfreie Zuordnung der Grundstücke gewährleistet ist.

Der Bebauungsplan ist das zentrale Steuerungsinstrument im Städtebaurecht. Zentraler Akteur ist die demokratisch gewählte Gemeindevertretung, die mit der Bebauungsplanung die Umsetzung ihrer städtebaulichen Ziele verfolgt. Zentrales Charakteristikum ist das Bebauungsplanverfahren, das durch eine Reihe von fachlichen Voruntersuchungen, Beteiligungsverfahren und Abwägungsvorgängen geprägt ist. Bebauungspläne

---

311 BBSR 2000, S. 42 f.; *Battis* in: *B/K/L*, BauGB, § 3 Rn. 9 (13. Aufl. 2016).

312 Ebd.

313 *Uechtritz*, ZfBR 2010, 646 (652).

bieten vielseitige Anwendungsmöglichkeiten[314] und im Ergebnis eine rechtssichere Regelung der bauplanungsrechtlichen Zulässigkeit im Geltungsbereich.

Für den unbeplanten Innenbereich hat der Gesetzgeber mit der Planersatzvorschrift des § 34 BauGB einen Ordnungsrahmen geschaffen, innerhalb dessen sich die städtebauliche Entwicklung auch ohne Bebauungspläne vollziehen kann. Zentraler Akteur ist die Bauaufsichtsbehörde, die die bauplanungsrechtliche Zulässigkeit nach § 34 BauGB im Rahmen des Baugenehmigungsverfahrens prüft. Zentrales Charakteristikum ist die bauaufsichtliche Prüfung des Einfügens in die Eigenart der näheren Umgebung und insofern die Anwendung der unbestimmten Rechtsbegriffe auf den konkreten Einzelfall. Der unbeplante Innenbereich strahlt zwar eine potenzielle Bebaubarkeit der Grundstücke im Rahmen des § 34 BauGB aus, jedoch besteht keine absolute Rechtssicherheit in Bezug auf die Zulässigkeit von bestimmten Vorhaben.

Das Baugeschehen im städtischen Raum vollzieht sich überwiegend auf der Grundlage von Bebauungsplänen und der Planersatzvorschrift des § 34 BauGB. Man kann in quantitativer Hinsicht von einer gleichrangigen Bedeutung ausgehen.[315]

---

314 Vgl. etwa den vorhabenbezogenen Bebauungsplan (§ 30 Abs. 2 BauGB) als kooperatives Planungsinstrument.

315 *Krautzberger*, NVwZ 2010, 729 (731); *Franßen*, DVBl. 2016, 956 (960); *Schäfer/Schmidt-Eichstaedt*, DVBl. 1984, 588 (590).

3 Stadtentwicklung zwischen Bebauungsplan und § 34 BauGB

Wie die vorangegangenen Ausführungen zeigen, unterscheiden sich die Instrumente des Bebauungsplans und der Planersatzvorschrift des § 34 BauGB in vielen Punkten. Im Rahmen des aufwendigen Bebauungsplanverfahrens gewährleistet das Abwägungsgebot eine umfangreiche Ermittlung und Beurteilung der betroffenen privaten und öffentlichen Belange. Der Gemeinde bleibt eine große Planungsfreiheit, um die Stadtentwicklung aktiv zu steuern. Ein Baugenehmigungsverfahren im unbeplanten Innenbereich hingegen erfordert eine einzelfallbezogene Anwendung der Genehmigungsvorschrift als gebundene Entscheidung. Es ist weder eine Abwägung im Sinne des § 1 Abs. 7 BauGB vorgesehen, noch bestehen Möglichkeiten der planerischen Steuerung durch die Gemeinde. Weitere Unterschiede sind bei den Themen Öffentlichkeitsbeteiligung und Rechtsschutz Dritter zu erkennen.

Die selbstverwaltete Gemeinde kann grundsätzlich frei entscheiden, ob sie planen möchte oder eine bauliche Entwicklung auf Basis der Planersatzvorschrift des § 34 BauGB als ausreichend erachtet. Aufgrund der skizzierten Unterscheide ist es in vielerlei Hinsicht von großer Bedeutung, welches der Instrumente zur Anwendung kommt. Darum sollen einige für diese Arbeit relevante theoretische Hintergründe im Kontext der ‚Stadtentwicklung zwischen Bebauungsplan und § 34 BauGB' kritisch beleuchtet werden.

3.1 Urban Government und Urban Governance

Der Städtebau und die Stadtplanung in Deutschland unterliegen einem ständigen politischen, gesellschaftlichen und administrativen Wandlungsprozess. Von besonderer Bedeutung sind dabei die Verschiebungen im Kräfteverhältnis der Akteurstrias Staat, Wirtschaft und Gesellschaft.[316]

---

316 In diesem Kapitel bleibt die Entwicklung des Städtebaus in der DDR (1949-1990) unberücksichtigt.

Von 1945 bis Mitte der 1970er Jahre dominierte ein hoheitlich gesteuerter, expansiver Städtebau. Der Staat regelte die Bebaubarkeit von Grundstücken im Sinne der Gefahrenabwehr, leitete den Wiederaufbau als öffentliche Aufgabe und erstellte große, visionäre Planwerke.[317] Die kommunalen Kassen waren aufgrund des Wirtschaftswunders gut gefüllt und die Gemeinden konnten eine angebotsorientierte Gesamtplanung auf Basis des klassischen Instrumentariums der Bauleitplanung betreiben (Urban Government).[318] Die Bauleitplanung setzte den übergeordneten Rahmen für eine städtebauliche Entwicklung, die in Bezug auf die Umsetzung „weitgehend dem freien Spiel der Kräfte überlassen“[319] wurde. In diese Zeit fiel auch der Erlass des Bundesbaugesetzes und die Einführung des § 34 BBauG 1960. Die Anwendung der Planersatzvorschrift des § 34 BBauG 1960 nach damaliger Rechtsauffassung begünstigte die expansive Bautätigkeit der 1960er und 1970er Jahre.[320]

In den 1970er- und 1980er Jahren ereigneten sich große Veränderungen in Gesellschaft, Wirtschaft und Planungsrecht. Der Erlass des Städtebauförderungsgesetzes von 1971[321] und das Europäische Denkmalschutzjahr 1975 stehen stellvertretend für den Beginn eines Paradigmenwechsels, weg von der expansiven, angebotsorientierten hin zu einer umsetzungsorientierten Städtebaupolitik.[322] Die Einführung des städtebaulichen Sanierungsrechts und der Fokus auf die Entwicklung und Erneuerung des baulichen Bestands brachte neue Planungsansätze mit sich: „kleinteiliger, partizipativer, kontextbezogener.“[323] Diese neue Strömung schlug sich auch in der Gesetzgebung der BBauG-Novelle 1976 nieder. Es wurden neue Steuerungsinstrumente eingeführt, wie beispielsweise der Sozialplan (§ 13 a BBauG 1976) oder das Baugebot (§ 39 b BBauG 1976).[324] Durch die Neufassung des § 34 BBauG 1976 sollte einer ungeordneten baulichen Entwicklung im unbeplanten Innenbereich entgegengewirkt werden.[325]

---

317 Planungseuphorie.

318 *Mitschang* 2003, S. 326ff., *Altrock*, polis s02/2011, 12 (13 f.); *Sieverts*, polis s02/2011, 6 (8); *Bärenbrinker* 2012, S. 233ff.

319 BT-Drucksache 7/2496 vom 22.08.1974, S. 28.

320 Vgl. Kap. 2.3.1.2.

321 Städtebauförderungsgesetz vom 27.07.1971 (BGBl. I 1971, S. 1125.)

322 *Krautzberger* in: *E/Z/B/K*, BauGB, Vorbemerkungen zu den städtebaulichen Sanierungsmaßnahmen (§§ 136 bis 164 b BauGB), Rn. 2 (110. Lfg. August 2013); BT-Drucksache 7/2496 vom 22.08.1974, S. 28.

323 *Sieverts*, polis s02/2011, 6 (8).

324 *Stock* in: *E/Z/B/K*, BauGB, § 176 Rn. 8 (104. Lfg. April 2012); *Schmidt-Aßmann*, NJW 1976, S. 1913 (1916).

325 Vgl. Kap. 2.3.1.3.

Die planungsrechtlichen und städtebaupolitischen Entwicklungen der 1970er- und 1980er Jahre wurden vom wirtschaftlichen und gesellschaftlichen Wandel jener Zeit maßgeblich beeinflusst. Das dynamische Wirtschaftswachstum der Nachkriegszeit endete mit der ersten Ölkrise im Jahr 1973. Das Dogma des grenzenlosen Wachstums wurde zunehmend infrage gestellt,[326] ebenso wie die umfassende Steuerungs- und Deutungsmacht eines hoheitlich handelnden Staates.[327] Kapitalstarke Investoren forderten zunehmend mehr Einfluss auf Planung und Ausgestaltung ihrer Bauprojekte im städtischen Raum. Die besser gebildete, individualisierte und vom Staat emanzipierte Gesellschaft verlangte mehr Transparenz sowie Mitsprache- und Einflussmöglichkeiten in der Stadtentwicklung. Die steigende Verschuldung öffentlicher Haushalte schwächte die gemeindlichen Handlungsspielräume.[328]

Unter dem Einfluss dieser gesellschaftlichen und wirtschaftlichen Entwicklungen bildete sich mit der Urban Governance eine Art Gegenmodell zum klassisch hierarchischen Steuerungsmodus des Urban Government.[329] Statt der hoheitlichen Vorgabe planerischer Ordnungsvorstellungen sollten multilaterale Aushandlungsprozesse unter Einbindung der „nicht von oben herab steuerbaren Gesellschaft"[330] ins Zentrum der Stadtplanung rücken.[331] Das Bauplanungsrecht wurde nach und nach um neue formelle und informelle Instrumente der Öffentlichkeitsbeteiligung und der kooperativen Planung erweitert.[332] Explizit hervorzuheben ist der vorhabenbezogene Bebauungsplan, der seit 1993[333] Teil des bundesweiten Städtebaurechts ist.[334] Durch Instrumente der informellen Planung entstanden neue

326 Vgl. etwa die 1972 im Auftrag des Club of Rome vorgelegte Studie: „Die Grenzen des Wachstums" (*Meadows et al.* 1972).

327 *Sieverts*, polis s02/2011, 6 (8); *Altrock*, polis s02/2011, 12 (14).

328 *Bärenbrinker* 2012, S. 233 f.; *Selle* 2013, S. 25 f., 32ff.; *Altrock*, polis s02/2011, 12 (14).

329 *Einig et al.*, IzR 9/10.2005, I.

330 *Altrock*, polis s02/2011, 12 (16).

331 *Ehrbeck* 2006, S. 61.

332 *Altrock*, polis s02/2011, 12 (14).

333 Zunächst noch als „Satzung über den Vorhaben- und Erschließungsplan" in § 7 BauGB-MaßnahmenG 1993 (Investitionserleichterungs- und Wohnbaulandgesetz); zuvor bereits für die Gebiete der ehemaligen DDR anwendbar im Rahmen des § 246 a Abs. 1 S. 1 Nr. 6 BauGB in der Fassung des Einigungsvertrags von 1990.

334 Dieses projektbezogene, kooperative Planungsinstrument ermöglicht eine beschleunigte und nachfrageorientierte bauliche Entwicklung in Form einer engen Zusammenarbeit von Gemeinde und privatem Investor.; vgl. Kap. 2.1.3.2.

Möglichkeiten der flexiblen Gestaltung planerischer Aushandlungsprozesse.[335] Die Bedeutung des § 34 BauGB als nachfrageorientierte und einzelfallbezogene Planersatzvorschrift nahm weiter zu.[336]

Die gegenwärtige Planungskultur ist geprägt von Steuerungsstrukturen beider Paradigmen. Neue Strategien kooperativer und informeller Planung ergänzen das hierarchische Planungssystem bzw. sind in dieses eingebettet.[337] Die Gemeinde entscheidet selbst, welche Planungsstrategien und -instrumente bei der städtebaulichen Entwicklung ihres Gemeindegebiets zur Anwendung kommen (Art. 28 Abs. 2 S. 1 GG).

3.2 Innenentwicklung als städtebauliches Paradigma

Die Auseinandersetzung mit dem Baubestand der Innenstädte im Rahmen der Stadterneuerung und Sanierung in den 1970er Jahren[338] leitete einen städtebaupolitischen Wandel von einer expansiven Siedlungsentwicklung hin zu einer verstärkten Innenentwicklung ein.[339] Innenentwicklung bedeutet die Durchführung von städtebaulichen Maßnahmen innerhalb der bereits erschlossenen Siedlungsgrenzen. Im Mittelpunkt stehen hier die Wiedernutzbarmachung von (Brach-)Flächen und die Nachverdichtung, d.h. Um- und Neubaumaßnahmen im Bestand. Die Außenentwicklung bezieht sich im Gegensatz dazu auf die Siedlungsexpansion, die Neuinanspruchnahme von Außenbereichsflächen, das Bauen auf der ‚Grünen Wiese' im Rahmen der Suburbanisierung (§ 1 a Abs. 2 BauGB).[340]

Im BauGB 1986 fand das Leitbild des schonenden Umgangs mit Grund und Boden mit der Aufnahme der Bodenschutzklausel (§ 1 a Abs. 2 BauGB) gesetzlichen Niederschlag: Zur Verringerung der zusätzlichen Flächeninanspruchnahme sollte die städtebauliche Entwicklung vorwiegend über Maßnahmen der Innenentwicklung und der Nachverdichtung erfolgen. Die BauGB-Novelle 2007 setzte mit dem beschleunigten Verfahren

335 Vgl. Kap. 2.5.

336 *Söfker* in: *E/Z/B/K*, BauGB, § 34 Rn. 8 (125. Lfg. Mai 2017); *Franßen*, DVBl. 2016, 956 (960); vgl. Kap. 2.3.1.5 und Kap. 2.3.1.6.

337 *Einig et al.*, IzR 9/10.2005, I (II); *Bärenbrinker* 2012, S. 239ff.

338 Städtebauförderungsgesetz 1971; Europäisches Denkmalschutzjahr 1975.

339 *Krautzberger* in: *E/Z/B/K*, BauGB, Vorbemerkungen zu den städtebaulichen Sanierungsmaßnahmen (§§ 136 bis 164 b BauGB), Rn. 2 (110. Lfg. August 2013); BT-Drucksache 7/2496 vom 22.08.1974, S. 27ff.

340 *Krautzberger/Stüer*, DVBl. 2013, 805 (807 f.); BT-Drucksache 17/11468 vom 14.11.2012, S. 1, 12, 28.

für Bebauungspläne der Innenentwicklung (§ 13 a BauGB) weitere Anreize zur Innenentwicklung.[341] Das Leitbild der Innen- vor Außenentwicklung wurde schließlich durch die BauGB-Novelle 2013 als explizite Zielsetzung der Bauleitplanung festgeschrieben:[342]

> „Hierzu soll die städtebauliche Entwicklung vorrangig durch Maßnahmen der Innenentwicklung erfolgen.“ (§ 1 Abs. 5 S. 3 BauGB)

Die Innenstädte sollen angesichts des demographischen Wandels in Deutschland und des globalen Klimawandels als kompakte urbane Zentren und attraktive Lebensräume weiter gestärkt und die Bebauung von Außenbereichsflächen möglichst vermieden werden. Mit Maßnahmen der Innenentwicklung wird das Ziel der Bundesregierung verfolgt, bis 2020 die Flächeninanspruchnahme auf maximal 30 ha/Tag zu begrenzen.[343]

Die im Mai 2017 in Kraft getretene Bauplanungsrechtsnovelle erweitert den Anwendungsbereich des beschleunigten Bebauungsplanverfahrens nach § 13 a BauGB auf Arrondierungsflächen im Außenbereich (§ 13 b BauGB).[344] Diese wohnungsbaupolitisch motivierte Gesetzesänderung steht im Widerspruch zum Leitbild der Innenentwicklung, stellt es jedoch nicht grundsätzlich infrage.[345]

Im Blick auf die Zulässigkeit von Bauvorhaben in den nicht beplanten Gebieten kann ebenfalls von einer Bevorzugung der Innen- vor der Außenentwicklung gesprochen werden: Im unbeplanten Innenbereich (§ 34 BauGB) ist eine Bebauung grundsätzlich zulässig, während der Außenbereich (§ 35 BauGB) grundsätzlich von Bebauung freizuhalten ist. Der Gesetzgeber räumt dem Innenbereich gegenüber dem Außenbereich einen Vorrang in Bezug auf die bauliche (Weiter-)Entwicklung ein.[346]

Die Nachverdichtung stellt eine explizite Maßnahme der Innenentwicklung dar (§ 1 a Abs. 2 S. 1 BauGB). Sie lässt sich definieren als: „Die Erhö-

---

341 *Tomerius*, ZUR 2008, 1 (4 f.); *Krautzberger/Stüer*, DVBl. 2007, 160 (161 f.); vgl. Kap. 2.1.4.4.

342 *Battis/Mitschang/Reidt*, NVwZ 2013, 961 ff.

343 Bundesregierung 2012, S. 70, 99, 189 f.: Gleitender Vierjahresdurchschnitt im Jahr 2002: ca. 130 ha/Tag, im Jahr 2010: ca. 87 ha/Tag; *Mitschang*, ZfBR 2013, 324; *Krautzberger/Stüer*, DVBl. 2013, 805 (807); BT-Drucksache 17/11468 vom 14.11.2012, S. 1.

344 Vgl. Kap. 2.1.4.4.

345 *Bunzel*, ZfBR 2017, 220 (224); *Krautzberger*, ZfBR 2017, 644 (646); *Jaeger* in: *Spannowsky/Uechtritz*, BeckOK BauGB, § 13 b Rn. 6 (39. Edition Oktober 2017).

346 *Söfker* in: *E/Z/B/K*, BauGB, § 34 Rn. 7 (125. Lfg. Mai 2017); *Franz* 2000, S. 198ff.; vgl. Kap. 2.2 und Kap. 2.3.

hung der Bebauungsdichte in einem bestehenden besiedelten Gebiet mit im Wesentlichen gleicher Nutzungsart."[347]

Bauliche Maßnahmen der Nachverdichtung gibt es in sehr unterschiedlichen Variationen. Hierunter zählen etwa größere Neubauprojekte auf innerstädtischen (Brach-)Flächen, aber auch kleine Baulückenschließungen oder die Umstrukturierung vorhandener Bausubstanz.[348] Je nach spezifischer Fallkonstellation und gemeindlichen Zielvorstellungen lassen sich Nachverdichtungsmaßnahmen mit dem Instrument des Bebauungsplans oder über § 34 BauGB realisieren.

3.3 Die Bestimmung des Gemeinwohls bei B-Plan und § 34 BauGB

Die städtebauliche Entwicklung des Gemeindegebiets vollzieht sich maßgeblich nach den privaten Interessen der Grundstückseigentümer: Die Freiheit des Eigentums wird gewährleistet (Art. 14 Abs. 1 S. 1 GG). Gemäß Art. 14 Abs. 2 S. 2 GG soll der Gebrauch des Eigentums jedoch zugleich dem Wohl der Allgemeinheit dienen. Dies verpflichtet den Gesetzgeber, Inhalt und Schranken des Eigentums gemeinwohldienlich auszugestalten (Art. 14 Abs. 1 S. 2 und Abs. 2 GG). Privatnützigkeit und Sozialpflichtigkeit des Eigentums sind in ein ausgewogenes Verhältnis zu bringen.[349] Entsprechend relevant ist die Sozialpflichtigkeit des Eigentums daher auch im Rahmen der Instrumente des Bebauungsplans und der Planersatzvorschrift des § 34 BauGB, die jeweils auf unterschiedliche Weise Inhalt und Schranken des Eigentums bestimmen.[350]

Der Gedanke des Gemeinwohls weist eine mehr als zweitausendjährige Geschichte als „Grundbegriff der politischen Ethik"[351] auf. Er fungiert als „ethisches Korrektiv"[352] politischen Handelns (limitierend-regulativ), als Rechtfertigungstopos politischer Entscheidungen (legitimierend) sowie als gemeinsames Produkt bürgerlicher Privatinteressen (integrativ).[353] Das BVerfG stellt fest:

---

347 *Bunzel*, LKV 2007, 444 (445).

348 BBSR 2014, S. 6 f.; Bundesregierung 2012, S. 195 f.; *Klie*, DW 02/2015, 22ff.

349 *Axer* in: *Epping/Hillgruber*, BeckOK Grundgesetz, Art. 14 Rn. 14 (34. Edition August 2017).

350 Vgl. Kap. 2.1.4.3 und Kap. 2.3.5.

351 *Bohlken* 2011, S. 150.

352 Ebd., S. 160.

353 Ebd., S. 159ff.

> „Grundrechtsgebundene staatliche Gewalt im Sinne des Art. 1 Abs. 3 GG ist danach jedes Handeln staatlicher Organe oder Organisationen, weil es in Wahrnehmung ihres dem Gemeinwohl verpflichteten Auftrags erfolgt."[354]

Der Gemeinwohlgedanke steht im Spannungsfeld zwischen allgemeinen öffentlichen Interessen und singulären privaten Interessen. Zentrales Problem ist dabei die konkrete Bestimmung des Gemeinwohls. Das Grundgesetz verzichtet auf eine übergeordnete Definition des Gemeinwohlbegriffs, sodass die Bestimmung des Gemeinwohls im Spannungsfeld zwischen gesetzlichen Gemeinwohlbelangen, staatlich-hoheitlichen Ausformungen[355], wissenschaftlich-ethischen Diskursen[356] und demokratischen Willensbildungsprozessen zu verorten ist.[357]

Die subjektiv-prozeduralistische Gemeinwohltheorie fasst die Bestimmung des Gemeinwohls in realen politisch-ethischen Fragestellungen als Ergebnis eines demokratischen Willensbildungsprozesses auf. Das Gemeinwohl wird nicht objektiv und allgemeingültig vorgefunden, sondern durch die subjektiven Interessen und die Mitwirkung der einzelnen Staatsbürger in Verfahren bestimmt.[358] Dies schließt eine Fehlleistung der Gemeinwohlbestimmung aus, denn: „sobald die richtigen Verfahren eingerichtet sind, ist alles, was daraus hervorgeht, richtig."[359]

Der subjektiv-prozeduralistischen Gemeinwohltheorie steht die objektiv-prozedurtranszendente Gemeinwohltheorie gegenüber, die auf die Gefahren der reinen Verfahrensorientierung hinweist. Hier wird der kausale, unfehlbare Zusammenhang zwischen demokratischen Entscheidungen und dem Gemeinwohl aufgebrochen und ein prozedurunabhängiger Gemeinwohlbegriff zugelassen. Somit ist etwa die Bestimmung von „sachbereichsspezifischen Mindeststandards"[360] möglich, um gemeinwohlschädlichen demokratischen Entscheidungen vorzubeugen.

Der integrative Gemeinwohlbegriff besteht aus einer Kombination von subjektiv-prozeduralen und objektiv-prozedurtranszendenten Ansätzen.[361]

---

354 BVerfG, Urt. v. 22.02.2011 – 1 BvR 699/06, NJW 2011, 1201 (1202).

355 Z.B. Rechtsprechung des BVerfG.

356 Z.B. Deutscher Ethikrat.

357 *Bohlken* 2011, S. 157ff.

358 *Blum* 2011, S. 34 f., 216 f.

359 *Gutman/Thompson* 2004, S. 24, eigene Übersetzung; Originalzitat: „Once the right procedures are in place, whatever emerges from them is right".

360 *Blum* 2011, S. 216.

361 Ebd., S. 5, 216ff.

Bei den Instrumenten des Bebauungsplans und der Planersatzvorschrift des § 34 BauGB lassen sich sowohl subjektiv-prozedurale[362] als auch objektiv-prozedurtranszendente[363] Dimensionen des Gemeinwohlbegriffs erkennen. Diese kommen auf unterschiedliche Weise zur Geltung:

Im Fall des Bebauungsplans hat der Gesetzgeber ein Grundgerüst aus gemeinwohlbezogenen Interessen und Verfahrensanforderungen definiert (§§ 1 bis 4c BauGB), während die Gemeinde über die konkrete gemeinwohldienliche Inhalts- und Schrankenbestimmung des Eigentums im Rahmen ihrer Selbstverwaltungshoheit unter der Beteiligung der Öffentlichkeit und gegebenenfalls des Vorhabenträgers[364] entscheidet.[365] Das Wohl der Allgemeinheit wird dabei letztlich

> „erst durch Verfahren sichtbar, in denen die verschiedenen Partikularinteressen und die vielfältigen (und nicht selten kontroversen) öffentlichen Belange zusammengeführt und abgewogen werden."[366]

Im Fall der Planersatzvorschrift des § 34 BauGB hingegen erfolgte die Bestimmung des Gemeinwohls abschließend durch die gewählten Volksvertreter im Zuge des Gesetzgebungsverfahrens. Im Ergebnis dessen stellt § 34 BauGB eine Inhalts- und Schrankenbestimmung des Eigentums dar, die, sofern sie verfassungskonform ist und in der behördlichen Praxis rechtmäßig angewandt wird, stets Art. 14 Abs. 2 GG wahrt und somit auch dem Wohl der Allgemeinheit dient.

3.4 *Öffentliche Belange bei Bebauungsplan und § 34 BauGB*

Bauliche Maßnahmen der Innenentwicklung nach Bebauungsplan unterscheiden sich von solchen nach § 34 BauGB in der Art und Weise des Umgangs mit öffentlichen Belangen. Das Abwägungsgebot im Rahmen des Bebauungsplanverfahrens garantiert, dass von der Planung konkret betroffene öffentliche Belange ermittelt und bewertet werden. Es ermöglicht darüber hinaus eine aktive planerische Steuerung in Form einer Zurückstel-

---

362 Bildung des Gemeinwohls infolge demokratischer Verfahren.

363 Wahrung des Gemeinwohls infolge spezifischer Mindeststandards durch das geltende Recht.

364 Etwa im Rahmen eines vorhabenbezogenen Bebauungsplans (§ 12 BauGB i.V.m. § 11 BauGB).

365 Die Abwägung (§ 1 Abs. 7 BauGB) als zentraler Planungsschritt.; vgl. Kap. 2.1.4.2.

366 *Selle* 2013, S. 240.

lung oder einer Bevorzugung bestimmter öffentlicher Belange.[367] Im Rahmen der Planersatzvorschrift des § 34 Abs. 1 bis 3 BauGB spielen öffentliche Belange jenseits der in der Norm enthaltenen Zulässigkeitsvoraussetzungen keine Rolle. Es ist auch kein Raum für eine planerische Abwägung, die konkret betroffenen öffentlichen Belangen zur Geltung verhelfen könnte.[368]

a) Öffentliche Belange in der Bauleitplanung

Öffentliche Belange im Sinne des § 1 Abs. 7 BauGB beziehen sich auf öffentliche Interessen mit städtebaulicher Relevanz.[369] § 1 Abs. 6 BauGB enthält einen nicht abschließenden Katalog von städtebaulich beachtlichen und somit potenziell im Rahmen der Bauleitplanung zu berücksichtigenden öffentlichen Belangen. Hierunter zählen beispielsweise die Belange der Wohnbedürfnisse der Bevölkerung, der Schaffung und Erhaltung sozial stabiler Bewohnerstrukturen oder der sozialen Infrastruktur (z.B. Bildungs- und Gesundheitsversorgung) (§ 1 Abs. 6 Nr. 2 und 3 BauGB). Wegen der Begrenztheit von Grund und Boden soll sich die Bodennutzung auch an sozialen Belangen im Interesse der Allgemeinheit orientieren (Art. 14 Abs. 1 S. 2 und Abs. 2 S. 2 GG).[370] Dies ist Ausdruck der verfassungsrechtlich gebotenen sozialstaatlichen Verantwortung, auf eine gerechte Sozialordnung hinzuwirken (Art. 20 Abs. 1 GG).[371] Die Berücksichtigung entsprechender Belange im Zuge der bauleitplanerischen Abwägung soll im Ergebnis „eine dem Wohl der Allgemeinheit dienende sozialgerechte Bodennutzung unter Berücksichtigung der Wohnbedürfnisse der Bevölkerung gewährleisten“ (§ 1 Abs. 5 S. 1 BauGB).[372]

Es ist Aufgabe der Gemeinde, die zum Teil sehr allgemeinen öffentlichen Belange in § 1 Abs. 6 BauGB im entsprechenden Kontext der Planung auf ihre Abwägungserheblichkeit zu prüfen. Weiterhin ist es Ausdruck der gemeindlichen Planungsfreiheit, die Zurückstellung oder die Hervorhebung einzelner Belange im Rahmen der Abwägung (§ 1 Abs. 7 BauGB)

367 Vgl. Kap. 2.1.4.2.

368 BVerwG (Fn. 146), BVerwGE 55, 369 (383 f.).

369 *Weyreuther*, BauR 1981, 1 f.

370 BVerfG, Beschl. v. 12.01.1967 – 1 BvR 169.63, NJW 1967, 619 (620).

371 *Voßkuhle/Wischmeyer*, JuS 2015, 693; *Traub* 2015, S. 191 f., 196 f.; *Weigelt* 2016, S. 63.

372 *Söfker* in: *E/Z/B/K*, BauGB, § 1 Rn. 104 (126. Lfg. August 2017); *Bunzel*, ZfBR 2015, 11 f.

unter Wahrung der Verhältnismäßigkeit vorzunehmen.[373] Hier bieten sich klare Steuerungsmöglichkeiten seitens der planenden Gemeinde.

Zusammenfassend lässt sich sagen: Das Abwägungsgebot verlangt und ermöglicht eine grundsätzliche Berücksichtigung öffentlicher Belange bei der Bauleitplanung.

b) Öffentliche Belange bei § 34 BauGB

Bei der Anwendung der Planersatzvorschrift des § 34 BauGB wird demgegenüber eine grundsätzliche Berücksichtigung öffentlicher Belange weder verlangt noch ermöglicht. Dies folgt zunächst aus dem Umstand, dass im Rahmen der Zulässigkeitsprüfung nach § 34 BauGB keine der bauleitplanerischen Abwägung nach § 1 Abs. 7 BauGB vergleichbare Abwägung der von dem baulichen Vorhaben betroffenen öffentlichen Belange vorgesehen ist. Für die bauaufsichtliche Prüfung auf Zulässigkeit nach § 34 BauGB ist neben dem Einfügungsgebot[374] allein auf die explizit in der Norm genannten öffentlichen Belange abzustellen. Zu letzteren zählen die gesicherte Erschließung (§ 34 Abs. 1 S. 1 BauGB), die Wahrung gesunder Wohn- und Arbeitsverhältnisse, der Schutz des Ortsbildes (§ 34 Abs. 1 S. 2 BauGB) und der Schutz vor schädlichen Auswirkungen auf zentrale Versorgungsbereiche (§ 34 Abs. 3 BauGB).[375]

§ 34 Abs. 1 BBauG 1976 enthielt noch das Erfordernis, dass sonstige öffentliche Belange nicht entgegenstehen dürfen. Dabei war in Rechtsprechung und Literatur umstritten, inwieweit sonstige öffentliche Belange einem Vorhaben nach § 34 BauGB überhaupt entgegenstehen konnten. Einer zunächst verbreiteten Auffassung zufolge seien die sonstigen öffentlichen Belange in § 34 Abs. 1 BBauG 1976 eine Art Korrektiv, das die Vereinbarkeit mit den auch für die Bauleitplanung geltenden Planungsleitlinien in § 1 Abs. 6 BBauG 1976 oder etwa mit den Darstellungen in einem Flächennutzungsplan (§ 5 BBauG 1976) gewährleistete.[376] Einem nach § 34 BBauG 1976 zu beurteilenden Vorhaben könne ein Planungserfordernis

373 *Söfker* in: *E/Z/B/K*, BauGB, § 1 Rn. 110 (117. Lfg. Mai 2015); vgl. Kap. 2.1.4.2.

374 Eine geordnete städtebauliche Entwicklung im unbeplanten Innenbereich nach Maßgabe des Einfügungsgebots liegt im öffentlichen Interesse (*Weyreuther*, BauR 1981, 1 (3); *Söfker* in: *E/Z/B/K*, BauGB, § 34 Rn. 70 (125. Lfg. Mai 2017)).

375 Ebd.; Bezüglich der Durchschlagskraft der jeweiligen öffentlichen Belange vgl. Kap. 2.3.2.3.

376 Vgl. Parallele zu § 35 Abs. 2 und 3 BBauG 1976.

(§ 1 Abs. 3 BBauG 1976) als sonstiger öffentlicher Belang entgegenstehen.[377]

Nach der Auffassung *Weyreuthers*[378] und anderer[379] könne einem Vorhaben nach § 34 BBauG 1976 kein Planungserfordernis, etwa unter Rückgriff auf § 1 Abs. 6 BBauG 1976, als öffentlicher Belang entgegengehalten werden. Entsprechend dem räumlichen Anwendungsbereich des § 34 BBauG 1976 sei aus eigentumsrechtlichen Gründen nur auf die Sachlage der näheren Umgebung abzustellen, sodass die diesen Umkreis überschreitenden Belange grundsätzlich unbeachtlich sind.[380] Innerhalb des Wirkungskreises bestünde kein Raum für potenziell entgegenstehende öffentliche Belange, die nicht schon „vom Erfordernis des Sicheinfügens aufgezehrt"[381] worden sind.[382]

Der Gesetzgeber trug „der geltenden Rechtslage Rechnung"[383], folgte letzterer Auffassung und ließ das Merkmal der ‚sonstigen öffentlichen Belange' in der Neufassung des § 34 Abs. 1 BauGB 1986 entfallen. Im Gesetzgebungsverfahren und auch danach äußerten einige Stimmen aus Politik, Wissenschaft und Sachverständigenkreisen Kritik an dieser Gesetzesänderung. Ein vollständiges Aufgehen der sonstigen öffentlichen Belange, insbesondere der des Umweltschutzes, innerhalb des Einfügungserfordernisses wurde bezweifelt.[384] Im Rahmen des § 34 BauGB sollten dieser Mindermeinung zufolge auch öffentliche Belange berücksichtigt werden müssen, die „über die Aspekte der unmittelbar prägenden Umgebung hinausgehen."[385]

---

377 *Schmidt-Eichstaedt*, JZ 1978, 12 (12, 15); *Kleinlein*, DÖV 1986, 1010 (1011); *Finkelnburg*, NJW 1977, 840 (842); OVG Münster, Urt. v. 07.11.1977 – X A 650.73, NJW 1978, 2314.

378 *Weyreuther*, BauR 1981, 1 (11 f.), – damals Vorsitzender Richter am Bundesverwaltungsgericht.

379 *Lenz*, BauR 1978, 329 (333); *Boeddinghaus*, BauR 1986, 506 (507); BVerwG, Urt. v. 24.10.1980 – 4 C 3.78, NJW 1981, 2426.

380 *Weyreuther*, BauR 1981, 1 (9 f.).

381 Ebd., 1 (9).

382 Ebd., 1 (9, 12); *Lenz*, BauR 1978, 329 (333).

383 BT-Drucksache 10/4630 vom 10.01.1986, S. 87; damalige ständige Rechtsprechung: BVerwG (Fn. 379), NJW 1981, 2426; BVerwG, Urt. v. 03.02.1984 – 4 C 8.80, NJW 1984, 1773; BVerwG, Beschl. v. 24.02.1986 – 4 B 31.86, JurionRS 1986, 18269.

384 Gegenauffassung des Bundesrates in: BR-Drucksache 575/85(B) vom 31.01.1986, S. 30; BT-Drucksache 10/5111 vom 27.02.1986, S. 5 f.; BT-Drucksache 10/6166 vom 15.10.1986, S. 131; *Kleinlein*, DÖV 1986, 1010 (1011); *Kuchler* 1989, S. 232; vgl. Kap. 2.3.1.5.

385 *Zoubek et al.* 1985, 36 (40).

> „Die Konzentration des Tatbestandes allein auf die Verhältnisse der näheren Umgebung lässt keine planerische Gesamtschau zu und schränkt die ohnehin begrenzte Steuerungsfunktion des § 34 BBauG zur Verhinderung städtebaulicher Missstände ein."[386]

Ob sich ein Vorhaben nach § 34 BauGB in die Eigenart der näheren Umgebung einfügt, beurteilt sich nach herrschender Meinung jedoch anhand sichtbarer Maßstäbe der tatsächlich vorhandenen Umgebungsbebauung.[387] Es besteht kein Raum für die Berücksichtigung von sonstigen öffentlichen Belangen. Der bauplanungsrechtlichen Zulässigkeit eines Vorhabens nach § 34 BauGB können grundsätzlich weder städtebauliche (§ 1 Abs. 5 und 6 BauGB), raumordnerische (§ 1 Abs. 4 BauGB) noch interkommunale Fernwirkungen entgegengehalten werden.[388] Folglich kann beispielsweise das sozialstaatlich motivierte öffentliche Interesse an einer dem Allgemeinwohl dienenden sozialgerechten Bodennutzung unter Berücksichtigung der Wohnbedürfnisse der Bevölkerung (§ 1 Abs. 5 S. 1 BauGB) bei § 34 BauGB nicht unmittelbar zur Geltung kommen.

c) Öffentliches Interesse an sozialgerechter Bodennutzung bei B-Plan und § 34 BauGB

Die Bedeutung der vorangegangenen Ausführungen soll anhand eines aktuellen Themas verdeutlicht werden. In vielen wachsenden Städten erfordert die angespannte Wohnungsmarktsituation aus städtebaulichen Gründen aktive Maßnahmen zur Verbesserung der Wohnraumversorgung einkommensschwächerer Bevölkerungsgruppen (§ 1 Abs. 5 S. 1 und Abs. 6 Nr. 2 BauGB).[389] Im Rahmen des Bebauungsplans lassen sich diese öffent-

---

386 Ebd.

387 BVerwG (Fn. 193), NVwZ 2017, 717 (719); BVerwG, Beschl. v. 11.12.1992 – 4 B 209.92, NVwZ 1993, 1100; *Söfker* in: *E/Z/B/K*, BauGB, § 34 Rn. 30 f. (125. Lfg. Mai 2017); *Krautzberger/Stüer*, DVBl. 2007, 160 (165).

388 BVerwG, Urt. v. 11.02.1993 – 4 C 15.92, NVwZ 1994, 285 (286 f.); *Claus*, NVwZ 2010, 753 (754); *Scheidler*, LKRZ 2011, 41 (42); *Krausnick*, VerwArch 2005, 191 (211); Eine Durchbrechung dieses Grundsatzes bildet seit dem Erlass des EAG Bau 2004 der neugefasste § 1 Abs. 3 BauGB zum Schutz zentraler Versorgungsbereiche in der Gemeinde oder in anderen Gemeinden vor der Ansiedlung von großflächigen Einzelhandelsbetrieben im unbeplanten Innenbereich (*Gatawis*, NVwZ 2006, 272 (273); *Uechtritz*, NVwZ 2007, 660).

389 Z.B. Berlin, München, Hamburg, Köln, Potsdam, Leipzig, Kiel; BMUB (Bundesministerium für Umwelt, Naturschutz, Bau und Reaktorsicherheit) 2015, S. 5, 7 f., 10; *Voßkuhle/Wischmeyer*, JuS 2015, 693.

lichen Belange besonders zur Geltung bringen, etwa über eine Festsetzung von Flächen, auf denen ganz oder teilweise nur Wohngebäude errichtet werden dürfen, die den Voraussetzungen der sozialen Wohnraumförderung entsprechen (§ 9 Abs. 1 Nr. 7 BauGB).[390] In Verbindung mit dem Einsatz öffentlicher Fördermittel kann die Schaffung eines gewissen Anteils an sogenannten ‚bezahlbaren Wohnungen'[391] im Bereich des Wohnungsneubaus erreicht werden.[392]

Ein besonderes Steuerungsinstrument zur Umsetzung der genannten Ziele ist das aktuell mit gewisser Variation vielerorts[393] zur Anwendung kommende Modell der kooperativen Baulandentwicklung.[394] Entstehen durch die Aufstellung eines Bebauungsplans hinlängliche Bodenwertsteigerungen, kann der „Vorhabenträger einer Baulandentwicklung an der Finanzierung sozialer Infrastrukturen und der Förderung von bezahlbarem Wohnraum"[395] in angemessener Weise (§ 11 Abs. 2 S. 1 BauGB)[396] beteiligt werden. Die einzelfallbezogene Verteilung der planungsbedingten Wertsteigerungen wird über einen städtebaulichen Vertrag nach § 11 Abs. 1 Nr. 2 BauGB vereinbart.[397] Unter Berücksichtigung der städtebaulichen Situation im konkreten Plangebiet kommen diese Modelle dem Gleichheitsgrundsatz (Art. 3 Abs. 1 GG) folgend prinzipiell im gesamten Gemeindegebiet zur Anwendung.[398]

---

390 *Bunzel*, ZfBR 2015, 11 (12); Gegebenenfalls unter dem Einsatz öffentlicher Fördermittel gemäß Wohnraumförderungsgesetz (WoFG).

391 Der weithin gebräuchliche Terminus ‚bezahlbarer Wohnraum' kann nicht eindeutig definiert werden. Er steht in Relation zum Haushaltseinkommen der Bewohner und bezieht sich meist auf öffentlich geförderte Sozialwohnungen, aber auch auf Wohnungen mit Mieten deutlich unterhalb der ortsüblichen Vergleichsmiete.; vgl. BMUB 2015, S. 5ff.; Deutscher Verband 2016, S. 6; *Bunzel*, ZfBR 2015, 11ff.; *Kohler-Gehrig*, VBlBW 2016, 235.

392 *Söfker* in: *E/Z/B/K*, BauGB, § 9 Rn. 75 (121. Lfg. Mai 2016).

393 U.a. München: Sozialgerechte Bodennutzung (SoBoN), Berlin: Modell der kooperativen Baulandentwicklung, Potsdam: Kostenbeteiligung bei der Baulandentwicklung, Leipzig: Kooperative Baulandentwicklung.

394 Deutscher Verband 2016, S. 19ff.; *Bunzel*, ZfBR 2015, 11 (18).

395 Stadt Leipzig 2015, S. 1; In diesem Sinne auch: SenStadtUm Berlin 2015, S. 11 f.; Landeshauptstadt München 2009, S. 7; Landeshauptstadt Potsdam 2016, S. 1.

396 *Hellriegel/Teichmann*, BauR 2014, 189 (193); vgl. Kap. 2.1.3.2.

397 OVG Lüneburg, Urt. v. 19.05.2011 – 1 LC 86.09, BauR 2012, 70; *Krautzberger* in: *E/Z/B/K*, BauGB, § 11 Rn. 167 a (122. Lfg. August 2016).

398 *Hellriegel/Teichmann*, BauR 2014, 189 (195 f.); Deutscher Verband 2016, S. 19; Zur Kritik an den Modellen der kooperativen Baulandentwicklung u.a.: *Burrack*, Das Grundeigentum 2013, 1316ff.; *Möller/Hatz*, Das Grundeigentum 2013, 314ff.; *Huber*, DÖV 1999, 173 (180ff.).

Wie bereits ausgeführt, hat das öffentliche Interesse an der Wohnraumversorgung einkommensschwächerer Bevölkerungsschichten keinen Einfluss auf die bauplanungsrechtliche Zulässigkeit eines Vorhabens nach dem Einfügungserfordernis in § 34 BauGB. Weiterhin untersagt das Koppelungsverbot, die Erteilung einer Baugenehmigung nach § 34 BauGB von sachfremden Gegenleistungen des Vorhabenträgers abhängig zu machen. Dies schließt die Anwendung städtebaulicher Verträge im Sinne der kooperativen Baulandentwicklung (§ 56 Abs. 2 VwVfG) ebenso aus wie den Erlass ähnlich gerichteter Nebenbestimmungen zum Verwaltungsakt (§ 36 Abs. 1 und 3 VwVfG). Gebundene Entscheidungen nach § 34 BauGB bieten keinen Raum für derartige Steuerungseingriffe.[399]

Für die Berücksichtigung bestimmter öffentlicher Belange im Kontext der Innenentwicklung macht es folglich einen Unterschied, ob das Instrument des Bebauungsplans oder die Planersatzvorschrift des § 34 BauGB zur Anwendung kommt.

3.5 Unternehmerisches Handeln und Gemeinwohl in der Stadtentwicklung

Bei der Frage nach der Wahrung von Gemeinwohlinteressen in der Stadtentwicklung spielen, besonders unter gestiegenen Einflussmöglichkeiten privater Akteure im Paradigma der Urban Governance,[400] neben den gesetzlichen Rahmenbedingungen auch die konkreten Motive und Handlungsweisen der Grundstückseigentümer eine wichtige Rolle. Dabei ist vereinfacht zu unterscheiden zwischen privaten und öffentlichen Eigentümern bzw. Investoren.

Private Investoren verfolgen in erster Linie Formalziele ökonomischer Art. Die Gewinnmaximierung entsprechend dem Interesse der Shareholder steht im Mittelpunkt.[401] Daneben spielt jedoch heutzutage auch vermehrt freiwilliges unternehmerisches Handeln zum Wohle der Allgemeinheit eine Rolle, weithin bekannt unter dem Begriff der Corporate Social Responsibility (CSR).[402] Nach Definition der Europäischen Kommission handelt es sich dabei um: „die Verantwortung von Unternehmen für ihre

399 BVerwG (Fn. 36), NJW 1973, 1895 (1897); BVerwG (Fn. 146), BVerwGE 55, 369 (384); BVerwG (Fn. 35), NVwZ 1994, 485; *Krautzberger* in: *E/Z/B/K*, BauGB, § 11 Rn. 168 (122. Lfg. August 2016); *Hellriegel/Teichmann*, BauR 2014, 189 (192); *Bunzel*, ZfBR 2015, 11 (13ff.); vgl. Kap. 2.1.3.2.

400 Vgl. Kap. 3.1.

401 *Lederer* 2011, S. 33 f.

402 *Altenburger* 2013, S. 4ff.; *Lederer* 2011, S. 33 f.; *Werna/Keivani/Murphy* 2009, S. 1ff.

Auswirkungen auf die Gesellschaft."[403] Entsprechend verantwortlich handelnde Unternehmen sollten „soziale, ökologische, ethische, Menschenrechts- und Verbraucherbelange in enger Zusammenarbeit mit den Stakeholdern in die Betriebsführung und in ihre Kernstrategie integrier[en]"[404].

Eine ‚gute Unternehmensführung' unter der Wahrung gesellschaftlicher Verantwortung kann Voraussetzung für einen tragfähigen ökonomischen Unternehmenserfolg sein. Tatsächlich handelt es sich bei CSR-Aktivitäten nicht zwingend um völlig uneigennütziges Engagement. Vielmehr ist es im Sinne der CSR durchaus legitim, einen gewissen unternehmerischen Nutzen aus dem gemeinwohldienlichen Handeln zu schlagen. Hier sei etwa der Imagegewinn oder der positive Effekt auf das Betriebsklima infolge verantwortungsvoller Unternehmensführung zu nennen.[405]

Es besteht keine gesetzliche Pflicht zur Übernahme gesellschaftlicher Verantwortung durch Unternehmen. Die Sozialpflichtigkeit des Eigentums (Art. 14 Abs. 2 GG) ist keine Grundpflicht des privaten Eigentümers, sondern gesetzgeberischer Auftrag, Inhalt und Schranken des Eigentums gemeinwohldienlich auszugestalten.[406] Gegenüber privaten Eigentümern kann Art 14 Abs. 2 GG maximal als ethischer Appell verstanden werden.[407]

Die Handlungsmöglichkeiten privater Investoren in der Stadtentwicklung sind vielgestaltig und reichen von einem sehr strikt gewinnorientierten zu einem kooperativen, gemeinwohldienlichen Ansatz. In der Literatur wird das Konzept der CSR im räumlichen Kontext auch als Corporate Urban Responsibility[408] oder Corporate Spatial Responsibility[409] diskutiert.

Öffentliche Unternehmen[410] verfolgen dagegen primär gemeinwohldienliche Sachziele. Nach den Gemeindeordnungen[411] ist es kommunalen Unternehmen nicht erlaubt, beliebig wirtschaftlich tätig zu werden. Es muss eine klare Bindung zum öffentlichen Zweck vorhanden sein, der

---

403 Eine neue EU-Strategie (2011-14) für die soziale Verantwortung der Unternehmen (CSR), KOM(2011) 0681, S. 7.

404 Ebd.

405 *Altenburger* 2013, S. 4ff.; *Albers* 2011, S. 9, 47 f.; *Sandberg* 2011, S. 145.

406 BVerfG, Urt. v. 10.03.1981 – 1 BvR 92/71, 1 BvR 96/71, NJW 1981, 1257.

407 *Axer* in: *Epping/Hillgruber*, BeckOK Grundgesetz, Art. 14 Rn. 25 (34. Edition August 2017); *Depenheuer* in: v. *Mangoldt/Klein/Starck*, GG, Art. 14 Rn. 199 ff. (5. Aufl. 2005); *Thormann* 1996, S. 132ff.

408 *Albers* 2011.

409 *Knieling/Othengrafen/Preising*, RuR 2012, 451.

410 Öffentliche Unternehmen können öffentlich-rechtlich (z.B. Eigenbetrieb) oder privatrechtlich (z.B. GmbH oder AG) organisiert sein.

411 Z.B. § 101 Abs. 1 GO SH; Art. 87 Abs. 1 GO BY.

auch nicht auf eine andere Weise besser und wirtschaftlicher erfüllt werden kann. Insgesamt muss die Wirtschaftlichkeit des Unternehmens gewährleistet sein.[412]

Öffentliche Unternehmen sehen sich in besonderem Maße gemeinwohldienlichen Belangen verpflichtet. Hier kann nur in Teilen von CSR im oben geschilderten Sinne gesprochen werden, denn das gemeinwohldienliche Handeln ist elementarer Kernbestand der eigenen Unternehmensziele. Dennoch kommt öffentlichen Unternehmen im Blick auf die Übernahme gesellschaftlicher Verantwortung eine gewisse Vorbildrolle zu, weswegen die Verbesserung des Unternehmensimages in der Öffentlichkeit ein wichtiges Motiv hinter den CSR-ähnlichen Aktivitäten darstellt.[413]

Im Bereich der Stadtentwicklung stellt sich in diesem Zusammenhang die Frage, welche gemeinwohldienlichen Ziele die im öffentlichen Auftrag arbeitenden Unternehmen konkret verfolgen. Dabei besteht auch hier ein gewisses Spannungsfeld zwischen öffentlichem Auftrag und unternehmerischer Wirtschaftlichkeit.[414]

Zusammenfassend lässt sich sagen, dass sowohl privates als auch öffentliches unternehmerisches Handeln in der Stadtentwicklung auf vielfältige Art und Weise möglich ist. Es stehen jeweils gesetzliche, betriebswirtschaftliche und gesellschaftliche Anforderungen im Raum, die auf verschiedenen Wegen zur Geltung gebracht werden können. Das Bauplanungsrecht bietet mit den Instrumenten des Bebauungsplans und der Planersatzvorschrift des § 34 BauGB unterschiedliche Rahmenbedingungen für die Entfaltung der Eigentumsfreiheit bei gleichzeitiger Wahrung des Grundsatzes der Sozialpflichtigkeit des Eigentums.

3.6 Nachverdichtung und Demokratie bei B-Plan und § 34 BauGB

Die Nachverdichtung, als besondere Maßnahme der Innenentwicklung, ist ein erklärtes Ziel der bundesweiten Siedlungsentwicklung (§ 1 a Abs. 2 S. 1 BauGB).[415] Eine zunehmende Verdichtung bereits bebauter Gebiete kann je nach Kontext ein bedeutsames Konfliktpotenzial in Bezug auf die Akzeptanz der baulichen Maßnahmen bei der ortsansässigen Wohnbevölke-

---

412 *Harms* 2011, S. 83ff., 93 f.; *Lederer* 2011, S. 34.

413 *Sandberg* 2011, S. 133ff.; *Harms* 2011, S. 88ff.

414 *Lederer* 2011, S. 44.

415 Deutscher Verband 2016, S. 9; BMUB 2015, S. 22; BBSR 2014, S. 5, 16; vgl. Kap. 3.2.

rung mit sich bringen.[416] Das Thema der Bürgerbeteiligung spielt daher bei der städtebaulichen Nachverdichtung eine große Rolle.[417] Je nachdem, ob Maßnahmen der Nachverdichtung unter Anwendung eines Bebauungsplans oder der Planersatzvorschrift des § 34 BauGB umgesetzt werden, unterscheidet sich das Maß der vorgesehenen Öffentlichkeitsbeteiligung und letztlich auch die Relevanz betroffener privater Belange deutlich.

Dem Demokratieprinzip im klassisch monistischen Verständnis folgend, muss jegliches staatliche Handeln mit Entscheidungscharakter demokratisch legitimiert sein (Art. 20 Abs. 2 S. 1 GG).[418] Das Volk muss „einen effektiven Einfluss auf die Ausübung von Staatsgewalt“[419] haben. Entscheidend ist dabei „nicht die Form der demokratischen Legitimation staatlichen Handelns, sondern deren Effektivität.“[420] Inwieweit ein hinreichender Gehalt an demokratischer Legitimation, ein bestimmtes Legitimationsniveau gegeben ist, beurteilt sich anhand des Zusammenwirkens der personell-organisatorischen und der sachlich-inhaltlichen Legitimation.[421]

Die personell-organisatorische Legitimation erfordert zum einen, dass die gesetzgeberisch bzw. als Exekutivorgan tätigen Volksvertreter[422] durch regelmäßige Wahlen unmittelbar personell legitimiert werden.[423] Sie erfordert zum anderen, dass von den mit staatlichen Aufgaben betrauten Organen und Amtswaltern der staatlichen und kommunalen Verwaltung eine ununterbrochene Legitimationskette zum Volkssouverän besteht.[424]

Die sachlich-inhaltliche Legitimation setzt voraus, dass sich das staatliche Handeln auch in materieller Hinsicht auf den Willen des Volkes zu-

---

416 *Weigelt* 2016, S. 84; *Lübke* 2010, S. 13; BMUB 2015, S. 28; BBSR 2014, S. 16.

417 BBSR 2014, S. 23; *Weigelt* 2016, S. 84, 155.

418 BVerfG, Urt. v. 31.10.1990 – 2 BvF 3/89, NJW 1991, 158 (160); BVerfG, Beschl. v. 15.02.1978 – 2 BvR 134/76, NJW 1978, 1967; *Bärenbrinker* 2012, S. 267ff; *Peuker* 2011, S. 146 f.; *Borchert* 2005, S. 106.

419 BVerfG (Fn. 418), NJW 1991, 158 (159).

420 BVerfG (Fn. 418), NJW 1991, 158 (160).

421 Die institutionelle und funktionale Legitimation staatlichen Handeln wird den Staatsorganen im Zuge der Gewaltenteilung in Art. 20 Abs. 2 GG verliehen (BVerfG, Beschl. v. 08.08.1978 – 2 BvL 8/77, NJW 1979, 359).

422 Bundestag (Art. 38 GG), Landtag, Kreistag, Gemeindevertretung (Art. 28 Abs. 1 GG).

423 BVerfG (Fn. 418), NJW 1991, 158 (160); *Huster/Rux* in: *Epping/Hillgruber*, BeckOK Grundgesetz, Art. 20 Rn. 69 (33. Edition Juni 2017); *Borchert* 2005, S. 108, 113.

424 Es genügt in aller Regel ein mittelbarer Legitimationszusammenhang, der vom Volk über die gewählten Volksvertreter hin zu den entsprechenden Organen und Amtswaltern hergestellt wird (BVerfG (Fn. 418), NJW 1991, 158 (160)); *Bärenbrinker* 2012, S. 268 f.; *Borchert* 2005, S. 115 f.

rückführen lässt. Diese Legitimation wird in erster Linie durch die Gesetze vermittelt, als Ausdruck demokratischer Mehrheitsentscheidungen des periodisch gewählten Parlaments.[425] Doch die inhaltliche Einflussnahme des Volkes auf die Ausübung der Staatsgewalt geht über die eher punktuellen Legitimierungsakte der Wahlen hinaus:

> „Willensbildung des Volkes und Willensbildung in den Staatsorganen vollziehen sich in vielfältiger und tagtäglicher Wechselwirkung."[426]

> „Demokratie ist im weiteren Sinn ein ständiger Kommunikationsprozess zwischen Regierenden und Regierten."[427]

Je nachdem, ob staatliches Handeln weite oder enge Entscheidungsspielräume aufweist, ist ein entsprechend hohes oder niedriges demokratisches Legitimationsniveau erforderlich.[428]

Bei der Bauleitplanung wird die Öffentlichkeit am Entscheidungsprozess der Planaufstellung beteiligt. Die Verfahrensschritte der vorgezogenen und der formellen Öffentlichkeitsbeteiligung (§ 3 BauGB) fordern eine anlassbezogene Kommunikation zwischen plangebender Gemeinde und planbetroffenem Volkssouverän.[429] Nicht zuletzt durch die Anwendung informeller Beteiligungsverfahren im Rahmen der vorgezogenen Öffentlichkeitsbeteiligung (§ 3 Abs. 1 BauGB) gibt es bei der Bebauungsplanung viele Möglichkeiten, einen angemessenen sachlich-inhaltlichen Austausch zwischen Bürgern und Gemeindevertretung bzw. Verwaltung zu erreichen. Dies kann unter anderem der Vorbeugung von Konflikten und der Ausräumung möglicher Hindernisse im Zusammenhang mit der Umsetzung von Nachverdichtungsprojekten dienen. Die Öffentlichkeitsbeteiligung (§ 3 BauGB) ist Bestandteil eines demokratischen Planverfahrens,[430] verleiht jedoch selbst keine hinlängliche demokratische Legitimation für ein bestimmtes gemeindliches Planungshandeln.[431] Die Entscheidungsverantwortung verbleibt allein bei der *vom Gemeindevolk* demokratisch ge-

425 *Borchert* 2005, S. 116 f.; *Bärenbrinker* 2012, S. 269.

426 BVerfG, Urt. v. 02.03.1977 – 2 BvE 1/76, BVerfGE 44, 125 (147).

427 *Winter* 2013 b, S. 298.

428 BVerfG (Fn. 418), NJW 1991, 158 (160).

429 *Krautzberger* in: *E/Z/B/K*, BauGB, § 3 Rn. 11 (127. Lfg. Oktober 2017); *Winter* 2013 b, S. 297ff., *Winter* 2013 a, S. 108ff.; vgl. Kap. 2.1.4.1.

430 Element der sachlich-inhaltlichen Legitimation.

431 Das Beteiligungsinteresse ist in der Regel abhängig von der persönlichen Betroffenheit und die ‚Auswahl' der Beteiligten somit mehr selektiv als repräsentativ (*Winter* 2013 b, S. 301 f.).

wählten Gemeindevertretung (§ 2 Abs. 1 S. 1 BauGB i.V.m. Art. 28 Abs. 2 S. 1 GG).[432]

Im Falle der Planersatzvorschrift des § 34 BauGB ist das parlamentarische Gesetz selbst Ausdruck des *vom Staatsvolk* demokratisch legitimierten gesetzgeberischen Willens.[433] Im Rahmen der gebundenen Entscheidung des Baugenehmigungsverfahrens nach § 34 BauGB ist grundsätzlich kein Raum für partizipative Maßnahmen, da die entsprechenden Entscheidungen bereits „inhaltlich soweit vorstrukturiert sind, dass sie sich [...] auf die messbar richtige Plan- oder Gesetzesdurchführung beschränken."[434] Sind die Zulässigkeitsvoraussetzungen in § 34 BauGB erfüllt, besteht ein Rechtsanspruch auf Erteilung der Baugenehmigung. Über die Gesetzesbindung der Verwaltung (Art. 20 Abs. 3 GG) wird in diesem Fall ein hinreichendes Legitimationsniveau erreicht.[435]

Die Möglichkeiten bauleitplanerischen Handelns der selbstverwalteten Gemeinde bleiben bestehen (§§ 14 bis 18 BauGB).[436] Auch die Entscheidung der Gemeindevertretung, nicht bauleitplanerisch tätig zu werden, ist demokratisch legitimiert (Art. 28 Abs. 2 S. 1 GG).[437]

Obwohl bei einer gesetzmäßigen Anwendung des § 34 BauGB aus verfassungsrechtlicher Perspektive ein hinlängliches demokratisches Legitimationsniveau angenommen wird, stellt sich nach wie vor die Frage, wie dem geschilderten Partizipationsinteresse und den privaten Belangen der von Bauprojekten der Nachverdichtung konkret betroffenen örtlichen Wohnbevölkerung begegnet werden kann.[438] Es bleibt offen, wie in der städtebaulichen Praxis mit den Unterschieden zwischen Bebauungsplan und § 34 BauGB hinsichtlich des Themas der Bürgerbeteiligung im Falle konfliktträchtiger Stadtentwicklungsprojekte umgegangen wird.[439]

---

432 Personell-organisatorisch und sachlich-inhaltlich legitimiert; *Portz* 2013, S. 241 f., 244.

433 Personell-organisatorisch und sachlich-inhaltlich legitimiert; *Borchert* 2005, S. 117; *Schmidt-Aßmann*, AöR 1991, 329 (357).

434 BVerfG (Fn. 418), NJW 1991, 158 (160).

435 Ebd., 158 (159 f.); *Borchert* 2005, S. 117; *Schmidt-Aßmann*, AöR 1991, 329 (357 f.).

436 Vgl. Kap. 2.3.5 und Kap. 2.1.7.

437 Vgl. Kap. 2.1.1.

438 *Portz* 2013, S. 239 f.; *Selle* 2013, S. 234ff.; vgl. Kap. 3.1.

439 BBSR 2014, S. 23; *Weigelt* 2016, S. 84, 155.

3.7 Rechtsschutz Dritter bei B-Plan und § 34 BauGB

Die unterschiedliche Relevanz privater Belange bei der Nachverdichtung nach Bebauungsplan und § 34 BauGB manifestiert sich auch in Bezug auf das Entstehen subjektiver Abwehrrechte der von Nachverdichtungsprojekten betroffenen Nachbarn. Wie bereits dargestellt wurde, sind bei der Aufstellung eines Bebauungsplans neben den öffentlichen Belangen auch die privaten Belange in die Abwägung einzustellen (§ 1 Abs. 7 BauGB). Eine Bebauungsplansatzung gilt als verbindliche Inhalts- und Schrankenbestimmung des Eigentums (§ 10 Abs. 1 BauGB i.V.m. Art. 14 Abs. 1 S. 2 GG), weswegen subjektivrechtliche Abwehransprüche gegen den Erlass eines Bebauungsplans und dessen Inhalte infolge des Eingriffs in abwägungserhebliche private Belange entstehen.[440]

Bebauungsplanfestsetzungen nach dem Maß der baulichen Nutzung, der Bauweise und den überbaubaren Grundstücksflächen können potenziell nachbarschützend sein.[441] Baugebietsfestsetzungen wirken stets drittschützend.[442]

Bei der bauplanungsrechtlichen Genehmigungsnorm des § 34 BauGB ist die Inhalts- und Schrankenbestimmung des Eigentums im unbeplanten Innenbereich bereits vom Gesetzgeber vorgenommen worden (§ 34 Abs. 1 bis 3 BauGB i.V.m. Art. 14 Abs. 1 S. 2 GG).[443] Im Gesetzesvollzug lassen sich nach herrschender Meinung grundsätzlich keine subjektiven Abwehrrechte aus § 34 Abs. 1 BauGB herleiten, denn der in der Norm enthaltene unscharfe Zulässigkeitsmaßstab lässt keine Subjektivierung zu.[444] Das in § 34 Abs. 1 BauGB aufgehende Rücksichtnahmegebot „fungiert als Auffangbecken des bauplanungsrechtlichen Drittschutzes."[445]

Genereller Drittschutz wird hingegen in Bezug auf den Erhalt des Gebietscharakters der faktischen Baugebiete (§ 34 Abs. 2 BauGB) angenom-

---

440 BVerwG (Fn. 77), BauR 1999, 134; vgl. Kap. 2.1.9.

441 *Dürr*, VBlBW 2015, 319 (323); BVerwG, Beschl. v. 23.06.1995 – 4 B 52.95, NVwZ 1996, 170 (171).

442 BVerwG (Fn. 85), NVwZ 1996, 888; BVerwG (Fn. 82), NJW 1994, 1546; vgl. Kap. 2.1.9.

443 *Gaentzsch*, ZfBR 2009, 321 (323).

444 BVerwG (Fn. 223), NVwZ 1994, 1006; BVerwG (Fn. 85), NVwZ 1996, 888; BVerwG (Fn. 257), NVwZ 1987, 409; *Söfker* in: *E/Z/B/K*, BauGB, § 34 Rn. 141 (125. Lfg. Mai 2017); vgl. Kap. 2.3.6.

445 *Mampel*, BauR 1999, 854 (855); vgl. Kap. 2.3.3.

men. In dieser Frage besteht eine Gleichbehandlung mit den festgesetzten Baugebieten im Bebauungsplan.[446]

„Der bauplanungsrechtliche Nachbarschutz beruht auf dem Gedanken des wechselseitigen Austauschverhältnisses."[447] Aus rechtsdogmatischer Perspektive können bei dem Erteilen einer Baugenehmigung subjektive Abwehrrechte entstehen, wenn die der Genehmigung zugrunde liegende Rechtsvorschrift zumindest auch dem Drittschutz dient.[448]

Wenn das Bundesverwaltungsgericht den im Vergleich zum Bebauungsplan weniger umfangreichen Drittschutz bei § 34 Abs. 1 BauGB mit der Unschärfe des Zulässigkeitsmaßstabs begründet,[449] nivelliert es die Vielfalt der möglichen Anwendungsfälle auf den Durchschnittsfall. Bei der Ermittlung eines wechselseitigen Austauschverhältnisses kommt es darauf an, inwieweit die zur Anwendung kommende Norm auch auf die Bewältigung nachbarlicher Interessenskonflikte abzielt.[450] Bei § 34 Abs. 1 BauGB ist die Frage nach dem enthaltenen Konfliktschlichtungsprogramm abhängig von dem im Anwendungsfall jeweils zugrunde liegenden Beurteilungsmaßstab der Umgebungsbebauung.[451] In sehr heterogen geprägten Gebieten[452] ist der städtebauliche Rahmen entsprechend weit gefasst. § 34 Abs. 1 BauGB greift das Vorhandene auf und erlaubt dessen Fortsetzung. Die Grundeigentümer können nicht erwarten, dass sie das Erfordernis des Einfügens in die vorhandene städtebauliche *Unordnung* vor neuen Beeinträchtigungen schützt, denn nachbarliche Interessenskonflikte sind hier gewachsenes Charakteristikum der Umgebungsbebauung. § 34 Abs. 1 BauGB ist nicht imstande, derartige Konflikte zu schlichten bzw. eine Weiterführung der Unordnung abzuwenden,[453] solange die Schwelle der Zumutbarkeit nicht

---

446 BVerwG (Fn. 82), NJW 1994, 1546; *Söfker* in: *E/Z/B/K*, BauGB, § 34 Rn. 143 (125. Lfg. Mai 2017).

447 BVerwG, Urt. v. 24.02.2000 – 4 C 12.98, NVwZ 2000, 1055 (1057).

448 BVerwG (Fn. 86), NJW 1990, 1192.

449 BVerwG (Fn. 85), NVwZ 1996, 888.

450 *Schmidt-Preuß* 1992, S. 247 f.; BVerwG, Urt. v. 23.08.1996 – 4 C 13.94, NVwZ 1997, 384 (386).

451 *Pauli* 2005, S. 43; *Mampel*, BauR 1999, 854 (860).

452 Z.B. mit vielen unterschiedlichen Nutzungsarten und einer großen Bandbreite an vorhandenen Gebäudemaßen.

453 „Der vorgefundene Konflikt wird zwar von der Regelung aufgegriffen, aber nicht ausgeräumt. Sofern von vornherein keine städtebauliche Harmonie existiert, beabsichtigt § 34 Abs. 1 auch nicht, eine solche zu schaffen. [...]. Das sich einfügende Vorhaben ist insofern objektiv-rechtlich zulässig, subjektive Rechte der Nachbarn können also gar nicht entstehen." (*Pauli* 2005, S. 44).

überschritten wird.[454] Zugespitzt formuliert, wirkt § 34 Abs. 1 BauGB „in einem solchen Falle sozusagen drittbelastend“[455] und nicht drittschützend.

Es gibt jedoch unbeplante Gebiete, die aufgrund der Homogenität der vorhandenen Bebauung, beispielsweise und im Folgenden in Bezug auf das Maß der baulichen Nutzung, sehr enge, planähnliche Grenzen hinsichtlich des objektiv-rechtlichen Zulässigkeitsmaßstabs setzen.[456] Hier dient das Einfügungsgebot dem Erhalt der vorhandenen städtebaulichen Ordnung. Es zielt dabei auch auf einen harmonischen Ausgleich der Nutzungsinteressen ab und die Ausbalancierung nachbarlicher Konflikte. § 34 Abs. 1 BauGB enthält in solchen Fällen ein Konfliktschlichtungsprogramm und wirkt somit in materieller Hinsicht auch drittschützend.[457] Ein über das Rücksichtnahmegebot hinausgehender Drittschutz bei § 34 Abs. 1 BauGB wird allerdings vom BVerwG abgelehnt.[458]

Ganz allgemein kann die Auffassung des BVerwG, § 34 Abs. 1 BauGB erlaube aufgrund der zu ungenauen Rechtsgrundlage keine Subjektivierung, nicht überzeugen:[459] Zum einen sind die aus Sicht des BVerwG groben und ungenauen Beurteilungsmaßstäbe des § 34 Abs. 1 BauGB stets geeignet, die bauplanungsrechtliche Zulässigkeit von Bauvorhaben objektivrechtlich hinreichend genau zu bestimmen und die Verletzung von subjektiven Abwehrrechten des Bauherrn festzustellen.[460] Zum anderen bestehen im Falle des § 34 Abs. 2 BauGB offenbar keine Zweifel bei der generellen Subjektivierbarkeit der Genehmigungsgrundlage, obwohl auch hier die herausgestellte Unschärfe im Beurteilungsmaßstab, beispielsweise in der genauen Abgrenzung der näheren Umgebung und somit des betroffenen Personenkreises, vorliegen müsste.[461] Allgemein kann die eindeutige Zuordnung eines bebauten Bereichs zu § 34 Abs. 1 BauGB oder § 34 Abs. 2

---

454 Dies ist Aufgabe der ordnenden und konfliktlösenden Mittel der Bauleitplanung (§ 1 Abs. 3 S. 1 BauGB).; BVerwG (Fn. 146), BVerwGE 55, 369 (387).

455 *Mampel*, BauR 1999, 854 (859).

456 Beispielsweise mit einheitlichen Höhenmaßen.; *Wolf*, NVwZ 2013, 247 (250); *Pauli* 2005, S. 36; *Mampel*, BauR 1999, 854 (857).

457 *Schmidt-Preuß* 1992, S. 252ff.; *Wolf*, NVwZ 2013, 247 (250); *Dürr*, VBlBW 2015, 319 (323); *Mampel*, BauR 1999, 854 (859); *Pauli* 2005, S. 42.

458 BVerwG (Fn. 85), NVwZ 1996, 888; vgl. Kap. 2.3.3.

459 Die folgende Argumentation bestätigend: OVG Saarlouis, Beschl. v. 15.07.1977 – 2 W 98/77, NJW 1977, 2092.

460 *Dürr*, VBlBW 2015, 319 (323); *Wolf*, NVwZ 2013, 247 (250); *Mampel*, BauR 1999, 854 (856 f.); *Theis*, BauR 2004, 1703 (1704).

461 *Steffen*, BayVBl. 1999, 161 (162); *Pauli* 2005, S. 54; *Dürr*, VBlBW 2015, 319 (323).

BauGB in der Praxis mit Schwierigkeiten verbunden sein. Der jeweils bestehende Drittschutz unterscheidet sich dennoch sehr stark.[462]

Selbst wenn eine Gleichbehandlung von homogen bebauten unbeplanten Gebieten und beplanten Gebieten hinsichtlich des Drittschutzes angenommen würde, käme dem Merkmal des Maßes der baulichen Nutzung nach aktueller Rechtslage keine generell nachbarschützende Wirkung zu. Nach Auffassung des BVerwG lassen Festsetzungen über das Maß der baulichen Nutzung grundsätzlich keine „Schicksalsgemeinschaft“[463] der betroffenen Eigentümer entstehen, wie dies bei festgesetzten oder faktischen Baugebieten der Fall ist.[464] Abweichungen vom zulässigen Maß der baulichen Nutzung „lassen in der Regel den Gebietscharakter unberührt.“[465] Im Falle nicht nachbarschützender Bebauungsplanfestsetzungen und ebenso bei § 34 Abs. 1 BauGB sei das Rücksichtnahmegebot[466] ausreichend, um den Nachbarn vor unzumutbaren Beeinträchtigungen in seiner unmittelbaren Nachbarschaft zu schützen.[467]

Diese Auffassung wird von verschiedener Seite hinterfragt, da es nicht nachvollziehbar sei, warum Abweichungen vom zulässigen Maß der baulichen Nutzung nur Auswirkungen auf die unmittelbar angrenzenden Grundstücke haben und den Gebietscharakter in homogen bebauten unbeplanten bzw. in beplanten Gebieten grundsätzlich unberührt lassen sollten. Die Eigenart eines Baugebiets könne vielmehr durch weitere Kriterien, vor allem das Maß der baulichen Nutzung, bedeutend mitgeprägt werden.[468] Insofern sei auch hier die Annahme eines die unmittelbare Nachbarschaft überschreitenden wechselseitigen Austauschverhältnisses und im Ergebnis ein abstrakt-genereller Drittschutz im Stile eines Gebietserhaltungsanspruchs denkbar.[469] In der jüngeren Literatur wird diesbezüglich über eine Unterscheidung zwischen einem allgemeinen und einem

---

462 *Dürr*, VBlBW 2015, 319 (323); *Pauli* 2005, S. 50; *Stühler*, BauR 2011, 1576 (1590).

463 BVerwG (Fn. 441), NVwZ 1996, 170 (171).

464 *Söfker* in: *E/Z/B/K*, BauNVO, § 16 Rn. 50 (120. Lfg. Februar 2016).

465 BVerwG (Fn. 441), NVwZ 1996, 170 (171).

466 Vgl. Kap. 2.3.3; für Bebauungspläne vgl. § 15 Abs. 1 BauNVO.

467 BVerwG (Fn. 441), NVwZ 1996, 170 (171); BVerwG (Fn. 250), BauR 1986, 542ff.

468 Anerkennung einer im Einzelfall durchschlagenden Wirkung des Maßes der baulichen Nutzung auf die Eigenart des Baugebiets bei: BVerwG Urt. 16.03.1995 – 4 C 3.94, NVwZ 1995, 899 (900) (Umschlagen der „Quantität in Qualität“); *Söfker* in: *E/Z/B/K*, BauNVO, § 15 Rn. 8, 18 (122. Lfg. August 2016); *Dürr*, VBlBW 2015, 319 (321).

469 *Wolf*, NVwZ 2013, 247 (250); *Pauli* 2005, S. 41 f., 55 f., 114 f.; *Mampel*, BauR 1999, 854 (859ff.); *Möller/Knickmeier*, NordÖR 2010, 138ff.; *Decker*, JA 2007,

besonderen Gebietserhaltungsanspruch bzw. Gebietsprägungserhaltungsanspruch diskutiert.[470]

Nach geltender Rechtslage besteht ein Gefälle im Drittschutz innerhalb und außerhalb der beplanten Bereiche. Nach Auffassung mancher Autoren sei eine stärkere Gleichbehandlung des Drittschutzes in homogen bebauten unbeplanten mit dem in beplanten Gebieten geboten.[471]

Genereller Nachbarschutz wird grundsätzlich nur im Zusammenhang mit dem Gebietserhaltungsanspruch nach § 15 Abs. 1 S. 1 BauNVO und § 34 Abs. 2 BauGB gewährt.[472] Teile der Literatur und der Rechtsprechung fordern eine Ausweitung des abstrakt-generellen bauplanungsrechtlichen Drittschutzes, u.a. in Bezug auf das für die Eigenart eines Gebiets prägende Merkmal des Maßes der baulichen Nutzung.[473]

55ff.; Vgl. die Anerkennung eines Gebietserhaltungsanspruchs im Zusammenhang mit Festsetzungen zum Maß der baulichen Nutzung aufgrund deren Bedeutung für die Eigenart des Gebiets (§ 15 Abs. 1 S. 1 BauNVO) bei: OVG Hamburg, Beschl. v. 04.05.2009 – 2 Bs 154.08, BeckRS 2009, 35291; OVG Hamburg, Beschl. v. 05.06.2009 – 2 Bs 26.09, NJOZ 2009, 3854 (3858 f.); dies explizit ablehnend: u.a. VGH Mannheim, Beschl. v. 30.11.2009 – 8 S 1903.09, NVwZ-RR 2010, 179.

470 *Stühler*, BauR 2011, 1576ff.; *Möller/Knickmeier*, NordÖR 2010, 138ff.; *Decker*, JA 2007, 55ff.; Differenziert zur Reichweite der jeweiligen Erhaltungsansprüche unter Einbeziehung der Literaturdiskussion: OVG Berlin-Brandenburg, Urt. v. 30.06.2017 – OVG 10 B 10.15, BeckRS 2017, 126265.

471 *Wolf*, NVwZ 2013, 247 (250); *Pauli* 2005, S. 48ff., 115; *Breuer*, DVBl. 1983, 431 (437); Forderung einer generellen Gleichbehandlung des Drittschutzes für alle Teilfragen des § 34 Abs. 1 BauGB in homogen bebauten Gebieten mit dem in beplanten Gebieten: *Mampel*, BauR 1999, 854 (861); *Erbguth* 1987, S. 332 f.; partieller Drittschutz bei § 34 Abs. 1 S. 1 BauGB: *Schmidt-Preuß* 1992, S. 253.

472 BVerwG (Fn. 82), NJW 1994, 1546.

473 *Dürr*, VBlBW 2015, 319 (323); *Wolf*, NVwZ 2013, 247 (250); *Möller/Knickmeier*, NordÖR 2010, 138 (141); *Pauli* 2005, S. 55ff.; *Mampel*, BauR 1999, 854 (858ff.); *Mampel*, NJW 1999, 975 (980 f.); *Erbguth* 1987, S. 332 f.; *Breuer*, DVBl. 1983, 431 (437); vgl. Rechtsprechung des OVG Hamburg (Fn. 468); neutral gegenüber generellem Drittschutz bei Festsetzungen über das Maß der baulichen Nutzung: *Uechtritz*, VBlBW 2016, 265 (270).

3.8 Der Mieter als Nachbar im Bauplanungsrecht

In deutschen Großstädten betrug der Anteil der auf Miete wohnenden Bevölkerung im Jahr 2014 etwa 75 %.[474] Wenn davon die Rede ist, dass bauliche Maßnahmen der Nachverdichtung potenziell die Interessen der lokalen Wohnbevölkerung berühren,[475] stellt sich die Frage, inwieweit neben den Grundstückseigentümern auch Mieter berechtigt sind, ihre Belange geltend zu machen. Welche Rechtsposition wird dem Mieter im Bauplanungsrecht zugemessen und welche Konsequenzen ergeben sich daraus für den Rechtsschutz gegen Bauvorhaben im Rahmen der Nachverdichtung nach Bebauungsplan oder § 34 BauGB?

Die Eigentumsgarantie in Art. 14 Abs. 1 S. 1 GG schützt die Rechtspositionen der Grundstückseigentümer und der in eigentumsähnlicher Weise an einem Grundstück dinglich Berechtigten.[476] Zu letzteren zählt u.a. der durch Auflassungsvormerkung im Grundbuch eingetragene Käufer eines Grundstücks, auf den Besitz, Nutzungen und Lasten übergegangen sind (§ 883 BGB, § 446 BGB).[477] Seit dem zivilrechtlichen Grundsatzurteil von 26.05.1993[478] gilt auch das Besitzrecht des lediglich obligatorisch berechtigten Mieters an der gemieteten Wohnung als Eigentum im Sinne des Art. 14 Abs. 1 S. 1 GG.[479]

Es lassen sich grundsätzlich keine unmittelbaren bauplanungsrechtlichen Abwehransprüche aus Art. 14 Abs. 1 S. 1 GG herleiten.[480] Vielmehr ist es Aufgabe des Gesetzgebers, Inhalt und Schranken des Eigentums im Sinne einer sozialgerechten Eigentumsordnung unter Beachtung der jeweiligen Eigentumspositionen von Grundstückseigentümern und Mietern zu bestimmen (Art. 14 Abs. 1 S. 2 und Abs. 2 GG).[481] Folglich besteht „Nachbarschutz […] grundsätzlich nur, soweit ihn der Gesetzgeber auch

474 *Lebuhn et al.* 2017, S. 55; Städte mit mindestens 100.000 Einwohnern.

475 *Weigelt* 2016, S. 84; *Lübke* 2010, S. 13; BBSR 2014, S. 16; BMUB 2015, S. 28; vgl. Kap. 3.6.

476 BVerwG, Urt. v. 29.10.1982 – 4 C 51.79, NJW 1983, 1626; *Dürr*, VBlBW 2015, 319 (328).

477 BVerwG (Fn. 476), NJW 1983, 1626; *Seibel*, BauR 2003, 1674 (1675).

478 BVerfG, Beschl. v. 26.05.1993 – 1 BvR 208/93, NJW 1993, 2035.

479 Grundlegende Kritik an diesem Urteil u.a. bei: *Henning* 2014, S. 515ff.; *Depenheuer*, NJW 1993, 2561; *Rüthers*, NJW 1993, 2587ff.; *Schmidt-Preuß*, NJW 1995, 27.

480 BVerwG (Fn. 450), NVwZ 1997, 384 (386).

481 BVerfG (Fn. 478), NJW 1993, 2035 (2036); *Gröhn/Hellmann-Sieg*, BauR 2009, 935 (937).

normiert hat."[482] Inwiefern neben dem Grundstückseigentümer und dem sonstigen dinglich Berechtigten[483] auch der Mieter als Nachbar im bauplanungsrechtlichen Sinne gilt, richtet sich nach den einfachen Gesetzen.[484]

Nach herrschender Meinung sind Mieter nicht als Nachbarn im bauplanungsrechtlichen Sinne anzusehen, da die dem *Bebauungsrecht* zugrunde liegenden Vorschriften (v.a. §§ 29 bis 38 BauGB) die bauliche und sonstige Nutzung der Grundstücke regeln und somit grundstücks- und nicht personenbezogen sind.[485] „Es gilt das Prinzip der Repräsentation, wonach die Grundstücke sozusagen durch ihre Eigentümer ‚repräsentiert' werden."[486] Eigentümern und sonstigen dinglich Berechtigten wird eine hinreichend starke Beziehung zum Grundstück und insbesondere ein Interesse am Erhalt dessen wirtschaftlichen Werts beigemessen.[487] Sie vertreten das Grundstück im Rechtsverkehr und ihre schutzwürdige Eigentumsposition ist durch den Grundbucheintrag nach außen erkennbar.[488]

Das bodenrechtliche „Beziehungsgeflecht"[489] eines Mieters zum Grundstück wird hingegen als zu locker und unverbindlich angesehen,[490] sodass keine eigenen Abwehrrechte im grundstücksbezogenen Austauschverhältnis des Bebauungsrechts entstehen.[491] Das oben genannte Urteil des BVerfG ändert insofern nichts an der Rechtsposition obligatorisch Berechtigter im Bauplanungsrecht.[492] Der Mieter ist jedoch nicht generell schutz-

---

482 BVerwG (Fn. 450), NVwZ 1997, 384 (386).

483 BVerwG, Urt. v. 16.09.1993 – 4 C 9.91, NJW 1994, 1233 (1234); *Dürr*, VBlBW 2015, 319 (328).

484 *Mager/Fischer*, VBlBW 2015, 313 (316); BVerfG (Fn. 478), NJW 1993, 2035 (2036); vgl. Definition des ‚Nachbarn' in Fn 83.

485 BVerwG (Fn. 476), NJW 1983, 1626; *Mager/Fischer*, VBlBW 2015, 313 (315); *Schmidt-Preuß*, NJW 1995, 27 (28).

486 OVG Berlin (Fn. 288), NVwZ 1989, 267, mit Verweis auf: BVerwG, Urt. v. 04.03.1983 – 4 C 74.80, NVwZ 1983, 672; Das Prinzip der einheitlichen Repräsentation wurde im Planfeststellungsrecht aufgegeben. Hier sind auch Mieter klagebefugt: vgl. BVerwG, Urt. v. 14.11.2012 – 9 C 14.11, NVwZ 2013, 803 (804).

487 OVG Berlin (Fn. 288), NVwZ 1989, 267; *Mager/Fischer*, VBlBW 2015, 313 (314).

488 *Dürr*, VBlBW 2015, 319 (328); BVerwG, Urt. v. 03.07.1987 – 4 C 12.84, NJW 1988, 1228; BVerwG (Fn. 476), NJW 1983, 1626.

489 *Mampel*, UPR 1994, 8 (11).

490 BVerwG (Fn. 476), NJW 1983, 1626; OVG Bremen, Urt. v. 14.02.1961 – 2 A 86/60, DVBl. 1961, 250 (251 f.).

491 Gefahr der Binnenkollision: *Scholl* 2001, S. 14; *Seibel*, BauR 2003, 1674 (1675); Prinzip der einheitlichen Repräsentation: *Schmidt-Preuß*, NJW 1995, 27 (28 f.).

492 BVerwG, Beschl. v. 20.04.1998 – 4 B 22.98, NVwZ 1998, 956; Dem zustimmend: *Mager/Fischer*, VBlBW 2015, 313 (316); *Schmidt-Preuß*, NJW 1995, 27 (29).

los. Er kann ein Einschreiten des Vermieters fordern (§ 535 BGB) bzw. zivilrechtliche Abwehrrechte gegen den Vermieter geltend machen, wenn dieser die überlassenen Nutzungsrechte am Mietobjekt nicht gegen rechtswidrige Beeinträchtigungen schützt.[493] Denkbar sind hier die Mietminderung (§ 536 BGB), die außerordentliche Kündigung (§ 543 BGB) und gegebenenfalls der Anspruch auf Schadensersatz (§ 536a BGB).[494] Werden durch die Errichtung oder den Betrieb baulicher Anlagen[495] schädliche Umwelteinwirkungen (§ 3 Abs. 1 bis 4 BImSchG) oder sonstige Störungen hervorgerufen, ist auch der Mieter abwehrberechtigt (§§ 5 und 22 BImSchG, § 862 BGB).[496]

Bei der bauleitplanerischen Festlegung der Bebauungsrechte als Inhalts- und Schrankenbestimmungen des Eigentums sind demgegenüber nicht nur die Interessen der Grundstückseigentümer zu berücksichtigen, sondern explizit auch die Belange der Personen, die an einer Wohnung nutzungs- und besitzberechtigt sind (§ 1 Abs. 5 S. 1 und Abs. 6 Nr. 1 bis 3 BauGB i.V.m. § 1 Abs. 7 BauGB).[497] Unbestritten können daher auch Mieter als Träger abwägungsbeachtlicher Belange und als klagebefugte Dritte bei der Normenkontrolle gelten (§ 47 Abs. 2 S. 1 VwGO).[498]

---

493 BVerwG (Fn. 486), NVwZ 1983, 672; *Mager/Fischer*, VBlBW 2015, 313 (315 f.).

494 Jeweils i.V.m. § 549 Abs. 1 BGB; *Mager/Fischer*, VBlBW 2015, 313 (316); *Dürr*, VBlBW 2015, 319 (328); *Seibel*, BauR 2003, 1674 (1676).

495 Anlagen im Sinne des BImSchG gemäß § 3 Abs. 5 BImSchG.

496 BVerwG, Urt. v. 22.10.1982 – 7 C 50.78, NJW 1983, 1507; BVerwG, Urt. v. 30.09.1983 – 4 C 55.80, NJW 1984, 2174 (2175); *Graulich* 1999, S. 51 f.; *Gröhn/Hellmann-Sieg*, BauR 2009, 935 (937); Ein unmittelbarer Rückgriff auf Art. 2 Abs. 1 GG ist insofern entbehrlich, als dass die drittschützenden Normen der § 5 Abs. 1 Nr. 1 und § 22 Abs. 1 S. 1 Nr. 1 und 2 BImSchG bereits niedrigschwelligere Beeinträchtigungen abwehren (*Graulich* 1999, S. 68).

497 BVerwG (Fn. 49), NVwZ 2000, 807 f.; *Mager/Fischer*, VBlBW 2015, 313 (315).

498 Ebd.; vgl. Kap. 2.1.9; Das u.a. die Bauleitplanung umfassende Bauplanungsrecht sowie das öffentliche Baurecht insgesamt sind daher ihrem Wesen nach nicht ausschließlich grundstücks-, sondern auch personenbezogen. Dies stellt das BVerwG entgegen der Schilderung vieler Autoren nicht in Abrede: vgl. BVerwG (Fn. 492), NVwZ 1998, 956; Nicht ausreichend differenziert dargestellt u.a. bei: *Reidt* in: *B/K/L*, BauGB, Vorbemerkungen zu den §§ 29 bis 38, Rn. 24 (13. Aufl. 2016); *Kaplonek/Mittag* JA 2006, 664 (665); *Mampel*, UPR 1994, 8 (10); Differenziert dargestellt u.a. bei: *Mager/Fischer*, VBlBW 2015, 313 (315); *Graulich* 1999, S. 52ff.; *Hornmann* in: *Spannowsky/Hornmann/Kämper*, BeckOK BauNVO, § 3 Rn. 207 (11. Edition Oktober 2017); Vgl. die differenzierte Darstellung der Grundstücks- *und* Personenbezogenheit des Bauplanungsrecht bei: VG Berlin, Beschl. v. 09.06.1978 – XIII A 112.78, NJW 1978, 1822 (1823).

Entgegen der herrschenden Meinung[499] wird in Teilen der Literatur eine bessere Rechtsstellung des Mieters im Bauplanungsrecht gefordert.[500] Dabei lässt sich zunächst der nach Auffassung des BVerwG[501] reine Grundstücksbezug des Bebauungsrechts hinterfragen:

Anerkanntermaßen besteht eine „innere Wechselbeziehung"[502] zwischen Bebauungsrecht und Immissionsschutzrecht. Dies wird etwa daran deutlich, dass die Trennung unverträglicher Nutzungen im Sinne der Baugebietsvorschriften (§§ 2 bis 11 BauNVO) u.a. der Entstehung schädlicher Umwelteinwirkungen (§§ 3 und 50 BImSchG) infolge immissionsschutzrechtlicher Konflikte vorbeugen soll.[503] Auch das in § 34 Abs. 1 BauGB aufgehende Gebot der Rücksichtnahme verfolgt einen immissionsschutzrechtlichen Regelungszweck, denn das BImSchG hat „die Grenze der Zumutbarkeit von Umwelteinwirkungen für Nachbarn und damit das Maß der gebotenen Rücksichtnahme mit Wirkung auch für das Baurecht allgemein bestimmt."[504] Der Genehmigungstatbestand der Wahrung gesunder Wohn- und Arbeitsverhältnisse (§ 34 Abs. 1 S. 2 BauGB) steht ebenfalls in Verbindung mit Anforderungen des Immissionsschutzes (§ 3 BImSchG).[505] Wie bereits dargestellt, weist das Immissionsschutzrecht einen klaren Bezug zur tatsächlich von Immissionen betroffenen Wohn- und Arbeitsbevöl-

---

499 BVerwG (Fn. 492), NVwZ 1998, 956; Grundsätzlich befürwortet von: *Mager/Fischer*, VBlBW 2015, 313 (316); *Schmidt-Preuß*, NJW 1995, 27 (29); *Dürr*, VBlBW 2015, 319 (328); *Kaplonek/Mittag* JA 2006, 664 (665).

500 *Seibel*, BauR 2003, 1674 (1678 f.); *Scholl* 2001, S. 288; *Jäde*, UPR 1993, 330 (331); *Graulich* 1999, S. 50ff., 69; *Gröhn/Hellmann-Sieg*, BauR 2009, 935 (937 f.); *Thews*, NVwZ 1995, 224 (228 f.); *Timmermann* 2008, S. 53 f.; Vgl. auch frühere Ansätze zur Aufwertung der Rechtsstellung obligatorisch Berechtigter: *Schlichter*, NVwZ 1983, 641 (646).; Vgl. die den Nachbarschutz von Mietern befürwortende Auffassung des VG Berlin (Fn. 498), NJW 1978, 1822.

501 BVerwG (Fn. 492), NVwZ 1998, 956.

502 BVerwG, Urt. v. 18.05.1995 – 4 C 20.94, NVwZ 1996, 379 (381).

503 *Söfker* in: *E/Z/B/K*, BauNVO, § 1 Rn. 21 (116. Lfg. Februar 2015); *Spannowsky* in: *S/H/K*, BeckOK BauNVO, § 1 Rn. 10ff. (11. Edition Oktober 2017); Es ist unter anderem „Aufgabe des Bauplanungsrechts, vorsorgend den Belangen des Immissionsschutzes Rechnung zu tragen." (BVerwG, Urt. v. 24.09.1992 – 7 C 7.92, NVwZ 1993, 987).

504 BVerwG (Fn. 277), NVwZ 1984, 509 (510); vgl. weiterhin: *Dürr*, KommJur 2005, 201 (209); *Graulich* 1999, S. 49, *Scholl* 2001, S. 241; vgl. Kap. 2.3.3.

505 *Söfker* in: *E/Z/B/K*, BauGB, § 34 Rn. 67 (125. Lfg. Mai 2017); *Dürr*, KommJur 2005, 201 (209).

kerung auf.[506] Ein zumindest partieller Personenbezug sei daher auch dem Bebauungsrecht nicht abzusprechen.[507]

Das Argument, das Beziehungsgeflecht des Mieters zum Grundstück sei zu locker, um baunachbarliche Abwehrrechte zu begründen,[508] wird von verschiedener Seite mit dem Verweis auf das oben genannte Urteil des BVerfG zum Besitzrecht des Mieters zurückgewiesen.[509] Das BVerfG mache gerade deutlich, dass die Wohnung für den Mieter von existenziellem Wert ist, auf die er zur „Befriedigung elementarer Lebensbedürfnisse sowie zur Freiheitssicherung und Entfaltung seiner Persönlichkeit angewiesen“[510] ist. Das Besitzrecht des Mieters an der Wohnung erfüllt Funktionen, die „typischerweise dem Sacheigentum zukommen.“[511] Folglich wird vorgebracht, dass ein Mieter, als tatsächlicher Nutzer des Grundstücks, unmittelbar und persönlich von möglichen Beeinträchtigungen durch rechtswidrige Bauvorhaben in der Nachbarschaft betroffen sei, während der potenziell nicht vor Ort wohnende Grundstückseigentümer[512] dagegen nur eine mittelbare, in erster Linie wirtschaftliche Betroffenheit vorweisen könne.[513] Das pauschale Argument,[514] ein Mieter könne sich durch Kündigung leichter vom Mietgrundstück und somit von potenziell auftretenden Beeinträchtigungen lösen als ein Eigentümer, der die dauerhafte wirtschaftliche Verantwortung für das Grundstück trage, wird den tatsächli-

---

506 Vgl. u.a. § 5 Abs. 1 Nr. 1 BImSchG; BVerwG (Fn. 496), NJW 1983, 1507; *Graulich* 1999, S. 66.

507 *Scholl* 2001, S. 238ff.; *Graulich* 1999, S. 53ff.; *Kühl* 1996, S. 81 f.; VG Berlin (Fn. 498), NJW 1978, 1822 (1823).

508 Vgl. Fn. 490; *Mampel*, UPR 1994, 8 (11).

509 *Seibel*, BauR 2003, 1674 (1676); *Graulich* 1999, S. 52; *Gröhn/Hellmann-Sieg*, BauR 2009, 935 (937); *Scholl* 2001, S. 15 f., 285ff.; *Timmermann* 2008, S. 52ff.; *Jäde*, UPR 1993, 330 (331).

510 BVerfG (Fn. 478), NJW 1993, 2035.

511 Ebd.

512 Eine ausreichend starke Beziehung zum Grundstück wird nach herrschender Meinung auch schon dem durch Auflassungsvormerkung im Grundbuch gesicherten Käufer, auf den Nutzen und Lasten übergegangen sind, zugemessen (BVerwG (Fn. 476), NJW 1983, 1626).

513 *Seibel*, BauR 2003, 1674 (1676 f.); *Thews*, NVwZ 1995, 224 (227ff.); *Scholl* 2001, S. 268ff.; *Timmermann* 2008, S. 48ff.

514 OVG Münster, Beschl. v. 22.04.1963 – VII B 127/63, VerwRspr 1964, 69 (70 f.); OVG Bremen (Fn. 490), DVBl 1961, 250 (251 f.); dargestellt in: *Mager/Fischer*, VBlBW 2015, 313 (314).

chen Verhältnissen nicht gerecht.[515] Es setzt idealerweise voraus, dass der Mieter problemlos und verlustfrei auf ein bestehendes Angebot an alternativen Mietwohnungen ohne vergleichbare Beeinträchtigungen zurückgreifen kann. Davon ist in Großstädten mit angespannten Wohnungsmärkten regelmäßig nicht auszugehen. Die Wegzugsmöglichkeit des Mieters kann nicht generell das Fehlen eines Rechtsschutzinteresses zur Folge haben.[516]

Die hier dargestellte Literaturauffassung kritisiert ferner, dass in der Rechtsprechung[517] die zivilrechtlich nur obligatorische Rechtsstellung des durch Auflassungsvormerkung im Grundbuch gesicherten Käufers als erkennbar abwehrberechtigte Eigentumsposition in bebauungsrechtlicher Hinsicht angesehen wird, obwohl nicht allein der Grundbucheintrag, sondern auch der Übergang von Besitz, Nutzen und Lasten[518] zur Annahme der eigentümerähnlichen Stellung vorausgesetzt werden.[519] Inwieweit dies pauschal eine erkennbarere Rechtsposition darstellt als die der faktisch betroffenen und vor Ort gemeldeten Mieter, wird vielfach hinterfragt.[520]

Ganz allgemein sei „die Schutzwürdigkeit einer Rechtsposition nicht notwendig von ihrer Erkennbarkeit abhäng[ig]“[521], vor allem nicht von einem Eintrag im Grundbuch.[522] Ebenso wenig dürfe die potenziell

---

515 *Scholl* 2001, S. 271 f.; *Timmermann* 2008, S. 48 f.; *Seibel*, BauR 2003, 1674 (1676 f.); „Die Auffassung, der Mieter habe nur eine gelockerte Beziehung zum Grundstück, er könne sich mietrechtlich wegen solcher Nachteile an seinen Vermieter halten und notfalls ausziehen, geht nicht nur an der Lebenswirklichkeit vorbei. Es wird dabei auch verkannt, dass es gerade auch der Sinn unterschiedlicher Baugebietsfestsetzungen ist, der Wohnbevölkerung ein ruhiges Wohnen in den Wohngebieten zu gewährleisten und damit gerade einem Wohnungswechsel wegen Umweltstörungen entgegenzuwirken.“ (VG Berlin (Fn. 498), NJW 1978, 1822 (1823)).

516 *Timmermann* 2008, S. 49; *Kühl* 1996, S. 29; *Scholl* 2001, S. 271; vgl. Kap. 3.4.

517 BVerwG (Fn. 476), NJW 1983, 1626; VGH München, Beschl. v. 06.07.1990 – 14 CS 90.1659, BayVBl 1990, 755.

518 Der Zeitpunkt des tatsächlichen wirtschaftlichen Übergangs des Grundstücks ist im privatrechtlichen Kaufvertrag geregelt und daher nicht dem Grundbuch zu entnehmen.; vgl. *Scholl* 2001, S. 261; *Jäde*, UPR 1993, 330 (331).

519 Vgl. Darstellung der herrschenden Meinung in: *Mager/Fischer*, VBlBW 2015, 313 (317); *Dürr*, KommJur 2005, 201 (202); Kritik an der Voraussetzung des Übergangs von Nutzen und Lasten für die Anerkennung der abwehrberechtigten Eigentumsposition des Vormerkungskäufers: *Gröhn/Hellmann-Sieg*, BauR 2009, 935 (940 f.).

520 *Seibel*, BauR 2003, 1674 (1677); *Jäde*, UPR 1993, 330 (331); *Graulich* 1999, S. 53; *Scholl* 2001, S. 260ff.; Das Argument einer drohenden Popularklage zurückweisend: *Mager/Fischer*, VBlBW 2015, 313 (315); *Thews*, NVwZ 1995, 224 (227 f.).

521 *Jäde*, UPR 1993, 330 (331); vgl. ebenso: *Seibel*, BauR 2003, 1674 (1677).

522 *Scholl* 2001, S. 263.

schutzwürdige Rechtsposition des Mieters zum Zwecke der einheitlichen Repräsentation des betroffenen Grundstücks hinter die möglicherweise kollidierenden Interessen des Vermieters zurücktreten (Art. 19 Abs. 4 S. 1 GG).[523]

Es ist nicht das Thema der vorliegenden Arbeit, die hier aufgeworfene Frage nach der gebotenen Rechtsstellung des Mieters im Baunachbarrecht umfassend und abschließend zu beantworten. Unter Würdigung der aufgezeigten Argumentation spricht einiges dafür, die Rechtsposition des Mieters als potenziell abwehrberechtigten Nachbarn im Bauplanungsrecht zu stärken.[524]

Zusammenfassend lassen sich nach geltender Rechtslage Unterschiede und Gemeinsamkeiten in der Rechtsposition des Mieters bei der Nachverdichtung mit Bebauungsplan und § 34 BauGB feststellen: Bei der Aufstellung von Bebauungsplänen sind abwägungsbeachtliche Belange der Mieter zu berücksichtigen. Es entstehen insofern subjektive Abwehrrechte gegen den Erlass des Bebauungsplans.[525] Mieter sind jedoch grundsätzlich nicht klagebefugt in Bezug auf konkrete Bauvorhaben in beplanten (§ 30 BauGB) oder unbeplanten (§ 34 BauGB) Gebieten. Will der Mieter in solchen Fällen rechtswidrige Beeinträchtigungen abwehren, ist er auf die Klagebereitschaft des Grundstückseigentümers als Repräsentant des Grundstücks angewiesen.

3.9 Planungspflicht und Kommunalaufsicht

Die selbstverwaltete Gemeinde kann aufgrund ihrer verfassungsmäßig gesicherten Planungshoheit grundsätzlich frei darüber entscheiden, wann sie das Instrument des Bebauungsplans anwendet und wann nicht.[526] In letzteren Fällen vollzieht sich die städtebauliche Entwicklung ersatzweise über die Genehmigungsvorschriften der §§ 34 und 35 BauGB.

---

523 *Dürr*, VBlBW 2015, 319 (328); Etwa aus prozessökonomischer Motivation heraus: vgl. Kritik von *Seibel*, BauR 2003, 1674 (1677); *Thews*, NVwZ 1995, 224 (228); *Mager/Fischer*, VBlBW 2015, 313 (315).

524 Konkrete Vorschläge, wie der Rechtsschutz von obligatorisch Berechtigten gestärkt werden kann: *Scholl* 2001, 263ff.; *Dürr*, VBlBW 2015, 319 (328); *Jäde*, UPR 1993, 330 (332); *Thews*, NVwZ 1995, 224 (229 f.).

525 Normenkontrolle nach § 47 Abs. 2 S. 1 VwGO; vgl. Kap. 2.1.9.

526 § 1 Abs. 3 S. 1 BauGB, § 2 Abs. 1 S. 1 BauGB, Art. 28 Abs. 2 S. 1 GG; vgl. Kap. 2.1.1.

Das Planungserfordernis nach § 1 Abs. 3 S. 1 BauGB setzt voraus, dass die Aufstellung eines Bebauungsplans von städtebaulichen Entwicklungs- und Ordnungsvorstellungen der Gemeinde getragen sein muss und umgekehrt, dass die Durchsetzung städtebaulicher Entwicklungsziele gegebenenfalls nur mithilfe eines Bebauungsplans möglich ist. Die Verbotswirkung und die Gebotswirkung der Planerforderlichkeit lässt sich als eine Pflicht zu konzeptionsgemäßem planerischem Handeln verstehen.[527] Da die Gemeinde selbst bestimmt, ob eine solche Planungspflicht bzw. ein Planungsverbot entstehen, wird in diesem Fall von der **derivativen Planungspflicht** gesprochen.[528]

Das BVerwG verweist in seinem Grundsatzurteil vom 17.09.2003[529] auf den Umstand, dass die Pflicht zu konzeptionsgemäßem planerischem Handeln nicht ausreicht, um in jedem Fall eine städtebauliche Entwicklung im Sinne des Gesetzes zu gewährleisten. So könnte etwa „eine planungsunwillige Gemeinde" nicht „zur Planung angehalten werden"[530], auch wenn dies für die städtebauliche Entwicklung und Ordnung dringend erforderlich wäre. Eine ‚konzeptionelle' Genehmigungspraxis auf Basis der Planersatzvorschrift des § 34 BauGB kann zur Folge haben, dass zentrale Zielsetzungen des Städtebaurechts unterwandert werden, so etwa das Anpassungsgebot an die Raumordnungspläne (§ 1 Abs. 4 BauGB) oder das interkommunale Abstimmungsgebot (§ 2 Abs. 2 BauGB).[531] Weiterhin können städtebauliche Konflikte, Missstände und Fehlentwicklungen entstehen,[532] die einer planerischen Steuerung durch die Mittel der Bauleitplanung bedürfen. Es kann daher nicht allein im Ermessen der Gemeinde liegen, ob die städtebauliche Entwicklung mittels bauleitplanerischer Maßnahmen gesteuert werden oder „isolierten Einzelentscheidungen nach §§ 34 und 35 BauGB überlassen bleiben soll."[533] In besonderen Fällen kann sich darum das sehr weitreichende Planungsermessen der Gemeinde aus qualifizierten

527 BVerwG (Fn. 4), BauR 2004, 443 (444); *Ziekow* 2006, S. 116 f.

528 *Söfker* in: *E/Z/B/K*, BauGB, § 1 Rn. 39 (116. Lfg. Februar 2015); *Schmidt* 2013, S. 163 f.

529 BVerwG (Fn. 4), BauR 2004, 443.

530 BVerwG (Fn. 4), BauR 2004, 443 (446).

531 BVerwG (Fn. 4), BauR 2004, 443.

532 Anhaltspunkte z.B. in § 136 Abs. 2 und 3 BauGB sowie § 1 Abs. 5 und 6 BauGB; BVerwG (Fn. 4), BauR 2004, 443 (446ff.); *Schmidt* 2013, S. 171; *Ingold* 2007, S. 209 f., 225; *Peine*, DÖV 1983, 909 (913 f.).

533 BVerwG (Fn. 4), BauR 2004, 443 (445).

städtebaulichen Gründen zu einer **originären Planungspflicht**,[534] auch objektiv determinierte Planungspflicht genannt,[535] verdichten.[536] Die „prinzipielle Verankerung dieser Planungspflicht in § 1 Abs. 3 BauGB ist mit der Garantie der kommunalen Selbstverwaltung (Art. 28 Abs. 2 S. 1 GG) vereinbar."[537] Sie steht im Spannungsfeld zwischen Planmäßigkeitsprinzip und gemeindlicher Planungsfreiheit.

Die Durchsetzung einer originären Planungspflicht ist Aufgabe der Kommunalaufsichtsbehörde.[538] Sie stellt einen sehr starken Eingriff in das gemeindliche Selbstverwaltungsrecht (Art. 28 Abs. 2 S. 1 GG) dar und besitzt daher Ausnahmecharakter:[539] „Das Planungsermessen verdichtet sich nur dann zur Planungspflicht, wenn die Planlosigkeit die Grenze des Vertretbaren überschreitet und einen qualifizierten Handlungsbedarf auslöst."[540]

Der dem Urteil des BVerwG zugrunde liegende Fall veranschaulicht dies: In einer Gemeinde mit ca. 11.000 Einwohnern[541] entstand infolge gezielter Planungsunwilligkeit und einer sukzessiven baulichen Entwicklung nach § 34 BauGB ein 120.000 m^2 umfassendes Gewerbegebiet mit großflächigen Einzelhandelsbetrieben.[542] Dabei war die in einem „hochverdichteten Ballungsraum"[543] gelegene Gemeinde regionalplanerisch lediglich als Zentrum der Grundversorgung eingestuft.[544] Die Konsequenz waren deutliche Kaufkraftabflüsse aus den umliegenden Gemeinden.[545] Die Kommunalaufsichtsbehörde ordnete 1997 den Einsatz bauleitplanerischer Maß-

---

534 In Verwendung bei: *Moench*, DVBl. 2005, 676 (681 f.); *Söfker* in: *E/Z/B/K*, BauGB, § 1 Rn. 39 a (116. Lfg. Februar 2015); *Schmidt* 2013, S. 191.

535 In Verwendung bei: *Ingold* 2007, S. 43.

536 BVerwG (Fn. 4), BauR 2004, 443 (444); Rechtsprechung bestätigt in: BVerwG, Beschl. v. 05.06.2012 – 4 BN 41.11, ZfBR 2012, 673 (674); vgl. weiterführend: *Schmidt* 2013, S. 164ff.; *Ingold* 2007, S. 39ff.

537 BVerwG (Fn. 4), BauR 2004, 443 (445).

538 Ebd.; *Söfker* in: *E/Z/B/K*, BauGB, § 1 Rn. 42 (116. Lfg. Februar 2015).

539 BVerwG (Fn. 4), BauR 2004, 443 (446); *Söfker* in: *E/Z/B/K*, BauGB, § 1 Rn. 39 a (116. Lfg. Februar 2015).

540 BVerwG (Fn. 4), BauR 2004, 443 (451).

541 Mülheim-Kärlich; Raum Koblenz in Rheinland-Pfalz.

542 Es lagen weitere nach § 34 BauGB zulässige Bauanfragen für Einzelhandelsprojekte auf einer Fläche von insgesamt 50.000 m^2 vor (Stand: 1996); BVerwG (Fn. 4), BauR 2004, 443 f.

543 BVerwG (Fn. 4), BauR 2004, 443.

544 Ebd., 443 (450): Betriebe mit Geschossfläche von über 2.000 m^2 in der Regel nur in Mittel- und Oberzentren; *Ingold* 2007, S. 207.

545 Z.B. Erhöhung des Kaufkraftabflusses aus Andernach von 9,2 % (1992) auf 16,2 % (1996); BVerwG (Fn. 4), BauR 2004, 443 (448).

nahmen an, um der Fortführung dieser städtebaulichen Fehlentwicklung entgegenzutreten. Die Gemeinde machte ihre Abwehrrechte geltend, legte Widerspruch ein und erhob Anfechtungsklage. Das Gerichtsverfahren über drei Instanzen dauerte von 1997 bis 2003 und endete mit der Bestätigung des aufsichtsbehördlichen Handelns.[546] Das ausführliche Urteil des BVerwG kann als Klarstellung der kommunalaufsichtlichen Verantwortung zur Durchsetzung des Planmäßigkeitsprinzips (§ 1 Abs. 1 BauGB) verstanden werden.[547]

Pflichten zur Aufstellung eines Bebauungsplans sind objektiv-rechtlicher Natur. Es ist Aufgabe der Kommunalaufsicht, eine Planungspflicht mit den nach jeweiligem Landesrecht zur Verfügung stehenden Mitteln möglichst selbstverwaltungsschonend durchzusetzen. Ein Anspruch Dritter[548] auf die Durchsetzung einer möglicherweise gebotenen Planungspflicht besteht nicht (§ 1 Abs. 3 S. 2 BauGB).[549]

Seit dem Erlass des EAG Bau 2004 steht der Ansiedlung großflächiger Einzelhandelsbetriebe mit schädlichen Auswirkungen auf zentrale Versorgungsbereiche in der Gemeinde oder in anderen Gemeinden ein Zulässigkeitserfordernis innerhalb des § 34 BauGB entgegen (§ 34 Abs. 3 BauGB), sodass nicht auf eine originäre Planungspflicht aus § 1 Abs. 3 S. 1 BauGB abgestellt werden muss.[550] Die Einführung des § 34 Abs. 3 BauGB ist jedoch nicht als Reaktion des Gesetzgebers auf die vom BVerwG entwickelte originäre Planungspflicht aus § 1 Abs. 3 S. 1 BauGB zu verstehen,[551] denn

546 BVerwG (Fn. 4), BauR 2004, 443 f.; *Schmidt* 2013, S. 91 f.

547 BVerwG (Fn. 4), BauR 2004, 443 (445, 452), *Ingold* 2007, S. 220.

548 Z.B. Privatpersonen, aber auch benachbarte Gemeinden.

549 *Brüning/Vogelsang* 2009, S. 102ff.; *Ziekow* 2006, S. 129; *Schmidt* 2013, S. 195ff.; Die Möglichkeit der Nachbarklage wegen Verletzung des Planungsbedarfs bei der Genehmigung eines Vorhabens, das nicht ohne die Aufstellung eines Bebauungsplans hätte abwägungsfehlerfrei zulässig gemacht werden können, fordern: *Dürr*, VBlBW 2015, 319 (325); *Kleinlein*, DÖV 1986, 1010 (1016 f.).

550 *Schmidt* 2013, S. 199; *Ingold* 2007, S. 218ff.; *Söfker* in: *E/Z/B/K*, BauGB, § 34 Rn. 72 (125. Lfg. Mai 2017); vgl. Kap. 2.3.1.6.

551 Die Inhalte der Gesetzesänderung wurden bereits bis Mitte 2002 von einer unabhängigen Expertenkommission ausgearbeitet: BT-Drucksache 15/2250 vom 17.12.2003, S. 28, 54; *Schmidt* 2013, S. 200 f.; *Ingold* 2007, S. 219; Vgl. auch die ähnlich gerichtete Regelung zum Ausschluss der Anwendung des § 34 Abs. 1 S. 1 BauGB für großflächige Einzelhandelsvorhaben gemäß landesrechtlicher Bestimmungen in den Stadtstaaten (§ 246 Abs. 7 BauGB, eingeführt im BauROG 1998, durch Zeitablauf gegenstandslos seit dem 13.12.2004).

diese hat eigenständige Bedeutung und beschränkt sich nicht auf die von § 34 Abs. 3 BauGB erfassten Fallgestaltungen.[552]

Insgesamt lässt sich feststellen, dass zulässige Bauvorhaben nach § 34 BauGB im Ausnahmefall einen qualifizierten Steuerungsbedarf auslösen können, der den Einsatz von Mitteln der Bauleitplanung zwingend erforderlich macht (§ 1 Abs. 3 S. 1 BauGB).[553]

3.10 Zwischenfazit: Stadtentwicklung zwischen B-Plan und § 34 BauGB

Die Planungsfreiheit der selbstverwalteten Gemeinde gewährt eine eigenverantwortliche Anwendung der bauleitplanerischen Instrumente, sodass auch das Unterlassen einer aktiven Planung und folglich eine Entwicklung gemäß der Planersatzvorschrift des § 34 BauGB von der Planungshoheit geschützt ist.[554] Die städtebauliche Entwicklung im Rahmen der aktuell in wachsenden Städten bedeutsamen Nachverdichtung vollzieht sich im Wesentlichen auf Basis von Bebauungsplänen oder nach § 34 BauGB. Daran entscheidet sich, auf welche Weise und in welchem Ausmaß die von der baulichen Entwicklung konkret betroffenen öffentlichen und privaten Belange zur Geltung kommen:

Die Aufstellung eines Bebauungsplans ermöglicht eine Umsetzung planerischer Ziele unter der Berücksichtigung allgemeiner öffentlicher Belange (u.a. § 1 Abs. 5 und 6 BauGB), konkreter gemeindlicher Entwicklungsbedarfe[555] und der Erfordernisse nachbarlicher Konfliktschlichtung[556] (§ 1 Abs. 7 BauGB). Die verfassungsrechtlich garantierte planerische Freiheit ist sehr groß, sodass der Gemeinde im Blick auf die von der Planung betroffenen Interessen umfangreiche Abwägungs- und Steuerungsspielräume zukommen.

---

552 Eigenständige Bedeutung hervorhebend: *Schmidt* 2013, 201ff.; *Ingold* 2007, S. 220; Eingeschränkte Bedeutung nach Erlass des EAG Bau 2004 hervorhebend: *Krausnick*, VerwArch 2005, 191 (212); *Söfker* in: *E/Z/B/K*, BauGB, § 34 Rn. 72 (125. Lfg. Mai 2017).

553 Das Prüfkriterium der ein Planerfordernis auslösenden bodenrechtlichen Spannungen erfasst lediglich Spannungen innerhalb der näheren Umgebung.; vgl. Kap. 2.3.4.

554 Lediglich im Ausnahmefall kann die Gemeinde zum originären Einsatz bauleitplanerischer Maßnahmen verpflichtet sein.; vgl. Kap. 2.1.1 und Kap. 3.9.

555 Entsprechend der städtebaulichen Konzeption der Gemeinde; vgl. Kap. 2.1.1 und Kap. 3.4.

556 Private Belange; vgl. Kap. 2.1.4.1, Kap. 2.1.4.2, Kap. 2.1.9, Kap. 3.6 und Kap. 3.7.

Die Planersatzvorschrift des § 34 BauGB dagegen ist eine bundesweit geltende Genehmigungsvorschrift für die Bebauung des unbeplanten Innenbereichs. Das Einfügungsgebot und die weiteren Zulässigkeitsanforderungen in § 34 Abs. 1 bis 3 BauGB bringen insofern öffentliche und private Belange mit Nahwirkung zur Geltung, als dass das vom Gesetzgeber für den Einzelfall vorgesehene Abwägungsergebnis im Rahmen des gebundenen Baugenehmigungsverfahrens nachvollzogen wird.[557] Für die Berücksichtigung darüber hinausgehender öffentlicher Belange, wie etwa ein sozialstaatlich geprägtes Interesse an der Versorgung einkommensschwächerer Bevölkerungsschichten mit Wohnraum, bleibt kein Raum.[558] Ebenso sind potenziell auftretende nachbarschaftliche Konflikte jenseits der Anforderungen des Rücksichtnahmegebots unbeachtlich.[559] Des Weiteren kann nicht auf mögliche Partizipationsbedarfe in der Bevölkerung bzw. der Nachbarschaft reagiert werden, da § 34 BauGB grundsätzlich keinen Raum für eine Beteiligung der Öffentlichkeit bietet. Schließlich lässt sich der Rechtsschutz Dritter nicht entsprechend der gegebenenfalls berechtigten Schutzansprüche in der von baulichen Entwicklungen betroffenen Nachbarschaft ausgestalten.

Es gilt im weiteren Verlauf empirisch zu untersuchen, wie in der städtebaulichen Praxis mit den geringen Möglichkeiten aktiver Steuerung und der begrenzten Wirkung konkret betroffener öffentlicher und privater Belange bei § 34 BauGB im Kontext der potenziell konfliktträchtigen Nachverdichtung umgegangen wird.

---

557 *Weyreuther*, BauR 1981, 1 (3); *Weyreuther*, BauR 1977, 293 (297); *Jäde*, BayVBl. 1985, 577 (579); *Kleinlein*, DÖV 1986, 1010 (1013).

558 Fernwirkungen werden nicht berücksichtigt. Eine Ausnahme bildet hier § 34 Abs. 3 BauGB; vgl. Kap. 2.3.2.3.

559 Die räumliche Reichweite ist auf die nähere Umgebung beschränkt.; vgl. Kap. 2.3.3.

4 Fragestellungen

a) Pragmatische Stadtentwicklung nach § 34 BauGB

Aus theoretischer Perspektive unterscheiden sich der Bebauungsplan und die Planersatzvorschrift des § 34 BauGB in vielerlei Hinsicht. Es stellt sich die Frage, aus welchen Motiven heraus in bestimmten Kontexten aus pragmatischen Erwägungen auf eine Bebauungsplanung verzichtet und eine Entwicklung nach § 34 BauGB angestrebt wird.

Fragestellung A:	Welche Möglichkeiten einer pragmatischen Stadtentwicklung bietet die Planersatzvorschrift des § 34 BauGB?
Teilfragestellung A1:	Welche dominierenden Interessenlagen lassen sich verschiedenen Akteursgruppen hinsichtlich einer Entwicklung nach § 34 BauGB zuordnen?

In der Theorie sind die Möglichkeiten einer Stadtentwicklung nach § 34 BauGB aufgrund der mangelnden Offenheit für unmittelbare planerische Steuerungseinflüsse begrenzt. Die Durchführung eines Baugenehmigungsverfahrens nach § 34 BauGB ist gebundenes Verwaltungshandeln. Bei der einzelfallbezogenen Auslegung der unbestimmten Rechtsbegriffe besteht kein Beurteilungsspielraum: Ein Vorhaben ist nach § 34 BauGB entweder zulässig oder nicht. Es stellt sich die Frage, ob dieses Dogma uneingeschränkt in der Praxis abgebildet wird oder sich hier eine Diskrepanz zwischen Theorie und Praxis auftut.

Teilfragestellung A2:	Wie eindeutig lässt sich die bauplanungsrechtliche Zulässigkeit nach § 34 BauGB in der Praxis feststellen?
Teilfragestellung A3:	Inwiefern besteht bei der Prüfung auf Zulässigkeit nach § 34 BauGB faktischer Beurteilungsspielraum?

Anders als das Verfahren zur Aufstellung eines Bebauungsplans bietet das Baugenehmigungsverfahren nach § 34 BauGB aufgrund der fehlenden Beurteilungs- und Ermessensspielräume grundsätzlich keinen Raum für unmittelbare planerische Steuerungseinflüsse. Dies ist zu hinterfragen, sofern bei der Anwendung des § 34 BauGB unter Umständen faktische Beurteilungsspielräume entstehen.

Teilfragestellung A4:	Inwieweit besteht im Rahmen der Anwendung des § 34 BauGB Raum für unmittelbare stadtentwicklungspolitische Steuerung?

b) Grenzen einer Stadtentwicklung nach § 34 BauGB

Die selbstverwaltete Gemeinde kann grundsätzlich frei darüber entscheiden, ob und in welchem Umfang sie das Instrument des Bebauungsplans anwendet oder ersatzweise eine Entwicklung nach § 34 BauGB als ausreichend erachtet. Aus theoretischer Sicht hat dies beispielsweise Auswirkungen auf Art und Umfang des Verfahrens, den Stellenwert der Bürgerbeteiligung, die Berücksichtigung öffentlicher Belange und den Rechtsschutz Dritter. Je nach Kontext und Betrachtungsweise lassen sich gewisse Konfliktfelder oder Grenzen einer Stadtentwicklung nach § 34 BauGB aufzeigen. Insbesondere im Zusammenhang mit der Nachverdichtung sollen mögliche Problemstellungen empirisch untersucht und anhand von Beispielen aus der Praxis diskutiert werden.

Fragestellung B:	Inwieweit sind einer Stadtentwicklung nach § 34 BauGB in der Praxis tatsächlich Grenzen gesetzt?
Teilfragestellung B1:	Inwieweit sind subjektive Abwehransprüche Dritter dazu in der Lage, der städtebaulichen Entwicklung nach § 34 BauGB durch Nachbarklagen Grenzen zu setzen?
Teilfragestellung B2:	Was bedeutet es für die Nachverdichtung gemäß § 34 BauGB, dass Mieter nicht als Nachbarn im Sinne des Bebauungsrechts gelten?
Teilfragestellung B3:	Welche Relevanz hat die originäre Planungspflicht als absolute Schranke einer Stadtentwicklung im unbeplanten Innenbereich in der Praxis?
Teilfragestellung B4:	Welche Verantwortung trägt die Gemeinde hinsichtlich der Einschränkung einer zulässigen baulichen Entwicklung nach § 34 BauGB?
Teilfragestellung B5:	Inwieweit kann sich potenzieller Widerstand aus der Bevölkerung als mittelbare Grenze auf die Stadtentwicklung im unbeplanten Innenbereich auswirken?

c) Steuerung der Stadtentwicklung im unbeplanten Innenbereich

Die Planersatzvorschrift des § 34 BauGB ist im Ausgangspunkt nicht für aktive Steuerungseinflüsse zugänglich. Es kann jedoch generell oder infolge der aufgezeigten Grenzen einer Entwicklung nach § 34 BauGB im Interesse der Gemeinde liegen, die städtebauliche Entwicklung im unbeplanten Innenbereich aktiv zu steuern. Es stellt sich die Frage, wie die gemeindlichen Steuerungsinteressen im unbeplanten Innenbereich zur Geltung gebracht werden können.

Fragestellung C: Mit welchen Maßnahmen und Instrumenten lässt sich die Stadtentwicklung im unbeplanten Innenbereich steuern?

5 Methodik

Die Kontextbezogenheit des Untersuchungsgegenstands macht es erforderlich, der empirischen Arbeit einen qualitativ-induktiven Forschungsansatz zugrunde zu legen. Es werden konkrete Anwendungsfälle in der Praxis untersucht, um daraufhin einen Erkenntnisgewinn hinsichtlich übergeordneter Zusammenhänge im Forschungsfeld der Stadtentwicklung nach § 34 BauGB zu erzielen (Induktionsschluss).[560] Dabei wird davon ausgegangen, dass sich auf der Basis einzelfallbezogener Analysen städtebaulicher Projekte nach § 34 BauGB Rückschlüsse auf die dahinterstehende Rechtslage ziehen lassen. Die empirischen Ergebnisse der Fallstudien, basierend auf einer Methodentriangulation von Dokumentenanalyse und Experteninterview, bieten eine geeignete Datengrundlage, anhand derer entsprechend relevante Fragestellungen rund um die Stadtentwicklung nach § 34 BauGB beantwortet und diskutiert werden können.

Im Gegensatz dazu wäre ein quantitativ-deduktiver Ansatz weder sachgerecht noch praktikabel, da dieser eine starke Vereinfachung der Fragestellungen und eine repräsentative Zahl an vergleichbaren Anwendungsfällen voraussetzte. Letzteres ist aufgrund der Einzigartigkeit von Bauvorhaben nach § 34 BauGB nicht möglich.

5.1 Fallstudienmethodik und Triangulation

Die Fallstudie ist eine vielfach eingesetzte Methode in der qualitativen Forschung. Sie lässt sich definieren als „eine empirische Untersuchung, die ein aktuelles Phänomen in der Tiefe und innerhalb seines spezifischen Kontexts erforscht."[561] Sie ist besonders geeignet für die Untersuchung von sozialen Phänomenen in komplexen Wirkungszusammenhängen, „wenn die Grenzen zwischen dem Untersuchungsgegenstand und dem jeweiligen

---

560 *Lamnek* 2005, S. 21, 90 f.

561 *Yin* 2009, S. 18, eigene Übersetzung; Originalzitat: „A case study is an empirical inquiry that investigates a contemporary phenomenon in depth and within its real-life context, especially when the boundaries between phenomenon and context are not clearly evident".

Kontext nicht klar erkennbar sind."[562] Die Fallstudienmethode findet beispielsweise Anwendung in der Soziologie, den Politikwissenschaften sowie der Stadt- und Raumforschung.[563]

Das Ziel der empirischen Arbeit ist es, übergeordnete Fragestellungen zur Stadtentwicklung nach § 34 BauGB anhand kontextbezogener Untersuchungen realer Anwendungsfälle zu beantworten. Die Durchführung mehrerer Fallstudien ermöglicht eine vergleichende Analyse der kontextspezifischen Erkenntnisse aus den Einzelfällen. Dadurch erhöht sich die Tragfähigkeit der empirischen Daten.[564] Die Auswahl der Fälle erfolgt dabei nicht zufallsgesteuert, sondern theoriegeleitet entsprechend der Relevanz für den Forschungsgegenstand. Es werden sowohl Einzelbauprojekte nach § 34 BauGB als auch umfassendere Nachverdichtungsprozesse im unbeplanten Innenbereich betrachtet.

Die empirische Untersuchung der Fallstudien wird mithilfe einer Kombination zweier qualitativer Methoden durchgeführt. Diese Methodentriangulation eröffnet mehrere Perspektiven auf den Forschungsgegenstand. Es kann ein breiteres Spektrum an Daten erfasst werden sowie eine wechselseitige Überprüfung gewonnener Informationen erfolgen:[565]

> „Triangulation hilft dem Forscher, sich gegen den Vorwurf zu schützen, dass die Ergebnisse einer Studie lediglich auf der Fehlleistung einer einzigen Methode, einer einzelnen Quelle oder einer Voreingenommenheit des Forschers beruhen."[566]

Im Blick auf die Aussagekraft bzw. die Reichweite der zunächst einzelfallspezifischen empirischen Ergebnisse ist auf den aus baurechtlicher Perspektive grundsätzlich bedeutsamen Kontextbezug der Planersatzvorschrift des § 34 BauGB hinzuweisen. Wie bereits ausführlich dargelegt, erfordert die praktische Anwendung des § 34 BauGB in vielen Teilfragen eine Würdigung der Sachlage im Einzelfall und erlaubt kaum eine Verwendung allgemeingültiger Richtwerte. Somit erscheint die entsprechend den Kontext in angemessener Weise berücksichtigende Fallstudienmethodik als besonders geeignet, da sie die jeweiligen Rahmenbedingungen der Projekte als Bestandteil des Erkenntnisinteresses ansieht.[567] In einem wegen mangeln-

---

562 Ebd.

563 *Einig* et al. 2009, S. 3; *Hering/Schmidt* 2014, S. 529.

564 Multiple-site case study; *Baxter/Jack*, TQR 2008, 544 (548ff.).

565 *Flick* 2011, S. 41 f., 49.

566 *Patton* 1990, S. 470, eigene Übersetzung; Originalzitat: „Triangulation helps the researcher guard against the accusation that a study's findings are simply an artifact of a single method, a single source, or a single investigator's bias".

567 *Hering/Schmidt* 2014, S. 529.

der Vergleichbarkeit von Fallgestaltungen empirisch nur schwer zugänglichen Forschungsfeld lässt sich auf diesem Wege der Prozess der Erkenntnisgewinnung voranbringen und übergeordnete Fragestellungen zum zugrunde liegenden Recht untersuchen. Generell ist die Tragfähigkeit der empirischen Ergebnisse der Fallstudien anhand von Gesetz, Rechtsprechung und Fachliteratur zu prüfen.

5.2 Dokumentenanalyse und Experteninterview

5.2.1 Dokumentenanalyse

Dokumente sind „Artefakte kommunikativer Praxis“[568], die Informationen über soziale und organisatorische Ereignisse und Strukturen in schriftlicher Form enthalten. Sie sind Träger von prozessproduzierten Daten, die nicht primär zum Zwecke der wissenschaftlichen Auswertung oder unter einer Beteiligung bzw. Intervention des Forschers, sondern beispielsweise als Produkt der Tätigkeit der öffentlichen Verwaltung entstehen. Dokumente können daher als natürliche Daten bezeichnet werden. Bei der Auswertung von Dokumenten im Rahmen der Dokumentenanalyse ist dem Entstehungs- und Nutzungskontext der Dokumente Rechnung zu tragen. Als Dokumente gelten unter anderem Beschlüsse der Gemeindevertretung, Protokolle, Akten oder formelle und informelle Plandokumente.[569]

Bereits zu einem frühen Zeitpunkt im Forschungsprozess besteht durch die Dokumentenanalyse Zugang zu Informationen rund um die zu untersuchenden Projekte, etwa über den Ablauf der Planungsprozesse oder die verschiedenen Standpunkte der Akteure. Diese Hintergrundinformationen bilden den Rahmen, innerhalb dessen sich die weitere empirische Arbeit entfalten kann. Auf Basis einer breiten Informationsgrundlage können geeignete Fragestellungen formuliert werden. Weiterhin profitieren das Gesprächsniveau und der Informationsgehalt der Experteninterviews von einer ausführlichen theoretischen Vorbildung des Interviewers. Im Analyseprozess der Experteninterviews können die erfassten Erkenntnisse anhand des Datenmaterials aus der Dokumentenanalyse verifiziert werden. Insgesamt erhöht sich die Tragfähigkeit der empirischen Erkenntnisse.[570]

---

568 *Salheiser* 2014, S. 814.
569 Ebd., S. 813, 816.
570 *Owen*, TQR 2014, 1 (8ff.); *Bowen*, QRJ 2009, 27 (28ff.).

5.2.2 Experteninterview

Der Komplexität des Forschungsfeldes angemessen bieten persönliche Expertengespräche mit den wichtigsten beteiligten Akteuren die Möglichkeit, zusätzliche Informationen jenseits des publizierten Diskurses zu erfassen. Die zweite qualitative Methode dieses Forschungsprojekts ist daher das leitfadengestützte Experteninterview (Tab. 1):

Tabelle 1: Erhebungsinstrument Experteninterview (Eigene Darstellung)

Experteninterview - Methodik	
Art der Erhebung	qualitatives Experteninterview
Auswahl	theoriegeleitet
Befragungssetting	mündliche Einzelbefragung (face-to-face)
Interviewkonzeption	teilstrukturiert, Leitfaden
Daten	Sachinformationen, Wertungen, Meinungen
Quellen: *Battaglia* 2008, S. 524ff.; *Kromrey* 2006, S. 388ff.; *Mayer* 2009, S. 37ff.	

Nach *Przyborski* und *Wohlraab-Sahr* gelten jene Personen als Experten, „die über ein spezifisches Rollenwissen verfügen, solches zugeschrieben bekommen und eine darauf basierende besondere Kompetenz für sich selbst in Anspruch nehmen."[571] Die Auswahl der Experten im Kontext der Fallstudien erfolgt theoriegeleitet.

Ein individuell an den jeweiligen Experten angepasster Leitfaden mit den wichtigsten Fragestellungen gibt dem Interview eine grobe Struktur. Der Leitfaden soll nur einen ersten Zugang zum Expertenwissen des Interviewten herstellen. Vor allem muss weiterhin genug Raum für die thematische Schwerpunktsetzung des Experten bleiben. Er sollte ausreichend Möglichkeit haben, seinen eigenen Verstehenshorizont auszubreiten und das aus seiner Sicht relevante Wissen mitzuteilen (Prinzip der Offenheit).[572] Während der gesamten Feldarbeit ist ein hohes Maß an Flexibilität zu wahren. Daher können auch die Konzeption der Interviews und

571 *Przyborski/Wohlraab-Sahr* 2014, S. 121.
572 *Helfferich* 2014, S. 561 f.

dementsprechend die Struktur der Leitfäden zu jeder Zeit bedarfsgerecht angepasst werden.[573]

Die Experteninterviews werden nach Möglichkeit mitgeschnitten, um eine große Menge verbaler Daten zu generieren. Falls der Experte eine Audioaufnahme ablehnt, wird im Anschluss an das Interview ein auditives Gedächtnisprotokoll unter Zuhilfenahme schriftlicher Aufzeichnungen angefertigt. Nach jedem Interview wird zudem ein Memo angelegt, um den Interviewverlauf und den aktuellen Erkenntnisgewinn zu reflektieren. Dies ist insbesondere wichtig, um neue Informationen direkt und bewusst in die laufende Feldarbeit einzubinden. Nach Abschluss der Datenerhebung werden die Audioaufnahmen der Experteninterviews mithilfe einer Volltranskription schriftlich fixiert. So sollen möglichst wenige Informationen bei der Umsetzung der verbalen Daten in ein textliches Format verloren gehen.[574]

In einer Datenschutzvereinbarung erklären die Experten ihr Einverständnis zur formal anonymisierten Verwendung der Interviewdaten.

Die Auswertung der Interviewtranskripte erfolgt mithilfe einer thematischen Kodierung. Ausgehend von den Teilthemen und den Forschungsfragen des Projekts werden geeignete Kategorien (Codes) erstellt. Die Gesprächsdaten der Transkripte können daraufhin den entsprechenden Codes zugewiesen werden. So entsteht eine thematische Vorstrukturierung der Interviewdaten, die den Analyse- und Interpretationsprozess erleichtert.[575] Die Kodierung wird mithilfe der Software ‚MaxQDA' durchgeführt. Abbildung 1 zeigt das Codesystem.

---

573 *Froschauer/Lueger* 2003, S. 15 f., *Lamnek* 2005, S. 25 f.; *Helfferich* 2014, S. 565; vgl. Anhang für Beispiele.

574 *Gläser/Laudel* 2009, S. 153 f., 193 f.

575 *Gläser/Laudel* 2009, S. 45 f.

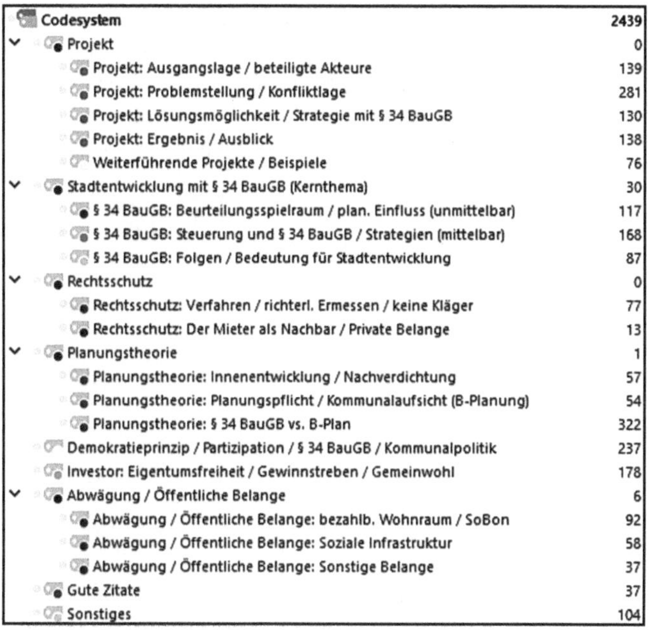

Codesystem	2439
Projekt	0
Projekt: Ausgangslage / beteiligte Akteure	139
Projekt: Problemstellung / Konfliktlage	281
Projekt: Lösungsmöglichkeit / Strategie mit § 34 BauGB	130
Projekt: Ergebnis / Ausblick	138
Weiterführende Projekte / Beispiele	76
Stadtentwicklung mit § 34 BauGB (Kernthema)	30
§ 34 BauGB: Beurteilungsspielraum / plan. Einfluss (unmittelbar)	117
§ 34 BauGB: Steuerung und § 34 BauGB / Strategien (mittelbar)	168
§ 34 BauGB: Folgen / Bedeutung für Stadtentwicklung	87
Rechtsschutz	0
Rechtsschutz: Verfahren / richterl. Ermessen / keine Kläger	77
Rechtsschutz: Der Mieter als Nachbar / Private Belange	13
Planungstheorie	1
Planungstheorie: Innenentwicklung / Nachverdichtung	57
Planungstheorie: Planungspflicht / Kommunalaufsicht (B-Planung)	54
Planungstheorie: § 34 BauGB vs. B-Plan	322
Demokratieprinzip / Partizipation / § 34 BauGB / Kommunalpolitik	237
Investor: Eigentumsfreiheit / Gewinnstreben / Gemeinwohl	178
Abwägung / Öffentliche Belange	6
Abwägung / Öffentliche Belange: bezahlb. Wohnraum / SoBon	92
Abwägung / Öffentliche Belange: Soziale Infrastruktur	58
Abwägung / Öffentliche Belange: Sonstige Belange	37
Gute Zitate	37
Sonstiges	104

Abb. 1: Codesystem (Eigene Darstellung)

5.3 Datengrundlage

Das Ziel der Dokumentenanalyse ist es, eine umfassende Recherche der öffentlich zugänglichen Informationen rund um die zu untersuchenden Projekte zu leisten. Zentrale Bedeutung kommt dabei den Ratsinformationssystemen der Städte zu. Hier besteht beispielsweise Zugriff auf Beschlüsse und Protokolle der Planungsausschüsse sowie auf politische Anfragen zu den Bauprojekten. Weitere Datenquellen sind öffentliche Dokumente der Stadtverwaltungen, wie etwa stadtentwicklungspolitische Programme, Gutachten oder Untersuchungsberichte. Nicht veröffentlichte Dokumente können ggf. auf dem Weg der Akteneinsicht zugänglich gemacht werden. Die Dokumente geben Aufschluss über Inhalt und Abfolge der Planungsprozesse. Sie gewähren Informationen zur lokalen Situation in Politik, Planung und Zivilgesellschaft.

Die Durchführung der Experteninterviews ermöglicht eine Erfassung verschiedener Perspektiven auf die Untersuchungsgegenstände. Die zentralen Akteursgruppen sind im Allgemeinen: Verwaltung, Kommunalpolitik, Investoren und gegebenenfalls Bürgerinitiativen. Bei jeder Fallstudie sollten Expertengespräche mit Personen der im jeweiligen Kontext beteiligten

Akteursgruppen stattfinden. Dabei ist kein standardisiertes Verfahren oder eine statistische Repräsentativität erforderlich. Ziel und Prinzip der Erhebungsverfahren in diesem interpretativen Forschungsprozess ist das Verstehen. Im Rahmen der Fallstudien wurden insgesamt 33 Experteninterviews geführt, mit einer durchschnittlichen Gesprächsdauer von ca. 50 Minuten.

6 Fallstudien

Die Ergebnisse der acht untersuchten Fallstudien bieten eine empirische Grundlage, anhand derer sich die weiterführende Diskussion über die Stadtentwicklung nach § 34 BauGB entfalten lässt.[576] Da einerseits singuläre Bauprojekte und andererseits größere Nachverdichtungsprozesse dokumentiert werden sollen, erfordert die Strukturierung der Projekthergänge ein gewisses Maß an Flexibilität. Die jeweilige Fallgestaltung wirkt sich auf die inhaltliche Ausformung der Gliederungsstruktur aus. Grundsätzlich folgt die Darstellung der einzelnen Fallstudien einem Gliederungsschema mit vier Unterkapiteln:

Im ersten Kapitel ‚Ausgangslage' werden die Untersuchungsgebiete und die Hintergründe der Projekte beschrieben. Daraufhin wird im Unterkapitel ‚Problemstellung' auf mögliche Konflikte oder Herausforderungen im Planungsprozess bzw. in Kommunalpolitik und Öffentlichkeit eingegangen. Diese Problematisierung erfolgt nicht theoriegeleitet, sondern anhand der vor Ort erfassbaren Sachverhalte.

Das Kapitel ‚Maßnahmen' zeigt, auf welche Weise die beteiligten Akteure und Entscheidungsträger auf die Problemstellung reagieren bzw. welche Handlungsoptionen diskutiert werden. Das Schlusskapitel beinhaltet die ‚Konsequenzen' der Maßnahmen. Zu welchem Ergebnis sind die untersuchten Bauprojekte bzw. Nachverdichtungsprozesse gekommen? Wie ist der aktuelle Sachstand und wie wird dieser von den beteiligten Akteuren bewertet?

Zu den relevanten Akteuren zählt in der Regel die Kommunalpolitik, d.h. der Gemeinderat und insbesondere der Planungsausschuss als zuständiger Fachausschuss. Von zentraler Bedeutung ist hier die Handlungsform des Beschlusses. Sie ist Ausdruck einer mehrheitlichen Willensbekundung des entsprechenden kommunalpolitischen Gremiums und somit des Akteurs Kommunalpolitik.

Eine andere wichtige Akteursgruppe ist die Verwaltung, insbesondere die Fachbereiche für Bauaufsicht und Stadtplanung und hier als einflussreiche Entscheidungsträger die Fachbereichsleiter bzw. höherrangige

576 Die Fallstudien 1 und 6 waren in Teilen bereits Gegenstand der Masterarbeit ‚Chancen und Grenzen einer Stadtentwicklung mithilfe des § 34 Baugesetzbuch am Beispiel großer Bauvorhaben in Berlin-Friedrichshain und Flensburg'.

Leitungspersonen wie die Dezernenten. Weitere zentrale Akteure sind mögliche Investoren und Grundstückseigentümer sowie potenziell existierende Bürgerinitiativen. Letztere können zum Teil bedeutenden Einfluss auf den öffentlichen Diskurs und die kommunalpolitische Willensbildung nehmen.

Da sich drei der Fallstudien mit Projekten in Berlin beschäftigen, sind einige Vorbemerkungen zur administrativen Struktur Berlins und der Rechtsstellung der Bezirke anzubringen:

Berlin ist sowohl Bundesland als auch Stadt und nimmt entsprechend sowohl staatliche als auch gemeindliche Aufgaben wahr (§ 1 AZG BE). Die Verwaltung des Landes Berlin ist dualistisch organisiert. Sie besteht aus dem Senat (Hauptverwaltung) und den 12 Bezirksverwaltungen. Die Bezirke sind lediglich Verwaltungseinheiten und keine Gebietskörperschaften mit eigener Rechtspersönlichkeit (§ 2 Abs. 1 BezVwG BE). Sie arbeiten „nach den Grundsätzen der Selbstverwaltung" (Art. 66 Abs. 2 Verf BE), sind jedoch nicht Träger der kommunalen Selbstverwaltung im Sinne des Art. 28 Abs. 2 GG.[577]

Die örtliche Planung ist in erster Linie Aufgabe der Bezirksverwaltungen. Die Zuständigkeit der Senatsverwaltung für Stadtentwicklung und Wohnen umfasst dagegen vor allem die Raumordnung und Landesplanung, die Planung von Vorhaben der Verfassungsorgane des Bundes sowie die Planung von Projekten mit „außergewöhnlicher stadtpolitischer Bedeutung" (Nr. 8 ZustKat AZG BE) (Art. 66 Abs. 2 Verf BE). Die Bezirksverwaltungen unterliegen der Bezirksaufsicht durch die Senatsverwaltung (§ 9 AZG BE). Letzterer werden dadurch verschiedene Kontroll- und Eingriffsbefugnisse eingeräumt, um eine rechtmäßige und dem Gesamtinteresse Berlins dienende Bezirksentwicklung sicherzustellen (§§ 9 bis 13 a AZG BE; Art. 67 Abs. 1 und Abs. 2 Verf BE).

6.1 Fallstudie 1: ‚Box Seven' in Berlin-Friedrichshain

Im Osten von Berlin-Friedrichshain liegt das sogenannte Freudenberg-Areal. Es wird begrenzt von der Boxhagener Straße im Süden, der Holteistraße im Westen und der Weserstraße im Norden. Auf dem etwa 26.000 m^2 großen Gelände entsteht derzeit das ‚Box Seven', ein neues Wohnquartier mit 650 Wohneinheiten, diversen Gewerbeflächen sowie einer Kita.[578]

---

577 *Musil/Kirchner* 2012, S. 19ff.
578 Asum GmbH 2013, S. 3, Bauwert AG 2016 a, S. 42.

Der Planungsprozess um die Neunutzung des zum damaligen Zeitpunkt noch industriell genutzten Areals begann im Jahr 2009. Der Grundstücksverkauf an den heutigen Eigentümer und Bauherrn erfolgte 2011, der Abriss der Industrieanlagen im Jahr 2012. Nach einem mehrjährigen kontroversen Planungs- und Aushandlungsprozess wurde entgegen der ursprünglichen Intention kein Bebauungsplan aufgestellt. Die Baugenehmigungen für das aus sechs Einzelquartieren bestehende Bauprojekt wurden nach § 34 BauGB erteilt. Der Baubeginn erfolgte Ende 2015.[579]

Im Rahmen der Feldarbeit wurden folgende Experteninterviews durchgeführt:

Tabelle 2: Experteninterviews Fallstudie 1 (Eigene Darstellung)

Fallstudie 1	Experte	Funktion / Charakterisierung	Datum	Dauer (Min.)
'Box Seven' Berlin-Friedrichshain	keine Einwilligung zur Datenverarbeitung	• Investor / Bauherr	25.04.2016	~ 30
	Informant A1	• Vorsitzender des Planungsausschusses[1] seit 2011 • SPD • Jurist	25.04.2016	60:23
	Informant A2	• Bezirksstadtrat für Planen, Bauen und Umwelt (Dezernent) • Bündnis 90/Die Grünen	28.04.2016	55:16
	keine Einwilligung zur Datenverarbeitung	• Sachbearbeiter bei der Obersten Bauaufsichtsbehörde (Senatsverwaltung für Stadtentwicklung und Umwelt)	26.04.2016	72:25
	Informant A3	• Bürgerinitiative "Ideenwerkstatt Freudenberg-Areal" • Stadtplaner • Bürgerdeputierter im Planungsausschuss • Piratenpartei	25.04.2016	51:18

[1] Ausschuss für Stadtentwicklung, Soziale Stadt, Quartiersmanagement und Mieten (bis 2016)

6.1.1 Ausgangslage

Das Freudenberg-Areal, als Teil des historischen Industriegeländes Block 74, wurde seit Anfang des 20. Jahrhunderts bis zum Jahr 2011 intensiv industriell genutzt, zuletzt von der Freudenberg Dichtungs- und Schwingungstechnik GmbH. Das Gelände mit seiner aufgelockerten, industriellen Nutzung war eine Ausnahme in der ansonsten dicht besiedelten, von „berlintypische[r] Blockrandbebauung"[580] geprägten Umgebung: Damals wie heute befinden sich jenseits der angrenzenden Straßen im Norden, Westen und Süden überwiegend fünf- bis sechsgeschossige Wohngebäude mit gewerblicher Erdgeschossnutzung. Auch „die Größe und die Form des

579 Asum GmbH 2013, S. 3, Bauwert AG o.J.a, /aktuelles.
580 Bezirksamt Friedrichshain-Kreuzberg 2009, S. 3.

Blocks [...] entspricht [...] nicht dem üblichen orthogonalen Ordnungsprinzip."[581] Im FNP 2009 ist das Freudenberg-Areal als gemischte Baufläche dargestellt, im Norden, Westen und Süden umgeben von Wohnbauflächen.[582]

Ende der 2000er Jahre kündigte sich eine Standortverlagerung der auf dem Freudenberg-Areal gelegenen industriellen Produktionsstätten an. Der Bezirk Friedrichshain-Kreuzberg initiierte daraufhin einen städtebaulichen Wettbewerb, um die zukünftige Entwicklung des Areals vorzubereiten. Erklärtes Ziel war es, ein gemischt genutztes Stadtquartier mit integriertem Nahversorgungszentrum entstehen zu lassen: Geplant war die Schaffung von Wohn- und Gewerbeflächen, die Errichtung einer Kita und die Versorgung mit Grün- und Spielflächen. Da für das Gebiet zu dieser Zeit kein Bebauungsplan vorlag, richtete sich die bauplanungsrechtliche Zulässigkeit von Vorhaben bis auf Weiteres nach den Planersatzvorschriften der §§ 34 und 35 BauGB.[583]

Die Umsetzung des Wettbewerbsergebnisses und somit die Verwirklichung der dargestellten bezirklichen Entwicklungsvorstellungen sollte mithilfe eines Bebauungsplans erfolgen, da „die Realisierung des städtebaulichen Konzepts mit dem bisherigen Planungsrecht (Innenbereich nach § 34 BauGB) nicht zu verwirklichen ist."[584] Der zugrunde liegende städtebauliche Entwurf für das 26.000 m^2 große Freudenberg-Areal sah die Errichtung von fünf Gebäudekomplexen mit einer Geschossfläche von insgesamt ca. 58.000 m^2 auf einer überbauten Fläche von ca. 12.000 m^2 vor. Der damalige Investor zog sich allerdings kurz nach Beginn des Bebauungsplanverfahrens aus dem Projekt zurück, sodass das Verfahren nicht weitergeführt wurde.[585]

Im Oktober 2011 verlagerte die Firma Freudenberg ihren Produktionsstandort und verkaufte das Grundstück des Freudenberg-Areals an den Investor ‚Bauwert AG'. Die Wiedernutzbarmachung des durch jahrzehntelange intensive Industrienutzung teilweise kontaminierten Grundstücks konnte nur durch einen vollständigen Abriss des Gebäudebestandes und anschließende kostenintensive Bodensanierungsmaßnahmen erreicht wer-

581 Ebd., S. 13.

582 Senatsverwaltung für Stadtentwicklung Berlin 2009, Flächennutzungsplan Berlin, Karte.

583 Bezirksamt Friedrichshain-Kreuzberg 2009, S. 4, 13ff.

584 BVV Friedrichshain-Kreuzberg, Aufstellungsbeschluss vom 23.03.2010, DS/1722/III, S. 2.

585 Asum GmbH 2013, S. 3, 125, 131.

den. Der Abriss der Industriegebäude wurde im Herbst 2012 durchgeführt. Seitdem lag das Freudenberg-Areal brach (Abb. 2 und 3).[586]

Abb. 2: Freudenberg-Areal 2011
(Geoportal Berlin / DOP20RGB 2011, verändert)

Abb. 3: Freudenberg-Areal 2014
(Geoportal Berlin / DOP20RGB 2014, verändert)

Die Pläne des neuen Eigentümers für die bauliche Entwicklung des Geländes orientierten sich grundsätzlich am Siegerentwurf des Wettbewerbs von 2009, sahen im Vergleich zu diesem jedoch eine Erhöhung der Geschossfläche um etwa 18 % auf insgesamt 68.500 m^2 vor. Der Schwerpunkt sollte klar im Wohnungsbau liegen.[587]

Nach wie vor bestand weitestgehend „Konsens darüber, dass man Baurecht, jedenfalls im höheren Umfang, nur durch einen Bebauungsplan schaffen kann und nicht durch 34."[588] Das Bebauungsplanverfahren sollte fortgesetzt werden.

586 Bauwert AG o.J.a, /historie.

587 Asum GmbH 2013, S. 3, 23, 43; BVV Friedrichshain-Kreuzberg, Wortprotokoll vom 12.12.2012, TOP Ö3.

588 Informant A1, Z. 29 f. (empirische Daten der Experteninterviews); vgl. ebenso BVV Friedrichshain-Kreuzberg, Anfrage vom 12.06.2013, DS/0777/IV.

6.1.2 Problemstellung

Im Laufe des Jahres 2012 intensivierte sich die öffentliche Debatte über die bauliche Entwicklung des Freudenberg-Areals. Die neu gegründete Bürgerinitiative ‚Ideenwerkstatt Freudenberg-Areal', die über die Fraktion der Piratenpartei auch in der Bezirksverordnetenversammlung (BVV) präsent war, betrieb eine umfangreiche Öffentlichkeitsarbeit und beeinflusste den allgemeinen Diskurs um die bauliche Entwicklung des Freudenberg-Areals in großem Maße.[589] Neben fehlender Transparenz im Planungsprozess und dem Mangel an Alternativplanungen wurden vor allem die Erhöhung der Baumasse und die Schaffung von überwiegend teurem Wohnraum kritisiert. Gefordert wurde demgegenüber der Bau eines Stadtteilzentrums und einer Kita durch den Investor sowie die Bereitstellung von öffentlichen Freiflächen und mehr bezahlbarem Wohnraum für die Versorgung der Kiezbewohner.[590]

Die BVV beauftragte das Bezirksamt im August 2012, sie regelmäßig über den Stand der Planung zu informieren. Außerdem solle die Beteiligung der Bürger sichergestellt werden.[591]

Am 22.01.2013 stellte der Investor seine aktuelle Planung auf einer Bürgerversammlung vor. Er erklärte sich dazu bereit, von 550 Wohneinheiten, zu gleichen Anteilen Eigentums- und Mietwohnungen mit Nettokaltmieten zwischen 10-12 €/m^2, 50 Wohnungen mit privat subventionierten Mieten von 5,50 €/m^2 anzubieten.[592] Ein Teilgrundstück sollte dem Bezirk für die Errichtung einer Kita übertragen werden.[593]

Aufgrund anhaltender öffentlicher Kritik an dem geplanten Vorhaben wurden im April 2013 drei Bürgerforen veranstaltet.[594] Infolgedessen erklärte sich der Investor bereit, ein Stadtteilzentrum einzurichten, den Bau der Kita zu finanzieren und die geplanten öffentlichen Grünflächen auszuweiten.[595] Trotz der geänderten Planung setzte sich die öffentliche Kontroverse fort.

---

589 A3, Z. 183ff.; Ideenwerkstatt Freudenberg-Areal o.J.

590 A1, Z. 178ff.; A3, Z. 86ff.; Asum GmbH 2013, S. 6, 127.

591 BVV Friedrichshain-Kreuzberg, Beschluss vom 29.08.2012, DS/0296/IV.

592 Gut 10 % der Geschossfläche würde für Einzelhandels- und Büronutzung zur Verfügung stehen.

593 Asum GmbH 2013, S. 3 f.; BVV Friedrichshain-Kreuzberg, Wortprotokoll vom 12.12.2012, TOP Ö3.

594 Asum GmbH 2013, S. 9.

595 Asum GmbH 2013, S. 126ff.; BVV Friedrichshain-Kreuzberg, Protokoll vom 04.09.2013, 048/IV-StadtQM, S. 3.

Am 18.09.2013 lehnte die BVV mit großer Mehrheit die Aufstellung eines vorhabenbezogenen Bebauungsplans über das bis dahin ausverhandelte Projekt ab.[596] Nach Auffassung des Ausschussvorsitzenden hätten die Bürgerforen „letztendlich dazu geführt, dass die Ablehnungsfront eigentlich immer stärker wurde in der Bevölkerung und [...] sich quasi viele Parteien in der BVV damit schwergetan haben“[597], eine Entscheidung gegen ihre politischen Programme und die Interessen ihrer Wähler zu treffen.[598] Der Planungsprozess zur Entwicklung des Freudenberg-Areals kam zum Erliegen.

6.1.3 Maßnahmen

Am 25. Oktober 2013 stellte der Investor einen Antrag auf Erteilung eines Bauvorbescheids nach § 34 BauGB, da im Planungsverfahren kein Vorankommen mehr in Sicht war. Eine Genehmigung auf Basis des § 34 BauGB sollte die zum damaligen Zeitpunkt ungewisse Aufstellung eines Bebauungsplans hinfällig machen.[599]

Die Bauaufsicht im Bezirksamt Friedrichshain-Kreuzberg lehnte den Antrag auf Bauvorbescheid am 18.12.2013 in den zentralen Teilfragen ab. Das Vorhaben füge sich nach Art und Maß der baulichen Nutzung sowie nach der überbaubaren Grundstücksfläche nicht in die Eigenart der näheren Umgebung ein:[600]

Im Projektentwurf betrug das Verhältnis von Wohnen zu Gewerbe etwa 93:7. Das Bezirksamt lehnte daher die Genehmigung mit der Begründung ab: „Diese überwiegende Wohnnutzung stellt nicht die Gleichrangigkeit her, die in einem Mischgebiet gem. § 6 BauNVO erforderlich wäre.“[601] Das Bauprojekt müsste in dieser Ausformung „im Rahmen der Festsetzung eines Allgemeinen Wohngebiets umgesetzt werden.“[602]

---

596 BVV Friedrichshain-Kreuzberg, Beschluss vom 18.09.2013, DS/0838/IV; BVV Friedrichshain-Kreuzberg, Protokoll vom 04.09.2013, 048/IV-StadtQM, S. 3.

597 A1, Z. 96ff.

598 A1, Z. 612ff.

599 A1, Z. 464ff.

600 Bezirksamt Friedrichshain-Kreuzberg, Bauvorbescheid vom 18.12.2013, 100-2013-2800-BAA-34.

601 Ebd., S. 4.

602 Baustadtrat in: BVV Friedrichshain-Kreuzberg, Anfrage vom 17.03.2014, SA/176/IV, S. 3, 14.

Die Zulässigkeit der Gebäudehöhen wurde abgelehnt, da die geplante Bebauung den aus der Umgebung abzuleitenden Rahmen um 4 bis 7 m überschreite.[603] Weiterhin stünden die vorgesehenen Bebauungstiefen des Projekts einer Genehmigung nach § 34 BauGB entgegen: Die maßgebliche Umgebungsbebauung reiche zwischen 36 und 67 m in den Blockinnenbereich hinein, während das Neubauvorhaben Gebäudetiefen von 63, 70 und 95 m aufweist.[604]

Der Bauherr legte am 24.01.2014 Widerspruch bei der Obersten Bauaufsicht in der Senatsverwaltung für Stadtentwicklung und Umwelt ein.[605] Im Rahmen des Widerspruchsverfahrens wurde die Planung des Freudenberg-Areals in bilateralen Gesprächen zwischen Investor und Senatsverwaltung weiter ausgehandelt. Dies betraf u.a. eine Erhöhung der geplanten Gewerbenutzung, um dem Gebietscharakter des Mischgebiets zu entsprechen. Ferner stand bereits eine Verringerung der Gebäudehöhe im Raum.

Am 08.07.2014 erteilte die Oberste Bauaufsicht den ersten positiven Widerspruchsbescheid, der die bauplanungsrechtliche Zulässigkeit nach § 34 BauGB von wesentlichen Teilen des Bauvorhabens feststellte. Darunter zählte die Zulässigkeit nach der Art der baulichen Nutzung infolge der geänderten Pläne.[606] Ein Verhältnis von Wohnen zu Gewerbe von 80:20 wird „dem Anspruch an ein Mischgebiet gerade noch gerecht."[607]

Nach Auffassung der Obersten Bauaufsicht fügten sich die geplanten Bebauungstiefen ein, da die Grundstücke in der näheren Umgebung häufig maximal bebaut sind und sich keine eindeutige hintere Baugrenze als Gebietscharakteristikum erkennen lässt.[608]

Die Zulässigkeit der Gebäudehöhen nach den ursprünglichen Plänen wurde von der Obersten Bauaufsicht zwar ebenfalls abgelehnt, die Genehmigungsfähigkeit der verringerten Gebäudehöhen in den nachträglich ausverhandelten Plänen jedoch bereits in Aussicht gestellt. Allgemein legte die Oberste Bauaufsicht bei der Beurteilung des Vorhabens nach § 34

603 Bezirksamt Friedrichshain-Kreuzberg, Bauvorbescheid vom 18.12.2013, 100-2013-2800-BAA-34, S. 6.

604 Ebd., S. 5.

605 SenStadtUm Berlin, Widerspruchsbescheid vom 08.07.2014, 330-2014-105-II E 34.

606 Bauwert AG 2016 a, S. 20ff.

607 SenStadtUm Berlin, Widerspruchsbescheid vom 08.07.2014, 330-2014-105-II E 34, S. 9.

608 Ebd., S. 10.

BauGB einen anderen städtebaulichen Rahmen zugrunde als die Bauaufsicht im Bezirksamt.[609]

Am 09.07.2014, einen Tag nach dem Erlass des Widerspruchsbescheids, wurde bekanntgegeben, dass das Neubauprojekt auf dem Freudenberg-Areal in Kooperation des Investors mit der landeseigenen Wohnungsbaugesellschaft HOWOGE GmbH realisiert werden soll.[610] Zwei der geplanten Gebäude wurden mit Kaufvertrag vom 23.06.2014 an die HOWOGE veräußert, um dort 125 bezahlbare Wohnungen und die Kita entstehen zu lassen.[611] „Auch die öffentliche Begehbarkeit der [...] Straßen und Plätze wird durch den Vertrag abgesichert."[612]

Die Kooperation von Investor und HOWOGE und die Schaffung der 125 bezahlbaren Wohnungen waren noch nicht Teil des Entwurfs, der am 25. Oktober 2013 dem Antrag auf Bauvorbescheid zugrunde lag.[613] Erste Hinweise auf informelle Gespräche zwischen Investor und städtischer Wohnungsbaugesellschaft finden sich im März 2014.[614]

Zu anderen Teilaspekten des Bauprojekts gingen weitere Anträge auf Bauvorbescheid ein, die jeweils vom Bezirksamt in den meisten Teilfragen abgelehnt (23.09.2014 und 25.11.2014)[615] und in den anschließenden Widerspruchsverfahren von der Senatsverwaltung genehmigt wurden (15.01.2015 und 03.02.2015)[616]. Das Bezirksamt lehnte beispielsweise auch die niedrigere Gebäudehöhe der modifizierten Planung ab: Die Traufhöhen von 20 bis 21 m überschritten den städtebaulichen Rahmen um 2 bis 3 m. Aus Sicht der Obersten Bauaufsicht überschritten die Traufhöhen den städtebaulichen Rahmen nur um 1,4 beziehungsweise um weniger als 1 m. Verstöße gegen das Rücksichtnahmegebot oder die Entstehung

---

609 Ebd., S. 12ff.

610 HOWOGE GmbH 2014.

611 Abgeordnetenhaus von Berlin, Anfrage vom 18.07.2014, 17/14255.

612 BVV Friedrichshain-Kreuzberg, Beschluss vom 25.03.2015, DS/1289-02/IV; Nähere Informationen zu den Vertragsinhalten liegen nicht vor.

613 BVV Friedrichshain-Kreuzberg, Protokoll vom 04.09.2013, 048/IV-StadtQM, S. 3; Bezirksamt Friedrichshain-Kreuzberg, Bauvorbescheid vom 18.12.2013, 100-2013-2800-BAA-34.

614 Baustadtrat in: BVV Friedrichshain-Kreuzberg, Anfrage vom 17.03.2014, SA/176/IV.

615 Bezirksamt Friedrichshain-Kreuzberg, Bauvorbescheid vom 23.09.2014, 100-2014-1904-BAA-34; Bezirksamt Friedrichshain-Kreuzberg, Bauvorbescheid vom 25.11.2014, 100-2014-2760-BAA-34.

616 SenStadtUm Berlin, Widerspruchsbescheid vom 22.01.2015, 330-2014-520-II E 34; SenStadtUm Berlin, Widerspruchsbescheid vom 03.02.2015, 330-2015-34-II E 34.

bodenrechtlicher Spannungen infolge dieser Rahmenüberschreitung wurden nicht festgestellt.[617]

Das Bezirksamt erteilte am 10. und 12. Februar 2015 auf Grundlage der positiven Bauvorbescheide pflichtgemäß die Baugenehmigungen nach § 34 BauGB.

Die BVV fasste am 25.03.2015 den im Zuge eines erfolgreichen Bürgerbegehrens mit 5.910 Unterschriften geforderten Beschluss, das Bauleitplanverfahren mit modifizierten Planungsinhalten und unter intensiver Bürgerbeteiligung fortzusetzen.[618] Zu diesem Zeitpunkt war das Bauvorhaben allerdings bereits genehmigt.

Eine am 18.02.2015 erhobene Verbandsklage und ein Antrag auf einstweiligen Rechtsschutz des anerkannten Naturschutzverbands ‚Naturfreunde Berlin' gegen die Baugenehmigungen nach § 34 BauGB wurde vom Verwaltungsgericht Berlin am 29.06.2015 mangels Antragsbefugnis als unzulässig abgewiesen.[619]

6.1.4 Konsequenzen

Das ‚Box Seven' besteht aus sechs Einzelquartieren mit verschiedenartiger Nutzung: Zwei der Gebäudekomplexe weisen eine Mischung von Wohn- und Gewerbenutzung auf.[620] Drei der Quartiere bestehen aus reiner Wohnnutzung inklusive eines Cafés. Das sechste Gebäude bietet Raum für eine Kita mit ca. 90 Plätzen sowie für weitere Mietwohnungen. Zusätzlich zu den begrünten privaten Innenhöfen entsteht eine öffentlich zugängliche Grünfläche und ein Spielplatz. Zur Bereitstellung von ausreichenden Parkflächen werden mehrere Tiefgaragen gebaut.[621]

Insgesamt werden auf 52.000 m^2 Geschossfläche 650 Wohneinheiten geschaffen. Die Bauwert AG errichtet 191 Eigentumswohnungen und 334 Mietwohnungen für den freien Wohnungsmarkt. Die Wohnungsgrößen liegen hier zwischen 50 und 130 m^2. Die HOWOGE baut 90 Sozialwohnungen (ca. 40 bis 69 m^2) mit Nettokaltmieten von 6,50 €/m^2 und 35 frei-

617 SenStadtUm Berlin, Widerspruchsbescheid vom 03.02.2015, 330-2015-34-II E 34, S. 4 f.
618 BVV Friedrichshain-Kreuzberg, Beschluss vom 25.03.2015, DS/1289-02/IV.
619 VG Berlin, Beschl. v. 29.06.2015 – 13 L 70.15, veröffentlicht bei: Bauwert AG o.j.b.
620 Insgesamt entstehen ca. 10.000 m^2 Fläche für Gewerbe- und Büronutzung.
621 Bauwert AG 2016 a, S. 20ff., 42ff.

finanzierte Wohnungen (bis 120 m²) mit Nettokaltmieten von etwa 11 €/m².[622]

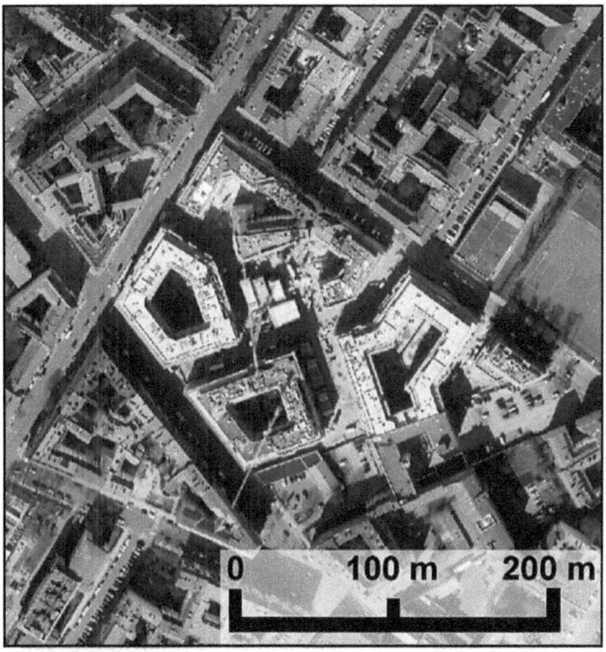

Abb. 4: Freudenberg-Areal 2017
(Geoportal Berlin / DOP20RGB 2017, verändert)

Die Baukosten belaufen sich auf ca. 250 Millionen Euro. Die Fertigstellung ist für Ende 2018 geplant. Das Projekt wird insbesondere aufgrund der Kooperation zwischen einem privaten Investor und einer kommunalen Wohnungsbaugesellschaft von verschiedener Seite als modellhaft bezeichnet.[623]

622 Ebd., S. 42ff.; HOWOGE GmbH o.J.; Abgeordnetenhaus von Berlin, Anfrage vom 18.07.2014, 17/14255.

623 Tenor der Ortsbesichtigung am 30.08.2016 u.a. mit der Bundesbauministerin (SPD), dem Stadtentwicklungssenator (SPD) und der Geschäftsführerin der HOWOGE; Bauwert AG 2016 b.

6.2 Fallstudie 2: WBM-Nachverdichtung in Berlin-Friedrichshain

Die landeseigene Wohnungsbaugesellschaft Berlin-Mitte (WBM) gibt Ende 2014 bekannt, dass sie eine umfangreiche Nachverdichtung in Berlin-Friedrichshain plant. Es sollen 37 zehngeschossige Punkthochhäuser entstehen, in erster Linie auf WBM-eigenen Grundstücken. Die WBM und die Senatsverwaltung für Stadtentwicklung und Umwelt, damals SPD-Ressort, streben eine Entwicklung über § 34 BauGB an. Das gesamte Projekt, aber insbesondere auch die geplante Anwendung des § 34 BauGB stößt vor Ort auf Kritik. Die BVV Friedrichshain-Kreuzberg fordert die Aufstellung von Bebauungsplänen.

Der kontroverse Aushandlungsprozess setzt sich fort bis zur Abgeordnetenhauswahl im September 2016. Die durch die Wahl gestärkte Linkspartei übernimmt das Ressort für Stadtentwicklung und Wohnen und stoppt die Nachverdichtungspläne der WBM in Friedrichshain-West bis auf Weiteres.

Im Rahmen der Feldarbeit wurden folgende Experteninterviews durchgeführt:

Tabelle 3: Experteninterviews Fallstudie 2 (Eigene Darstellung)

Fallstudie 2	Experte	Funktion / Charakterisierung	Datum	Dauer (Min.)
WBM-Nachverdichtung Berlin-Friedrichshain	Informant B1	• Vorsitzender des Planungsausschusses[1] seit 2011 • SPD • Jurist	03.07.2017	52:25
	Informant B2	• Bezirksstadtrat für Bauen, Planen und Facility Management (Dezernent) • Bündnis 90/Die Grünen	06.07.2017	38:43
	Informant B3	• Senatsverwaltung für Stadtentwicklung und Wohnen: Fachcontrolling Städtische Wohnungsbaugesellschaften - WBM	03.08.2017	69:14
	Informant B4	• Aktionsbündnis Lebenswertes Wohnen in Friedrichshain-West	28.06.2017	93:48
	Informant B5	• Lokaljournalist der Berliner Woche • verfolgt WBM-Nachverdichtungsprojekt von Beginn an	03.07.2017	32:51
	Gespräch abgelehnt	• Wohnungsbaugesellschaft Berlin-Mitte		

[1] Ausschuss für Stadtentwicklung, Bauen und Wohnen (seit 2016)

6.2.1 Ausgangslage

Das Untersuchungsgebiet dieser Fallstudie liegt im Westen von Berlin-Friedrichshain. Es erstreckt sich zwischen dem Volkspark Friedrichshain im Norden und dem Ostbahnhof im Süden. Begrenzt wird es im Westen durch die Lichtenberger Straße und die Mollstraße, im Nordosten durch die Friedenstraße und im Osten durch die Straße der Pariser Kommune.

Die Karl-Marx-Allee verläuft durch das Zentrum des 132 ha großen Gebiets.[624]

Das Stadtgebiet in Friedrichshain-West ist im Wesentlichen durch Baustrukturen der Nachkriegszeit geprägt. Die Bebauung entspringt keinem einheitlichen Entwurf, sondern ist das Ergebnis verschiedener Entwicklungsphasen. Insgesamt lassen sich sechs verschiedene Planungs- und Realisierungsabschnitte in diesem heterogenen Stadtraum identifizieren. Die WBF[625] bzw. WBM ist hier Eigentümerin von 31,7 ha Fläche mit einem großen Bestand an Mietwohngebäuden (Abb. 5).

Abb. 5: WBM-Nachverdichtung Untersuchungsgebiet
(Geoportal Berlin / DOP20RGB 2015, verändert)

624 MGHS 2014, S. 1 f.

625 Die Wohnungsbaugesellschaft Friedrichshain mbH (WBF) ist Teil der Wohnungsbaugesellschaft Berlin-Mitte mbH (WBM); im Folgenden nur: WBM.

Im Jahr 2014 wurde der von der WBM in Auftrag gegebene ‚Masterplan friedrichshain' fertiggestellt, eine Untersuchung der Entwicklungs- und Bebauungsmöglichkeiten von Grundstücken der WBM in Friedrichshain-West. Der Masterplan soll darstellen, inwieweit sich dieses Gebiet für die Nachverdichtung eignet und ob „mit einer neuen baulichen Schicht eine ordnende Wirkung im Stadtraum des Gebietes zu erreichen" ist.[626] Im Hintergrund steht der politische Auftrag der von SPD und CDU geführten Landesregierung an die Berliner Wohnungsbaugesellschaften aus dem Jahr 2012, bis zum Ende der Legislaturperiode im Herbst 2016 insgesamt 30.000 neue Wohnungen zu bauen bzw. hinzuzukaufen.[627] Die Erarbeitung des Masterplans erfolgte „in enger Abstimmung mit dem Stadtplanungsamt"[628] im Bezirk Friedrichshain-Kreuzberg.

Das Gutachten kommt zu dem Ergebnis, dass sich umfangreiche Nachverdichtungspotenziale im Bestand der WBM und darüber hinaus auf weiteren öffentlichen Flächen bieten. Ein zehngeschossiges Punkthochhaus mit einer Grundfläche von 18x18 m wird als geeigneter Gebäudetyp für eine Nachverdichtung in diesem Gebiet befunden, da „bei seiner Einordnung flexibel auf die Freiraumstrukturen in den Höfen reagier[t]"[629] werden kann. Die Einheitlichkeit des Baukörpertyps und der geringe Erschließungsaufwand sind der Wirtschaftlichkeit des Gesamtvorhabens zuträglich.[630] Weiterhin eignet sich das Punkthochhaus mit kompakter Grundfläche optimal für die Schaffung kleiner Wohnungen.[631]

Aus Sicht des Masterplans lassen sich im Untersuchungsgebiet 22 Punkthochhäuser mit insgesamt etwa 850 Wohnungen auf WBM-eigenen Grundstücken, vor allem auf vorhandenen Stellplatzanlagen und Grünflächen, errichten. Sofern noch Grundstücke des Bezirks akquiriert werden, können bis zu 37 Punkthochhäuser mit etwa 1.500 Wohnungen gebaut werden.[632]

Abbildung 6 zeigt die geplante Einordnung eines Punkthochhauses in den Bestand.

626 MGHS 2014, S. 2.
627 SenStadtUm Berlin 2012, S. 13.
628 Baustadtrat in: BVV Friedrichshain-Kreuzberg, Anfrage vom 12.05.2015, SA/268/IV.
629 MGHS 2014, S. 3.
630 B1, Z. 557ff.
631 MGHS 2014, S. 3.
632 Ebd., S. 3, 12; BVV Friedrichshain-Kreuzberg, Beschlussauszug vom 19.11.2014, TOP Ö 3.

Abb. 6: Beispiel WBM-Punkthochhaus
(Geoportal Berlin / DOP20RGB 2015, verändert)

Die WBM stellte den Masterplan am 19.11.2014 im Planungsausschuss der Bezirksverordnetenversammlung Friedrichshain-Kreuzberg vor. Der im Masterplan erarbeitete Gebäudetyp des Punkthochhauses mit einer Grundfläche von 18x18 m wurde um eine leicht modifizierte Variante mit 19x19 m Grundfläche erweitert. Die Genehmigung der einzelnen Vorhaben soll über § 34 BauGB erfolgen. Die WBM erklärte sich dazu bereit, die vor Ort wohnenden Bestandsmieter frühzeitig über die Nachverdichtungspläne zu informieren.[633]

Das Bezirksamt und der damalige Baustadtrat begrüßten die Nachverdichtungspläne der WBM und befürworteten grundsätzlich die Umsetzung über § 34 BauGB. Der Planungsausschuss äußerte dagegen Kritik an

633 BVV Friedrichshain-Kreuzberg, Beschlussauszug vom 19.11.2014, TOP Ö 3.

der Beschränkung auf zwei Gebäudetypen und der vorzugsweisen Anwendung des § 34 BauGB.[634]

Abbildung 7 zeigt eine Karte mit 17 der 22 Punkthochhäuser im südlichen Bereich des Untersuchungsgebiets (Planungsstand: November 2014).

Abb. 7: Übersicht – Punkthochhäuser
(Geoportal Berlin / DOP20RGB 2015, verändert)

634 Ebd.; Baustadtrat in: BVV Friedrichshain-Kreuzberg, Anfrage vom 12.05.2015, SA/268/IV.

6.2.2 Problemstellung

Die WBM setzte die Arbeit an ihren Nachverdichtungsplänen ohne weitere Einbindung der Öffentlichkeit oder der BVV fort. Es wurden erste Bauvorbescheide beantragt, um einzelne Fragen der Zulässigkeit nach § 34 BauGB abzusichern. Die von der WBM in der BVV-Sitzung am 19.11.2014 angekündigte frühzeitige Information der Bewohner im direkten Umfeld der jeweiligen Vorhaben sollte erfolgen, sobald sich die Genehmigungsfähigkeit der Bauprojekte abzeichnete.[635] Eine Gesamtinformation über das Nachverdichtungsprojekt war aus Sicht des Baustadtrats noch nicht möglich, da zu dieser Zeit nicht klar war, welche Standorte tatsächlich realisiert werden können.[636]

Infolge des Bekanntwerdens der WBM-Nachverdichtungspläne gründete sich im Frühjahr 2015 das Aktionsbündnis ‚Lebenswertes Wohnen in Friedrichshain-West'. Das Aktionsbündnis versteht sich als Interessensvertretung der vor Ort lebenden Bewohner und setzt sich für eine behutsame Nachverdichtung in Friedrichshain-West ein:

> „Wir haben davon erfahren etwa im März 2015 und daraufhin hat sich unser Aktionsbündnis gebildet und wir haben von Anfang an gefordert, dass man nicht nur einfach Flächen bebaut nach § 34, sondern sich die Umwelt, die Bedingungen anschaut."[637]

Nach Ansicht des Aktionsbündnisses solle die Nachverdichtung in Friedrichshain-West nicht anhand isolierter Bauprojekte nach § 34 BauGB durchgeführt werden. Stattdessen sei die Aufstellung von Bebauungsplänen erforderlich, um die anstehenden umfassenden Veränderungen in geordnete Bahnen zu lenken und im Ergebnis eine umwelt- und sozialverträgliche Entwicklung des Stadtgebiets zu gewährleisten.[638]

Seitens der Bezirkspolitik wuchs ebenfalls die Kritik an den Nachverdichtungsplänen der WBM. Die BVV beauftragte mit Beschluss vom 29.04.2015 das Bezirksamt, der WBM mitzuteilen, dass „der Bezirk im Bereich der geplanten Nachverdichtungsmaßnahmen in deren Bestand im Bezirksteil Friedrichshain Planungsbedarf habe. Es sollen Varianten über mögliche Verfahrensweisen erörtert werden."[639] Am 24.06.2015 wird die

---

635 B1, Z. 23ff.

636 Baustadtrat in: BVV Friedrichshain-Kreuzberg, Anfrage vom 12.05.2015, SA/268/IV.

637 B4, Z. 13ff.

638 Aktionsbündnis Lebenswertes Wohnen in Friedrichshain-West 2015; Ebd. 2016 a.

639 BVV Friedrichshain-Kreuzberg, Beschluss vom 29.04.2015, DS/1615/IV.

WBM aufgefordert, eine transparente, öffentliche Debatte über die geplante Nachverdichtung mit den Anwohnern und der BVV zu führen.[640] Zwar gab es bis Ende Juni 2015 bereits erste Informations- und Diskussionsveranstaltungen der WBM für die von einzelnen Vorhaben betroffenen Bewohner,[641] dennoch blieb „die versprochene Beteiligung der Bürger*innen durch die WBM [...] bisher aus."[642]

Mit Beschluss vom 15.07.2015 wird schließlich das Bezirksamt aufgefordert, „unverzüglich ein Bebauungsplanverfahren einzuleiten, um die städtebaulich anspruchsvolle und für das beschriebene Stadtgebiet verträgliche Nachverdichtung durch zusätzliche Wohnungsbauten zu sichern."[643] Die Versorgung mit sozialer Infrastruktur und Grünflächen ist unter Anwendung bauleitplanerischer Maßnahmen auf bezirkseigenen Grundstücken sicherzustellen. Weiterhin soll ein integriertes Stadtentwicklungskonzept (ISEK) erarbeitet werden, das die städtebaulichen und infrastrukturplanerischen Bedarfe, die Planungsziele und die einzelnen Bauprojekte aufeinander abstimmt.[644]

Am 31.08.2015 veranstaltete die WBM einen ersten Runden Tisch zur Nachverdichtung in Friedrichshain-West. Zu den Teilnehmern zählten u.a. die Geschäftsführer der WBM, die Senatsbaudirektorin, der Fachbereichsleiter des Stadtplanungsamts im Bezirk Friedrichshain-Kreuzberg, der Vorsitzende des Planungsausschusses in der BVV Friedrichshain-Kreuzberg und drei Mietervertreter. Das Aktionsbündnis oder die Bewohner im Projektgebiet waren nicht eingeladen.[645]

Als eines der zentralen Themen wurde über die Bedeutung des BVV-Beschlusses zur Aufstellung von Bebauungsplänen diskutiert, da WBM und Senatsverwaltung explizit eine Umsetzung über § 34 BauGB bevorzugten. Nach Auffassung der Senatsbaudirektorin sollten angemessene informelle Prozesse und Kommunikationsmöglichkeiten jenseits eines Bebauungsplanverfahrens gefunden werden. In dieser Frage bestand kein Konsens.[646]

Im Rahmen des Runden Tisches stellte die WBM einen modifizierten Masterplan vor, der nur noch 20 statt den ursprünglich maximal 37 möglichen Punkthochhäusern umfasste. Auf den WBM-eigenen Flächen könn-

640 BVV Friedrichshain-Kreuzberg, Beschluss vom 24.06.2015, DS/1648/IV.

641 Baustadtrat in: BVV Friedrichshain-Kreuzberg, Anfrage vom 12.05.2015, SA/268/IV.

642 BVV Friedrichshain-Kreuzberg, Beschluss vom 15.07.2015, DS/1742/IV.

643 BVV Friedrichshain Kreuzberg, Beschluss vom 15.07.2015, DS/1752/IV.

644 Ebd.; BVV Friedrichshain-Kreuzberg, Beschluss vom 15.07.2015, DS/1742/IV.

645 WBM 2015 a, S. 1.

646 Ebd., S. 5.

ten weiterhin etwa 700 Wohneinheiten entstehen. Im Erdgeschoss dreier Gebäude würden Räume für Kitas geschaffen, auf einem Bezirksgrundstück war die Errichtung einer Grundschule geplant.[647]

Am zweiten Runden Tisch am 30.11.2015 nahmen erstmals Mitglieder des Aktionsbündnisses und weitere Mietervertreter teil. Das Bezirksamt berichtete über mehrere laufende Untersuchungen zu den Themen Wohnungsbaupotenzial und soziale Infrastruktur, u.a. im Rahmen des ISEK.[648] Die WBM kündigte an, für jedes der nach § 34 BauGB umzusetzenden Bauprojekte mehrere Fachgutachten zu verschiedenen umweltbezogenen Themen erstellen zu lassen. Dies ermögliche eine genauere Betrachtung der Sachlage als im Rahmen eines Bebauungsplanverfahrens. Die Bewohner im Umfeld der Vorhaben sind über Workshops an der Ausgestaltung der Projekte zu beteiligen.[649]

Das an zwei Bauvorhaben in der Krautstraße (Abb. 7) testweise durchzuführende Verfahren solle als „Charta Friedrichshain West“[650] oder „§ 34 Plus“[651] bei allen Bauvorhaben im Rahmen der Nachverdichtung im Projektgebiet angewandt werden. Ein solches „erweitertes, standortbezogenes Planungsverfahren“ auf Basis des § 34 BauGB sei ein „pragmatischer Ansatz“ für ein Verfahren jenseits des „immer wieder thematisierten B-Plans.“[652] Forderungen vonseiten der Mieter und des Aktionsbündnisses zur Aufstellung von Bebauungsplänen wurden nicht im Protokoll des zweiten Runden Tisches dokumentiert. Dies führte zu scharfer Kritik vonseiten der Mietervertreter und zum Aussetzen der Teilnahme des Aktionsbündnisses am dritten Runden Tisch.[653]

Am 19.02.2016 fand ein Workshop zu den beiden Bauvorhaben in der Krautstraße statt, bei dem die Anwohner über den Stand der Planung und die weitere Vorgehensweise informiert wurden. Möglichkeiten für die Mitwirkung der Bürger bestanden in Bezug auf die Nutzung der Erdgeschosse und die Gestaltung der Außenflächen. Das zentrale Diskussionsthema war jedoch erneut, ob die Umsetzung der Vorhaben nach § 34 BauGB oder Bebauungsplan erfolgen sollte. Vonseiten der WBM und des Bezirksamts wurde die Anwendung des § 34 BauGB nach wie vor als geeignet angese-

647 Ebd., S. 6; WBM 2015 b.
648 Bezirksamt Friedrichshain-Kreuzberg 2016, S. 44ff.
649 WBM 2015 c, S. 1ff.
650 Ebd., S. 9.
651 So bezeichnet von der Senatsbaudirektorin; B4, Z. 486ff.; B5, Z. 65ff., 394ff.; *Kitschun* 2015.
652 WBM 2015 c, S. 9.
653 WBM 2016 a, S. 2 f.

hen: „Im Zuge der Genehmigung nach § 34 wird freiwillig durch die WBM ein Verfahren durchgeführt, was dem Standard des B-Plans entspricht.“[654] Aktionsbündnis und Mietervertreter hingegen sahen bei einem einzelfallbezogenen Verfahren nach § 34 BauGB die Komplexität aller Vorhaben vernachlässigt und forderten daher eine Bebauungsplanung des gesamten Gebiets. Generell wurde die späte Einbeziehung der Bewohner in das Verfahren kritisiert:[655]

> „Eine Beteiligung bei der WBM bei dem Ganzen hat es nicht gegeben. Das ist nur auf Druck […] irgendwann dann gekommen mit dem Runden Tisch... das war ein Versuch. Aber […] das ist keine Beteiligung gewesen. […] Wir sind maximal informiert worden, aber richtig die Chance zum Mitwirken, so wie wir uns das jetzt bei den B-Plänen wünschen, haben wir zu keinem Zeitpunkt.“[656]

Mit Beschluss vom 24.02.2016 beauftragte die BVV das Bezirksamt, „keine bezirkseigenen Grundstücke in Friedrichshain-West an die WBM zu veräußern oder […] zu übertragen […].“[657] Die WBM solle die Beschlüsse der BVV hinsichtlich der geforderten Bauleitplanung für die Neubauvorhaben der WBM in Friedrichshain-West nicht länger ignorieren bzw. missachten.

Beim dritten Runden Tisch am 29.02.2016 setzte sich die Diskussion um § 34 BauGB und Bebauungsplan fort. Die stellvertretende Vorsitzende der SPD-Fraktion im Abgeordnetenhaus übte Kritik am aktuell praktizierten informellen Verfahren und sprach sich für die Aufstellung eines Bebauungsplans aus. Dem pflichteten der Vorsitzende des BVV-Planungsausschusses und zwei der sieben anwesenden Mietervertreter bei. Das B-Planverfahren ermögliche eine bessere Gesamtplanung und eine größere Bürgerbeteiligung.[658]

Senatsverwaltung und WBM hielten allerdings weiterhin an § 34 BauGB fest. Die Senatsbaudirektorin argumentierte: „Ein B-Planverfahren würde einzwängen. […] Über § 34 BauGB kann kurzfristig Wohnraum geschaffen werden. Es ist zielführend zu agieren. Die Forderung nach einem B-Plan führt zu einschneidenden Verzögerungen.“[659]

---

654 WBM 2016 b, S. 1.

655 WBM 2016 c, S. 3.

656 B4, Z. 470ff., 498ff.

657 BVV Friedrichshain-Kreuzberg, Beschluss vom 24.02.2016, DS/2065/IV.

658 WBM 2016 a, S. 3ff.

659 Ebd., S. 6; Die Diskussion über § 34 BauGB und die Aufstellung von Bebauungsplänen wurde in ähnlicher Weise beim 4. und 5. Runden Tisch am 09.05.2016 und am 21.09.2016 fortgeführt (WBM 2016 d; WBM 2016 e).

Zu diesem Zeitpunkt lagen bereits für 17 von 20 Bauvorhaben positive Bauvorbescheide nach § 34 BauGB vor. In der Krautstraße sollte Ende 2016 mit den Bauarbeiten begonnen werden.[660]

Ebenfalls am 29.02.2016 reichte das Aktionsbündnis einen Einwohnerantrag mit 2.388 Unterschriften ein. Dieser forderte im Kern die tatsächliche Umsetzung des BVV-Beschlusses vom 15.07.2015, dass für die Gesamtheit und die speziellen Teilbereiche des Projektgebiets in Friedrichshain-West verbindliche Bauleitpläne durch das Bezirksamt aufzustellen sind.[661]

Der Einwohnerantrag wurde am 25.05.2016 von der BVV angenommen.

> „Es ist eben ja hier tatsächlich so, dass die BVV das Bezirksamt zwingen musste, hier eine Planung entsprechend umzusetzen, beziehungsweise der Beschluss selber [...] [hat] noch keine Aktion ausgelöst [...], sondern dann erst der Einwohnerantrag."[662]

Die BVV beauftragte das Bezirksamt darüber hinaus,

> „an die WBM zu appellieren, in West-Friedrichshain keine Bauanträge einzureichen, die Bürgerbeteiligung und dem eingeleiteten B-Planverfahren zuwiderlaufen und vorgreifen."[663]

Würden dennoch Bauanträge eingereicht, sollten diese vom Bezirksamt zurückgestellt werden.[664]

Die gegensätzlichen Positionen blieben indes unverändert bestehen, wie auf einer öffentlichen Diskussionsveranstaltung am 25.08.2016 deutlich wurde. Innerhalb von zwei Monaten wollte die WBM die Baugenehmigungen nach § 34 BauGB für die beiden Punkthochhäuser in der Krautstraße beantragen. Beabsichtigt war ein zügiger Baubeginn. Die Bauanträge für weitere 16 Vorhaben sollten im Laufe des Jahres 2017 gestellt werden.

> „Der Wohnraumversorgungsauftrag zukünftiger Mieter*innen ist ein öffentliches Interesse, das aus Sicht der Fachaufsicht von SenStadtUm und der WBM Vorrang hat vor den damit verbundenen privaten Belangen der Nachbarschaften in betroffenen Bestandsgebäuden."[665]

Am 30.08.2016 beschloss das Bezirksamt die Aufstellung von sieben Bebauungsplänen, deren Geltungsbereiche alle Standorte der geplanten Punkthochhäuser beinhalteten. Die BVV fasste die entsprechenden Be-

660 WBM 2016 c, S. 5.
661 BVV Friedrichshain-Kreuzberg, Beschluss vom 25.05.2016, DS/2147/IV.
662 B1, Z. 431 ff.
663 BVV Friedrichshain-Kreuzberg, Beschluss vom 25.05.2016, DS/2214/IV.
664 BVV Friedrichshain-Kreuzberg, Beschluss vom 20.07.2016, DS/2254/IV.
665 Stadtteilbüro Friedrichshain 2016.

schlüsse am 14.09.2016.[666] Nach Aussage des Bauausschussvorsitzenden handelte es sich dabei lediglich um Aufstellungsbeschlüsse „ohne Inhalt, eine reine Hülle."[667] In den nahezu identischen Begründungen heißt es, die Bebauungspläne sollen

> „der plangesteuerten, umwelt- und gebietsverträglichen Nachverdichtung mit Wohnungsbau und der Fortentwicklung der vorhandenen städtebaulichen Strukturen [dienen]."[668]

Wenige Tage vor den Wahlen zum Abgeordnetenhaus und den Bezirksverordnetenversammlungen in Berlin solidarisierte sich die Fraktion der Linken und namentlich deren bau- und wohnungspolitische Sprecherin, die spätere Stadtentwicklungssenatorin, öffentlich mit den Interessen des Bezirks an einer grundsätzlichen Neubewertung der Nachverdichtungsvorhaben der WBM und der Aufstellung von Bebauungsplänen im Projektgebiet.[669]

Bei der Wahl zum Abgeordnetenhaus am 18.09.2016 verloren die regierenden Parteien der SPD (21,6 %) und CDU (17,6 %) an Zustimmung. Die Bildung einer rot-rot-grünen Koalition stand im Raum, mit den Linken (15,6 %) als zweitstärkste Kraft. Die Koalitionsverhandlungen dauerten vom 08.10.2016 bis zum 17.11.2016.

Im Oktober 2016 stellte die WBM zwei Anträge auf Baugenehmigung nach § 34 BauGB für die Punkthochhäuser in der Krautstraße. Am 24.11.2016 kündigte die WBM per Aushang den Beginn der Baumaßnah-

---

666 U.a. BVV Friedrichshain-Kreuzberg, Beschluss vom 14.09.2016, DS/2341/IV; Aufforderung an das Bezirksamt, Bebauungspläne nicht im vereinfachten, sondern im umfassenden Verfahren durchzuführen.

667 Vollständiges Zitat: „Es gab dann auch einen Aufstellungsbeschluss. Der ist aber nicht mit Planungsrecht dann richtig gefüllt worden. Das heißt, das ist so ein nackter Aufstellungsbeschluss, also im Prinzip ohne Inhalt, eine reine Hülle. Und die Vorstellung bestand halt so, dass man in so einer Art dialogischem Verfahren dann quasi versucht so eine Art Kompromiss zu finden und das dann in diesen B-Plan einzubinden. Die Senatsverwaltung hat von sich aus signalisiert [...], sie sagt nicht in der Rechtsprüfung: Das ist eine Verhinderungsplanung, wir lehnen das ab, sondern wir akzeptieren das, aber, sie wollten halt [...] ein Zeichen des Entgegenkommens sehen." (B1, Z. 75ff.); Dies bestätigend: „Wir haben ja den B-Plan hier nur gemacht, um [...] das aktuelle Projekt aus der Schiene zu bringen, obwohl man es gar nicht wirklich aus der Schiene bringen kann." (B2, Z. 87ff.).

668 U.a. BVV Friedrichshain-Kreuzberg, Beschluss vom 14.09.2016, DS/2341/IV.

669 Fraktion DIE LINKE im Abgeordnetenhaus von Berlin 2016.

men an.[670] Auf diese Maßnahmen reagierte die BVV am 28.11.2016 mit einer Resolution, in der die WBM als eine

> „städtische und damit dem Gemeinwohl verpflichtete Wohnungsbaugesellschaft dringlich“ aufgefordert wurde, die „Beschlüsse der demokratisch legitimierten Vertretung des Bezirks [...] zu achten, die Bauanträge zurückzuziehen und keine Fakten vor Beginn des Bebauungsplanverfahrens zu schaffen.“[671]

Der Senat solle als Eigentümerin der Wohnungsbaugesellschaft im Zweifelsfall Einfluss auf die WBM nehmen, damit die auf den Weg gebrachten Bebauungsplanverfahren umgesetzt werden können.[672]

Am 08.12.2016 wurde die neue Senatorin (Die Linke) für die Senatsverwaltung für Stadtentwicklung und Wohnen ernannt.

6.2.3 Maßnahmen

Die neue rot-rot-grüne Landesregierung in Berlin setzt in der Koalitionsvereinbarung für die Legislaturperiode von 2016 bis 2021 neue Schwerpunkte im Bereich der Stadtentwicklung und des Wohnungsbaus. Zum einen soll die gesamtstädtische Entwicklungsplanung gestärkt werden, u.a. durch die Aufstellung von Stadtentwicklungsplänen für grüne und soziale Infrastruktur sowie die Fortschreibung des Stadtentwicklungsplans Wohnen. Die Überführung der gesamtstädtischen Planung in Bereichsentwicklungsplanungen auf Bezirksebene soll im Ergebnis eine planvollere Steuerung der Stadtentwicklung ermöglichen.[673]

Zum anderen ist eine starke Ausweitung der Bürgerbeteiligung angedacht. Es sollen Leitlinien für die Bürgerbeteiligung in der Stadtentwicklung erarbeitet werden, die eine neue Beteiligungskultur in Berlin entstehen lassen.[674]

> „Partizipation in dem Sinne, was jetzt diese Koalition vorhat, ist ja noch ein bisschen was anderes als diese Partizipation nach einem B-Planverfahren. Also, es geht ja viel weiter.“[675]

---

670 Aktionsbündnis Lebenswertes Wohnen in Friedrichshain-West 2016 b.

671 BVV Friedrichshain-Kreuzberg, Resolution vom 28.11.2016, BVV-002/V.

672 Ebd.

673 Koalitionsvertrag zwischen SPD Landesverband Berlin, Die Linke Landesverband Berlin und Bündnis 90/Die Grünen Landesverband Berlin für die Legislaturperiode 2016-2021, S. 32ff.

674 Ebd.; B3, Z. 79ff.

675 B3, Z. 197.

> „Es geht letztlich um Bürgerbeteiligung. Ich meine, das ist ja ganz klar: Der Druck kam von den Bürgern. Die Senatorin hat gesagt vor der Wahl: Das muss alles neu angegangen werden. [...] Es [gab] auch andere Linien [...] einfach. Da war halt Neubau um jeden Preis und jetzt ist das halt eben auch mehr mit Bürgerbeteiligung."[676]

Die Nachverdichtung hat weiterhin einen hohen Stellenwert, soll jedoch verstärkt über Bebauungspläne vollzogen werden:[677]

> „Für eine maßvolle Nachverdichtung von bestehenden Wohnquartieren ist eine frühzeitige Einbeziehung der Bewohnerschaft unabdingbar. Die Koalition unterstützt hierfür die Aufstellung von Bebauungsplänen als Regelinstrument, um die Qualität zu sichern und die Regeln der kooperativen Baulandentwicklung anzuwenden. Baukultur und Architekturqualität werden durch verbindliche Wettbewerbe und Gutachterverfahren gesichert."[678]

Angesichts der neuen Ausrichtung in der Stadtentwicklungspolitik im Allgemeinen und der Haltung der Linken zum WBM-Nachverdichtungsprojekt in Friedrichshain-West im Besonderen entschied die Senatsverwaltung für Stadtentwicklung und Wohnen,

> „die geplanten Nachverdichtungsaktivitäten der WBM zurückzustellen und für den Bereich des sogenannten Friedrichshainer Westens zunächst einmal Partizipationsverfahren durchzuführen und in einen neuen Dialog mit den Bürgern zu treten."[679]

Somit entsteht die Situation, dass die Bauanträge für die zwei nach § 34 BauGB genehmigungsfähigen Punkthochhäuser in der Krautstraße bis auf Weiteres unbearbeitet bleiben:

> „Wenn wir das jetzt genehmigen würden, dann würden uns die Nachbarn auf das Dach klettern und dieser ganze Dialogprozess, der jetzt neu starten würde, der würde dadurch in Gefahr geraten, denn dann würde das Vertrauen gleich am Anfang zerstört sein."[680]

---

676 B2, Z. 255ff., 292 f.

677 B3, Z. 145ff., 177ff.

678 Koalitionsvertrag zwischen SPD Landesverband Berlin, Die Linke Landesverband Berlin und Bündnis 90/Die Grünen Landesverband Berlin für die Legislaturperiode 2016-2021, S. 32 f.

679 Baustadtrat in: BVV Friedrichshain-Kreuzberg, Anfrage vom 10.05.2017, DS/0287/V.

680 B2, Z. 27ff.

Die Fortsetzung der B-Planverfahren zur Nachverdichtung in Friedrichshain-West sei vor dem Hintergrund der geplanten Neukonzeption der Bürgerbeteiligung nicht zielführend.[681]

6.2.4 Konsequenzen

Ein nichtöffentliches Arbeitsgremium mit Vertretern aus Politik, Verwaltung und Bürgerschaft erarbeitet derzeit einen Entwurf der Leitlinien für Bürgerbeteiligung in der Stadtentwicklung. Auf verschiedene Weise kann die Öffentlichkeit am Erarbeitungsprozess mitwirken, beispielsweise bei Veranstaltungen des Stadtforums Berlin[682] oder im Rahmen kleinerer Werkstattverfahren. Die Erarbeitung der Leitlinien soll im Herbst 2018 zum Abschluss kommen.[683] Hinsichtlich der Nachverdichtung in Friedrichshain-West werde sich zeigen, inwieweit durch die neu entwickelten Partizipationsverfahren Auswirkungen auf die künftigen Planinhalte der Bebauungspläne im Projektgebiet entstehen.[684]

Zum gegenwärtigen Zeitpunkt ist völlig offen, ob, wann und auf welche Weise die Nachverdichtung im Bestand der WBM in Friedrichshain-West realisiert wird.[685]

> „Irgendwann wird irgendwas passieren, aber ich glaube, diese 18-Geschosser sind jetzt, jedenfalls in dieser Legislaturperiode, tot. Würde mich sehr wundern, wenn da irgendwo irgendwer käme, also, der Aufschrei wäre riesengroß.“[686]

Eine Umsetzung in der aktuellen Legislaturperiode scheint fraglich, sollte es tatsächlich „B-Planverfahren […] mit mehrfacher Bürgerbeteiligung“[687] geben:

> „Die pessimistischen Schätzungen gehen dann davon aus, dass die in Bau gehen, also, zumindest bei ein paar weiß ich es: 2023. Verschoben jetzt von 17, 18 auf 22, 23.“[688]

---

681 Ebd.; Baustadtrat in: BVV Friedrichshain-Kreuzberg, Anfrage vom 10.05.2017, DS/0287/V.

682 Bisherige Termine: 26.06.2017, 20.11.2017 und 29.04.2018.

683 SenStadtWo Berlin 2017 a.

684 Baustadtrat in: BVV Friedrichshain-Kreuzberg, Anfrage vom 10.05.2017, DS/0287/V.

685 Ebd.

686 B1, Z. 583ff.

687 B3, Z. 654 f.

688 B3, Z. 657ff.

6.3 *Fallstudie 3: Nachverdichtung in den Münchner Gartenstädten*

In den sogenannten Münchner Gartenstädten vollzieht sich seit einigen Jahren eine sukzessive Nachverdichtung. Bis zum Jahr 2003 wurde der als schützenswert erachtete Gebietscharakter der Gartenstädte durch örtliche Bauvorschriften bewahrt, zuletzt durch die im Jahr 2000 erlassene Gartenstadtsatzung. Nachdem der VGH München die Gartenstadtsatzung im Jahr 2003 für nichtig erklärt hatte, entstanden sofort neue Bebauungspotenziale in den betroffenen Gebieten. Ohne die Abstandsflächenregelungen der Gartenstadtsatzung war eine deutlich dichtere Bebauung nach § 34 BauGB möglich.

In der Konsequenz dessen sahen sowohl die betroffenen Stadtbezirke als auch Verwaltung und Ratsversammlung den Bedarf eines Erhalts der Gartenstädte mit ihrem typischen Gebietscharakter. Konkret sollte eine Steuerung der Nachverdichtung erfolgen, um die Gebietsverträglichkeit der Stadtentwicklung nach § 34 BauGB im Sinne einer ‚Qualifizierten Verdichtung' zu gewährleisten.

Eine von Stadtbezirken und Bürgerinitiativen geforderte umfassende Steuerung mithilfe formeller Planung wurde aus Kapazitätsgründen und wegen baurechtlicher Bedenken abgelehnt, der Einsatz informeller Planung hingegen vonseiten der Entscheidungsträger als zielführend angesehen. Inwieweit sich die gewählten Instrumente dazu eignen, die sich nach § 34 BauGB vollziehende Nachverdichtung in den Gartenstädten im gewünschten Maße gebietsverträglich zu steuern, wird derzeit vom Planungsreferat geprüft.

Im Rahmen der Feldarbeit wurden folgende Experteninterviews durchgeführt:

Tabelle 4: Experteninterviews Fallstudie 3 (Eigene Darstellung)

Fallstudie 3	Experte	Funktion / Charakterisierung	Datum	Dauer (Min.)
Nachverdichtung in den Münchner Gartenstädten	Informant C1	• Referat für Stadtplanung und Bauordnung: Stadtentwicklungsplanung	15.03.2017	65:42
	Informant C2	• Referat für Stadtplanung und Bauordnung: Lokalbaukommission	15.03.2017	~ 60
	Informant C3	• Stadtrat (SPD) • Mitglied im Ausschuss für Stadtplanung und Bauordnung • Landschaftsplaner	15.03.2017	48:50
	Informant C4	• Bündnis Gartenstadt München • CSU-Fraktion im Bezirksausschuss	14.03.2017	55:12
	Informant C5	• ortskundiger Jurist, engagiert im Denkmalschutz • langjährige berufl. Tätigkeit in der Stadtsanierung • Bündnis Gartenstadt München	16.03.2017	66:35

6.3.1 Ausgangslage

Die Geschichte der Münchner Stadtviertel mit Gartenstadtcharakter reicht teilweise zurück bis in die zweite Hälfte des 19. Jahrhunderts. Damals entstanden erste vorstädtische Villenquartiere für die Wohnraumversorgung der gehobeneren Schichten. Aus architekturgeschichtlicher Perspektive gibt es für das Münchner Stadtgebiet allerdings keine verbindliche und einheitliche Definition des Begriffs der Gartenstadt. Im Diskurs der letzten Jahrzehnte entwickelte sich vielmehr ein allgemeiner Konsens, dass

> „Gebiete mit Gartenstadtcharakter durch eine aufgelockerte Wohnbebauung in offener Bauweise gekennzeichnet sind, geprägt durch Ein- und Zweifamilienhäuser, größere Gärten bzw. Freiflächen und meist gutem Gehölzbestand."[689]

Insgesamt sind zahlreiche Quartiere auf insgesamt etwa 6.000 ha Stadtgebiet vollständig oder partiell durch einen besonderen Gartenstadtcharakter geprägt. Exemplarisch sind zu nennen: Harlaching, Gern, Trudering und Pasing. Die Gartenstadtgebiete liegen zum überwiegenden Teil im unbeplanten bzw. nur einfach beplanten Innenbereich.[690]

In der ersten Hälfte des 20. Jahrhunderts existierten in vielen Gebieten mit Gartenstadtcharakter sogenannte Baulinienpläne gemäß der von 1904 bis 1979 geltenden Staffelbauordnung. Diese enthielten Regelungen über die vorderen Baulinien oder Baugrenzen, teilweise auch über die hinteren und seitlichen Baugrenzen und trugen somit in gewissem Maße zum Erhalt des Gartenstadtcharakters in den entsprechenden Gebieten bei. Die Baulinienpläne wurden gemäß § 173 Abs. 3 BBauG 1960 als einfache Bebauungspläne übergeleitet. In ganz München existieren etwa 6.500 solcher einfachen Bebauungspläne.[691]

Am 01.01.1980 trat die Besondere SiedlungsgebieteVO (GVO) als örtliche Bauvorschrift nach Art. 107 Abs. 1 Nr. 1, 2, 3 und 5 BayBO 1974 in Kraft. Der Geltungsbereich umfasste insgesamt 26 Stadtquartiere und ca. 3.000 ha Fläche (§ 1 GVO). § 2 GVO enthielt eine im Vergleich zur Bayeri-

689 Stadtbaurätin in: Ausschuss für Stadtplanung und Bauordnung, Vortrag am 16.07.2014, 14-20/V00909, S. 7.

690 *Geiger* 2015, S. 2.

691 Stadtbaurätin in: Ausschuss für Stadtplanung und Bauordnung, Vortrag am 16.07.2014, 14-20/V00909, S. 8ff.

schen Bauordnung restriktivere Mindestabstandsflächenregelung, um die aufgelockerte Bebauungsstruktur der Gartenstadtgebiete zu sichern.[692]

Die Zeit von 1990 bis 1997 war durch eine Intensivierung der Bautätigkeit in den Gartenstadtgebieten geprägt. § 4 Abs. 1 und 2 BauGB-MaßnahmenG 1990 begünstigte die Entstehung höherer und dichterer Bebauung über Ausnahmen und Befreiungen von einfachen Bebauungsplänen sowie Abweichungen vom Einfügungsgebot in § 34 Abs. 1 und 2 BauGB.[693] Die in diesem Zusammenhang genehmigten baulichen Anlagen galten fortan potenziell als Bezugsfälle für die Zulässigkeit von Vorhaben nach § 34 BauGB und prägten insofern die weitere bauliche Entwicklung. Die intensive Bautätigkeit in den Gartenstadtgebieten führte nach Schilderung der Referentin für Stadtplanung und Bauordnung bereits ab Mitte der 1990er Jahren „zu breiter Kritik und löste Forderungen nach [einem] ‚Erhalt des Gartenstadtcharakters' aus."[694]

Am 25.08.2000 trat die Satzung zur Sicherung der Gebiete mit Gartenstadtcharakter (Gartenstadtsatzung) in Kraft, ebenfalls eine örtliche Bauvorschrift. Ihr etwa 3.000 ha großer Geltungsbereich, rund 21 % der Siedlungsfläche Münchens,[695] umfasste 93 Teilgebiete, ohne Überschneidung mit den Flächen der GVO. Das Ziel der Satzung war die

> „Erhaltung und Gestaltung des Ortsbildes in den Gartenstädten insbesondere durch die Sicherstellung einer aufgelockerten Bebauung, einer angemessenen Begrünung und einer dauerhaften Erhaltung von erhaltens- und schützenswerten Gehölzbeständen." (§ 1 GartS)

Kernbestandteil der Satzung war die Regelung der Abstandsflächen in § 4 GartS. Nach dem Muster der GVO wurden hier umfangreichere Mindestabstände zwischen den Gebäuden festgeschrieben, als nach Art. 6 Abs. 4 und 5 BayBO 1998 vorgesehen. Je nach Grundstücks- und Gebäudegröße waren Mindestabstandsflächen von bis zu 7 m einzuhalten (§ 4 Abs. 2

692 Die weiteren Vorschriften zu Höhenlage (§ 3 GVO), Dachgestaltung (§ 4 GVO) und der Gestaltung von unbebauten Flächen bebauter Grundstücke (§ 5 GVO) sind hier nicht von Relevanz.

693 Vgl. Kap. 2.3.1.6.

694 Stadtbaurätin in: Ausschuss für Stadtplanung und Bauordnung, Vortrag am 16.07.2014, 14-20/V00909, S. 8.

695 Statistisches Amt der Landeshauptstadt München 2011, S. 29; *Koll-Schretzenmayr/Kramp*, Wissenschaft & Umwelt Interdisziplinär 2009, 157 (162).

GartS).[696] Auf diese Weise sollte die „typische, aufgelockerte Bebauung der Gartenstadtgebiete erhalten und für die Zukunft sichergestellt werden."[697]

Die Gartenstadtsatzung war kurze Zeit nach ihrem Erlass bereits Gegenstand eines Rechtsstreits. Mit Urteilen des VG München vom 14.01.2002[698] und des VGH München vom 30.05.2003[699] wurde die Abstandsflächenregelung in § 4 GartS für rechtsfehlerhaft und somit nichtig erklärt. Aus Sicht des VGH München ist § 4 GartS eine bodenrechtliche Regelung „im Gewande einer örtlichen Bauvorschrift"[700].

> „Sie ist nach ihrem Sinn und Zweck dem Kompetenzbereich der städtebaulichen Planung und nicht dem Bauordnungsrecht zuzurechnen. Ihre Zielsetzung liegt – wie schon in Anlass und Entstehungsgeschichte der Satzung deutlich wird – in einem städtebaulichen Steuerungsansatz begründet."[701]

Das Gericht verwies auf den Bebauungsplan als geeignetes Steuerungsinstrument für eine bodenrechtliche Ortsbildgestaltung.[702]

---

696 Gegenüber 3 m bei Art. 6 Abs. 4 und 5 BayBO 1998.

697 Stadtbaurätin in: Ausschuss für Stadtplanung und Bauordnung, Vortrag am 14.01.2004, 02-08/V03462, S. 2.

698 VG München, Urt. v. 14.01.2002 – M 8 K 01.886.

699 VGH München, Urt. v. 30.05.2003 – 2 BV 02.689, BeckRS 2008, 34109.

700 Ebd.; Mit dem Urteil vom 30.05.2003 rückt der VGH München explizit von seiner früheren Auffassung im Urteil vom 09.03.1976 ab, wonach auch mit örtlichen Bauvorschriften bauplanungsrechtliche Ziele wie der Erhalt einer besonderen Siedlungsstruktur verfolgt werden konnten (VGH München, Urt. v. 09.03.1976 – Az.164 I 73). Diese Neuorientierung kann u.a. darin begründet sein, dass mit der Senkung der Abstandsflächentiefe von 1 auf 0,4 H (H = Wandhöhe) in § 5 S. 1 MBO 2002 das „bauordnungsrechtliche Abstandsflächenrecht nur noch gefahrenabwehrrechtlichen Zwecken" dienen und „keine städtebaulichen Nebenziele" mehr verfolgen soll (*Krautzberger/Stüer*, DVBl. 2007, 160 (165)). Die Ergänzung des Katalogs der Bebauungsplanfestsetzungen um § 9 Abs. 1 Nr. 2 a BauGB 2007 zur Bestimmung von Abstandsflächentiefen legt die Verantwortung für die Festlegung umfangreicherer Abstandsflächen in die Hände der Gemeinde. In Bayern wurde die Reduzierung der Regelabstandsflächen auf 0,4 H im Zuge der Novellierung der BayBO 2008 aufgrund massiven Widerstands vieler Kommunen nicht pauschal übernommen (Art. 6 Abs. 5 BayBO 2008), sondern den Gemeinden durch Regelung in örtlichen Bauvorschriften überlassen (Art. 6 Abs. 7 BayBO 2008) (*Jäde*, ZfBR 2008, 538 (545)). Dies gilt heute unverändert (Art. 6 Abs. 5 und 7 BayBO 2017). Die Landeshauptstadt München hat bislang keine Satzung erlassen, die die Regelabstandsflächen auf 0,4 H reduziert.

701 VGH München, Urt. v. 30.05.2003 – 2 BV 02.689, BeckRS 2008, 34109.

702 Ebd.

In Konsequenz des Urteils hob die Stadt München die Gartenstadtsatzung am 28.01.2004 vollständig auf.[703]

Die Abstandsflächenregelungen in § 2 Abs. 1 GVO wurden vom VerfGH Bayern mit vergleichbarer Begründung am 12.05.2004 für nichtig erklärt.[704]

Infolge des Wegfalls der Gartenstadtsatzung und der Abstandsflächenregelungen der GVO richtete sich die bauliche Entwicklung in den Gartenstadtgebieten fortan hauptsächlich nach § 34 BauGB und ggf. nach den als einfache Bebauungspläne fortgeltenden Baulinienplänen.[705]

6.3.2 Problemstellung

Am 14.01.2004 beriet der Ausschuss für Stadtplanung und Bauordnung über die Konsequenzen des Urteils des VGH München für die städtebauliche Entwicklung in den Gebieten mit Gartenstadtcharakter. Die Stadtbaurätin legte dar, dass mit dem Wegfall der Gartenstadtsatzung und den darin enthaltenen umfangreicheren Mindestabstandsflächenregelungen „mittel- bis langfristig eine deutliche bauliche Verdichtung in den bisherigen Satzungsgebieten zu erwarten“[706] ist. Aufgrund des „steten Anstieg[s] der Bodenpreise, den wachsenden Anforderungen an jedes Bauvorhaben und der damit verbundenen Kostenmehrung“[707] werde zudem „in der Praxis (...) im Sinne der Erzielung höchster Renditen häufig das maximal denkbare Nutzungsmaß angestrebt.“[708] Im nicht qualifiziert beplanten Bereich der Gartenstädte bedeutete dies jeweils eine Orientierung an den umfangreichsten Bebauungsmaßen der näheren Umgebung. Dabei seien potenziell entstehende bodenrechtliche Spannungen im Falle einer Überschreitung des städtebaulichen Rahmens zum Teil schwer nachzuweisen:

---

703 Vollversammlung des Münchner Stadtrates, Beschluss vom 28.01.2004, 02-08/V03462.

704 VerfGH Bayern, Entsch. v. 12.05.2004 – Vf. 7-VII-02, NVwZ 2005, 576.

705 Vollversammlung des Münchner Stadtrates, Beschluss vom 28.01.2004, 02-08/V03462, S. 7.

706 Stadtbaurätin in: Ausschuss für Stadtplanung und Bauordnung, Vortrag am 14.01.2004, 02-08/V03462, S. 12.

707 Ebd.

708 Ebd., S. 8; „Dieser Grundstücksboom, muss man natürlich auch sagen, ist in München so extrem wie nirgendwo anders, deshalb ist das halt auch so ein Flächenfeuer, das immer mehr wird, weil alle versuchen, das Baurecht halt auszunutzen und das war in den letzten fünf Jahren vor allem.“ (C1, Z. 240ff.).

> „Bei jedem neuen Bauvorhaben besteht daher die Tendenz, den Rahmen ein kleines bisschen nach oben zu überschreiten und so den Rahmen des Vorhandenen kontinuierlich anzuheben."[709]

Eine umfangreiche Verdichtung der Gartenstadtgebiete nach § 34 BauGB würde darüber hinaus zu Problemen hinsichtlich der Versorgung mit sozialer Infrastruktur und bezahlbarem Wohnraum führen, da das in München seit 1994 etablierte Modell der Sozialgerechten Bodennutzung (SoBoN)[710] bei § 34 BauGB nicht zur Anwendung kommt:

> „Man kann die Eigentümer halt schlecht an Allgemeinkosten beteiligen, wie ich es beim Bebauungsplan kann über § 12."[711]

> „Das führt aber auch zu großen Problemen, gerade in Gartenstadtgebieten, wo dann relativ wenig städtischer Grund vorhanden ist, sodass wir dort keine Schulen und Kitas mehr bauen können."[712]

> „Es stellt sich die Herausforderung, wie in den Gebieten, wo die Stadt das Baurecht nicht schaffen muss, eine soziale Mischung, wie sie alle Neubaugebiete der Stadt München aufgrund der SoBoN-Anwendung kennzeichnet, geschaffen werden kann."[713]

Seit der Jahrtausendwende lassen sich in München deutliche Bevölkerungszuwächse registrieren. Im Jahr 2000 betrug die Einwohnerzahl ca. 1,39 Millionen. Im Jahr 2015 lebten bereits etwa 1,55 Millionen Menschen in München.[714] Der wahrscheinlichsten Prognosevariante zufolge steigt die Einwohnerzahl bis 2022 auf ca. 1,70 Millionen und bis 2035 auf ca. 1,85 Millionen.[715]

Im Jahr 2015 gab es in München 780.194 Wohnungen. Die durchschnittliche Nettokaltmiete im Wohnungsbestand betrug im Jahr 2015 10,73 €/m^2 (2005: 8,72 €/m^2).[716] Im Vergleich dazu lag die durchschnittli-

---

709 Stadtbaurätin in: Ausschuss für Stadtplanung und Bauordnung, Vortrag am 14.01.2004, 02-08/V03462, S. 8.

710 Landeshauptstadt München 2009, S. 7.

711 C3, Z. 472 f.

712 C1, Z. 557ff.

713 Begrüßungsrede des Oberbürgermeisters, Zukunftskongress 2012 (Ernst Basler + Partner AG 2013, S. 72).

714 Landeshauptstadt München 2017, S. 19.

715 Ebd., S. 59, 62.

716 Ohne öffentlich geförderte Wohnungen; Landeshauptstadt München 2016, S. 82, 89; Landeshauptstadt München 2006, S. 35.

che Nettokaltmiete 2015 in Hamburg bei 8,02 €/m² und in Berlin bei 5,84 €/m².[717]

Die Baulandpreise für Mehrfamilienhäuser lagen in München im Jahr 2015 bei durchschnittlich 2100 €/m² (2005: ca. 910 €/m²). In anderen deutschen Großstädten kostete das Bauland im Jahr 2015 durchschnittlich 670 €/m²; in Hamburg waren es ca. 800 €/m², in Berlin ca. 380 €/m².[718]

Dies verdeutlicht die angespannte Lage auf dem Münchner Wohnungsmarkt.

6.3.3 Maßnahmen

Der Münchner Stadtrat erklärte sich mit Beschluss vom 28.01.2004 einverstanden mit dem von der Stadtbaurätin beantragten weiteren Vorgehen nach Aufhebung der Gartenstadtsatzung. Demnach sei eine flächendeckende Aufstellung von Bebauungsplänen zum Schutz des Gartenstadtcharakters nach dem Vorbild der Gartenstadtsatzung nicht möglich. Begründet wurde dies u.a. mit dem nicht zu bewältigenden finanziellen, personellen und zeitlichen Aufwand. Je nach konkreter Ausgestaltung der Planung bestünde außerdem die Gefahr, die städtebauliche Verdichtung in den Gartenstädten sogar zu befördern, da jeder Bebauungsplan gewissermaßen die positiv planerisch erwünschte Bebauung ausweisen würde. Der Entzug von noch nicht ausgeschöpften Baurechten nach § 34 BauGB löste zudem Entschädigungsansprüche aus (§ 42 BauGB). Die Aufstellung von Bebauungsplänen sei lediglich in Einzelfällen geboten, in denen der Erhalt von städtebaulich intakten Gartenstadtgebieten gesichert werden kann.[719]

Weitere Maßnahmen zum Schutz der Gartenstadtgebiete standen zunächst nicht im Raum. Angesichts des steigenden Wohnraumbedarfs in München habe ohnehin die „Entwicklung neuer Siedlungsgebiete durch die Schaffung von Baurechten“[720] Priorität. Die Sicherung des Gartenstadtcharakters schaffe keine neuen Bebauungsmöglichkeiten und sei daher von untergeordneter Bedeutung.[721]

---

717 Jeweils ohne öffentlich geförderte Wohnungen; Behörde für Stadtentwicklung und Wohnen Hamburg 2015; F + B Forschung und Beratung für Wohnen, Immobilien und Umwelt GmbH 2017, S. 42.

718 Landeshauptstadt München 2016, S. 71.

719 Stadtbaurätin in: Ausschuss für Stadtplanung und Bauordnung, Vortrag am 14.01.2004, 02-08/V03462, S. 16ff.

720 Ebd., S. 19.

721 Ebd., S. 12ff.

a) Qualifizierte Verdichtung

Im Rahmen einer 2007 durchgeführten Evaluierung des Stadtentwicklungskonzepts PERSPEKTIVE MÜNCHEN (1998)[722] wurde das fortschreitende Wachstum der Stadt München und der prognostizierte Bedarf an Wohnraum analysiert. Weitere strategische Vorüberlegungen folgten, bis am 28.10.2009 ein Grundsatzbeschluss des Stadtrats gefasst wurde, der das Projekt ‚Langfristige Siedlungsentwicklung' (LaSie) einleitete. Das Ziel war es, das Potenzial verschiedener Strategien für den Wohnungsbau zu untersuchen und in ein Gesamtkonzept einzubinden. Die Siedlungserweiterung am Stadtrand, die Umstrukturierung von Gewerbe- zu Wohngebieten und die Qualifizierten Verdichtung wurden als drei zentrale Themenbereiche identifiziert. Mehrere Gutachten wurden in Auftrag gegeben, um die einzelnen Strategien vertieft zu analysieren. Im Kontext der Qualifizierten Verdichtung sollten u.a. alternative Verdichtungsstrategien entwickelt werden, um eine gebietsverträgliche Nachverdichtung zu gewährleisten.[723] Der Wohnungsbedarf bis 2030 wurde mit etwa 116.000 Wohneinheiten beziffert. Davon sollen etwa 50 % über die Bautätigkeit nach § 34 BauGB und 50 % auf der Grundlage von neuen Bebauungsplänen entstehen.[724]

In den Jahren 2010 bis 2012 intensivierte sich die öffentliche Diskussion um den Erhalt der Gartenstädte. Es gründeten sich zahlreiche Bürgerinitiativen, die sich u.a. für den Erhalt des Gartenstadtcharakters in ihren Wohngebieten einsetzten. Mehrere Bezirksausschüsse[725] legten dem Münchner Stadtrat Anträge vor, in denen eine Gefährdung des Gartenstadtcharakters durch fortschreitende Verdichtungsprozesse angemahnt und eine Steuerung der Nachverdichtung gefordert werden.[726]

Anfang 2012 schlossen sich 36 Bürgerinitiativen zum Bündnis Gartenstadt München zusammen.[727]

---

722 Landeshauptstadt München 1998.

723 Vollversammlung des Münchner Stadtrates, Beschluss vom 28.10.2009, 08-14 / V02475, S. 3, 16, 19, 25 f., 29.

724 Ausschuss für Stadtplanung und Bauordnung, Vortrag der Referentin am 18.01.2012, 08-14/V08420, S. 2.

725 Bezirksausschüsse sind lokale Organe der Landeshauptstadt München. Sie vertreten Anliegen der Stadtbezirke gegenüber der Stadt (§ 1 Abs. 2 und § 2 Abs. 2 BezirksausschussS).

726 Vgl. u.a. Empfehlungen und Anträge in Sitzungsvorlagen Nr. 14-20/V00909, Neufassung vom 24.04.2015.

727 Bündnis Gartenstadt München o.J.

Das Bündnis Gartenstadt forderte u.a. eine

> „Ausnutzung der Spielräume, die der § 34 BauGB bietet, um den Wegfall der Gartenstadtsatzung zu kompensieren […]“,
>
> „kleinräumige Bebauungspläne zur Erhaltung gefährdeter Gebiete […]“ und den
>
> „Einsatz der Erhaltungssatzung für Gebäude oder Gebäudegruppen, die […] die Stadtgestalt prägen und die Lebensqualität positiv beeinflussen.“[728]

Am 18.01.2012 wurden die Gutachten zum Projekt Langfristige Siedlungsentwicklung im Ausschuss für Stadtplanung und Bauordnung vorgestellt und deren Ergebnisse auf einem Zukunftskongress am 02. und 03. Februar 2012 öffentlich diskutiert. Nach zahlreichen weiteren Fachgesprächen und Informationsveranstaltungen u.a. mit Bezirksausschüssen und Bürgerinitiativen wurden die Ergebnisse der Gutachtenphase und das weitere Vorgehen im Ausschuss für Stadtplanung und Bauordnung am 17.07.2013 beraten.[729] Angesichts der breiten Forderung nach einem Erhalt der Gartenstädte beschloss der Ausschuss unter anderem, der Qualifizierten Verdichtung in den entsprechenden Gebieten besondere Beachtung zu schenken:

> Es geht „in den sogenannten Gartenstadtgebieten um den sorgfältigen Umgang mit dort bereits aus der Umgebungsbebauung ableitbaren Baurechtspotenzialen.“[730]
>
> Es werden „neue Instrumente zur sicheren Rechtsanwendung des § 34 BauGB und ggf. zur Vorbereitung planerischer Maßnahmen verlangt.“[731]

Der Bauausschuss beauftragte das Planungsreferat mit der weiteren Ausarbeitung zweier zu diesem Zeitpunkt bereits modellhaft entwickelter informeller Planungsinstrumente.[732]

Am 29.04.2015 fasste der Münchner Stadtrat einen Grundsatzbeschluss zum Erhalt des Charakters und zur baulichen Entwicklung der Gartenstädte.[733]

---

728 Bündnis Gartenstadt München 2012.

729 Stadtbaurätin in: Ausschuss für Stadtplanung und Bauordnung, Vortrag am 17.07.2013, 08-14/V12019, S. 1 f.

730 Ebd., S. 17.

731 Ebd., S. 18.

732 Ebd., S. 18 f.

733 Bereits am 16.07.2014 im Ausschuss für Stadtplanung und Bauordnung behandelt, jedoch vertagt. Den Bezirksausschüssen wurde Gelegenheit zur Äußerung gegeben (Vollversammlung des Münchner Stadtrates, Wortprotokoll vom 29.04.2015, S. 123).

„Die maßvolle Steuerung etwaiger Nachverdichtungen in den Gartenstadtbereichen ist ein wichtiges Ziel der Stadtplanung.“[734]

Im Grundsatzbeschluss wurden zum einen die von Planungsreferat und Stadtrat bevorzugten ‚neuen Lösungsansätze‘ der informellen Planung vorgestellt und zum anderen die Grenzen der von vielen Seiten nach wie vor geforderten ‚klassischen Lösungsansätze‘ des einfachen Bebauungsplans (§ 30 Abs. 3 BauGB) und der Erhaltungssatzung (§ 172 Abs. 1 S. 1 Nr. 1 BauGB) aufgezeigt:[735]

b) Klassische Lösungsansätze: einfacher Bebauungsplan und Erhaltungssatzung

Der erste klassische Lösungsansatz für die Steuerung der Nachverdichtung in den Gartenstadtgebieten ist die Aufstellung von einfachen Bebauungsplänen (§ 30 Abs. 3 BauGB). Diese könnten in ihrem Geltungsbereich etwa vom Bauordnungsrecht abweichende Abstandsflächenmaße (§ 9 Abs. 1 Nr. 2 a BauGB) und die höchstzulässige Zahl der Wohnungen in Wohngebäuden (§ 9 Abs. 1 Nr. 6 BauGB) festsetzen. Wie der VGH München in seinem Urteil zur Gartenstadtsatzung anmerkt, ist der Erhalt des Gartenstadtcharakters ein legitimes städtebauliches Ziel, das den Erlass von Bebauungsplänen rechtfertigt (§ 1 Abs. 3 S. 1 BauGB).[736]

Im Anschluss an die Aufhebung der Gartenstadtsatzung im Jahr 2004 wurde eine flächendeckende Anwendung des Bebauungsplans zur Sicherung des Gartenstadtcharakters aus verschiedenen oben skizzierten Gründen abgelehnt. Im Grundsatzbeschluss von 2015 wird besonders herausgearbeitet, warum eine bauleitplanerische Festschreibung des vorhandenen Baubestands keine zielführende und praktikable Maßnahme darstellt:

Im Rahmen der Planaufstellung müsste zunächst ermittelt werden, in welchem Umfang die bauliche Nutzbarkeit der betroffenen Grundstücke geändert bzw. eingeschränkt wird. Dafür wäre eine umfassende Bestimmung der maximal zulässigen baulichen Nutzung jedes Grundstücks erforderlich, was bei einer Fläche von ca. 6.000 ha „mit einem erheblichen em-

734 Vollversammlung des Münchner Stadtrates, Beschluss vom 29.04.2015, 14-20/V00909, S. 4.

735 Stadtbaurätin in: Ausschuss für Stadtplanung und Bauordnung, Vortrag am 16.07.2014, 14-20/V00909, S. 3ff.

736 Ebd., S. 5ff.; VGH München, Urt. v. 30.05.2003 – 2 BV 02.689, BeckRS 2008, 34109.

pirischen Ermittlungsaufwand"[737] und rechtlichen Unsicherheiten verbunden wäre. Sofern sich die Belange des Erhalts des Gartenstadtcharakters im Rahmen der Abwägung gegen die privaten Belange der Eigentümer durchsetzen ließen, würde das ‚Einfrieren' der Bebauung vielfach zulässige Baurechte nach § 34 BauGB entziehen und somit Entschädigungsansprüche nach § 42 BauGB auslösen. Im Blick auf die Frage, inwieweit die mit Aufhebung der Gartenstadtsatzung 2004 entstandenen und seitdem nicht ausgeschöpften Baurechte aufgrund eines Ablaufs der 7-Jahres-Frist in § 42 Abs. 2 BauGB weitestgehend entschädigungslos wieder entzogen werden könnten, wird auf den laufenden Prozess der Gebietsentwicklung im nicht qualifiziert beplanten Bereich verwiesen. Für jedes Grundstück müsste geprüft werden, wie sich dessen bauliche Nutzbarkeit nach § 34 BauGB im Laufe der vergangenen sieben Jahre entwickelt hat.[738]

Schließlich würden „erfahrungsgemäß […] zumindest Teile der Eigentümerinnen und Eigentümer versuchen, das Bestandsbaurecht vor Überplanung über Vorbescheide maximal auszureizen."[739] Selbst eine Anwendung der bauplanungsrechtlichen Sicherungsinstrumente der Veränderungssperre und der Zurückstellung von Baugesuchen (§§ 14 und 15 BauGB) könne angesichts deren maximaler Geltungsdauer von vier Jahren nicht verhindern, dass der Erhalt des Gartenstadtcharakters konterkariert würde.[740]

In Einzelfällen kann die Aufstellung von einfachen Bebauungsplänen erforderlich sein, um die gewünschten Entwicklungsziele zu erreichen.[741] Eine probeweise Anwendung dieses Lösungsansatzes in zwei Testgebieten wurde abgelehnt.[742]

Der zweite klassische Lösungsansatz zum Erhalt des Gartenstadtcharakters ist der Erlass von Erhaltungssatzungen im Sinne des § 172 Abs. 1 S. 1 Nr. 1 BauGB. Sofern die städtebauliche Gestalt eines Gebiets den Schutz durch eine Erhaltungssatzung rechtfertigt und eine solche beschlossen wird, unterliegen bauliche Maßnahmen fortan einem Genehmigungsvorbehalt (§ 172 Abs. 3 BauGB). Die Genehmigung von Bauvorhaben, die die

---

737 *Geiger* 2015, S. 12.

738 Ebd., S. 9 ff.

739 Stadtbaurätin in: Ausschuss für Stadtplanung und Bauordnung, Vortrag am 16.07.2014, 14-20/V00909, S. 17.

740 *Geiger* 2015, S. 14.

741 Vollversammlung des Münchner Stadtrates, Beschluss vom 29.04.2015, 14-20/V00909, S. 4, 11.

742 Ausschuss für Stadtplanung und Bauordnung, Beschluss vom 17.09.2014, 14-20/V00909, S. 3.

städtebauliche Gestalt des Gebiets beeinträchtigen, darf versagt werden. Fraglich ist, ob in den Münchner Gartenstädten die baurechtlichen Voraussetzungen für den Erlass von Erhaltungssatzungen erfüllt sind:[743]

> „Es ist nicht so, dass Gartenstädte automatisch unter so einen Schutz fallen würden [...], aber manche eben doch. Ich meine, [...] wenn ein Gebiet sogar unter Ensembleschutz steht, dann wird man wohl davon ausgehen dürfen. [...] Ensembleschutz ist Denkmalschutz, das hier ist reiner Städtebau. Aber, das überschneidet sich natürlich."[744]

Planungsreferat und Stadtrat sind der Auffassung:

> Die „hohen Anforderungen an einen Satzungserlass im Sinne des § 172 Abs. 1 S. 1 Nr. 1 BauGB sind in Gebieten mit Gartenstadtcharakter regelmäßig nicht gegeben."[745]
>
> Die Gartenstadtgebiete sind in Bezug auf Architektur und städtebauliche Gestalt zu heterogen, als dass der Erlass von Erhaltungssatzungen gerechtfertigt wäre.[746]

Der Erlass von Erhaltungssatzungen zum Schutz der Gebiete mit Gartenstadtcharakter wird daher abgelehnt. Das Instrument der Erhaltungssatzung im Sinne des § 172 Abs. 1 S. 1 Nr. 1 BauGB wird in ganz München nicht angewandt.[747]

c) Neue Lösungsansätze: blockweise Betrachtung und Rahmenplan

Die zwei von Planungsreferat und Stadtrat bevorzugten neuen Lösungsansätze, die eine Bewahrung der Gebiete mit Gartenstadtcharakter ermöglichen sollen, sind die ‚blockweise Betrachtung' und der ‚Rahmenplan':

Bei der blockweisen Betrachtung werden einzelne Baufälle zum Anlass genommen, um das aktuell nach § 34 BauGB geltende Baurecht der Grundstücke im betroffenen Block zu prüfen und die mögliche bauliche Entwicklung in der näheren Umgebung zu prognostizieren. Die Ergebnisse werden textlich und grafisch festgehalten, sodass sich sukzessive die ak-

---

743 Stadtbaurätin in: Ausschuss für Stadtplanung und Bauordnung, Vortrag am 16.07.2014, 14-20/V00909, S. 22 f.; vgl. theoretische Hintergründe zur Erhaltungssatzung in Kap. 2.4.

744 C5, Z. 426ff.

745 Stadtbaurätin in: Ausschuss für Stadtplanung und Bauordnung, Vortrag am 16.07.2014, 14-20/V00909, S. 23.

746 C2, Z. 67ff.

747 Stadtbaurätin in: Ausschuss für Stadtplanung und Bauordnung, Vortrag am 16.07.2014, 14-20/V00909, S. 23.

tuellen Baurechtsreserven je Baublock dokumentieren lassen. Die blockweise Betrachtung bietet vor allem eine „planliche Grundlage für die weitere Bauberatung in den betroffenen Blöcken“[748] sowie für die Kommunikation mit den Bezirksausschüssen und der lokalen Wohnbevölkerung. Die Kartierung dient darüber hinaus als Grundlage für die Feststellung von Verdichtungspotenzialen und die Ermittlung von mittelfristigen Infrastrukturbedarfen. Gegebenenfalls kann deutlich werden, dass die Anwendung bauleitplanerischer Maßnahmen für die Steuerung der weiteren städtebaulichen Entwicklung erforderlich ist (§ 1 Abs. 3 S. 1 BauGB).[749]

Das Instrument des Rahmenplans ist ein alternativer Lösungsansatz für die Steuerung der baulichen Entwicklung in den Gartenstadtbereichen.

> „Ziel ist es, bisher intakte Bereiche mit aufgelockerter Wohnbebauung im größeren Kontext zu beurteilen und zu schützen und Bereiche mit Verdichtungspotenzial verträglich und behutsam weiter zu entwickeln.“[750]

> „In der Rahmenplanung wird ein geeignetes Mittel zur Sicherung der städtebaulichen Qualität in der Landeshauptstadt München gesehen.“[751]

Rahmenplanungen erforderten zwar nicht grundsätzlich weniger Arbeitsaufwand als die Erstellung von Bebauungsplänen, jedoch ergeben sich „mangels förmlicher Beteiligungsverfahren in zeitlicher Hinsicht positive Auswirkungen“[752]. Rahmenpläne können einen größeren Umgriff abdecken und kommen mit einer geringeren Regelungsdichte aus als Bebauungspläne. Es fehlt ihnen im Gegensatz zum Bebauungsplan an der rechtlichen Verbindlichkeit. Daher dienen sie, wie die blockweise Betrachtung, primär

> „als Mittel zur Kommunikation der planerischen Ziele gegenüber dem Stadtrat, den Bezirksausschüssen, der betroffenen Bevölkerung vor Ort und der Öffentlichkeit mit einer Signalwirkung nach außen […].“[753]

Welche Inhalte und Festlegungen die Rahmenpläne enthalten sollen, in welcher Form diese dargestellt werden können, welche planerischen Ansätze zielführend sind und wie sich eine flächenmäßige Anwendung in den betroffenen Gartenstadtgebieten realisieren lässt, soll von mehreren

---

748 Ebd., S. 5.

749 Ebd., S. 4 f.; Referat für Stadtplanung und Bauordnung München 2016, S. 9 f.

750 Stadtbaurätin in: Ausschuss für Stadtplanung und Bauordnung, Vortrag am 16.07.2014, 14-20/V00909, S. 6.

751 Vollversammlung des Münchner Stadtrates, Beschluss vom 29.04.2015, 14-20/V00909, S. 7.

752 Ebd.

753 Ebd.

Planungsbüros anhand von fünf, nach aktuellem Stand sechs Testgebieten untersucht werden. Bürgerbeteiligungsangebote zur Steigerung der Akzeptanz vor Ort sind einzubinden.[754]

Die Instrumente der blockweisen Betrachtung und des Rahmenplans sollen in einem mehrjährigen Prozess testweise zur Anwendung gebracht und evaluiert werden.[755]

Das Ziel einer gebietsverträglichen Nachverdichtung in den Gartenstädten soll mithilfe einiger weiterer Maßnahmen erreicht werden: Der Stadtrat beschließt am 29.04.2015 die Einrichtung eines Projektteams mit fünf neuen Planstellen, um die Umsetzung des Konzepts zum Erhalt der Gartenstädte zu steuern.[756] Darüber hinaus solle sich der Oberbürgermeister über die kommunalen Spitzenverbände für eine Novellierung des BauGB einsetzen, um „auch in § 34 BauGB-Gebieten die Begünstigten einer Nachverdichtung bei deren Realisierung an den Folgelasten für Kommunen in geeigneter Form beteiligen zu können."[757] Mitarbeiterschulungen sind durchzuführen, um eine einheitliche und gut dokumentierte Rechtsanwendung des § 34 BauGB in den Baugenehmigungsverfahren zu gewährleisten. Über Bürgerveranstaltungen und Informationsbroschüren soll schließlich die Transparenz und somit die Akzeptanz von Nachverdichtungsprozessen in den Gartenstadtgebieten erhöht werden.[758]

6.3.4 Konsequenzen

Die blockweise Betrachtung wurde am 04.05.2017 verbindlich im Referat für Stadtplanung und Bauordnung eingeführt. In einer Vorauswahl wurden zunächst alle Quartiere im ca. 6.000 ha großen Geltungsbereich der ehemaligen GartS und der GVO in drei Kategorien eingeteilt, je nachdem, wie eindeutig sich die rechtliche Beurteilung hinsichtlich einer Freihaltung der rückwärtigen Grundstücksbereiche abzeichnet (Kategorien A bis

---

754 Ebd., S. 4; Stadtbaurätin in: Ausschuss für Stadtplanung und Bauordnung, Vortrag am 16.07.2014, 14-20/V00909, S. 6.

755 Referat für Stadtplanung und Bauordnung München 2016, S. 4, 18.

756 Vollversammlung des Münchner Stadtrates, Beschluss vom 29.04.2015, 14-20/V00909, S. 7, 12.

757 Ebd., S. 5, 12; Im Zwischenbericht vom 25.10.2017 heißt es dazu: „Das Anliegen wurde […] an den Bayerischen Städtetag herangetragen, allerdings in der aktuellen Novelle nicht aufgegriffen." (Stadtbaurätin in: Ausschuss für Stadtplanung und Bauordnung, Vortrag am 25.10.2017, 14-20/V09880, S. 10).

758 Referat für Stadtplanung und Bauordnung München 2016, S. 6 f.

C). In Gebieten der Kategorie C, in denen keine ausreichend intakte aufgelockerte Bebauungsstruktur mehr festzustellen ist, muss bei Bauanträgen nach § 34 BauGB eine anlassbezogene blockweise Betrachtung durchgeführt werden. In einem mehrstufigen Untersuchungs- und Bewertungsprozess wird über die Genehmigung entschieden. Die Ergebnisse werden elektronisch erfasst und räumlich zugeordnet, sodass diese bei zukünftigen Baufällen im betroffenen Quartier unmittelbar zur Verfügung stehen.[759]

In vier Veranstaltungen wurden mehr als 100 Mitarbeiter in der Anwendung des § 34 BauGB und der Umsetzung der blockweisen Betrachtung geschult. Inhalt der Schulungen war u.a. die Vorgabe,

> „bestehende Spielräume zu Gunsten des Erhalts des Gartenstadtcharakters zu nutzen, insbesondere die innenliegenden Bereiche so weit wie möglich von Hauptnutzungen frei zu halten.“[760]

Bis Mitte 2017 wurden Rahmenpläne für drei Testgebiete erstellt. Das Ergebnis lässt erkennen, dass die Erfassung der Bestandsbebauung einen großen Stellenwert hat. Zahlreiche Karten geben Aufschluss über die vorhandenen Grundstücksgrößen und Grundflächenzahlen, die Flächenmaße der Gebäude, die Geschosszahlen, die Abstandsflächen zwischen Gebäude und Straße sowie die Grünflächenstruktur im Untersuchungsgebiet. Ein Bewertungsschema beurteilt die Stärken und Schwächen des Gebiets im Blick auf verschiedene Kategorien, u.a. die Dynamik der städtebaulichen Entwicklung, die Infrastruktur, die Wohn- und Freiraumqualitäten sowie die Sozialstruktur. Neben dieser Charakterisierung der Gebiete werden geeignete Entwicklungsziele und Handlungsempfehlungen formuliert und schließlich verschiedene Instrumente zur Steuerung der Gebietsentwicklung diskutiert.[761]

Bis 2018 werden drei weitere Testgebiete untersucht, um die Übertragbarkeit der Methode des Rahmenplans zu prüfen. Die Ergebnisse der Untersuchung sollen voraussichtlich Mitte 2018 in einen Beschlussentwurf münden, in dem der Stadtrat über das weitere Vorgehen entscheidet.[762]

In welchem Maße das Instrument des Rahmenplans zum Erhalt der Gebiete mit Gartenstadtcharakter beitragen kann, ist noch unklar. Die Evalu-

---

759 Stadtbaurätin in: Ausschuss für Stadtplanung und Bauordnung, Vortrag am 25.10.2017, 14-20/V09880, S. 2 f.

760 Ebd., S. 3.

761 Ebd., S. 4ff.

762 Ebd., S. 9; Referat für Stadtplanung und Bauordnung, Antwort auf BA-Antrag 14-20/B03989 vom 16.05.2017.

ierung der blockweisen Betrachtung und der Rahmenplanung Gartenstadt ist spätestens für das Jahr 2020 geplant.

Nach wie vor kritisieren die betroffenen Bezirke die fehlende rechtliche Verbindlichkeit bei der von der Stadt bevorzugten informellen Planungsstrategie. Gefordert wird weiterhin die Anwendung bauleitplanerischer Instrumente.[763]

Das Bündnis Gartenstadt beklagt zudem, dass die sich seit 2004 vollziehende Nachverdichtung in den Gebieten mit Gartenstadtcharakter bereits weit fortgeschritten ist. Die von der Stadt geplanten Maßnahmen zum Erhalt der Gartenstädte kämen zu spät:

> „In den letzten fünf Jahren hat sich so viel verändert. Ich würde mal sagen: 20 % der Gebäude sind vielleicht ausgetauscht [...]. Und damit ist es jetzt auch illusorisch geworden. Es ist zu spät."[764]

> „Spätestens als damals diese Gartenstadtsatzung [...] aufgehoben wurde. [...] Da hätte man eigentlich einsteigen müssen, [...] direkt."[765]

6.4 *Fallstudie 4: ‚Wohnen am Waldpark' in Potsdam*

Auf einer 26.600 m^2 großen Fläche östlich von Potsdam-Babelsberg ist die Realisierung eines Wohnungsbauprojekts mit 12 Mehrfamilienhäusern und etwa 100 Eigentumswohnungen geplant. Da das Grundstück nach ursprünglicher Auffassung im Außenbereich liegt, sollte die Umsetzung auf Basis eines vorhabenbezogenen Bebauungsplans erfolgen. Der bereits ausverhandelte und vom Investor unterschriebene Durchführungsvertrag lag der Stadtverordnetenversammlung (SVV) zur Beschlussfassung vor, wurde jedoch am 09.09.2015 mehrheitlich ablehnt. Die SVV forderte vom Investor erstmals die Schaffung von 10 % Sozialwohnungen. Der Investor stellte daraufhin Bauanträge nach § 34 BauGB.

Die Bauaufsichtsbehörde lehnte die Anträge nach § 34 BauGB ab, woraufhin der Investor Klage beim VG Potsdam einreichte. Der Rechtsstreit endete Anfang Dezember 2017 vorzeitig mit einem außergerichtlichen Vergleich. Das Projekt soll nun, mit Ausnahme eines Gebäudes, über einen vorhabenbezogenen Bebauungsplan umgesetzt werden. Der Anteil an mietpreis- und belegungsgebundenen Wohnungen beträgt 8 %.

---

763 Aktuell: BV-Empfehlung Nr. 14-20/E01439 vom 25.04.2017, behandelt im Planungsausschuss am 25.10.2017, 14-20/V09376; C4, Z. 378ff.; C5, Z. 188ff.

764 C4, Z. 241ff.

765 C5, Z. 618ff.

Im Rahmen der Feldarbeit wurden folgende Experteninterviews durchgeführt:

Tabelle 5: Experteninterviews Fallstudie 4 (Eigene Darstellung)

Fallstudie 4	Experte	Funktion / Charakterisierung	Datum	Dauer (Min.)
'Wohnen am Waldpark' Potsdam	Informant D1	• Fachbereichsleiter Stadtplanung und Stadterneuerung	28.06.2017	62:36
	Informant D2	• Investor • Stadtverordneter • Vorsitzender der Fraktion Bürgerbündnis/FDP • Mitglied im Planungsausschuss[1] (seit 2011)	29.06.2017	27:10
	Informant D3	• Stadtverordneter • Vorsitzender der SPD-Fraktion • Mitglied im Planungsausschuss (seit 2011)	29.06.2017	31:16
	Informant D4	• Stadtverordneter (Die Linke) • Vorsitzender des Planungsausschusses (seit 2014)	03.07.2017	~ 20

[1] Ausschuss für Stadtentwicklung, Bauen und Verkehr (seit 2014)

6.4.1 Ausgangslage

Das Projektgebiet ist eine unbebaute Fläche im Potsdamer Ortsteil Stern und liegt im inneren Bereich eines ca. 72.300 m² großen historischen Sanatorium-Geländes zwischen Großbeerenstraße, Grotrianstraße und Ziolkowskistraße (Abb. 8, Bereich E). Die Gebäude des Sanatoriums wurden von den 1950er-Jahren an bis 1992 als Lazarett genutzt (Abb. 8, Bereich A). Von 1992 bis 2008 befand sich dort die Potsdamer Außenstelle der Stasi-Unterlagenbehörde. Ab 2010 stehen die im Maximum viergeschossigen Gebäude unter Denkmalschutz.[766]

Das gesamte Gebiet in den Bereichen A, C, D und E (Abb. 8) wurde Anfang 2012 von der Bundesanstalt für Immobilienaufgaben an einen Potsdamer Investor verkauft.[767] Dieser gehörte von 2005 bis 2008 der SPD-Fraktion in der Stadtverordnetenversammlung an. Seit 2008 ist er Mitglied der Fraktion Bürgerbündnis-FDP und seit 2014 deren Vorsitzender.

Die bauliche Entwicklung des gesamten Geländes war Gegenstand eines am 28.08.2012 beschlossenen städtebaulichen Vertrags zwischen Vorhabenträger und Gemeinde.[768] Im Vertrag heißt es in Bezug auf die zum

766 Entwurf Vorhabenbezogener B-Plan Nr. 33 ‚Waldpark Großbeerenstraße', Begründung, Stand: 09.02.2015, S. 2.

767 Ebd., S. 1.

768 Abschluss des Vertrags am 27.04./24.05.2012, SVV-Beschluss am 28.08.2012, 12/SVV/0411.

damaligen Zeitpunkt im FNP 2001 als Grünflächen und im Waldkataster als Wald gekennzeichneten Entwicklungsflächen (Bereiche C, D und E), sie seien „als planungsrechtlicher Außenbereich i.S. des § 35 BauGB anzusehen."[769]

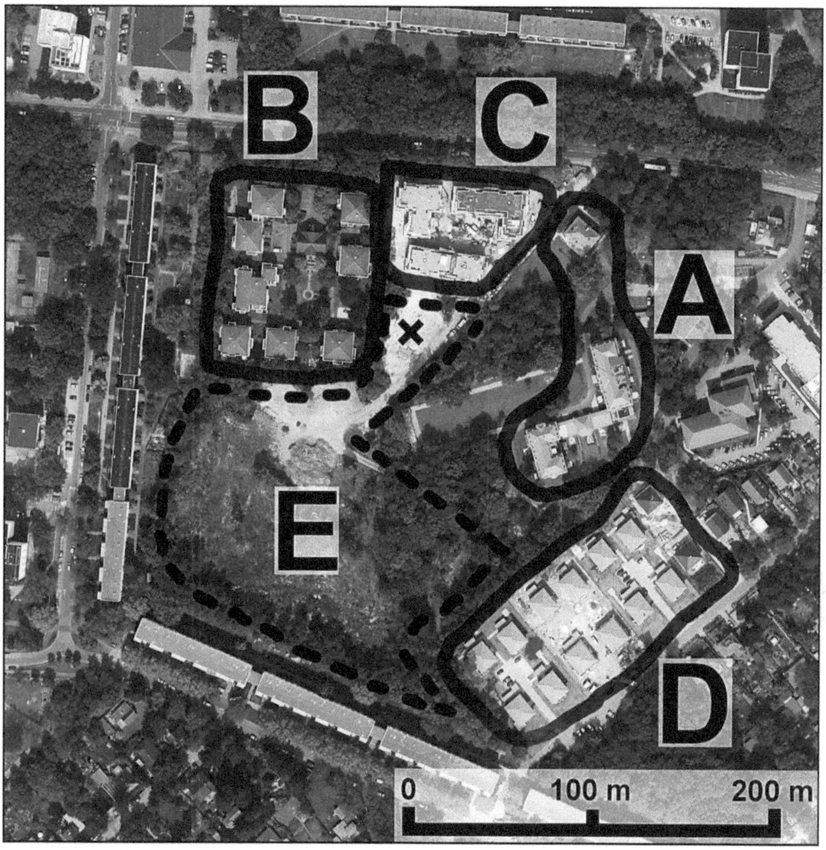

Abb. 8: Übersicht – Sanatoriums-Gelände
(Geobasisdaten © GeoBasis-DE/LGB (2018), GB-D 01/18, verändert)

Die Sanatoriums-Gebäude wurden entsprechend der Vereinbarung im städtebaulichen Vertrag denkmalgerecht instandgesetzt und modernisiert.

769 Städtebaulicher Vertrag zur baulichen Entwicklung des Areals Großbeerenstraße 301-309, 12/SVV/0411, Anlage 6, S. 1.

Die Genehmigung der Nutzungsänderung zum Wohnen erfolgte über § 35 Abs. 4 S. 1 Nr. 4 BauGB (Abb. 8, Bereich A).[770]

Nördlich angrenzend an das Untersuchungsgebiet befindet sich eine in den 1990er-Jahren über einen vorhabenbezogenen Bebauungsplan genehmigte Wohnanlage mit acht Mehrfamilienhäusern, die rund um ein altes Wohnhaus mit dazugehöriger Gartenanlage aus den 1920er-Jahren angeordnet sind (Abb. 8, Bereich B). Sieben der acht Wohngebäude haben drei Vollgeschosse plus Staffelgeschoss.[771]

Östlich der Wohnanlage aus den 1990er-Jahren befinden sich drei mehrgeschossige Wohngebäude, die im Jahr 2015 errichtet wurden. Die Genehmigung dieser im Außenbereich gelegenen Vorhaben erfolgte über § 35 Abs. 2 BauGB (Abb. 8, Bereich C).[772] Die südöstlich des Projektgebiets liegende, im Jahr 2015 fertiggestellte Wohnsiedlung mit zweigeschossigen Ein- und Zweifamilienhäusern wurde ebenfalls über § 35 Abs. 2 BauGB umgesetzt (Abb. 8, Bereich D).[773]

Die planerische und gestalterische Vorbereitung beider auf Grundlage des § 35 Abs. 2 BauGB realisierten Bauprojekte im Bereich C und D (Abb. 8) war Bestandteil des städtebaulichen Vertrags von 2012. Im FNP 2014 wurden die Flächen statt als Grünflächen als Wohngebiete dargestellt, um einer Zulässigkeit nach § 35 Abs. 2 BauGB nicht entgegenzustehen (§ 35 Abs. 3 S. 1 Nr. 1 BauGB).[774]

Die gut 2,6 ha große Fläche im Inneren des Gebiets ist im FNP 2014 weiterhin als Grünfläche dargestellt und gilt nach wie vor gemäß § 2 LWaldG als Wald (Abb. 8, Bereich E).[775] Westlich und südlich des Untersuchungsgebiets erstreckt sich eine fünfgeschossige Wohnbebauung aus den 1970er-Jahren.[776]

Die ursprüngliche Planung des Investors sah die Errichtung von 15 viergeschossigen, frei stehenden Mehrfamilienhäusern auf insgesamt ca.

770 Ebd., S. 2.

771 Das im äußersten Nordwesten gelegene Gebäude hat fünf Vollgeschosse plus Staffelgeschoss (Vorhaben- und Erschließungsplan Nr. 7 Großbeerenstraße/ehemaliges Lazarett, 21.07.1994, Vorhabenplan); Vorhaben- und Erschließungsplan Nr. 7 Großbeerenstraße/ehemaliges Lazarett, 21.07.1994, Begründung, S. 2 f.

772 Entwurf Vorhabenbezogener B-Plan Nr. 33 ‚Waldpark Großbeerenstraße', Begründung, Stand: 09.02.2015, S. 16.

773 Die Grundstücksgrößen betragen hier im Schnitt 600 bis 700 m².

774 *Schiller* 2015, S. 3.

775 Entwurf Vorhabenbezogener B-Plan Nr. 33 ‚Waldpark Großbeerenstraße', Begründung, Stand: 09.02.2015, S. 8, 15.

776 Ebd., S. 2.

18.700 m^2 Grundstücksfläche im Projektgebiet vor. Es sollten etwa 108 Eigentumswohnungen entstehen, mit einer Mischung aus 2- bis 4-Raumwohnungen. Darüber hinaus war im östlichen Bereich des Projektgebiets eine öffentliche Grünfläche mit Parkanlage und Spielplatz auf einer Fläche von ca. 7.900 m^2 geplant.[777]

Im Winter 2012/2013 ließ der Vorhabenträger umfangreiche Rodungsarbeiten auf seinem Grundstück durchführen (Abb. 8, Bereich E) und stellte am 16.05.2013 bei der Landeshauptstadt Potsdam einen Antrag auf Einleitung des Verfahrens zur Aufstellung eines vorhabenbezogenen Bebauungsplans.[778]

Die SVV beschloss am 02.04.2014 die Aufstellung des vorhabenbezogenen B-Plans Nr. 33 ‚Waldpark Großbeerenstraße' und die Änderung des Flächennutzungsplans im Parallelverfahren. Nach Auffassung der SVV war die Aufstellung eines B-Plans erforderlich,

> „weil die Umsetzung der Planungsvorstellungen des Vorhabenträgers mit dem derzeitigen Baurecht nicht vereinbar ist. Die Flächen des Geltungsbereichs sind gegenwärtig als Außenbereich gemäß § 35 BauGB zu beurteilen sowie nicht aus dem Flächennutzungsplan entwickelbar – Darstellung als Grünfläche – und stehen ohne die Durchführung eines förmlichen Planverfahrens für die gewünschte städtebauliche Entwicklung nicht zur Verfügung."[779]

Die ab dem 30.01.2013 stadtweit geltende ‚Richtlinie zur Kostenbeteiligung bei der Baulandentwicklung' kam zur Anwendung. Im Durchführungsvertrag wurde daher u.a. die Übernahme der durch das Vorhaben entstehenden Kosten für soziale Infrastruktureinrichtungen durch den Investor vereinbart.[780] Das Thema des sozialen Wohnungsbaus war hingegen im damaligen Baulandmodell, obwohl bei dessen Aufstellung insbesondere von der SPD-Fraktion gefordert, in Ermangelung eines sozialen Woh-

---

777 Aufstellungsbeschluss zum Vorhabenbezogenen B-Plan Nr. 33 ‚Waldpark Großbeerenstraße', 02.04.2014, 14/SVV/0118, S. 1 f.

778 Entwurf Vorhabenbezogener B-Plan Nr. 33 ‚Waldpark Großbeerenstraße', Begründung, Stand: 09.02.2015, S. 2, 78.

779 Aufstellungsbeschluss zum Vorhabenbezogenen B-Plan Nr. 33 ‚Waldpark Großbeerenstraße', 02.04.2014, 14/SVV/0118, S. 1.

780 Die Schaffung von 12 Grundschul- und 8 Hortplätzen; Durchführungsvertrag zur Umsetzung des VEP Nr. 33, 15/SVV/0358, Anlage 6, S. 9; Richtlinie zur Kostenbeteiligung bei der Baulandentwicklung in der Landeshauptstadt Potsdam, Fassung vom 30.01.2013, 12/SVV/0703.

nungsbauförderungsprogramms des Landes Brandenburg nicht berücksichtigt.[781]

Am 03.06.2015 lag der ausverhandelte Planentwurf sowie der vom Vorhabenträger unterschriebene Durchführungsvertrag zur Beschlussfassung bei der SVV vor.[782] Zu diesem Zeitpunkt sollte die Wohnanlage nur noch aus 12 viergeschossigen Mehrfamilienhäusern mit insgesamt etwa 100 Eigentumswohnungen bestehen (Abb. 9).[783]

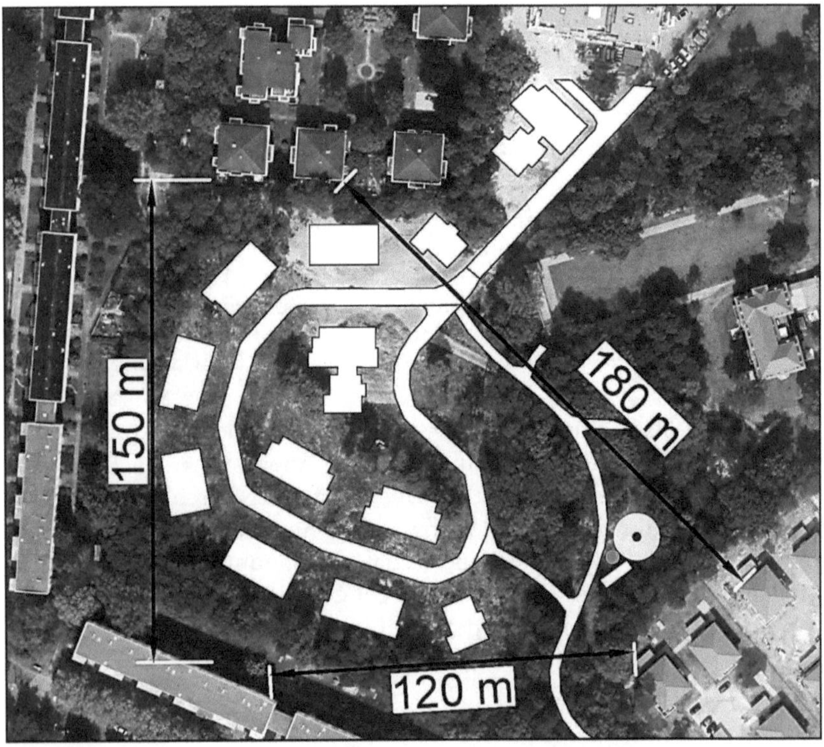

Abb. 9: Skizze zur Entwurfsplanung des VEP, Stand: 09.03.2015
(Geobasisdaten © GeoBasis-DE/LGB (2018), GB-D 01/18, verändert)

781 Antrag vom 18.10.2010, Drucksache 11/SVV/0796; Zwischenbericht ‚sozial gerechte Bodennutzung' im Mai 2012, 11/SVV/0796, Anlage 1, S. 2 f.; D1, Z. 207ff.

782 SVV der Landeshauptstadt Potsdam, Sitzung am 03.06.2015, Vorlage 15/SVV/0358; D1, Z. 230 f.; D4, Z. 1ff.

783 Entwurf Vorhabenbezogener B-Plan Nr. 33 ‚Waldpark Großbeerenstraße', Begründung, Stand: 09.02.2015, S. 1.

6.4.2 Problemstellung

In der Landeshauptstadt Potsdam lässt sich seit der Jahrtausendwende ein starkes Bevölkerungswachstum feststellen. Im Jahr 2007 betrug die Einwohnerzahl circa 150.000. Einer Prognose aus dem Jahr 2012 zufolge sollte die Einwohnerzahl bis 2025 auf ca. 175.000 wachsen.[784] Nach der aktuellen Prognose von 2018 wird bis 2025 mit knapp 200.000 und bis 2035 mit etwa 220.000 Einwohnern gerechnet.[785] Der Potsdamer Wohnungsmarkt ist dementsprechend angespannt und das Thema Wohnungsneubau von hoher Priorität. Insbesondere werden der „Erhalt und die Schaffung bezahlbarer Wohnungen […] in den nächsten Jahren sehr wichtige Aufgaben bleiben.“[786]

Anfang 2014 wurde die Förderung des sozialen Wohnungsneubaus im Land Brandenburg wiedereingeführt, und die politische Diskussion um die Ausweitung des Potsdamer Baulandmodells auf das Thema der sozialen Wohnraumversorgung nach dem Vorbild anderer Städte begann erneut.[787] In diese Zeit fiel die Entscheidung über das geplante Wohnungsbauprojekt auf dem ehemaligen Sanatoriums-Gelände:

Einem Antrag der SPD-Fraktion folgend, lehnte die SVV den vorgelegten Durchführungsvertrag am 09.09.2015 ab. Der Auslegung des Planentwurfs werde nur zugestimmt, wenn

> „ergänzende vertragliche Regelungen dahingehend ausgehandelt worden sind, dass etwa zehn Prozent der zu errichtenden Wohnungen als mietpreis- und belegungsgebundene Wohnungen zur Verfügung gestellt werden.“[788]

Dieser Vorstoß steht im Zusammenhang mit dem Antrag der SPD-Fraktion zur Novellierung des Baulandmodells vom 16.11.2015, in dem zukünf-

784 Evaluierung Stadtentwicklungskonzept (STEK) Wohnen, 25.02.2014, 14/SVV/0044, Anlage, S. 3.

785 Landeshauptstadt Potsdam 2018.

786 Evaluierung Stadtentwicklungskonzept (STEK) Wohnen, 25.02.2014, 14/SVV/0044, Anlage, S. 25.

787 Eine Ausweitung des Baulandmodells auf Maßnahmen des sozialen Wohnungsbaus sollte im Rahmen des Bebauungsplans Nr. 145 ‚Am Humboldtring‘ modellhaft durchgeführt werden. Die entsprechende Zielformulierung auf Initiative der SPD-Fraktion hin war in diesem Fall bereits Bestandteil des Aufstellungsbeschlusses vom 01.04.2015 (Vorlage 14/SVV/0783). Der Auslegungsbeschluss erfolgte am 06.12.2017 (Vorlage 17/SVV/0704).

788 SVV der Landeshauptstadt Potsdam, Beschluss vom 09.09.2015, 15/SVV/0358.

tig eine Kostenbeteiligung an der Schaffung von mietpreis- und belegungsgebundenem Wohnraum gefordert wird.[789]

> „Jetzt kommt sozusagen die Stadtseite einseitig mit einem noch nicht politisch durchdiskutierten Anpassungsstand dieser Richtlinie, der die Bedingungen für die Investoren verschärfen soll, und [der Vorhabenträger] soll jetzt hier der erste […] sein, der unter dieser Verschärfung leiden soll."[790]

Weitere Gründe für die Haltung der SPD-Fraktion sehen viele Akteure in Animositäten gegen den Vorhabenträger, der 2008 im Streit aus der Fraktion ausgeschieden ist:[791]

> „Da gibt es [ein] gehöriges Maß an persönlichen Antipathien, die an der Stelle eine Rolle spielen. Immer wieder Hakeleien, wenn es um Projekte dieser Firma geht […]. Das wird nicht offen kommuniziert, sondern das findet eher auf einer subtilen und sachlich verbrämten Ebene statt."[792]

Der Investor kam der neuen Forderung der SVV nicht nach:

> „Die Stadt kann nicht mit mir im B-Planverfahren vereinbaren und sagen: Wir machen das so und dann unterwegs die Spielregeln ändern."[793]

Am 27.01.2016 beschloss die SVV die Novellierung der ‚Richtlinie zur sozialgerechten Baulandentwicklung in der Landeshauptstadt Potsdam'. Das neue Potsdamer Baulandmodell trat mit Beschluss vom 25.01.2017 in Kraft. Fortan waren

> „mindestens 20 % der möglichen Wohnfläche […] im Bebauungsplangebiet […] mit Mietpreis- und Belegungsbindungen zu errichten, um die Deckung des Wohnbedarfs von Bevölkerungsgruppen mit besonderen Wohnraumversorgungsproblemen zu verbessern."[794]

6.4.3 Maßnahmen

Ende 2015 stellte der Investor 13 Einzelanträge auf Baugenehmigung für die seiner Auffassung nach gemäß § 34 BauGB zulässigen Vorhaben. Die untere Bauaufsichtsbehörde in der Stadtverwaltung der Landeshauptstadt Potsdam lehnte die Bauanträge ab, da die Vorhaben im bauplanungsrecht-

789 Novellierung Richtlinie zur Kostenbeteiligung bei der Baulandentwicklung, Antrag vom 16.11.2015, 15/SVV/0833.

790 D1, Z. 231ff.

791 D4, Z. 4 f.; D2, Z. 106ff.; D1, Z. 215ff.

792 D1, Z. 218ff.

793 D2, Z. 129 f.

794 Richtlinie zur sozialgerechten Baulandentwicklung in der Landeshauptstadt Potsdam (Potsdamer Baulandmodell), Stand: 26.10.2016, 16/SVV/0728, S. 14.

lichen Außenbereich lägen und somit den Darstellungen des Flächennutzungsplans entgegenstehen (§ 35 Abs. 3 S. 1 Nr. 1 BauGB). Übereinstimmend heißt es bereits in der Begründung zum Bebauungsplanentwurf:

> „Eine Bebauung [ist] weder auf der Grundlage von § 34 BauGB [...] noch auf der Grundlage von § 35 BauGB [...] möglich. Es muss deshalb ein Bebauungsplan aufgestellt werden."[795]

Der Investor legte erfolglos Widerspruch ein und erhob schließlich in acht Fällen Klage vor dem VG Potsdam.[796]

Zu diesem Zeitpunkt entsprach das Vorhaben hinsichtlich der geplanten Wohnbebauung weitestgehend dem letzten Stand des Bebauungsplanentwurfs. Die bislang vorgesehene öffentliche Grünfläche mit Parkanlage und Spielplatz im Osten des Projektgebiets sowie die Maßnahmen der sozialen Infrastruktur im Rahmen des Baulandmodells waren hingegen nicht mehr Teil der Planung:[797]

> „Wenn ich [...] gewinne, dann kann ich diese ganze Fläche bebauen. Das heißt, ich habe nicht nur gespart die 400.000 Euro für Kitas, ich habe nicht nur gespart die 200.000 für die Anlegung des [...] Spielplatzes, ich habe darüber hinaus noch weitere Baugrundstücke, sodass ich dann, ich glaube, nochmal 2.000 Quadratmeter [...] Wohnfläche draufbauen kann."[798]

Die Rechtsauffassung der Stadt, nach der keines der beantragten Vorhaben nach § 34 BauGB zulässig ist, stützt sich auf mehrere Argumente, die in einem Rechtsgutachten ausgeführt werden:

Problematisch wird vor allem das Vorhandensein eines Bebauungszusammenhangs gesehen. Die Freifläche mit einer Größe von 26.600 m^2 habe ein eigenständiges städtebauliches Gewicht. Sie stelle sich nicht als regelhafte Fortsetzung der umgebenden, verschiedenartigen Bebauung dar. Eine eher kleinteilige, aufgelockerte Bebauung im Norden und Osten des Gebiets steht einer geschlossenen Bebauung im Westen und Süden gegenüber. Die geplante Bebauung der Freifläche dränge sich nicht „als zwanglose Fortsetzung der vorhandenen Bebauung auf"[799] und könne daher

795 Entwurf Vorhabenbezogener B-Plan Nr. 33 ‚Waldpark Großbeerenstraße', Begründung, Stand: 09.02.2015, S. 3.

796 D1, Z. 266ff.; VG Potsdam, Beschl. v. 21.11.2017 – VG 4 K 2902/16, 17/SVV/0874, (gerichtlicher Vergleich).

797 In einem Teilbereich der ursprünglich geplanten öffentlichen Grünfläche sollte ein privater Spielplatz für die Anwohner entstehen (Kirsch & Drechsler Hausbau Gesellschaft mbH 2016, S. 2, 17, 23).

798 D2, Z. 193ff.

799 BVerwG, Beschl. v. 15.09.2005 – 4 BN 37.05, ZfBR 2006, 54.

nicht als Vorhaben im Innenbereich beurteilt werden (vgl. Abb. 8 und 9).[800]

Eines der beantragten Wohngebäude (‚Haus 4‘) soll im Nordosten des Projektgebiets angrenzend an die Baufelder B und C errichtet werden (Abb. 8, Markierung X und Abb. 9). Die prägende Wirkung der vorhandenen Bebauung wird im Rechtsgutachten der Stadt in diesem Fall zwar zum Teil anerkannt, das Vorliegen eines Bebauungszusammenhangs jedoch verneint: Es handele sich nicht um eine klassische Baulücke, da die Anordnung der umliegenden Wohnhäuser uneinheitlich ist. Das Grundstück stelle sich vielmehr als Teil der Brach- und Waldfläche dar.[801]

Im Rechtsgutachten wird weiterhin ausgeführt, dass selbst bei einer Bejahung eines Bebauungszusammenhangs die Zulässigkeit der Vorhaben nach § 34 BauGB fraglich ist. Im Blick auf den vorhandenen Ausbauzustand des unbefestigten Weges bestünden Zweifel an der gesicherten Erschließung.[802] Darüber hinaus sind im Rahmen der Baugenehmigungsverfahren die materiellen Voraussetzungen der Waldumwandlung zu prüfen (§ 8 Abs. 1 und 2 LWaldG). Die Interessen des Waldbesitzers und die Interessen der Allgemeinheit sind gegeneinander und untereinander abzuwägen, was ein weiteres Genehmigungshindernis darstellen könnte.[803]

Ein vom Vorhabenträger in Auftrag gegebenes Rechtsgutachten stützt die Gegenposition, die eine bauplanungsrechtliche Zulässigkeit nach § 34 BauGB bejaht. Die Einsichtnahme wurde nicht gewährt.

6.4.4 Konsequenzen

Das Gerichtsverfahren sollte Ende 2017 zum Abschluss kommen.

> „Ein am 05.09.2017 durchgeführter Ortstermin des Verwaltungsgerichtes mit den Verfahrensbeteiligten hat keine abschließende Klarheit über die zu erwartende gerichtliche Entscheidung gebracht.“[804]

Für den 17.11.2017 wurde eine mündliche Verhandlung vor dem VG Potsdam anberaumt. Wenige Tage zuvor, am 14.11.2017, beriet der Planungs-

800 *Schiller* 2015, S. 11ff.

801 Ebd., S. 14.

802 Der Ausbau des Weges wurde in den Bauanträgen nicht dargelegt (*Schiller* 2015, S. 9).

803 Ebd.

804 Ausschuss für Stadtentwicklung, Bauen und Verkehr, Sitzung am 14.11.2017, TOP Ö 4.14.

ausschuss über einen vom Vorhabenträger angebotenen außergerichtlichen Vergleich. Darin erklärte sich der Vorhabenträger bereit, das ausgesetzte Verfahren zur Aufstellung des vorhabenbezogenen Bebauungsplans Nr. 33 unter der von der Stadt am 09.09.2015 geforderten Auflage der Schaffung eines Anteils von 10 % mietpreis- und belegungsgebundenen Wohnungen fortzuführen. Im Gegenzug solle die planungsrechtliche Zustimmung für das im Norden des Gebiets gelegene Wohngebäude (‚Haus 4') „nach § 34 BauGB zugesichert und das Baugenehmigungsverfahren auf dieser Grundlage zügig fortgeführt werden."[805] Der Bebauungsplan würde insofern nur 12 der insgesamt 13 geplanten Wohngebäude umfassen.

Der Planungsausschuss gab ein positives Meinungsbild zum vorgestellten Vergleichsangebot ab,[806] der Vorhabenträger zog dieses daraufhin jedoch zurück. Am 21.11.2017 schlug das Gericht ein leicht modifiziertes Vergleichsangebot vor, in dem der Anteil an mietpreis- und belegungsgebundenen Wohnungen nur noch 5 % betragen solle. Die Verwaltung empfahl die Ablehnung dieses Vorschlags und die Fortführung des Gerichtsverfahrens.[807]

Mit knapper Mehrheit setzte sich in der SVV ein Änderungsantrag durch, der das vom Gericht vorgelegte Vergleichsangebot unter der Voraussetzung akzeptierte, dass der Anteil der Wohnfläche mit Mietpreis- und Belegungsbindung nicht 5 %, sondern 8 % beträgt.[808] Der Vorhabenträger erteilte seine Zustimmung für das von der Stadt in geänderter Form gebilligte Vergleichsangebot.[809]

Der Baubeginn des Projekts ‚Wohnen am Waldpark' soll 2018 erfolgen. Die Fertigstellung ist für Ende 2020 geplant.

805 Ebd.

806 Keine Gegenstimmen; ebd.

807 Oberbürgermeister Jakobs: „Wir haben hier die Baulandrichtlinie beschlossen. Darin ist auch definiert, mit welchen Vorgaben wir unter Umständen Investoren verpflichten wollen, sozialen Wohnungsbau realisieren zu wollen. […] Wenn wir hier anfangen, bereits im Vorfeld eventueller Gerichtsbeschlüsse da nachzugeben, dann wird jeder Investor versuchen, mit uns darüber zu verhandeln." (Sitzung der SVV am 06.12.2017, TOP Ö 8.4, Videoaufzeichnung).

808 SVV der Landeshauptstadt Potsdam, Sitzung am 06.12.2017, TOP Ö 8.4, 17/SVV/0874.

809 Ausschuss für Stadtentwicklung, Bauen und Verkehr, Sitzung am 12.12.2017, TOP Ö 6.

6.5 Fallstudie 5: Nachverdichtung in Eckernförde

6.5.1 Ausgangslage

Eckernförde ist eine ca. 22.000 Einwohner zählende kreisangehörige Stadt an der Ostseeküste in Schleswig-Holstein.[810] Von 2003 bis 2011 wurde ein Bevölkerungsrückgang um 3,7 % verzeichnet. Aufgrund sinkender Haushaltsgrößen bei steigender Wohnfläche pro Person wuchs im gleichen Zeitraum die Anzahl der Haushalte in Eckernförde. Einer Prognose aus dem Jahr 2011 zufolge sollte die Anzahl der Haushalte noch etwa bis zum Jahr 2020 steigen und danach aufgrund des demographischen Wandels wieder zurückgehen. Kurz- bis mittelfristig war daher mit einem moderaten Bedarf an zusätzlichem Wohnraum zu rechnen.[811]

Die räumliche Lage der zwischen Ostseeküste und Windebyer Noor gelegenen Stadt Eckernförde setzt den Möglichkeiten der Siedlungsexpansion natürliche Grenzen. Daher ist die städtebauliche Nachverdichtung von besonderer Relevanz:[812]

> „Das Thema Nachverdichtung spielt eine große Rolle, weil die Eckernförder Grenzen ja sehr beengt sind. Wir haben nicht die Möglichkeit, wie andere Städte in alle Richtungen zu wachsen, sondern wir haben definitiv ja nur den Norden und den Süden, wo wir dann auch schon auf andere Grenzen stoßen und dadurch nicht so die Möglichkeit haben, uns zu vergrößern."[813]

Im Rahmen der Feldarbeit wurden folgende Experteninterviews durchgeführt:

Tabelle 6: Experteninterviews Fallstudie 5 (Eigene Darstellung)

Fallstudie 5	Experte	Funktion / Charakterisierung	Datum	Dauer (Min.)
Nachverdichtung in Eckernförde	Informant E1	• Bauamt Eckernförde, Abteilung Stadtplanung	05.04.2017	~ 45
	Informant E2	• Bauamt Eckernförde, Abteilung Bauaufsicht	05.04.2017	~ 40
	Informant E3	• Ratsherr (Fraktion Bürger-Forum) • Vorsitzender des Bauausschusses (2013 bis 2017)	05.04.2017	62:22
	Informant E4	• Bürgerinitiative 'Bauen in Eckernförde'	05.04.2017	60:06

810 Die Stadt Eckernförde zählt zu den amtsfreien Gemeinden, denen die Aufgaben der unteren Bauaufsichtsbehörde übertragen wurden (§ 1 der 8. VO-LBO).

811 Stadt Eckernförde 2013, S. 75.

812 Ebd., S. 92ff., 108 f.

813 E3, Z. 5ff.

6.5.2 Problemstellung

Aufgrund baulicher Entwicklungen und Veränderungstendenzen in bestehenden Wohnsiedlungen befasste sich die Ratsversammlung im Jahr 2007 mit dem Thema der Nachverdichtung.[814] Die Kommunalpolitik sah die Gefahr, dass eine ungesteuerte Nachverdichtung auf Basis des:

> „§ 34 BauGB zu einer möglicherweise ungewollten oder nicht gebietsverträglichen Binnenverdichtung führen könnte."[815]

Am Beispiel einer Wohnsiedlung in der Käthe-Kollwitz-Straße lässt sich die Problemstellung verdeutlichen: Die um 1936 entstandene Bebauung auf einer Fläche von ca. 20.000 m^2 weist eine große architektonische und städtebauliche Einheitlichkeit auf. Jedes der 34 Gebäude wurde als Zweifamilienhaus mit separaten Eingängen konzipiert. Sowohl First- und Traufhöhen als auch die Dach- und Fassadengestaltung sind weitestgehend einheitlich, ebenso die Kubatur und die Lage der eingeschossigen Gebäude auf den Grundstücken. Die Bebauungsstruktur hebt sich deutlich von der Umgebung ab.[816]

Die Grundstücke befanden sich ursprünglich im Eigentum eines gemeinnützigen Wohnungsunternehmens, wurden jedoch um das Jahr 2010 herum sukzessive an private Einzeleigentümer veräußert. Infolgedessen stieg der bauliche Veränderungsdruck in der im unbeplanten Innenbereich gelegenen Siedlung. Verschiedene bauliche Maßnahmen, u.a. in Form von An- und Umbauten, Sanierung oder in zwei Fällen Neubau, setzten eine Gebietsentwicklung in Gang.[817]

6.5.3 Maßnahmen

Da in mehreren Wohnsiedlungen potenziell mit Verdichtungsprozessen nach § 34 BauGB zu rechnen war, beauftragte die Ratsversammlung das Bauamt mit Beschluss vom 04.07.2007 mit der Ermittlung von sogenann-

---

814 Ratsversammlung der Stadt Eckernförde, Beschluss vom 04.07.2007, 64/2007.

815 Bau- und Umweltausschuss der Stadt Eckernförde, Mitteilungsvorlage vom 27.09.2012, MI-9/2012.

816 Stadt Eckernförde, Einfacher Bebauungsplan Nr. 71 ‚Käthe-Kollwitz-Straße', Begründung, 29.09.2016, S. 3ff.

817 Ebd., S. 6f.

ten ‚Verdachtsgebieten'.[818] Der Festlegung von Verdachtsgebieten wurden mehrere Beurteilungskriterien zugrunde gelegt: Infrage kommen erstens Wohngebiete mit „teilweise sehr großen bzw. tiefen Grundstücken und geringer baulicher Grundstücksausnutzung"[819], zweitens „ältere gewachsene Wohngebiete, in denen ein Generationswechsel zu beobachten oder zu erwarten ist"[820] und drittens Wohngebiete mit älterem Baubestand in lukrativen Lagen. Lassen sich in solchen Gebieten aktuelle Veränderungstendenzen feststellen, etwa durch Bauanträge oder Bauvoranfragen, sind die Voraussetzungen für die Festlegung als Verdachtsgebiet erfüllt.

Bis Ende 2008 wurden 10 Verdachtsgebiete ermittelt.[821] Dem Beschluss vom 04.07.2007 folgend, sollten die Verdachtsgebiete von der Verwaltung untersucht und anschließend über mögliche bauleitplanerische Maßnahmen zur Steuerung der Entwicklung entschieden werden.[822] Dies blieb jedoch zunächst aus.

Angesichts neuer öffentlicher Diskussionen über die städtebauliche Entwicklung von Eckernförde beschloss der Bauausschuss am 29.08.2012 die Umsetzung des früheren Ratsbeschlusses zur Untersuchung der Verdachtsgebiete. Unter Einbeziehung der aktuellen baulichen Veränderungstendenzen ließen sich nun 15 Verdachtsgebiete identifizieren.[823]

Seit Ende 2012 werden die ermittelten Verdachtsgebiete sukzessive untersucht. Zentrale Kriterien sind dabei die Bebauungs- und Nutzungsstruktur, Grundstücksgrößen und -zuschnitte sowie Grün- und Freiflächenstruktur. Weiterhin werden gebietsprägende Besonderheiten und die vorhandenen Sozialstrukturen erfasst. Stets erfolgt dabei eine Analyse der Verträglichkeit potenziell eintretender städtebaulicher Verdichtung nach § 34 BauGB. Die mit Fotos und Karten aufbereiteten, thematisch untergliederten Bestandsaufnahmen münden jeweils in Empfehlungen hinsichtlich des Erfordernisses bauleitplanerischer oder sonstiger Maßnahmen zur Steuerung der Gebietsentwicklung. Auf Grundlage der Verdachtsgebietsstudien

---

818 Ratsversammlung der Stadt Eckernförde, Beschluss vom 04.07.2007, 64/2007; Stadt Eckernförde 2017, S. 146.

819 Bau- und Umweltausschuss der Stadt Eckernförde, Mitteilungsvorlage vom 30.10.2008, MI-14/2008, S. 1.

820 Ebd.

821 Bau- und Umweltausschuss der Stadt Eckernförde, Beschluss vom 29.08.2012, 89/2012, Dokument: Übersichtsplan vom 17.02.2009.

822 Bau- und Umweltausschuss der Stadt Eckernförde, Mitteilungsvorlage vom 30.10.2008, MI-14/2008, S. 2.

823 Bau- und Umweltausschuss der Stadt Eckernförde, Beschluss vom 29.08.2012, 89/2012.

führt der Bauausschuss jeweils Ortsbesichtigungen durch, bevor gegebenenfalls Maßnahmen zur Steuerung der Nachverdichtung beschlossen werden.[824]

Die Verdachtsgebietsuntersuchung zur Wohnsiedlung in der Käthe-Kollwitz-Straße wies darauf hin, dass eine bauliche Weiterentwicklung nach § 34 BauGB nur teilweise gebietsverträglich ist: Durch An- und Umbauten in den rückwärtigen Gebäudebereichen ist eine deutlich höhere Grundstücksausnutzung zu erwarten. Die Verdichtung des Gebiets würde die charakteristische Bebauungsstruktur beeinträchtigen. Weiterhin ist das erhaltenswerte homogene Erscheinungsbild der Siedlung von bereits eintretenden gestalterischen Veränderungen gefährdet.[825]

> „Ohne gestalterische Regelungen ist zu befürchten, dass sich die städtebauliche Eigenart des Gebietes langfristig verändern und die noch immer vorhandene architektonische und städtebauliche Einheitlichkeit verloren geht."[826]

Die Verdachtsgebietsstudie mündete in die Empfehlung, dass eine grundsätzliche Steuerung über einen Bebauungsplan nicht erforderlich sei, um die noch weitestgehend intakte Bebauungsstruktur zu erhalten. Es bestehe kein generelles Planungserfordernis. Die Steuerung der Gestaltung hingegen könne über eine Gestaltungssatzung (§ 84 Abs. 1 LBO SH) oder über gestalterische Festsetzungen in einem Bebauungsplan erfolgen (§ 84 Abs. 3 LBO SH).[827]

Nach einer Ortsbegehung am 05.05.2014 fasste der Bauausschuss am 02.07.2014 den Beschluss, die Gebäudegestaltung im Bereich Käthe-Kollwitz-Straße über eine Gestaltungssatzung zu steuern.[828]

Aktuelle Entwicklungstendenzen erforderten bereits kurz darauf striktere Maßnahmen:

> „Man [hat] gedacht, das funktioniert, aber dann artete das innerhalb von einem Monat völlig aus, was die Leute da bauen wollten […] und dann

---

824 Ebd.; Bau- und Umweltausschuss der Stadt Eckernförde, Mitteilungsvorlage vom 27.09.2012, MI-9/2012, S. 3; Bau- und Umweltausschuss der Stadt Eckernförde, Mitteilungsvorlage vom 30.10.2008, MI-14/2008.

825 Stadt Eckernförde 2014, S. 1ff.

826 Stadt Eckernförde, Einfacher Bebauungsplan Nr. 71 ‚Käthe-Kollwitz-Straße', Begründung, 29.09.2016, S. 6; sinngemäß in Verdachtsgebietsstudie: Stadt Eckernförde 2014, S. 1ff.

827 Stadt Eckernförde 2014, S. 5.

828 Bau- und Umweltausschuss der Stadt Eckernförde, Beschluss vom 02.07.2014, TOP 12.

> haben wir gesagt: Gut, dann müssen wir eben doch einen B-Plan machen.“[829]

Am 25.09.2014 beschloss die Ratsversammlung die Aufstellung eines einfachen Bebauungsplans und den Erlass einer Veränderungssperre:

> „Da es in den letzten Jahren, u.a. durch Veräußerungen vieler Grundstücke, zu vermehrten baulichen Veränderungen gekommen ist, soll nun eine planungsrechtliche Steuerung erfolgen, um städtebauliche Konflikte zu vermeiden und einer unverträglichen Entwicklung entgegenzuwirken.“[830]

6.5.4 Konsequenzen

Der einfache Bebauungsplan Nr. 71 ‚Käthe-Kollwitz-Straße‘ trat nach dem Satzungsbeschluss vom 29.09.2016 am 07.10.2016 in Kraft. Seine Festsetzungen sollen eine behutsame Entwicklung des Gebiets gewährleisten:[831]

Die Wohngebäude werden von Baulinien eingerahmt, um die Bebauungsstruktur des Gebiets zu sichern. Zusätzliche Baufenster in den rückwärtigen Grundstücksbereichen eröffnen bauliche Erweiterungsmöglichkeiten für Anbauten oder Terrassen in einem durch Baugrenzen definierten Rahmen. Sowohl für die Bestandsbebauung als auch für die neuen Baufenster gelten klare Regelungen in Bezug auf die Geschossigkeit sowie die Trauf- und Firsthöhen. Weiterhin enthält der Bebauungsplan gestalterische Festsetzungen in Form von örtlichen Bauvorschriften gemäß § 84 LBO SH hinsichtlich der Fassaden- und Dachgestaltung.[832]

Unter Einhaltung dieser bauplanungsrechtlichen und gestalterischen Vorgaben kann sich das Gebiet nach § 34 BauGB entwickeln.

Die Untersuchungen zur Gebietsverträglichkeit der städtebaulichen Entwicklung nach § 34 BauGB in den Verdachtsgebieten werden sukzessive fortgeführt und im Bauausschuss diskutiert. Die aktuellen Verdachtsgebietsuntersuchungen sollen bis 2019 abgeschlossen sein.[833] Dabei ist zu bedenken, dass sich die entsprechenden Wohngebiete ständig weiterentwi-

---

829 E3, Z. 350ff., 357.

830 Ratsversammlung der Stadt Eckernförde, Beschluss vom 25.09.2014, 52/2014.

831 Stadt Eckernförde, Einfacher Bebauungsplan Nr. 71 ‚Käthe-Kollwitz-Straße‘, Begründung, 29.09.2016, S. 1, 7.

832 Ebd., S. 10ff.; Stadt Eckernförde, Einfacher Bebauungsplan Nr. 71 ‚Käthe-Kollwitz-Straße‘, Planzeichnung, 07.10.2016.

833 Bau- und Umweltausschuss der Stadt Eckernförde, Protokoll vom 21.01.2015, TOP 4.

ckeln. Gegenwärtig ist zwar keine dynamische Aktualisierung der Verdachtsgebietsstudien im Stile eines Monitorings angedacht, jedoch kann zukünftig bei Bedarf auf die bereits erfolgten Untersuchungen zurückgegriffen werden:[834]

> „Wenn da jetzt wieder Veränderungsdruck entsteht, wird die Verwaltung das wieder als Vorlage in den Bauausschuss transportieren. [...] Dann kennen schon alle das Gebiet. Wir haben dann alle schon mal drüber geredet, wir wissen, wo die Kinken sind, haben alle Bildmaterial und sind ja alle schon mal durchgelaufen... das ist dann einfacher und schneller zu handeln, wenn hier was ist."[835]

6.6 Fallstudie 6: Stadtentwicklung nach § 34 BauGB in Flensburg

Flensburg ist eine an der schleswig-holsteinischen Ostseeküste gelegene kreisfreie Stadt mit etwa 86.000 Einwohnern. Auf Basis der Planersatzvorschrift des § 34 BauGB wurden in den letzten Jahren mehrere umfangreiche Bauvorhaben realisiert bzw. befinden sich noch in der Umsetzung. Zwei Vorhaben in exponierter Lage sollen näher dargestellt werden: Das ‚Klarschiff', ein 2013 fertiggestelltes Wohnungsbauvorhaben am Ostufer der Flensburger Innenförde, und das Anfang 2018 genehmigte Tagungshotel auf dem Rathausvorplatz. Von besonderem Interesse ist darüber hinaus ein in Flensburg praktiziertes Verfahren zur Beteiligung der Öffentlichkeit bei Entscheidungen des gemeindlichen Einvernehmens (§ 36 BauGB) im Zusammenhang mit Vorhaben nach § 34 BauGB. Die Darstellung dieser kommunalen Handlungsstrategie im Kontext des § 34 BauGB lässt sich nicht in das übliche Gliederungsschema einordnen.

---

834 E1, Z. 43, 52 f.
835 E3, Z. 366ff.

Im Rahmen der Feldarbeit wurden folgende Experteninterviews durchgeführt:

Tabelle 7: Experteninterviews Fallstudie 6 (Eigene Darstellung)

Fallstudie 6	Experte	Funktion / Charakterisierung	Datum	Dauer (Min.)
Stadtentwicklung nach § 34 BauGB in Flensburg	keine Einwilligung zur Datenverarbeitung	• Fachbereichsleiter Stadtentwicklung und Klimaschutz • stellv. Abteilungsleiter Untere Bauaufsichtsbehörde	11.05.2016	65:53
	keine Einwilligung zur Datenverarbeitung	• 1. stellv. Vorsitzender des Planungsausschusses[1] (CDU)	20.04.2016	55:43
	keine Einwilligung zur Datenverarbeitung	• Investor	23.05.2016	~ 45
	keine Einwilligung zur Datenverarbeitung	• Interessensgemeinschaft Ostufer	04.05.2016	50:33
	keine Einwilligung zur Datenverarbeitung	• Mitglied im Planungsausschuss (Wir in Flensburg)	04.05.2016	62:23
	keine Einwilligung zur Datenverarbeitung	• Mitglied im Planungsausschuss (CDU)	04.05.2016	~ 45

[1] Ausschuss für Umwelt, Planung und Stadtentwicklung

6.6.1 Bauprojekt: ‚Klarschiff'

a) Ausgangslage

Am südlichen Ende des Ballastkais, am Ostufer der Flensburger Innenförde, liegt ein etwa 2.200 m^2 großes Grundstück, das viele Jahrzehnte lang mit einer zuletzt leerstehenden Lagerhalle bebaut war (Abb. 10, A). In direkter Nachbarschaft zum Untersuchungsgebiet am Ballastkai 1 befindet sich ein Fischmarkt mit gewerblicher und gastronomischer Nutzung (Abb. 10, B). Im weiteren Verlauf des Uferbereichs folgen fünf sogenannte Werftkontorhäuser (ca. 80 m entfernt), eine Bebauung mit Wohn- und Gewerbenutzung aus den frühen 2000er Jahren (Abb. 10, C), und schließlich ein großer Silo-Komplex (ca. 250 m entfernt) (Abb. 10, D).

Die nächsten landeinwärts gelegenen Gebäude mit vorwiegender Wohnnutzung werden durch eine mehrspurige Straße (Ballastbrücke) vom Grundstück am Ballastkai 1 getrennt. Die Entfernung beträgt hier im Minimum etwa 50 m.

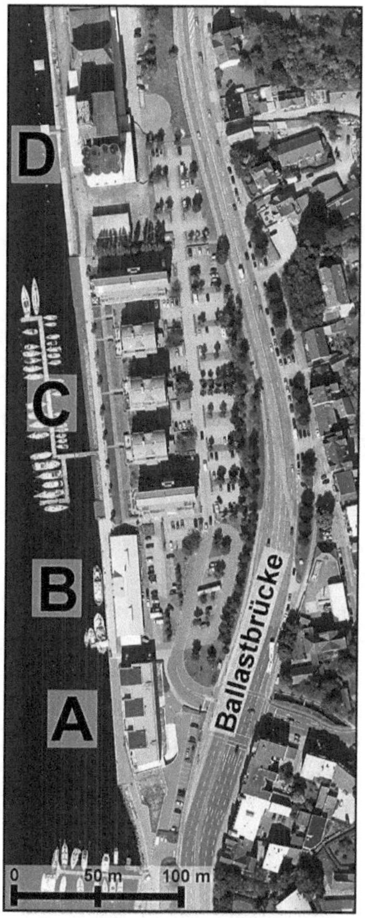

Abb. 10: Ballastkai Flensburg
(© GeoBasis-DE/LVermGeo SH, verändert)

Im Jahr 2004 begann die Planung für die Errichtung eines 4-Sterne-Hotels (‚Fördehotel') auf dem Grundstück am Ballastkai 1. Mit einer geplanten Firsthöhe von ca. 36 m würde es die vorherige Bebauung des Kailagerhauses und den benachbarten Fischmarkt um etwa 25 m überragen.[836]

836 Umwelt- und Planungsausschuss der Stadt Flensburg, Satzungsentwurf über den VEP Nr. 25 ‚Fördehotel Ballastkai' vom 08.11.2006, UPLA-71/2006; WiF o.J.a.

Die Stadt verkaufte das Grundstück an einen Investor mit der Auflage, dass bis spätestens 31.12.2010 mit der Neubebauung des Grundstücks begonnen werden muss.[837] Die Umsetzung des Hotel-Projekts sollte über einen vorhabenbezogenen Bebauungsplan erfolgen, dessen Aufstellungsbeschluss am 19.05.2005 gefasst wurde.[838]

b) Problemstellung

Im Laufe des Jahres 2006 intensivierte sich die öffentliche Kontroverse um das geplante Fördehotel aufgrund dessen Größe und zentraler Lage im Hafenbereich. Die Interessensgemeinschaft Ostufer (IG Ostufer) organisierte eine breit angelegte Protestkampagne gegen die von Investor und Stadt angestrebten Neubaupläne. Im Februar 2007 lagen 8.000 Unterschriften und über 150 individuelle Einwendungen gegen das Fördehotel vor.[839] Der ortsansässige Investor hatte zu diesem Zeitpunkt schon über 1 Million Euro für Grundstück und Architekturwettbewerb ausgegeben und drängte daher auf die Umsetzung seiner Planung. Er erhöhte den Druck auf Politik und Verwaltung, indem er etwa mit Entschädigungsansprüchen und dem Unterlassen von zukünftigen Investitionen in Flensburg drohte.[840]

Angesichts des Bürgerprotests und der im Mai 2008 bevorstehenden Kommunalwahlen war das Hotel-Projekt politisch nicht mehr durchzusetzen.[841] Am 31.05.2007 wurde daher das bereits weit fortgeschrittene Verfahren zur Aufstellung des VEP Nr. 25 ‚Fördehotel Ballastkai' eingestellt.[842]

---

837 IG Ostufer Flensburg 2010 a.

838 Ratsversammlung der Stadt Flensburg, Beschluss vom 19.05.2005, RV-047/2005.

839 Umwelt- und Planungsausschuss der Stadt Flensburg, Niederschrift vom 06.02.2007, S. 5.

840 Umwelt- und Planungsausschuss der Stadt Flensburg, Niederschrift vom 22.01.2008, S. 3 f.; IG Ostufer Flensburg 2010 b, S. 2.

841 Die im Februar 2007 gegründete Wählergemeinschaft ‚WIR in Flensburg' (WiF) warb für substanzielle Veränderungen in der Stadtentwicklung und der Bürgerbeteiligung. Sie bezog klar Stellung gegen die Bauvorhaben am Ostufer. Bei der Kommunalwahl am 25.05.2008 erhielt die WiF 22,3 % der Stimmen und wurde stärkste Fraktion in der Ratsversammlung.

842 Ratsversammlung der Stadt Flensburg, Niederschrift vom 31.05.2007, TOP 6: RV-70/2007, S. 5.

c) Maßnahmen

Bereits vor Abbruch des Bauleitplanverfahrens und dem Scheitern des Fördehotels stand der Entwurf für ein alternatives Projekt im Raum: das ‚Klarschiff'. Unter den gegebenen politischen Umständen wurde von einer erneuten B-Planaufstellung abgesehen und stattdessen eine Genehmigung über § 34 BauGB angestrebt:

> „Auf Einladung der Fraktionsvorsitzenden seien [die Investoren] damals auf die Einstellung des Verfahrens und die Möglichkeit des Vorhabens nach § 34 hingewiesen worden. Dabei seien die groben Daten des Projektes bekannt gewesen."[843]

Am 21.12.2007 wurde eine Bauvoranfrage für das Klarschiff-Projekt eingereicht. Geplant war die Errichtung eines viergeschossigen Wohngebäudes mit Gewerbenutzung im Erdgeschoss. Mit einer Firsthöhe von ca. 16 m würde das Klarschiff die vorherige Bebauung um 6 m und den benachbarten Fischmarkt um 5 m überragen.[844]

Bei Bauvorhaben nach § 34 BauGB mit mehr als zwei Vollgeschossen oder über 1.000 m^2 Grundfläche muss der Planungsausschuss über das gemeindliche Einvernehmen (§ 36 BauGB) am Genehmigungsverfahren beteiligt werden (§ 7 Nr. 3 ZustO Flensburg). In diesem Rahmen wurde die Anwendbarkeit des § 34 BauGB im Fall des Klarschiff-Projekts wiederholt infrage gestellt.[845] Die Mehrheit der Ausschussmitglieder stimmte dem Antrag auf Erteilung des gemeindlichen Einvernehmens jedoch zu. Am 25.02.2008 konnte daraufhin die Bauvoranfrage für das Klarschiff-Projekt positiv beschieden werden.[846]

Im Juli 2008 wurde der Abriss des alten Lagerhauses genehmigt. Die Durchführung der Abrissarbeiten erfolgte Ende 2008. Seitdem lag das Gelände brach.[847]

---

843 Umwelt- und Planungsausschuss der Stadt Flensburg, Niederschrift vom 22.01.2008, S. 4, anonymisiert.

844 Hauptausschuss der Stadt Flensburg, Mitteilungsvorlage vom 19.05.2009, HA-52/2009; Projektgesellschaft Ballastkai 2010, S. 3.

845 „Das Vorhaben fügt sich nicht ein, das Ortsbild wird beeinträchtigt. […] Ein B-Plan-Verfahren [macht] ein Vorhaben und die sich daraus entwickelnde Veränderung transparenter." (Umwelt- und Planungsausschuss der Stadt Flensburg, Beschlussblatt vom 05.02.2008, UPLA-1/2008 1. Ergänzung, S. 1); Zudem sei das geplante Gebäude zu hoch: „Die Höhe des jetzigen Kailagerschuppens sollte nicht überschritten werden." (Ebd., S. 2).

846 Hauptausschuss der Stadt Flensburg, Mitteilungsvorlage vom 19.05.2009, HA-52/2009.

847 IG Ostufer Flensburg 2009, S. 1.

Am 05.03.2009 wurde eine erste Baugenehmigung für das Klarschiff-Projekt erteilt.[848] Der Baubeginn verzögerte sich allerdings aus mehreren Gründen um gut zwei Jahre: Der Eigentümer des benachbarten Fischmarktes legte Widerspruch gegen die Baugenehmigung ein, da er offenbar zurecht einen späteren Konflikt zwischen seiner emittierenden Gewerbenutzung und der im Klarschiff entstehenden Wohnnutzung befürchtete. Nach einer bilateralen Einigung von Investor und Nachbar wurde die Planung hinsichtlich des Schallschutzes modifiziert. Für weitere Verzögerungen sorgten unerwartet aufwendige Fundamentarbeiten sowie Diskussionen in Kommunalpolitik und Öffentlichkeit über die bauliche Entwicklung des Ostufers im Allgemeinen und das Klarschiff-Projekt im Besonderen.[849]

Der Baubeginn erfolgte schließlich im Laufe des Jahres 2011.

d) Konsequenzen

Das Klarschiff-Projekt wurde im Mai 2013 fertiggestellt, knapp 10 Jahre nach Beginn der Planungen für dieses Grundstück (Abb. 11). Das preisliche Spektrum der 15 hochwertigen Eigentumswohnungen auf insgesamt ca. 2.100 m^2 Geschossfläche entspricht dem Slogan „Klarschiff – Luxus auf der Sonnenseite der Förde“[850]. Die Gewerbefläche im Erdgeschoss beträgt ca. 700 m^2.

848 Hauptausschuss der Stadt Flensburg, Mitteilungsvorlage vom 19.05.2009, HA-52/2009.

849 WiF o.J.a; WiF 2009; Aufgrund der Verzögerung in der Projektumsetzung wurde der im Kaufvertrag festgeschriebene Zeitpunkt des letztmöglichen Baubeginns um ein Jahr verschoben, auf den 30.12.2011 (IG Ostufer Flensburg 2011, S. 4).

850 Projektgesellschaft Ballastkai 2010, S. 8.

Abb. 11: Fischmarkt und Klarschiff (Eigene Aufnahme)

Das Ergebnis wird von vielen der beteiligten Akteuren überwiegend negativ bewertet.[851] Insbesondere die Politik ist in weiten Teilen unzufrieden mit dem Klarschiff-Projekt.[852] Die CDU-Fraktion kritisiert in diesem Zusammenhang die Protestkampagne der IG Ostufer:

> „Durch die Verhinderung des [Fördehotels] haben wir nun ein Objekt, das der Allgemeinheit deutlich weniger dient. Der ganze Vorgang ist bedauerlich und hat spürbare langfristige Negativerscheinungen nach sich gezogen."[853]

6.6.2 Das Flensburger Standardverfahren zum gemeindlichen Einvernehmen

Anlässlich eines umstrittenen Einzelhandelsprojekts in der Flensburger Nordstadt, das im Jahr 2010 auf Basis des § 34 BauGB genehmigt wurde, intensivierte sich die Grundsatzdiskussion über die städtebauliche Entwicklung im unbeplanten Innenbereich. Die öffentliche Kritik richtete sich in erster Linie gegen den Mangel an Beteiligungsangeboten im Zu-

851 Aus Gründen des Datenschutzes werden die entsprechenden Akteure nicht näher spezifiziert.

852 „Luxuswohnquartiere, überdimensionierte Bürogebäude und der in seiner Hässlichkeit einmalige Klarschiff-Neubau bestimmen das Bild" des Ostufers (Linksfraktion in Flensburg 2013). Das Ostufer-Panorama sei durch das Klarschiff beschädigt worden (WiF-Fraktion in Flensburg 2013).; WiF o.J.a.

853 CDU-Fraktion in Flensburg 2013.

sammenhang mit der Genehmigung von Vorhaben nach § 34 BauGB. Die Politik reagierte und der Planungsausschuss beschloss am 30.11.2010 mit Unterstützung aller Fraktionen ein neues Standardverfahren für die Erteilung des gemeindlichen Einvernehmens (§ 36 BauGB). Demzufolge wird ein beantragtes Vorhaben zunächst im Planungsausschuss vorgestellt. Anschließend ist eine dreiwöchige Bürgerbeteiligung durchzuführen, um Einwände und Anregungen der Öffentlichkeit aufzunehmen. Vier Wochen nach der ersten Lesung trifft der Planungsausschuss in zweiter Lesung die Entscheidung nach § 36 BauGB oder ergreift bauleitplanerische Maßnahmen. Durch einstimmigen Beschluss kann der Planungsausschuss von diesem Standardverfahren abweichen und bereits in erster Lesung entscheiden.[854]

Zwar wurden schon zu einem frühen Zeitpunkt verschiedentlich Bedenken gegenüber der Rechtmäßigkeit dieses neuen Standardverfahrens geäußert,[855] dennoch ist die Durchführung einer Öffentlichkeitsbeteiligung seit Ende 2010 fester Bestandteil des Verfahrens zur Erteilung des gemeindlichen Einvernehmens nach § 36 BauGB.

Erst am 18.02.2016 wurde in einem von der CDU-Fraktion bei der Rechtsabteilung der Stadt in Auftrag gegebenen Rechtsgutachten Klarheit über die Flensburger Praxis des gemeindlichen Einvernehmens geschaffen. Demnach ist diese nicht nur aufgrund der Zeitverzögerung durch die im Sinne des neuen Standardverfahrens zwischengeschaltete Bürgerbeteiligung juristisch angreifbar. Vielmehr ist das in Flensburg praktizierte Verfahren zur Erteilung des gemeindlichen Einvernehmens generell als rechtswidrig einzustufen, da die Gemeinde hier gleichzeitig Baugenehmigungsbehörde ist und daher die Gemeindevertretung nicht gesondert am Baugenehmigungsverfahren beteiligt werden muss.[856] „Eine Beteiligung der Gemeinde erfolgt zulässigerweise lediglich im Wege der Mitteilung bzw. Kenntnisnahme."[857]

Bislang wurde noch keine Änderung am Verfahren zur Erteilung des gemeindlichen Einvernehmens vorgenommen (Stand: Juni 2018).[858]

---

854 Ausschuss für Umwelt, Planung und Stadtentwicklung (im Folgenden: Planungsausschuss) der Stadt Flensburg, Niederschrift vom 30.11.2010, SUPA-67/2010 1. Ergänzung, S. 5ff.

855 Ebd., S. 3ff.

856 BVerwG, Urt. v. 19.08.2004 – 4 C 16/03, NVwZ 2005, 83 f.; vgl. Kap. 2.3.5.

857 Rechtsabteilung der Stadt Flensburg, 18.02.2016, 300-337/10-II, Vermerk zur Frage des § 36 BauGB, S. 2.

858 Z.B. Planungsausschuss der Stadt Flensburg, Beschlussvorlage vom 26.06.2018, SUPA-52/2018, S. 2.

6.6.3 Bauprojekt: Tagungshotel auf dem Rathausvorplatz

Mit dem Tagungshotel auf dem Rathausvorplatz ist derzeit ein weiteres großes Bauprojekt auf Grundlage des § 34 BauGB geplant. Am Rande der Altstadt, in direkter Nachbarschaft zum 70 m hohen Rathaus, sollte auf einer bislang unbebauten Fläche nach ursprünglicher Planung (2015) ein 51,82 m hohes Hotel errichtet werden. Der geplante Gebäudekomplex bestand aus einem Sockelbau und zwei Türmen mit elf beziehungsweise zehn Geschossen. Das Hotel sollte Raum für 120 Zimmer bieten.[859]

Das Maß der baulichen Nutzung des geplanten Tagungshotels wich erheblich von den Festsetzungen des für dieses Gebiet geltenden Bebauungsplans ab.[860] Eine Befreiung vom Bebauungsplan war nicht möglich, da eine derartige Überschreitung die Grundzüge der Planung berührten (§ 31 Abs. 2 BauGB). Das Ziel war es daher, eine Teilaufhebung des B-Plans vorzunehmen und die „planungsrechtliche Steuerung […] zukünftig über § 34 BauGB sowie über den Grundstücksverkauf“[861] zu vollziehen. „Ein Änderungsverfahren würde für die gleiche städtebauliche Lösung mehr Zeit und Ressourcen binden und weniger flexibel sein.“[862]

Im Rahmen des Teilaufhebungsverfahren (§ 1 Abs. 8 BauGB) wurden sowohl die Träger öffentlicher Belange (§ 4 BauGB) als auch die Öffentlichkeit (§ 3 BauGB) beteiligt.[863] Das gesamte Vorhaben fand breite Unterstützung im Planungsausschuss: Nach der Teilaufhebung des B-Plans (26.03.2015) wurde am 09.06.2015 in erster Lesung einstimmig das gemeindliche Einvernehmen für den Bau des Tagungshotels erteilt (§ 36 BauGB).[864] Im Februar 2017 lag eine Baugenehmigung vor.[865]

Im Juli 2017 wurde bekanntgegeben, dass mit der Hilton-Kette eine namhafte Hotel-Gruppe „zur Umsetzung des Vorhabens und Betrieb des Hotels“[866] gewonnen werden konnte. Aufgrund markenspezifischer

859 Ebd., S. 1 f.; WiF o.J.b.

860 Satzung der Stadt Flensburg über den Bebauungsplan (Nr. 9) Rathaus/Friedrich-Ebert-Straße, 08.12.1996.

861 Ratsversammlung der Stadt Flensburg, Beschlussvorlage vom 06.11.2014, RV-137/2014, S. 1.

862 Ebd., S. 2.

863 Ratsversammlung der Stadt Flensburg, Beschlussvorlage mit Anlagen vom 26.03.2015, RV-26/2015.

864 Planungsausschuss der Stadt Flensburg, Niederschrift vom 09.06.2015, TOP 5: SUPA-45/2015.

865 Planungsausschuss der Stadt Flensburg, Beschlussvorlage vom 28.11.2017, SUPA-66/2017, S. 1.

866 Ebd.

Raumanforderungen und angelsächsischer Baustandards wurde eine Verbreiterung und Erhöhung der Gebäude notwendig. Die Türme sollten nun zwölf Geschosse umfassen und eine Höhe von 56,41 m erreichen. Die Verwaltung sah eine Zulässigkeit nach § 34 BauGB für das modifizierte Vorhaben gegeben, woraufhin der Planungsausschuss erneut über das gemeindliche Einvernehmen entscheiden musste.[867]

Der Planungsausschuss erteilte am 28.11.2017 einstimmig das gemeindliche Einvernehmen für das geänderte Vorhaben.[868] Die nach dem Flensburger Standardverfahren bei Entscheidungen nach § 36 BauGB vorgesehene Öffentlichkeitsbeteiligung und die anschließende Beschlussfassung in zweiter Lesung blieben aus.

> „Das rechtsförmliche Bauleitplanverfahren wurde durchgeführt, bei dem Aufhebungsverfahren fand eine Bürgerversammlung statt, auf Bedenken sei eingegangen worden und das gemeindliche Einvernehmen wurde eingeholt. […] Die genehmigungsrechtlichen Voraussetzungen für den Bau liegen […] vor."[869]

Der Baubeginn soll im Herbst 2018 erfolgen.

6.7 *Zwei kleine Fallstudien in Berlin und Kiel*

6.7.1 WBM-Wohnungsbauprojekt auf der Fischerinsel in Berlin-Mitte

a) Ausgangslage

Die Fischerinsel ist der südöstliche Teil der Spreeinsel in Berlin Mitte, begrenzt von der vierspurigen Bundesstraße 1 (Gertraudenstraße, Mühlendamm), der Spree und dem Spreekanal. Das Bild der ca. 8 ha großen Fischerinsel wird dominiert von sechs frei stehenden 21-geschossigen Wohnhochhäusern aus den frühen 1970er-Jahren (Abb. 12).[870]

---

867 Ebd., S. 2.

868 Ebd.

869 Fachbereichsleiter für Stadtentwicklung und Klimaschutz in: Planungsausschuss der Stadt Flensburg, Beschlussblatt vom 09.01.2018, RV-176/2017.

870 WBM 2015 d, S. 3.

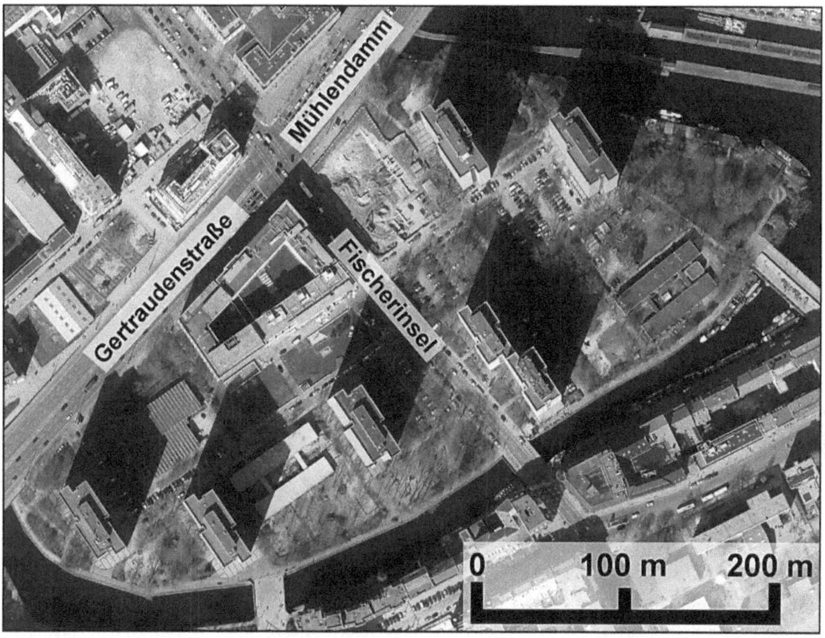

Abb. 12: Übersicht – Fischerinsel
(Geoportal Berlin / DOP20RGB 2017, verändert)

Am 13.10.1998 wurde die Aufstellung des Bebauungsplans I-58 beschlossen, dessen Geltungsbereich die gesamte Fischerinsel umfassen sollte. An der Ecke Gertraudenstraße/Fischerinsel sah der Bebauungsplanentwurf die Entstehung einer Blockrandbebauung im Mischgebiet vor, mit einer Gebäudeoberkante von maximal 25 m über Gehweg. Auf der gegenüberliegenden Seite, an der Ecke Mühlendamm/Fischerinsel, weist der Bebauungsplanentwurf ein Baufenster mit identischen Festsetzungen zu Art und Maß der baulichen Nutzung auf. Im Übrigen sollten die Bestandsgebäude und die Grün- und Freiflächenstruktur der Fischerinsel planerisch gesichert werden.[871]

Der Bebauungsplan wurde am 13.07.2000 von der BVV Mitte von Berlin beschlossen und zur Rechtsprüfung bei der Senatsverwaltung für Stadtentwicklung und Umwelt angezeigt:

871 Bezirksamt Mitte von Berlin, Bebauungsplan I-58, Planentwurf: März 1999, 1683/III.

> „Die Rechtsprüfung ergab nicht ausräumbare Beanstandungen, sodass eine förmliche Festsetzung des Bebauungsplans bisher nicht möglich war.“[872]

Die geplante Bebauung an der Ecke Gertraudenstraße/Fischerinsel wurde entsprechend dem Bebauungsplanentwurf zur Umsetzung gebracht: Nach dem umstrittenen Abriss der Großgaststätte Ahornblatt im Jahr 2000 entstand hier mit Fertigstellung im Jahr 2003 eine sieben- bis achtgeschossige Blockrandbebauung mit einer Mischung aus Wohn- und Büronutzung in den Obergeschossen, gewerblicher Nutzung im Erdgeschoss sowie einem Hotel (Abb. 12).

Anfang 2010 wurde bekanntgegeben, dass die Senatsverwaltung und die landeseigene Wohnungsbaugesellschaft Berlin-Mitte (WBM) eine Entwicklung des Grundstücks an der Ecke Mühlendamm/Fischerinsel anstreben. Die Senatsverwaltung beauftragte das Bezirksamt Mitte, eine Zweiteilung des Geltungsbereichs des Bebauungsplanentwurfs I-58 vorzunehmen und das Aufstellungsverfahren für den inhaltlich leicht modifizierten Bebauungsplanentwurf I-58 b fortzuführen. Das Bezirksamt setzte die BVV am 20.05.2010 darüber in Kenntnis. Eine Umsetzung dieser Maßnahmen blieb jedoch aus.[873]

Ende 2014 verkündete die WBM, ein umfangreiches Wohnungsbauvorhaben im betroffenen Gebiet umsetzen zu wollen. Zu diesem Zweck lobte sie einen nichtoffenen zweiphasigen Realisierungswettbewerb mit Ideenteil aus. Dieser dauerte vom 15.03.2015 (Bewerbungsfrist) bis zum 17.09.2015 (Preisgericht 2. Phase). Der Siegerentwurf sah die Errichtung eines Gebäudekomplexes mit einem achtgeschossigen Sockelbau und einem knapp 60 m hohen 19-geschossigen Wohnturm vor. Insgesamt sollten etwa 200 Wohnungen entstehen. Im Erdgeschoss waren Gewerbe- und Dienstleistungsflächen geplant. Die Wettbewerbsergebnisse wurden vom 2. bis 10. Oktober 2015 öffentlich ausgestellt. Das Neubauvorhaben sollte über § 34 BauGB umgesetzt werden.[874]

---

872 Bezirksamt Mitte von Berlin, Vorlage zur Kenntnisnahme vom 11.05.2010, 1683/III.

873 BVV Mitte von Berlin, Sitzung vom 20.05.2010, 1683/III.; Ebd., Anlage Geltungsbereich I-58 b.

874 WBM 2015 d, S. 3ff.

b) Problemstellung

Seit dem Bekanntwerden des Wettbewerbsergebnisses wuchs die öffentliche Kritik an der geplanten Hochhausbebauung. Die Anfang 2016 gegründete ‚Fischerinselinitiative' organisierte eine Kampagne gegen die Pläne der WBM. Mehrere Unterschriftensammlungen wurden durchgeführt, diverse Fachleute äußerten sich kritisch in der Presse.[875]

Im Winter 2015/2016 richtete die WBM mehrere öffentliche Veranstaltungen aus, um die Anwohner über die Neubaupläne zu informieren. Unter großem Protest ließ die WBM schließlich Ende Februar 2016 gut 70 Bäume auf ihrem Grundstück fällen und verdeutlichte dadurch öffentlichkeitswirksam ihr Bestreben, das geplante Vorhaben umzusetzen.[876]

Ausgehend von einem BVV-Antrag der Fraktion Die Linke vom 08.03.2016 wurde im Frühjahr 2016 über die Fortführung des B-Planverfahrens beraten:

> „Die gegenwärtig diskutierten Pläne der WBM sehen ein deutlich höheres Gebäude vor, das nach § 34 BauGB genehmigt werden soll, wodurch eine Öffentlichkeitsbeteiligung nicht vorgeschrieben ist. […] Mit der Festsetzung des B-Plans [wäre] die Umsetzung der ursprünglichen Planungsziele gegeben."[877]

Der Antrag wurde vom Planungsausschuss am 27.04.2016 mit knapper Mehrheit angenommen, hingegen von der BVV am 19.05.2016 abgelehnt.[878]

Ende Juni 2016 lehnte die Bauaufsicht im Bezirksamt Mitte einen von der WBM beantragten Bauvorbescheid nach § 34 BauGB für das geplante Wohnungsbauvorhaben ab.[879] Später erklärte der Bezirksstadtrat für Stadtentwicklung im Bezirk Mitte, dass „die gewählte Hochhauslösung" trotz Genehmigungsfähigkeit nach § 34 BauGB „aus städtebaulichen Gründen

---

875 Fischerinselinitiative o.J.; Architektenkammer Berlin 2018, S. 7 f.; z.B. Artikel in der Berliner Zeitung vom 28.09.2015: ‚Bauprojekt in Berlin Mitte: Wütende Proteste gegen geplantes Hochhaus auf der Fischerinsel'.

876 WBM 2017, S. 4.

877 BVV Mitte von Berlin, Antrag der Fraktion Die Linke vom 08.03.2016, 2640/IV.

878 BVV Mitte von Berlin, Beschlüsse vom 27.04.2016 und 19.05.2016, 2640/IV.

879 Geschildert in: BVV Mitte von Berlin, Antrag vom 05.07.2016, Drucksache 2874/IV; „Das geplante 19-geschossige Hochhaus am Mühlendamm entspreche nicht der vorhandenen Struktur auf der Fischerinsel mit sechs einzeln stehenden 21-geschossigen Hochhäusern und passe sich nicht in das Gebiet ein, zudem sei das Gebäude mit 16,5 Metern zu tief." (Bezirksamt Mitte von Berlin 2016, S. 4).

abgelehnt" wurde.[880] „Das laufende Bebauungsplan-Verfahren sollte nicht durch ein Verfahren nach § 34 BauGB entwertet werden."[881]

Die WBM legte gegen die Ablehnung des Bauvorbescheids Widerspruch bei der Obersten Bauaufsicht in der Senatsverwaltung für Stadtentwicklung und Umwelt ein.[882] Ende November 2016, kurz vor Übergabe des Stadtentwicklungsressorts von der SPD an die durch die Abgeordnetenhauswahl im September gestärkte Linke, wurde der Widerspruch positiv beschieden und an das Bezirksamt Mitte zum Vollzug weitergeleitet. Der neu gewählte Bezirksstadtrat für Stadtentwicklung (SPD) ließ den Vorgang jedoch unbearbeitet.[883]

c) Maßnahmen

Die neue Stadtentwicklungssenatorin (Die Linke) und der Bezirksstadtrat für Stadtentwicklung stoppten die Neubaupläne der WBM Ende Januar 2017 bis auf Weiteres. Aufgrund der im Koalitionsvertrag der neuen rot-rot-grünen Landesregierung vereinbarten Neuausrichtung der Bürgerbeteiligung in der Stadtentwicklung sollte der Beteiligungsprozess und die Diskussion um geeignete Bebauungsvarianten ergebnisoffen fortgeführt werden.[884]

> „Man hat vor der Wahl Ziele ausgegeben, politische, und nach der Wahl versucht man, die umzusetzen."[885]

Am 10.07.2017 fand die Auftaktveranstaltung für eine Ausstellung zu den Planungsvarianten statt. Es standen sechs Varianten zur Diskussion, darunter die drei bestplatzierten Beiträge aus dem Wettbewerb von 2015. Vier Wochen lang konnten die Varianten eingesehen, bewertet und kommentiert werden. Insgesamt nahmen 63 Personen dieses Angebot wahr.[886]

---

880 WBM 2017, S. 5, 23.

881 Ebd., S. 5.

882 Die WBM ging von der Genehmigungsfähigkeit ihres Vorhabens aus und führte die Projektentwicklung fort: Im Herbst 2016 veranstaltete die WBM eine vierwöchige Ausstellung zum Neubauvorhaben, in dessen Rahmen Anregungen der Anwohner für die Gestaltung der Freiflächen und die Nutzung der Erdgeschossflächen gesammelt und diskutiert werden konnten.

883 Architektenkammer Berlin 2018, S. 7; B4, Z. 695ff.

884 WBM 2017, S. 4; Architektenkammer Berlin 2018, S. 8.

885 B3, Z. 290f.

886 WBM 2017, S. 4ff.

Bei der Abschlussveranstaltung am 14.08.2017 wurde über die Ergebnisse der Ausstellung und das weitere Vorgehen diskutiert. Die WBM bevorzugte nach wie vor den Siegerentwurf des Wettbewerbs von 2015. Die vom Bezirk und mit leichter Tendenz von den interessierten Bürgern präferierte Variante war hingegen einer der dritten Preise des Wettbewerbs. Dieser sah eine achtgeschossige Blockrandbebauung mit lediglich etwa 180 Wohnungen vor, passend zur städtebaulichen Figur im B-Planentwurf I-58 b.[887]

d) Konsequenzen

Der WBM-Aufsichtsrat beschloss Anfang Oktober 2017 die Umsetzung der achtgeschossigen Variante. Ob die Realisierung des Neubauvorhabens letztlich über die Aufstellung eines Bebauungsplans oder über § 34 BauGB erfolgt, ist noch offen.[888]

> „Schlecht wird es, [...] wenn man jetzt die Planung hat und dann aber anschließend ein B-Planverfahren macht. [...] Dann ist es natürlich zeitaufwendig und wesentlich teurer und man muss auch dann wieder solche Projekte neu kalkulieren und bei den steigenden Baukosten plus dieser Verpflichtung aus der Kooperationsvereinbarung, [...] dass sie mindestens 50 % Sozialwohnungen bauen zu 6,50 Euro in der Lage bei der aktuellen Situation ist aus meiner Sicht fast nicht mehr machbar."[889]

6.7.2 Alte Feuerwache in Kiel

In den Jahren 2014 bis 2017 entstand in der Kieler Altstadt ein neues Wohnquartier mit etwa 130 Wohneinheiten. Auf einer ca. 6.000 m² großen Fläche am historischen Standort der Alten Feuerwache wurden sechs Stadthäuser sowie mehrere Gebäude mit insgesamt 68 Eigentumswohnungen und 50 Studentenapartments errichtet. Die Genehmigung des Vorhabens erfolgte über § 34 BauGB.[890]

---

887 Ebd., S. 19ff.; Nach Auffassung der WBM sei die Wirtschaftlichkeit der vom Bezirk bevorzugten, weniger umfangreichen Bebauungsvariante fraglich, da die Kooperationsvereinbarung zwischen Senatsverwaltung und öffentlichen Wohnungsbauunternehmen klare Mietobergrenzen festschreibt und somit die bereits aufgewendeten Kosten nicht flexibel über die Mietpreise gegenfinanziert werden können (Ebd., S. 21).

888 Architektenkammer Berlin 2018, S. 8 f.

889 B3, Z. 341ff.

890 PAF o.J.; WBD o.J.

Am 15.02.2007 beschloss die Ratsversammlung, das „bisher unbebaute und als Parkplatz genutzte Areal Alte Feuerwache [...] für die Entwicklung eines attraktiven Wohnquartiers“ zu aktivieren.[891] Das im unbeplanten Innenbereich liegende Grundstück befand sich zu diesem Zeitpunkt im städtischen Eigentum, weswegen seitens der Stadt über das Verfahren der Planung und Realisierung des Vorhabens entschieden werden konnte. Die Ratsversammlung beauftragte die Verwaltung, ein dreiphasiges Verfahren einzuleiten: Nach der Durchführung eines städtebaulichen Ideenwettbewerbs sollte die Auswahl eines geeigneten Investors für die Umsetzung des Siegerentwurfs erfolgen. Dieser müsste sich daraufhin im Kaufvertrag dazu verpflichten, einen Architektenwettbewerb auszuloben.[892]

Der aus dem städtebaulichen Ideenwettbewerb von 2008 hervorgehende Siegerentwurf bildete die Grundlage für die weitere Projektentwicklung. Im Folgejahr war das Wohnungsbauprojekt Alte Feuerwache Bestandteil des unter Beteiligung der Bürger erarbeiteten und von der Ratsversammlung „als Leitlinie der künftigen Entwicklung der Innenstadt“[893] beschlossenen Rahmenplans ‚Perspektiven für die Kieler Innenstadt‘. Das Vorhaben löste keine nennenswerte öffentliche Kritik aus.

Der Grundstücksverkauf und die anschließende Durchführung des Architektenwettbewerbs folgten im Jahr 2012. Das neue Wohnquartier wurde Anfang 2017 fertiggestellt.

891 Ratsversammlung der Landeshauptstadt Kiel, Beschluss vom 15.02.2007, Drucksache 0092/2007.

892 Ebd.

893 Ratsversammlung der Landeshauptstadt Kiel, Beschluss vom 08.10.2009, 0760/2009; Landeshauptstadt Kiel 2009, S. 28 f.

7 Diskussion

Die Fragestellungen dieser Forschungsarbeit erfordern es, die theoretischen Grundlagen rund um die Planersatzvorschrift des § 34 BauGB mit empirischen Erkenntnissen aus der Praxis in Verbindung zu bringen. Im Zusammenspiel von Theorie und Praxis lassen sich die entsprechenden Sachverhalte angemessen erörtern. Einer kritischen Betrachtung pragmatischer Anwendungsmöglichkeiten des § 34 BauGB folgt eine Diskussion der Grenzen einer Stadtentwicklung nach § 34 BauGB. Schließlich werden Strategien der Steuerung einer Stadtentwicklung im unbeplanten Innenbereich aufgezeigt und deren Chancen und Grenzen anhand praktischer Beispiele diskutiert.

7.1 Pragmatische Stadtentwicklung nach § 34 BauGB

Fragestellung A: Welche Möglichkeiten einer pragmatischen Stadtentwicklung bietet die Planersatzvorschrift des § 34 BauGB?

In wachsenden Städten mit angespannten Wohnungsmärkten bestehen akute Herausforderungen im Bereich der Stadtentwicklung. Es gibt dringenden Wohnungsbaubedarf, während die Baulandreserven knapper werden. Eine zügige Schaffung von Baurecht ist nötig, doch gleichzeitig muss die Verwaltung mit Personal und Finanzen haushalten. Eine fortschreitende Nachverdichtung sorgt für Veränderungen in bestehenden Stadtquartieren und stößt potenziell auf Widerstand bei der lokalen Wohnbevölkerung.[894] Die Frage nach geeigneten pragmatischen Lösungsansätzen für die Bewältigung dieser Aufgaben ist von großer Bedeutung.

894 Vgl. Kap. 3.6.

7.1.1 § 34 BauGB als pragmatische Alternative zum Bebauungsplan

Die Planersatzvorschrift des § 34 BauGB kann aus der Sicht mancher Akteure als geeignetes Instrument erscheinen, um der Problematik eines akuten Wohnungsbaubedarfs in wachsenden Städten zu begegnen. Die städtebauliche Entwicklung nach § 34 BauGB ermöglicht schnelle Baugenehmigungen, bindet wenige Ressourcen in der Verwaltung und lässt aufgrund nicht erforderlicher Beteiligungsverfahren potenzielle Konflikte mit der lokalen Wohnbevölkerung außen vor. Bebauungspläne hingegen erfordern ein aufwendiges Verfahren, kosten mehr Geld und Arbeitszeit und bieten eine Plattform für möglichen Widerstand aus der Bevölkerung. In der Praxis wird daher in bestimmten Kontexten eine Entwicklung nach § 34 BauGB angestrebt bzw. bewusst auf die Anwendung bauleitplanerischer Maßnahmen verzichtet:

Das Wohnungsbauprojekt ‚Box Seven' auf dem Freudenberg-Areal in Berlin (Fallstudie 1) sollte ursprünglich mithilfe eines Bebauungsplans umgesetzt werden. Da sich die Bezirksverordnetenversammlung jedoch nicht auf die Einleitung eines Bebauungsplanverfahrens einigen konnte, strebte der Investor als pragmatische Alternative eine Genehmigung auf Basis des § 34 BauGB an. Die Anwendung des § 34 BauGB sorgte für eine zügige Umsetzung der ausverhandelten Planung, an der auch die im Rahmen des Widerspruchsverfahrens tätige Senatsverwaltung interessiert war.[895]

Ein ähnlich gearteter Fall ist das Bauprojekt ‚Wohnen am Waldpark' in Potsdam (Fallstudie 4). Hier kam es ebenfalls nicht zu der von Gemeinde und Investor ursprünglich gewünschten Aufstellung eines Bebauungsplans, woraufhin letzterer alternativ eine bauliche Entwicklung nach § 34 BauGB anstrebte.[896]

In Flensburg herrschte nach dem Scheitern des Bauleitplanverfahrens für das Fördehotel politischer Stillstand (Fallstudie 6): Ein erneuter Versuch einer B-Planaufstellung durch den Gemeinderat war angesichts der stark veränderten Mehrheitsverhältnisse nach der Kommunalwahl 2008 und im Blick auf das große öffentliche Interesse an der baulichen Entwicklung des Ostufers schwer durchsetzbar. Gleichzeitig drohte der Investor mit Entschädigungsforderungen aufgrund der planerischen Untätigkeit der Gemeinde. Die Anwendung des § 34 BauGB im Zusammenhang mit

895 Vgl. Kap. 6.1.3.
896 Vgl. Kap. 6.4.2 und Kap. 6.4.3.

dem Klarschiff-Projekt bot aus Sicht von Gemeinde und Investor einen Ausweg aus dieser Situation.[897]

Das WBM-Nachverdichtungsprojekt in Berlin-Friedrichshain (Fallstudie 2) veranschaulicht, wie bei einer umfangreichen Nachverdichtung die gezielte Umsetzung über § 34 BauGB angestrebt wird, um eine schnelle und günstige Schaffung von Wohnraum zu ermöglichen:[898]

> „Es ist halt einfacher, es ist weniger Aufwand. Insofern haben sich da halt auch zwei Interessen gefunden: Die WBM wollte möglichst unkompliziert und schnell bauen und das Stadtentwicklungsamt wollte möglichst wenig Arbeit haben und auch möglichst viele Wohnungen haben und insofern hatte man da keine Differenzen."[899]

Teilfragestellung A1: Welche dominierenden Interessenlagen lassen sich verschiedenen Akteursgruppen hinsichtlich einer Entwicklung nach § 34 BauGB zuordnen?

Das Interesse an einer Anwendung des § 34 BauGB variiert je nach Akteur, Motivlage und Kontext. Verallgemeinernd lässt sich für die Akteursgruppe der Investoren sagen, dass eine Projektentwicklung über § 34 BauGB mit vorwiegend positiven Konsequenzen verbunden ist, denn ein Investor strebt in der Regel die Umsetzung seiner Planung auf möglichst wirtschaftliche Art und Weise an.

> „Das sind kostspielige Verfahren, deswegen versucht natürlich jeder Investor eine Baugenehmigung nach 34 zu bekommen, das ist ganz klar, nachvollziehbar und normal."[900]

> „Das ist für einen Bauherrn immer der einfachere Weg, ganz klar. Ein B-Planverfahren dauert ja auch einfach ewig."[901]

> „Dann sagt man: Ok, wir versuchen es vielleicht im 34er, dafür spart ihr euch wahnsinnig Zeit; also ein B-Planverfahren dauert bei uns, bei der Stadt, zwei plus x Jahre, kürzester Zeitraum zwei Jahre. Wir sagen: Nach 34, dann bist du schneller, wenn das denkbar ist, wenn das das Baurecht hergibt."[902]

Für den Gemeinderat und die Stadtverwaltung lässt sich ein ambivalentes Bild erkennen: Einerseits bietet die Planersatzvorschrift des § 34 BauGB

---

897 Vgl. Kap. 6.6.1 c).
898 Vgl. Kap. 6.2.2.
899 B1, Z. 426ff.
900 B3, Z. 164ff.
901 B1, Z. 530 f.
902 C1, Z. 393ff.

schnelle Baugenehmigungen und somit eine Zeit- und Kostenersparnis. Andererseits besteht bei § 34 BauGB kein Raum für unmittelbare Steuerung, sodass eine Entwicklung nach § 34 BauGB den städtebaulichen Zielen der Gemeinde möglicherweise entgegenlaufen kann. Stets einzubeziehen ist daher neben der grundsätzlichen stadtentwicklungspolitischen Ausrichtung der Gemeinde insbesondere, inwieweit es sich um von der Gemeinde gewollte oder ungewollte Vorhaben handelt.

> „Natürlich wollen die Bauherren in der Regel keinen Bebauungsplan, weil das entsprechend lange dauert und die Verwaltung möchte es halt auch nicht unbedingt, weil das extrem aufwendig ist."[903]

> „Weil momentan auch so viel passiert, ist in der Verwaltung, sag ich mal, der Effekt, dass viele lieber nach 34 genehmigen, weil sie damit weniger Arbeit haben und dann wird eben [...] immer gesagt: ‚Wir haben keinen Planbedarf, das ist alles irgendwie zulässig'."[904]

> „Klar, wesentlich mehr Bürgerbeteiligung, wesentlich differenziertere Planung und Abstimmungsprozesse auf der einen Seite, die auch, ich sage jetzt mal, von der Gestaltung und stadtpolitisch durchaus gewollt sind. Auf der anderen Seite die zeitliche Verzögerung bei der Herstellung dringend benötigten Wohnraums."[905]

Am Beispiel der Nachverdichtung in München (Fallstudie 3)[906] werden Vor- und Nachteile aus Sicht der Gemeinde deutlich:

> „Über die 34er Fälle ist man schon dankbar, weil man ja auch von dem Stadtrat einen Auftrag hat, Wohnraum zu schaffen und da gehört das auch dazu, klar. [...] Es gibt sehr viel Grundrauschen im 34er. [...] ständige schleichende Nachverdichtung."[907]

> „Nachteil ist eben, wenn [...] das keine öffentliche Fläche ist und dann kann ich den Eigentümer nicht dazu verpflichten, diese übergeordneten Ziele einzuhalten."[908]

> „Sobald ein Bebauungsplan existiert, gilt ja die SoBoN und dann können wir da soziale Infrastruktur mit abgreifen."[909]

Für die Öffentlichkeit und insbesondere die lokale Wohnbevölkerung bedeutet eine städtebauliche Entwicklung gemäß § 34 BauGB, dass kein

---

903 C3, Z. 82ff.
904 A1, Z. 349ff.; ähnliche Argumentation bei: E3, Z. 145ff., 156f.
905 B3, Z. 121ff.
906 Vgl. Kap. 6.3.
907 C1, Z. 541ff., 514f.
908 C3, Z. 508ff.
909 C1, Z. 388ff.

Beteiligungsverfahren stattfindet und zudem im Vergleich zum Bebauungsplan geringere Rechtsschutzmöglichkeiten bestehen.[910]

> „Es ist für die Bürger nicht so besonders gut, weil der Abwägungsprozess eigentlich nicht da ist."[911]

> „Alles, was eine gewisse Größe hat, muss aus meiner Sicht auch immer über einen B-Plan halt laufen. Allein um halt auch die Beteiligungsmöglichkeiten für die Bevölkerung … also, man kann halt heutzutage nicht mehr Stadtplanung von Oben machen."[912]

Es lassen sich also einerseits Interessenlagen identifizieren, die nach Möglichkeit eine städtebauliche Entwicklung nach § 34 BauGB der Anwendung bauleitplanerischer Instrumente vorziehen und andererseits solche, die dies ablehnen. Nun ist es schlicht Ausdruck der gemeindlichen Planungsfreiheit und kein Zeichen besonderen Pragmatismus, wenn die Gemeinde auf eine Planung verzichtet und sich auf die Planersatzvorschrift des § 34 BauGB zur „Steuerung der städtebaulichen Entwicklung in Teilbereichen ihres Gebiets"[913] verlässt. Wenn ein Bauvorhaben nach § 34 BauGB zulässig ist, dann besteht für die Aufstellung eines Bebauungsplans mit gleichen Planungsinhalten ohnehin keine städtebauliche Erforderlichkeit nach § 1 Abs. 3 BauGB. Von einer pragmatischen *Alternative* dürfte also keine Rede sein, denn entweder ist ein Vorhaben nach § 34 BauGB zulässig und die Aufstellung eines Bebauungsplans nicht erforderlich, oder ein Vorhaben ist nach § 34 BauGB nicht zulässig und könnte nur über einen Bebauungsplan zur Umsetzung gebracht werden.

Dieser Einwand wäre zutreffend, wenn die Zulässigkeit von Vorhaben nach § 34 BauGB in der Praxis stets eindeutig und intersubjektiv nachvollziehbar festgestellt werden kann und insofern in jedem Fall von gebundenen Entscheidungen ohne Beurteilungsspielraum auszugehen ist. Daran bestehen jedoch Zweifel, wie die folgenden Ausführungen darlegen. Die Planersatzvorschrift des § 34 BauGB bietet faktisch weitreichendere Möglichkeiten einer pragmatischen Stadtentwicklung, als es die Lehrmeinung postuliert.

---

910 A2, Z. 332ff.
911 B3, Z. 162f.
912 A1, Z. 426ff.
913 BVerwG, Urt. v. 17.09.2003 – 4 C 14.01, BauR 2004, 443 (444).

7.1.2 Faktischer Beurteilungsspielraum bei § 34 BauGB

Die Prüfung auf bauplanungsrechtliche Zulässigkeit eines Vorhabens nach § 34 BauGB ist eine gebundene Entscheidung der Bauaufsichtsbehörde. Erfüllt ein Vorhaben die Tatbestandsvoraussetzungen, besteht ein Rechtsanspruch auf Erteilung einer Baugenehmigung. Die einzelfallbezogene Auslegung der in § 34 Abs. 1 bis 3 BauGB enthaltenen unbestimmten Rechtsbegriffe ist voll gerichtlich überprüfbar. Nach herrschender Meinung besteht formell kein Beurteilungsspielraum, denn es kann immer nur ein korrektes Prüfungsergebnis geben.[914]

Teilfragestellung A2: Wie eindeutig lässt sich die bauplanungsrechtliche Zulässigkeit nach § 34 BauGB in der Praxis feststellen?

Teilfragestellung A3: Inwiefern besteht bei der Prüfung auf Zulässigkeit nach § 34 BauGB faktischer Beurteilungsspielraum?

Die zweifelsfreie bauaufsichtsbehördliche Auslegung der unbestimmten Rechtsbegriffe des § 34 BauGB im Einzelfall kann mit Schwierigkeiten verbunden sein. Dies wird anhand der empirischen Ergebnisse aus den Fallstudien verdeutlicht.

7.1.2.1 Im Zusammenhang bebaute Ortsteile oder Außenbereich im Innenbereich

Im Fall des Wohnungsbauprojekts ‚Box Seven' in Berlin-Friedrichshain war bis zuletzt umstritten, inwieweit die 2,6 ha große unbebaute Fläche des Freudenberg-Areals vollständig als Teil der im Zusammenhang bebauten Ortsteile gilt. Nach Auffassung des Bezirksamts hätte lediglich der Randbereich des Grundstücks nach § 34 BauGB beurteilt werden können.[915]

> „Mit den ganzen Juristen, mit denen ich so gesprochen habe, die meinten: […] man kann halt im Prinzip nur so eine Randbebauung machen nach

---

914 Vgl. Kap. 2.3.5 und Kap. 2.3.7.

915 Bezirksbürgermeister in: BVV Friedrichshain-Kreuzberg, Anfrage vom 30.01.2013, DS/0565/IV, S. 2; Bezirksamt Friedrichshain-Kreuzberg, Bauvorbescheid vom 18.12.2013, 100-2013-2800-BAA-34, S. 5.

34, weil das letztlich viel zu groß ist, um da nun irgendwie zu sagen: das schließt sich dann."[916]

„Da muss man dann schon viel Fantasie haben, den gesamten Block nach 34 zu sehen. So eine Ecke sicherlich [...]. In der Mitte bleibt ein riesen Loch frei, dass sich nicht nach 34 ableitet."[917]

Die Oberste Bauaufsicht (Senatsverwaltung) vertrat hingegen die Auffassung, die gesamte unbebaute Fläche läge innerhalb des Bebauungszusammenhangs. Dies kann hinterfragt werden, da sich das Grundstück des Freudenberg-Areals in Bezug auf Größe und Form von den umliegenden Blöcken abhebt.[918] Legt man die in Literatur und Rechtsprechung zu findenden groben Orientierungsmaße für noch als Baulücke erscheinende Freiflächen inmitten einer *aufgelockerten* Umgebungsbebauung an,[919] so erscheint es zweifelhaft, dass sich eine vollständige Bebauung des 2,6 ha großen Freudenberg-Areals mit den Abb. 13 zu entnehmenden Maßen als „zwanglose Fortsetzung der vorhandenen Bebauung aufdrängt"[920].

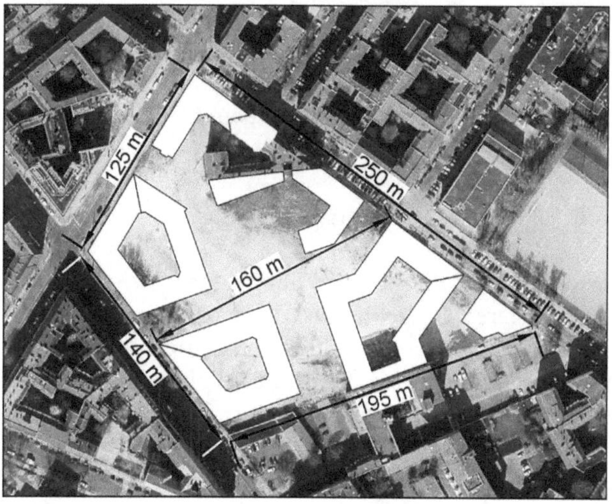

Abb. 13: Maße des Freudenberg-Areals
(Geoportal Berlin / DOP20RGB 2014, verändert)

916 A1, Z. 121ff.
917 A3, Z. 386ff.
918 Bezirksamt Friedrichshain-Kreuzberg 2009, S. 13.
919 Ca. 150 m; in dichter Bebauung ist ein niedrigeres Höchstmaß anzunehmen; vgl. Kap. 2.3.2.1.
920 BVerwG, Beschl. v. 15.09.2005 – 4 BN 37.05, ZfBR 2006, 54.

Es bleibt offen, welche der Einschätzungen tatsächlich objektiv-rechtlich zutreffend ist. Die Beurteilung der Obersten Bauaufsicht ist bindend.

Im Fall des Bauprojekts ‚Wohnen am Waldpark' in Potsdam gab es ebenfalls konträre Auffassungen zu der Frage, ob die Freifläche noch im Zusammenhang bebauter Ortsteile liegt oder als Außenbereich im Innenbereich anzusehen ist (vgl. Abb. 8 und 9 in Kap. 6.4.1). Die frühe Einschätzung der Gemeinde, die Fläche liege im bauplanungsrechtlichen Außenbereich, wurde später durch ein Rechtsgutachten bestätigt.[921] Die Auffassung des Vorhabenträgers, wonach eine Beurteilung nach § 34 BauGB gegeben ist, wurde ebenfalls in einem Rechtsgutachten fachlich begründet. Welche der beiden Auffassungen nun zutreffend ist, bleibt ungeklärt. Ein Ortstermin im Rahmen des Gerichtsverfahrens ließ keine Tendenz erkennen.[922] Bis zum Abschluss des außergerichtlichen Vergleichs war völlig offen, wie das Gericht in dieser Frage entscheiden würde.

In der bauaufsichtsbehördlichen Praxis besteht in dieser Frage faktisch Raum für differierende Rechtsauffassungen. Demgemäß konstatiert das BVerwG: „Die Zuordnung eines Grundstücks zum bebaubaren Innenbereich und die Zulässigkeit seiner Bebauung können […] im Einzelfall erhebliche Schwierigkeiten bereiten."[923] Die Letztentscheidungskompetenz zur eindeutigen Beantwortung dieser Frage kommt dem Gericht zu.

7.1.2.2 Einfügen in die Eigenart der näheren Umgebung

Grundlegende Voraussetzung für die Prüfung des Einfügens eines Vorhabens in die Eigenart der näheren Umgebung ist die Ermittlung des städtebaulichen Rahmens. Die Frage, welche Gebäude gerade noch zur prägenden Umgebungsbebauung gehören oder auszusondern sind, ist stets nach Würdigung der tatsächlichen Gegebenheiten zu beantworten. Das BVerwG bemerkt in diesem Zusammenhang, dass die Beschränkung auf das Wesentliche „nicht ganz frei von wertenden Elementen" ist.[924]

Die im Fall des Wohnungsbauprojekts auf dem Freudenberg-Areal ermittelten städtebaulichen Rahmen von Bezirksamt und Oberster Bauaufsicht hinsichtlich des Kriteriums der Gebäudehöhen wichen entscheidend

921 Vgl. Kap. 6.4.3.
922 Vgl. Kap. 6.4.4.
923 BVerwG, Beschl. v. 04.10.2006 – 4 BN 26.06, NVwZ 2007, 223; vgl. Kap. 2.3.2.1.
924 BVerwG, Urt. v. 15.02.1990 – 4 C 23.86, NVwZ 1990, 755.

voneinander ab.[925] Nach Auffassung der Obersten Bauaufsicht fiel demnach die Überschreitung der gebietstypischen Höhenmaße geringer aus und begründete selbst oder infolge einer Vorbildwirkung keine bodenrechtlichen Spannungen. Das Bezirksamt übte Kritik an der Beurteilung der Obersten Bauaufsicht und wies darauf hin, dass einige hohe Gebäude in der näheren Umgebung fälschlicherweise als prägend eingestuft und die obere Grenze der gebietstypischen Gebäudehöhen deshalb zu hoch angesetzt worden sei.[926] Nach Auffassung des Bezirksamts begründeten die Höhenmaße infolge einer negativen Vorbildwirkung bodenrechtliche Spannungen.[927]

Im Fall des nach § 34 BauGB genehmigten Klarschiff-Projekts in Flensburg wirft der zugrunde liegende städtebauliche Rahmen ebenso Fragen auf. Das einzige direkt benachbarte Gebäude, der Fischmarkt mit einer Gebäudehöhe von ca. 11 m, wurde nicht oder nur in geringer Weise als maßstabsbildend für die Eigenart der näheren Umgebung angesehen, obwohl eine größere Nähe in der Regel mit einer stärker prägenden Wirkung einhergeht.[928] Wesentlicher Orientierungsmaßstab waren dagegen die jenseits des Fischmarktes gelegenen Werftkontorhäuser (ca. 80 m entfernt) und der darauf folgende Silo-Komplex (ca. 250 m entfernt) (Abb. 10).[929] Angesichts dessen fügte sich das neue Bauvorhaben nach dem Maß der baulichen Nutzung ein, obwohl es den benachbarten Fischmarkt um mehr als 5 m überragt (Abb. 11). Wenn der Eigentümer des Fischmarkts später berechtigten Widerspruch wegen bevorstehender nachbarlicher Konflikte immissionsschutzrechtlicher Art einlegen kann, ist davon auszugehen, dass sich die Ausführung des Vorhabens erheblich auf den Fischmarkt auswirkt.[930] Eine Berücksichtigung des Fischmarkts als für die Eigenart der näheren Umgebung prägend und die daraus folgende Annahme eines restriktiveren Rahmens bezüglich des Maßes der baulichen Nutzung hätte nachvollziehbar begründet werden können.

Ein weiteres Beispiel für die herausfordernde Auslegung unbestimmter Rechtsbegriffe im Rahmen der Anwendung des § 34 BauGB ist das in der Praxis exakt zu bestimmende Verhältnis der im Einzelfall noch zulässigen Nutzungsarten im Mischgebiet. Das Wohnungsbauprojekt auf dem Berli-

---

925 Vgl. Kap. 6.1.3.

926 Bezirksamt Friedrichshain-Kreuzberg, Bauvorbescheid vom 25.11.2014, 100-2014-2760-BAA-34, S. 2 f.

927 Ebd.

928 BVerwG, Urt. v. 26.05.1978 – 4 C 9.77, BVerwGE 55, 369 (380).

929 Vgl. Kap. 6.6.1 a) und Kap. 6.6.1 c).

930 BVerwG (Fn. 928), BVerwGE 55, 369 (380).

ner Freudenberg-Areal fügte sich nach Auffassung der Obersten Bauaufsicht mit einer Wohnnutzung von 80 % gerade noch in einem Mischgebiet ein:[931] Die Gewerbefläche verteilt sich auf zwei gemischt genutzte Gebäudekomplexe. Die übrigen vier Gebäude weisen hingegen eine nahezu reine Wohnnutzung auf.[932] Der Rechtsprechung sind keine mathematisch-abstrakten Grenzwerte zu entnehmen, ab wann das „Umkippen“[933] eines Mischgebiets droht. Es ist „ausreichend, dass im jeweiligen Gebiet eine der beiden Hauptnutzungsarten nicht nach Anzahl und/oder Umfang beherrschend und in diesem Sinne ‚übergewichtig‘ in Erscheinung tritt.“[934] Dass im Falle des Freudenberg-Areals ein Mischungsverhältnis von 80:20 und das Vorhandensein von vier nahezu reinen Wohngebäuden gegenüber zwei mischgenutzten Gebäuden gerade noch kein Übergewicht der Wohnnutzung darstellt, wurde mit der größeren Wahrnehmbarkeit der an der Boxhagener Straße[935] gelegenen gemischt genutzten Gebäude begründet. Dies trage entscheidend dazu bei, dass das Wohnen optisch nicht dominiert.[936] Die intersubjektive Nachvollziehbarkeit einer solchen Einschätzung kann hinterfragt werden. Eine abweichende Wahrnehmung der örtlichen Gegebenheiten ist möglich.

Schließlich lassen sich im Fall des WBM-Wohnungsbauprojekts auf der Fischerinsel in Berlin-Mitte unterschiedliche Auffassungen hinsichtlich des Einfügens in die Eigenart der näheren Umgebung feststellen: Die Untere Bauaufsicht im Bezirksamt lehnte die Zulässigkeit des Vorhabens nach § 34 BauGB ab, woraufhin die Oberste Bauaufsicht in der Senatsverwaltung die Zulässigkeit nach § 34 BauGB bejahte.[937] Beide Rechtsansichten konnten offenbar als vertretbar angesehen und in den jeweiligen Bescheiden baurechtlich begründet werden. Welche der Auffassungen objektivrechtlich zutreffend ist, bleibt ungeklärt.

931 Vgl. Kap. 6.1.3.

932 Bauwert AG 2016 a, S. 21 f.

933 BVerwG, Urt. v. 04.05.1988 – 4 C 34.86, NJW 1988, 3168.

934 Ebd.

935 Die Boxhagener Straße ist die größte und bedeutsamste der das Quartier umgebenden Straßen.

936 SenStadtUm Berlin, Widerspruchsbescheid vom 08.07.2014, 330-2014-105-II E 34, S. 9.

937 Vgl. Kap. 6.7.1 b).

7.1.2.3 Verschiedene ‚Rechtsauffassungen' bei der Anwendung des § 34 BauGB

Bei der Anwendung des § 34 BauGB in der Praxis kann nicht stets nur von einer möglichen Auslegung der unbestimmten Rechtsbegriffe im Einzelfall ausgegangen werden. Besonders bei sogenannten ‚Grenzfällen', also beispielsweise sehr umfangreichen Vorhaben, die im Grenzbereich der Zulässigkeit nach § 34 BauGB einzuordnen sind, kann die zweifelsfreie Feststellung der Tatbestandsvoraussetzungen aufgrund mangelnder Vergleichsfälle und Richtwerte Schwierigkeiten bereiten.

Der Fall des Wohnungsbauprojekts auf dem Freudenberg-Areal in Berlin zeigt, wie zwei Behörden zu deutlich voneinander abweichenden Einschätzungen kommen können und auch das letztendlich rechtskräftige Ergebnis der Genehmigungsprüfung nach § 34 BauGB Fragen aufwirft. Die Senatsverwaltung erklärt in Bezug auf die Korrektur des bezirklichen Prüfungsergebnisses: „Aufgrund anderer Rechtsauffassung hat die Senatsverwaltung für Stadtentwicklung und Umwelt die Entscheidung des Bezirkes in Teilen aufgehoben."[938]

Explizit unterschiedliche Rechtsauffassungen bei der Auslegung des § 34 BauGB zeigen sich auch in den Fällen der Wohnungsbauprojekte in Potsdam und in Berlin-Mitte.

Wie Gesetz und einschlägige Rechtsprechung jeweils auf den Einzelfall anzuwenden sind, hängt somit in gewisser Weise auch von der Rechtsauffassung des zuständigen Sachbearbeiters bzw. der entsprechenden Behörde ab. In München wurden die Mitarbeiter der Lokalbaukommission (u.a. untere Bauaufsichtsbehörde) daher auf vier Veranstaltungen explizit in der Anwendung des § 34 BauGB geschult:[939] Zugunsten des Erhalts des Gartenstadtcharakters soll die Auslegung der unbestimmten Rechtsbegriffe in der bauaufsichtsbehördlichen Praxis einer restriktiven Rechtsauffassung folgen.[940]

938 Staatssekretär in der Senatsverwaltung für Stadtentwicklung und Umwelt in: Abgeordnetenhaus von Berlin, Anfrage vom 18.07.2014, 17/14256.

939 Vgl. Kap. 6.3.4.

940 Stadtbaurätin in: Ausschuss für Stadtplanung und Bauordnung, Vortrag am 25.10.2017, 14-20/V09880, S. 3; C2, Z. 1ff., 9ff., 18 f., 28 f., 53ff.

7.1.2.4 Schlussfolgerung: Faktischer Beurteilungsspielraum bei § 34 BauGB

Wie bereits mehrfach ausgeführt wurde, formuliert die Rechtsprechung nur grobe Orientierungsmaßstäbe für die in jedem Einzelfall individuell zu prüfenden unbestimmten Rechtsbegriffe des § 34 BauGB.[941] Es mangelt an konkreten und leicht auf den Einzelfall übertragbaren Anwendungskriterien, quantifizierbaren Maßstäben oder Obergrenzen.

> „[...] es muss sich eben auch einfügen und da werden Kriterien angesetzt, ja, die kann man natürlich interpretieren, die kann man so oder so, relativ lax oder auch streng auslegen. Das ist, glaube ich, ein bisschen Frage des Einzelnen, der es bearbeitet. Also es gibt ja keine hundertprozentige Regel, dass man sagt: Das ist ganz klar zulässig oder nicht zulässig. Also bei 34 haben Sie immer Interpretationsspielraum."[942]

Wenn bei der Anwendung des § 34 BauGB unterschiedliche Rechtsauffassungen zum Tragen kommen können und diese in der Lage sind, die Entscheidung auf bauplanungsrechtliche Zulässigkeit eines Vorhabens zu beeinflussen, besteht im Rahmen des § 34 BauGB ein gesetzlich nicht vorgesehener faktischer Beurteilungsspielraum.[943]

Faktische Beurteilungsspielräume bei der Prüfung auf Zulässigkeit nach § 34 BauGB treten nicht in jedem Einzelfall in gleicher Weise zutage. Bei zahlreichen der nach § 34 BauGB genehmigten Vorhaben dürfte es sich um unstrittige Baulückenschließungen von geringem Ausmaß handeln. Insbesondere in wachsenden Städten mit angespannten Wohnungsmärkten ist jedoch von einer maximalen Ausreizung der Bebauungspotenziale und einer Auslotung der Grenzen des Baurechts zu rechnen, sodass immer wieder sogenannte ‚Grenzfälle' auftreten. Hinsichtlich der einzelnen Tatbestandsvoraussetzungen des § 34 BauGB ist in derartigen Fällen ein gewisses Spektrum an Einschätzungen und somit das Vorhandensein faktischen Beurteilungsspielraums möglich. Wie stets bei § 34 BauGB ist auch in die-

---

941 Deutlich wird dies u.a. im Blick auf die ‚Harmonie' des Einfügens (vgl. Kap. 2.3.1.4 und Kap. 2.3.2.2), die Abgrenzung der im Zusammenhang bebauten Ortsteile (vgl. Kap. 2.3.2.1), die Ermittlung des städtebaulichen Rahmens (vgl. Kap. 2.3.1.4 und Kap. 2.3.2.2 a)), die erforderliche Nutzungsmischung in Mischgebieten (vgl. Diskussion in Kap. 7.1.2.2), die Beeinträchtigung des Ortsbildes (vgl. Kap. 2.3.2.3 b)) oder das Gebot der Rücksichtnahme (vgl. Kap. 2.3.3).

942 A2, Z. 282ff.

943 Faktischen Beurteilungsspielraum bei § 34 BauGB bestätigen ferner: A1, Z. 410ff.; C2, Z. 4ff.; C3, Z. 537ff., 549ff.; D1, Z. 316ff.; D2, Z. 94ff., 165ff.; D4, Z. 8ff., 19ff.; E1, Z. 11ff.; E2, Z. 3 f.

sem Zusammenhang die konkrete Sachlage des Einzelfalls in Rechnung zu stellen.

Aufgrund des je nach Fallgestaltung vorhandenen faktischen Beurteilungsspielraums seitens der Genehmigungsbehörde kann das Ergebnis einer Zulässigkeitsprüfung nach § 34 BauGB nicht immer ohne Weiteres vorhergesehen werden. Anders als im Geltungsbereich eines Bebauungsplans, dessen Festsetzungen eindeutig und für jedermann einsehbar über die zulässige Bebauung informieren, besteht im Blick auf die Zulässigkeit mancher Vorhaben bei § 34 BauGB erhebliche Rechtsunsicherheit.

Die Letztentscheidungskompetenz über eine Genehmigung nach § 34 BauGB kommt dem Gericht zu. Doch auch hier ist eine zweifelsfreie Einschätzung der Sachlage nicht immer problemlos möglich und es können faktische Beurteilungsspielräume im Rahmen der tatrichterlichen Würdigung der örtlichen Gegebenheiten bestehen.[944]

> „Das ist ja so: drei Juristen, vier Meinungen. Also, man kann alle Sachen juristisch diametral anders beurteilen, das ist ja das Schöne oder das Schlechte daran und das wird ja oftmals eben auch verwechselt. Die juristische Ansicht ist eben keine Tatsache, sondern abschließend einfach eine Meinung. Und Meinungen kann es viele geben.“[945]

> „34 ist ja eine Ermessenssache. Wenn Sie in die ganzen Seminare gehen und auch, ich weiß nicht, der Grund, warum da drei Richter kommen. Wenn es so einfach zu entscheiden wäre, dann könnten die ja vom Schreibtisch aus sagen: Ist oder ist nicht, fertig.“[946]

> ‚Man weiß nie so genau, wie die Richter urteilen würden; oft auch überraschende Richtersprüche, je nachdem, was der Richter heranzieht; wie legt man das Recht aus? Es gibt auch innerhalb des Hauses verschiedene rechtliche Einschätzungen ab und zu.‘[947]

Am Fall des Wohnungsbauprojekts in Potsdam wird dies besonders deutlich:[948] Bis kurz vor Abschluss des Gerichtsverfahrens über die Beurteilung der nach § 34 BauGB beantragten Bauvorhaben ließ sich keine Tendenz in der Einschätzung der Richter erkennen. Auch ein Ortstermin brachte keine Klarheit. Letztendlich ließen sich die Streitparteien nach kurzen Verhandlungen auf einen vom Gericht vorgeschlagenen Vergleich ein, da für

944 Vgl. aktuell etwa *Hauth*, der auf Widersprüchlichkeiten in der Rechtsprechung zum Bebauungszusammenhang hinweist. Es besteht Raum für unterschiedliche Rechtsauffassungen (BauR 2016, 1258ff.).

945 A1, Z. 410ff.

946 D2, Z. 331ff.

947 E1, Z. 12ff. [Gesprächsprotokoll].

948 Vgl. Kap. 6.4.

beide Seiten das Risiko angesichts der vom Gericht nach wie vor vermittelten Unsicherheit des Verfahrensausgangs offenbar zu groß war.

Entscheidend ist in diesem Zusammenhang nicht, dass ein Gericht aufgrund größerer fachlicher Kompetenz stets dazu in der Lage wäre, die Zulässigkeit eines Vorhabens nach § 34 BauGB zweifelsfrei zu bestimmen. Entscheidend ist vielmehr, dass das Gericht qua Rechtsordnung ein abschließendes und bindendes Urteil über den Sachverhalt sprechen darf und den Richtern insofern die Deutungshoheit über die korrekte Auslegung der unbestimmten Rechtsbegriffe bei der Anwendung des § 34 BauGB zukommt. Entsprechende Gerichtsverfahren können allerdings Jahre dauern und für die Streitparteien mit Risiken verbunden sein. Der unteren Bauaufsichtsbehörde als regulär zuständigem Entscheidungsorgan obliegt daher grundsätzlich die Verantwortung der gesetzmäßigen Auslegung der unbestimmten Rechtsbegriffe des § 34 BauGB im konkreten Einzelfall.

7.1.3 Stadtentwicklungspolitische Einflussnahme bei § 34 BauGB

Im Bereich der Stadtentwicklung treten zahlreiche zum Teil widerstreitende Interessen hervor. Neben privaten Interessen, wie etwa einer möglichst gewinnbringenden Nutzung des Grundeigentums, stehen vielfältige Interessen öffentlicher Art im Raum. Es liegt in der Verantwortung der planenden Gemeinde, öffentlichen Belangen in angemessener Weise zur Geltung zu verhelfen. Beispielhaft lassen sich hier wohnungsbaupolitische Ziele wie etwa die Versorgung einkommensschwächerer Bevölkerungsschichten mit Wohnraum nennen.[949]

Zentrales Steuerungsinstrument im Städtebaurecht ist die Bauleitplanung. Die Planersatzvorschrift des § 34 BauGB bietet dagegen als gebundenes Genehmigungsinstrument nach allgemeiner Auffassung unmittelbar keinen Raum für eine planerische Steuerung oder eine Interessenabwägung zugunsten einzelner öffentlicher Belange. Dieses Steuerungsdefizit bei § 34 BauGB kann aus Sicht einer Gemeinde mit dringlichen Steuerungsinteressen als Mangel gelten.[950]

Das Vorhandensein faktischen Beurteilungsspielraums fügt der gemäß Lehrmeinung rein gebundenen Planersatzvorschrift des § 34 BauGB eine besondere Facette hinzu. Unter diesem Gesichtspunkt muss die Frage nach

949 Vgl. Kap. 3.4.
950 Vgl. Kap. 7.1.1.

unmittelbaren Steuerungsmöglichkeiten bei § 34 BauGB neu untersucht werden.

Teilfragestellung A4: Inwieweit besteht im Rahmen der Anwendung des § 34 BauGB Raum für unmittelbare stadtentwicklungspolitische Steuerung?

Die Durchführung der bauplanungsrechtlichen Prüfung auf Zulässigkeit nach § 34 BauGB ist Aufgabe der unteren Bauaufsichtsbehörde. Die zuständigen Sachbearbeiter müssen die entsprechenden Vorhaben, seien es unstrittige Fälle oder solche mit gewissen faktischen Spielräumen, grundsätzlich völlig neutral und ohne die Beachtung sachfremder Erwägungen beurteilen. Weder der Umstand, dass ein bestimmtes Vorhaben bekanntermaßen stadtentwicklungspolitisch gewollt ist, noch jener, dass ein Vorhaben planerisch unerwünscht ist, darf die Prüfung auf Zulässigkeit nach § 34 BauGB beeinflussen. Diesem idealtypischen Anspruch wird die Praxis nicht uneingeschränkt gerecht, wie im Folgenden aufgezeigt wird.

7.1.3.1 Koppelung der Genehmigung nach § 34 BauGB an sachfremde Gegenleistungen am Beispiel ‚Box Seven' in Berlin-Friedrichshain

Am Fall des Wohnungsbauprojekts auf dem Freudenberg-Areal in Berlin-Friedrichshain wird deutlich, wie stadtentwicklungspolitische Steuerungsinteressen mit dem Ziel der Wohnraumversorgung einkommensschwächerer Bevölkerungsgruppen im Rahmen des § 34 BauGB zur Geltung kommen können.

Zunächst ist erkennbar, dass die Ergebnisse der Zulässigkeitsprüfung nach § 34 BauGB von Bauaufsicht (Bezirksamt) und Oberster Bauaufsicht (Senatsverwaltung) mit den jeweiligen stadtentwicklungspolitischen Interessen übereinstimmten. Der Bezirk hielt bis zuletzt die Aufstellung eines Bebauungsplans für erforderlich und lehnte Umfang und Ausgestaltung des beantragten Vorhabens ab. Die Senatsverwaltung hingegen war entschieden an einer substanziellen Schaffung von Wohnraum interessiert und befürwortete das Projekt.[951]

> „Wenn man sieht, was im alten Senat genehmigt worden ist und vorangetrieben worden ist und wie die Ausrichtung war: Da war schon eine klare

951 Vgl. Kap. 6.1.2 und Kap. 6.1.3.

> Tendenz zu sehen: Ja, wir wollen auf jeden Fall die 400.000 erreichen. Wir wollen auf jeden Fall: Neubau, Neubau, Neubau."[952]

Aus Sicht der Obersten Bauaufsicht war die Ablehnung der Bauvorbescheide nach § 34 BauGB infolge einer unbewussten oder bewussten Fehleinschätzung der Bauaufsicht im Bezirksamt unzutreffend. Vorbehaltlich geringer im Zuge des Widerspruchsverfahrens vorgenommener Modifizierungen von Art und Maß der baulichen Nutzung war das Vorhaben nach § 34 BauGB zulässig.[953]

Normalerweise hätte der Investor daraufhin sein Vorhaben auf Basis der nach § 34 BauGB erteilten Baugenehmigungen in weiten Teilen eigenverantwortlich ausgestalten können. Im Blick auf den zu schaffenden Wohnraum etwa bestünde völlige Freiheit hinsichtlich Ausstattung und Preisgestaltung, da diese Aspekte im Rahmen des § 34 BauGB keine Rolle spielen. Denkbar wäre also die Entstehung von sehr hochpreisigem Wohnraum zum Zweck der Gewinnmaximierung und ferner eine private Nutzungsbeschränkung der Grünfläche. Der Investor ging jedoch zwei Wochen vor Abschluss des ersten Widerspruchsverfahrens am 08.07.2014 eine Kooperation mit der städtischen Wohnungsbaugesellschaft HOWOGE ein. Er veräußerte zwei seiner Gebäude an die HOWOGE, damit diese die Errichtung von bezahlbaren Wohnungen und den Bau einer Kita realisieren kann. Weiterhin wurde die öffentliche Zugänglichkeit der Grünflächen vereinbart.[954]

Es stellt sich die Frage, warum sich der Vorhabenträger trotz offenbarer Zulässigkeit des Vorhabens nach § 34 BauGB an einer derartigen Kooperation beteiligte, entgegen seiner Pläne zum Zeitpunkt des Antrags auf Bauvorbescheid[955] am 25.10.2013 und angesichts der zu erwartenden Gewinneinbußen.

Eine Erklärung für die ‚freiwillige' Kooperationsbereitschaft des Vorhabenträgers könnte sein, dass dieser infolge des gemeinwohldienlichen Handelns positive Auswirkungen auf das Unternehmensimage erwartet.[956] Tatsächlich wurde in der öffentlichen Berichterstattung immer wieder der Vorbildcharakter einer solchen Zusammenarbeit von privatem Investor

952 B3, Z. 500ff.

953 Vgl. Kap. 6.1.3.

954 Vgl. Kap. 6.1.3.

955 BVV Friedrichshain-Kreuzberg, Protokoll vom 04.09.2013, 048/IV-StadtQM, S. 3; Bezirksamt Friedrichshain-Kreuzberg, Bauvorbescheid vom 18.12.2013, 100-2013-2800-BAA-34.

956 Vgl. Kap. 3.5.

und öffentlicher Wohnungsbaugesellschaft betont.[957] Es gibt allerdings keine Hinweise darauf, dass der betroffene Investor bei anderen Vorhaben im unbeplanten Innenbereich ebenfalls freiwillig auf eine Schaffung von bezahlbarem Wohnraum hinzuwirken gedenkt. Die Tragweite des Imagegewinns aufgrund einer einmaligen Maßnahme dieser Art wäre daher äußerst begrenzt.

Eine andere Erklärung könnte sein, dass der Investor aus altruistischen Motiven heraus einer Kooperation mit der HOWOGE zugestimmt hat. Gegen diese Möglichkeit spricht, dass der Investor im etwa zweijährigen Aushandlungsprozess vor dem Antrag auf Bauvorbescheid nach § 34 BauGB nicht in annähernd vergleichbarem Ausmaß kooperationsbereit war. Zwar stimmte er der Schaffung eines gewissen Anteils an bezahlbaren Wohnungen und weiteren Modifizierungen der Planung zu, jedoch geschah dies in erster Linie auf Druck von Bezirk und Öffentlichkeit. Außerdem wurde damals noch von der Aufstellung eines vorhabenbezogenen Bebauungsplans ausgegangen. Ob die bezahlbaren Wohnungen zum Zeitpunkt des Bauantrags nach § 34 BauGB noch Teil der Planung waren, kann bezweifelt werden.

Es erscheint tragfähiger, wie in jedem Aushandlungsprozess von einem Verhandlungsergebnis und dementsprechend von Leistung und Gegenleistung beider Parteien auszugehen. Einiges weist darauf hin, dass die Kooperation zwischen Investor und HOWOGE und insbesondere die dadurch mögliche, deutliche Erhöhung des Anteils an bezahlbarem Wohnraum auf knapp 20 % als Gegenleistung für die Erteilung eines positiven Widerspruchsbescheids eingefordert wurde.[958]

> „Also, ich glaube, beim Senat waren die eben froh […], als die HOWOGE mit ins Spiel kam, also eine städtische Wohnungsbaugesellschaft, die eben dann quasi aufgrund ihres gesellschaftlichen Auftrags auch einen Garant darstellt für eine dauerhafte Mietpreisbindung. […] Und das war für den Senat wahrscheinlich auch Grund genug zu sagen: Gut, dann baut das jetzt auch.“[959]

> „Ich vermute mal, dass […] das, was sozusagen bei uns auf der Haben-Seite war, dass das letztlich natürlich dann auch zu einer wohlwollenden Prüfung geführt hat.“[960]

> „Im Grunde genommen […] hätte man das nur über einen B-Plan machen können […] und ich denke, dass sie es nach 34 deswegen auch nur bewil-

957 Vgl. Kap. 6.1.4.
958 B3, Z. 563ff., 574ff., 601ff., 613ff.; A1, Z. 660ff.; A2, Z. 198ff., 236ff.
959 A2, Z. 176ff., 189 f.
960 A1, Z. 130ff.

> ligt haben letztlich, weil das, was man rausholen konnte, dann am Ende auch rausgeholt hat."[961]

Das ausgeprägte Interesse des Senats an einer Kooperation zwischen Investor und HOWOGE erklärt sich mit Blick auf den stadtentwicklungspolitischen Kontext: Am Tag der Erteilung des 1. Widerspruchsbescheids (08.07.2014) wurde der ‚Stadtentwicklungsplan Wohnen 2025 für das Land Berlin' veröffentlicht. Danach sind die Förderung des Wohnungsbaus und die Schaffung von bezahlbarem Wohnraum, insbesondere durch die landeseigenen Wohnungsbaugesellschaften, erklärte Ziele der Berliner Stadtentwicklung.[962] Es gilt „auch beim Neubau in attraktiven Lagen einen Anteil bezahlbarer Wohnungen zu erreichen."[963] Am 28.08.2014 wurde zudem das ‚Berliner Modell der kooperativen Baulandentwicklung' öffentlich vorgestellt, wonach bei größeren Wohnungsbauvorhaben ein Anteil von etwa 25 % bezahlbaren Wohnungen entstehen soll. Voraussetzung für die Anwendbarkeit dieses Modells ist jedoch der Abschluss eines städtebaulichen Vertrags im Rahmen eines vorhabenbezogenen Bebauungsplans.[964]

Die zeitliche Nähe zwischen der Veröffentlichung dieser wohnungsbaupolitischen Strategieprogramme und der Erteilung des Widerspruchsbescheids für die Bebauung des Freudenberg-Areals auf Grundlage der Kooperation zwischen Investor und HOWOGE ist bemerkenswert.

Im Blick auf die gegenseitige Absicherung des Aushandlungsergebnisses spielte der von Investor und Wohnungsbaugesellschaft abgeschlossene Kaufvertrag vom 23.06.2014 eine zentrale Rolle:[965]

> „Der Trick ist halt der, die sind halt mit dem städtebaulichen Modell reingegangen und haben im Grunde genommen diese ganzen, ja wie soll ich sagen, diese ganzen Gimmicks für die Gemeinde dadurch abgesichert, dass sie einen privatrechtlichen Vertrag mit der HOWOGE [...] beschlossen haben und quasi dadurch [...] so eine Art Kopie eines B-Plans mit städtebaulichem Vertrag, ja? Also man hat im Prinzip genau das gleiche Baurecht, nur gab es keinen städtebaulichen Vertrag, sondern einen privaten Vertrag, der dann eben auch die öffentliche Durchwegung sicherte und diese Plätze und so weiter und so fort. Also man hat da am Ende das gleiche Ergebnis."[966]

---

961 A1, Z. 680ff.

962 SenStadtUm Berlin 2014a, S. 99f.

963 Ebd., S. 96.

964 SenStadtUm Berlin 2015, S. 12, 15.

965 Abgeordnetenhaus von Berlin, Anfrage vom 18.07.2014, 17/14255.

966 A1, Z. 111ff.

> „Jetzt gab es natürlich da diverse Vereinbarungen [...], die hätte jetzt der Bauherr nicht machen müssen. Wenn er das Recht hat nach § 34 zu bauen, kann man ihn ja nicht mehr zwingen, städtebauliche Verträge abzuschließen, um zum Beispiel die HOWOGE da mit reinzubringen oder den Teil da abzutreten, damit die das selbst bauen können. [...] Die haben es aber dann bilateral dennoch gemacht, also [der Investor] und die HOWOGE, was auch gut ist vom Ergebnis her. Aber, wäre eben normalerweise eben nicht zu erzwingen oder zu erwarten.“[967]

Der genaue Inhalt des privatrechtlichen Vertrags zwischen Investor und HOWOGE ist nicht bekannt. Wahrscheinlich wurde der kausale Zusammenhang zwischen Leistung (positiver Widerspruchsbescheid nach § 34 BauGB) und Gegenleistung (Veräußerung der Wohngebäude) auf informellem Wege hergestellt und nicht explizit vertraglich fixiert.[968] Anderenfalls würde ein klarer Verstoß gegen das Koppelungsverbot vorliegen, da die Gegenleistung des Investors in keinem sachlichen Zusammenhang mit der vertraglichen Leistung der Behörde stünde (§ 56 Abs. 1 S. 2 und Abs. 2 VwVfG).[969] Der Vertrag wäre dadurch juristisch angreifbar und der Investor könnte im Nachhinein die Unwirksamkeit des Vertrages feststellen lassen. Die Rechtskraft einer bereits erteilten Baugenehmigung nach § 34 BauGB bliebe unberührt.

Unabhängig davon, ob der Vertrag gegen das Koppelungsverbot verstößt oder nicht, kann er keinerlei Beitrag zur Genehmigungsfähigkeit des in Rede stehenden Wohnungsbauprojekts leisten. Die Planersatzvorschrift des § 34 BauGB bietet keinen Raum für Kompensationen, auch wenn diese aus Sicht des Senats dem öffentlichen Interesse dienen.

> „Derartige Abwägungen von Kompensationen können jedoch nicht innerhalb einzelner Baugenehmigungsverfahren von der Baugenehmigungsbehörde vorgenommen werden; sie müssen der gemeindlichen Bauleitplanung vorbehalten bleiben.“[970]

Der Investor willigte in die Kooperation ein, da die vom Senat zugesagte positive Beurteilung des § 34 BauGB wohl eine angemessene Gegenleistung darstellte. Es schien keine erfolgsversprechende Alternative zu sein, die Genehmigung des Vorhabens auf gerichtlichem Wege zu erstreiten und auf diese Weise der geforderten Kooperation mit der landeseigenen HOWOGE zu entgehen.

---

967 A2, Z. 58ff.

968 Hinweise darauf bei A2, Z. 215ff., 236ff.

969 BVerwG, Urt. v. 16.12.1993 – 4 C 27.92, NVwZ 1994, 485; vgl. Kap. 2.1.3.2.

970 BVerwG (Fn. 928), BVerwGE 55, 369 (383 f.).

In Verbindung mit den bereits dargestellten Zweifeln des Bezirksamts und anderer Akteure an der Zulässigkeit des Wohnungsbauprojekts auf dem Freudenberg-Areal gemäß § 34 BauGB erscheint die Rechtmäßigkeit des Verwaltungshandelns aufseiten der Senatsverwaltung insgesamt fraglich.

Generell ist entscheidend, dass im Hinblick auf die Zulässigkeit nach § 34 BauGB offenbar gewisser faktischer Beurteilungsspielraum und somit Unklarheit über die Genehmigungsfähigkeit des Vorhabens bestand. Dadurch eröffnete sich Raum für die Aushandlung der Kooperation zwischen Investor und HOWOGE und die Realisierung der stadtentwicklungspolitischen Steuerungsinteressen des damaligen Senats.

Eine andere stadtentwicklungspolitische Ausrichtung, wie sie seit Ende 2017 von der neuen rot-rot-grünen Landesregierung und der von der Linken geführten Senatsverwaltung für Stadtentwicklung und Wohnen verfolgt wird,[971] hätte auch zu einem anderen Ergebnis führen können:

> „Ich bin mir sicher, dass so ein Bauvorhaben wie das Freudenberg-Areal […], bei diesem Senat wäre das nicht so schnell gegangen. […] Das würde, glaube ich, hier bei einer Bürgerpartizipation, die da durchgeführt worden wäre, nicht so schnell und nicht in der Masse gekommen."[972]

Die hier geschilderte Koppelung von Baugenehmigungen nach § 34 BauGB an sachfremde Gegenleistungen ist offenbar kein Einzelfall:

> „Deswegen gibt es ja manchmal die Fälle, dass wir sagen: Ok, wir verabreden bestimmte Dinge, aber die werden schriftlich erst fixiert, wenn die Baugenehmigung erteilt ist, dass nicht der Eindruck entsteht, wir hätten die Erteilung der Baugenehmigung abhängig gemacht davon, dass der eine Kita baut oder dass der billigen Wohnraum zusichert oder einen Teil abtritt oder was auch immer. Das ist, das dürfen wir nicht. In der Praxis wird natürlich schon geguckt, also ob es dann insgesamt passt."[973]
>
> Interviewaussagen aus dem Referat für Stadtplanung und Bauordnung München, die das Auftreten einer vergleichbaren Praxis schildern, wurden nicht zur Veröffentlichung freigegeben.

971 Vgl. Kap. 6.2.3 und Kap. 6.2.4.
972 B3, Z. 518ff.
973 A2, Z. 221ff.

7.1.3.2 Raum für Aushandlungsprozesse bei § 34 BauGB am Beispiel ‚Wohnen am Waldpark' in Potsdam

Am Fall des Projekts ‚Wohnen am Waldpark' in Potsdam kann ebenfalls verdeutlicht werden, wie aufgrund einer unklaren Rechtslage im Kontext des § 34 BauGB Raum für Verhandlungen zwischen privatem Investor und Gemeinde entsteht.

Bereits zu einem frühen Zeitpunkt im Projektverlauf wurde intensiv über die inhaltliche Ausgestaltung des Bauvorhabens verhandelt, zunächst noch im Rahmen des Verfahrens zur Aufstellung eines vorhabenbezogenen Bebauungsplans. Kurz vor Abschluss des schon vom Investor unterschriebenen Durchführungsvertrags forderte die Stadt erstmals die Schaffung von 10 % bezahlbarem Wohnraum. Zwar ist fraglich, ob diese Gegenleistung angemessen ist und im sachlichen Zusammenhang mit der vertraglichen Leistung der Behörde steht (§ 56 Abs. 1 S. 2 VwVfG), denn die Baulandrichtlinie war zum damaligen Zeitpunkt noch nicht von der SVV beschlossen.[974] Dennoch schien die Stadt bzw. eine Mehrheit der Stadtverordneten auf ihre starke Verhandlungsposition zu vertrauen, um eine solche Forderung zu stellen und dadurch die neuen stadtentwicklungspolitischen Ziele zur Geltung zu bringen. Die SPD-Fraktion, der früher auch der Vorhabenträger angehörte, brachte den entsprechenden Antrag ein.

Der Investor ließ sich nicht auf die Fortführung der Verhandlungen im Rahmen des Bebauungsplanverfahrens ein, sondern stellte alternativ Bauanträge nach § 34 BauGB.[975] Diese wurden von der bei der Stadtverwaltung Potsdam angesiedelten unteren Bauaufsichtsbehörde abgelehnt. Nach Ansicht des Investors erfolgte die Ablehnung der Bauanträge unter politischer Einflussnahme zugunsten der städtischen Verhandlungsposition:

> „Es ist alles politisch, was hier geschieht. […] Die Mitarbeiter der Verwaltung sagen ganz klar: Naja, was sollen wir denn tun, wenn wir von ganz oben angewiesen werden, nicht so zu handeln, wie wir handeln sollten."[976]

---

974 Vgl. Kap. 6.4.2; Vgl. die Ausführungen zu Angemessenheitsgebot und Koppelungsverbot in Kap. 2.1.3.2.

975 „Er macht das, was ein Investor macht: Der versucht natürlich, die Rendite zu maximieren, das ist völlig legitim, das ist ein ökonomisches Gesetz und die Stadtverordneten stehen auf der anderen Seite und sagen: Wir gucken, was der gesellschaftliche Nutzen ist, den man aus der Sache ziehen kann und der kriegt ja immer noch genug." (D3, Z. 137ff.).

976 D2, Z. 94ff.; weiterführend: D2, Z. 164ff.

Von besonderer Bedeutung in der vorliegenden Situation einer unklaren Rechtslage bei § 34 BauGB sind Motivation und Verhandlungsposition der Konfliktparteien. Beide Seiten hatten ein ausgeprägtes politisches Interesse daran, die Auseinandersetzung öffentlichkeitswirksam für sich zu entscheiden. Der Investor wollte sich den aus seiner Sicht unangemessenen Forderungen der Stadtverordnetenversammlung unter Federführung seiner alten Fraktion nicht unterwerfen und beschritt den Rechtsweg.[977] Das finanzielle Risiko des Gerichtsverfahrens sei ohne Probleme tragbar gewesen.[978] Die Stadt demgegenüber war daran interessiert, an der ursprünglich ermittelten Planerforderlichkeit festzuhalten und die neue Baulandrichtlinie konsequent anzuwenden:

> „Wir wollen uns jetzt an der Stelle erpressen lassen, indem ein Investor vor Gericht zieht und die eigentliche Fragestellung, nämlich: Besteht dort Baurecht oder besteht dort nicht Baurecht nach § 34, daran knüpft, ob wir bei der Baulandrichtlinie das, was für alle Investoren in dieser Stadt gilt, zur Anwendung bringen oder nicht? So funktioniert Rechtsstaat gerade nicht."[979]

Als deutlich wurde, dass das Gericht keine Tendenz hinsichtlich der Zulässigkeit der Vorhaben nach § 34 BauGB erkennen ließ und der Ausgang des Verfahrens somit unberechenbar war, traten Verhandlungsposition und Risikobereitschaft der Akteure erneut in den Vordergrund. Der Investor wollte offenbar das Risiko einer Fortführung des Verfahrens nicht länger tragen und zeigte sich kompromissbereit. Er legte ein erstes Vergleichsangebot vor: die Fortführung des B-Planverfahrens über 12 Einzelvorhaben mit 10 % bezahlbarem Wohnraum im Austausch für die Genehmigung eines Vorhabens (‚Haus 4') nach § 34 BauGB (Abb. 8, Markierung X und Abb. 9). Die Stadtverordnetenversammlung signalisierte ihre Zustimmung, doch der Investor zog das Angebot zurück.[980] Der daraufhin vom Gericht vorgeschlagene und vom Investor befürwortete Vergleich mit einem Anteil von 5 % bezahlbarem Wohnraum rief intensive Diskussionen in der Stadtverordnetenversammlung hervor. Der Nutzen einer Fortführung des Verfahrens wurde angezweifelt:

> „Lassen Sie uns vernünftig sein […]. Wir möchten als Stadt etwas haben. Wir möchten den Bauherrn verpflichtet wissen. Der Bauherr soll seinen

977 Vgl. Kap. 6.4.2 und Kap. 6.4.3.

978 D2, Z. 185ff.

979 Vorsitzender der SPD-Fraktion in: Sitzung der SVV am 06.12.2017, TOP Ö 8.4, Videoaufzeichnung.

980 Vgl. Kap. 6.4.4.

> Interessen auch nachgehen können und deswegen meine ich: Dringend ist es angezeigt, […] dem Vorschlag des Gerichts zu folgen."[981]
> „Wir werden einen Rechtsstreit […] vor uns hertragen, von dem wir am Ende nicht wissen, ob wir was gewinnen, wo wir aber mit relativ großer Wahrscheinlichkeit erwarten können, dass wir nichts gewinnen."[982]

Der Vorsitzende der SPD-Fraktion lehnte den gerichtlichen Vergleichsvorschlag vehement ab:

> „[…] wir [sind] nicht auf dem Basar der Verhandlungen. Ich bin bass erstaunt, dass ein Verwaltungsgericht einen derartigen Vergleichsvorschlag macht, weil wir sind überhaupt nicht auf der Ebene, irgendetwas zu verhandeln oder zu vergleichen."[983]

Die Stadtverordnetenversammlung zeigte sich schließlich nur bis zu einem gewissen Grad kompromissbereit und forderte eine Erhöhung des Anteils bezahlbarer Wohnungen von 5 auf 8 %. Der Investor stimmte dem zu.

Letztendlich steht ein Verhandlungsergebnis fest, dass mit Ausnahme eines nach § 34 BauGB zu genehmigenden Vorhabens in weiten Teilen den letzten Forderungen der Stadt entspricht. Die ursprüngliche Einschätzung der unteren Bauaufsichtsbehörde hinsichtlich der nach § 34 BauGB bestehenden Unzulässigkeit des Vorhabens ‚Haus 4' wird dem Verhandlungsergebnis untergeordnet. Der offenbar existierende faktische Beurteilungsspielraum bei § 34 BauGB wird zugunsten der Zulässigkeit dieses Bauvorhabens ausgenutzt.[984]

Ob nun aus objektiv-rechtlicher Perspektive alle Vorhaben nach § 34 BauGB zulässig gewesen wären, nur eines oder kein einziges, bleibt ungeklärt. Die fehlende Rechtssicherheit hat in diesem Fall Spielraum für einen bilateralen Aushandlungsprozess zwischen Investor und Gemeinde eröffnet, der je nach Interesse und Verhandlungsposition der Akteure auch zu einem anderen Ergebnis hätte führen können. Vorstellbar ist etwa eine ähnliche ‚Lösung' wie im Fall des Wohnungsbauprojekts auf dem Freudenberg-Areal: Alle Vorhaben werden nach § 34 BauGB genehmigt und im Gegenzug erfüllt der Investor die Maximalforderungen der Stadt hinsichtlich der Schaffung bezahlbaren Wohnraums. Für die Erbringung der behördlichen Leistung, das heißt die Genehmigung der Vorhaben nach § 34

---

981 Stadtverordneter der Fraktion CDU/ANW in: Sitzung der SVV am 06.12.2017, TOP Ö 8.4, Videoaufzeichnung.

982 Vorsitzender der Fraktion B90/Die Grünen in: Sitzung der SVV am 06.12.2017, TOP Ö 8.4, Videoaufzeichnung.

983 Vorsitzender der SPD-Fraktion in: Sitzung der SVV am 06.12.2017, TOP Ö 8.4, Videoaufzeichnung.

984 Vgl. Kap. 7.1.2.4.

BauGB, könnte der offenbar nicht völlig abwegigen Rechtsauffassung des Klägers gefolgt werden. Fraglich ist hingegen, wie sich eine Koppelung an die vom Investor zu erbringenden Gegenleistungen auf rechtmäßigem Wege erreichen ließe.[985]

7.1.3.3 Weitere Beispiele einer stadtentwicklungspolitischen Einflussnahme bei § 34 BauGB

Es lassen sich weitere Fälle aufzeigen, die eine potenzielle Offenheit der Planersatzvorschrift des § 34 BauGB für stadtentwicklungspolitische Steuerungseinflüsse belegen.

Zunächst kann die in München etablierte restriktive Auslegungspraxis der unbestimmten Rechtsbegriffe des § 34 BauGB zugunsten des Erhalts des Gartenstadtcharakters angeführt werden.[986] Der originär gebundene bauaufsichtsbehördliche Prüfungsvorgang steht hier unter dem Einfluss stadtentwicklungspolitischer Steuerungsinteressen. Folglich ist es möglich, dass umstrittenen Vorhaben, deren Zulässigkeit nach § 34 BauGB aus neutraler Perspektive gerade noch gegeben wäre, aufgrund der restriktiven Rechtsauffassung der Bauaufsichtsbehörde die Genehmigung versagt wird.

Im Fall des WBM-Wohnungsbauprojekts auf der Fischerinsel in Berlin Mitte ist die politisch neutrale Frage der Zulässigkeit nach § 34 BauGB überlagert von konträren stadtentwicklungspolitischen Interessen von Bezirk und Senat.[987] Es ist naheliegend, dass mindestens eine der Genehmigungsentscheidungen von den jeweils dahinterstehenden Interessen beeinflusst wurde.

Am Fall des Klarschiff-Projekts in Flensburg lässt sich zeigen, wie eine schwache Verhandlungsposition der Gemeinde zu einer großzügigen Auslegung des § 34 BauGB führt: Nach dem Scheitern des Fördehotel-Projekts lag eine Situation des Stillstands vor. Angesichts des großen öffentlichen Widerstands gab es keine politischen Mehrheiten für eine anderslautende Planung in diesem Gebiet. Gleichzeitig übte der Investor durch die Androhung von Entschädigungsforderungen Druck auf die Stadt aus.[988] Die Stadt war demzufolge daran interessiert, dass ein alternatives Vorhaben auf

---

985 Vgl. dazu die Ausführungen im vorigen Kapitel; vgl. Koppelungsverbot in § 56 Abs. 1 S. 2 VwVfG.

986 Vgl. Kap. 6.3.4 und Kap. 7.1.2.3.

987 Vgl. Kap. 6.7.1 b).

988 Vgl. Kap. 6.6.1 c) und Kap. 7.1.1.

Basis des § 34 BauGB zur Umsetzung gebracht wird. Der Investor wiederum konnte seine starke Verhandlungsposition maximal ausnutzen. Es ist anzunehmen, dass infolge des finanziellen Drucks und des kommunalpolitischen Stillstands mögliche Genehmigungshindernisse im Rahmen des § 34 BauGB von untergeordneter Bedeutung waren. Dafür sprechen nicht nur die baurechtlichen Zweifel an der Zulässigkeit des Vorhabens hinsichtlich der Gebäudehöhe,[989] sondern auch ein offensichtlicher Verstoß gegen das Rücksichtnahmegebot: Erst nachträgliche Schallschutzmaßnahmen konnten einen berechtigten Widerspruch des benachbarten Fischmarkts abwenden. Trotz fehlender Rücksichtnahme auf das einzige direkt benachbarte Gebäude wurde eine Baugenehmigung nach § 34 BauGB erteilt.[990]

7.1.3.4 Schlussfolgerung: Stadtentwicklungspolitische Einflussnahme bei § 34 BauGB

Wenn die untere Bauaufsichtsbehörde Teil der Gemeindeverwaltung ist, wie es beispielsweise auf alle Städte der in dieser Arbeit untersuchten Fallstudien zutrifft, kann die prinzipielle Neutralität von Genehmigungsentscheidungen nach § 34 BauGB infrage gestellt werden. Je nach Organisationsstruktur der Gemeindeverwaltung können insbesondere personelle und inhaltliche Verflechtungen zwischen Stadtplanung und Bauaufsicht nicht ausgeschlossen werden, etwa wenn beide Fachbereiche einem Amt zugeordnet sind und dem gleichen Dezernenten, Amtsleiter oder Stadtrat unterstehen.[991]

---

989 Vgl. Kap. 7.1.2.2.

990 Vgl. Kap. 6.6.1 c) und Kap. 2.3.3.

991 In der Regel werden die unteren Bauaufsichtsbehörden, sofern bei der Gemeinde angesiedelt, nicht völlig isoliert administriert, sondern als einer von vielen Fachbereichen in die Verwaltungshierarchie eingebunden: Im Bezirksamt Friedrichshain-Kreuzberg gehören z.B. die Fachbereiche ‚Bau- und Wohnaufsicht' und ‚Stadtplanung' zum Stadtentwicklungsamt. Das Stadtentwicklungsamt ist Teil der Abteilung für ‚Bauen, Planen und Facility Management' und untersteht einem Bezirksstadtrat. In Potsdam sind die Fachbereiche ‚Bauaufsicht, Denkmalpflege, Umwelt und Natur' sowie ‚Stadtplanung und Stadterneuerung' Teil des Geschäftsbereichs ‚Stadtentwicklung, Bauen und Umwelt' unter der Leitung eines Beigeordneten. Die Hauptabteilungen ‚Stadtentwicklungsplanung' und ‚Lokalbaukommission' in München gehören zum ‚Referat für Stadtplanung und Bauordnung' unter der Leitung der Stadtbaurätin. In Eckernförde sind Stadtplanung und untere Bauaufsicht dem Bauamt zugeordnet. Etc.

Aufgrund des existierenden faktischen Beurteilungsspielraums bei § 34 BauGB[992] und der nicht unweigerlich garantierten Neutralität der unteren Bauaufsichtsbehörde ist in der Praxis eine unbewusste oder bewusste sachfremde Beeinflussung der Genehmigungsentscheidung nach § 34 BauGB möglich. Eine originär der Bauleitplanung vorbehaltene Steuerung kann faktisch unmittelbar im Rahmen des § 34 BauGB erfolgen. Es eröffnen sich Möglichkeiten einer zum Teil rechtswidrigen pragmatischen Stadtentwicklung nach § 34 BauGB, wie anhand der Beispiele aus den Fallstudien veranschaulicht wurde.

Sobald im Kontext des § 34 BauGB Raum für eine gewisse Bandbreite an vertretbaren Genehmigungsentscheidungen besteht, können informelle Aushandlungsprozesse zwischen Gemeinde und Investor zum entscheidenden Faktor werden. *Wollmann* führt in pointierter Weise dazu aus:

> „Die Baugenehmigung nach § 34 BauGB hat sich als ein regelrechtes Einfallstor für ‚Verhandlungen' zwischen den Kommunen und den Bauinteressenten ungeachtet dessen erwiesen, dass es sich hierbei – rechtlich gesehen – um eine strikte Regelsteuerung und – eine Ermessen ausschließende – Anwendung unbestimmter Rechtsbegriffe handelt. In Wirklichkeit sind die Gemeinden und ihre Behörden längst dazu übergegangen, die Chance zur Durchsetzung von städtebaulichen Handlungszielen dadurch zu verbessern, dass sie den Verzicht auf eine strikte Rechtsanwendung gegen städtebauliche Zugeständnisse des künftigen Investors ‚tauschen'."[993]

Im Zusammenhang einer unklaren Rechtslage nach § 34 BauGB spielt das Verhältnis der Verhandlungspositionen von Gemeinde und Investor eine große Rolle. Wenn die Verhandlungsposition der Gemeinde schwach ausgeprägt ist, z.B. aufgrund einer schlechten kommunalen Finanzlage oder mangelnder Kapazitäten für langwierige Rechtsstreitigkeiten, kann ein Investor mit Bauanträgen nach § 34 BauGB potenziell die Grenzen der Eigentumsfreiheit im unbeplanten Innenbereich ausreizen bzw. sogar überreizen. Eine restriktive Anwendung des § 34 BauGB wäre für die Stadt in dieser Situation mit größeren Risiken verbunden.

Bei einer stärker ausgeprägten Verhandlungsposition der Gemeinde hingegen kann die Auslegung des § 34 BauGB in strittigen Fällen potenziell einer restriktiveren Rechtsauffassung folgen, um die bauliche Entwicklung ohne Planung stärker einzuschränken und dadurch den (Ver-)Handlungsspielraum der Gemeinde zu maximieren.[994]

---

992 Vgl. Kap. 7.1.2.4.

993 *Wollmann* 2000, S. 147.

994 Vgl. den Fall ‚Wohnen am Waldpark' in Potsdam in Kap. 6.4 und Kap. 7.1.3.2; Im Fall 'Box Seven' in Berlin-Friedrichshain eröffnete die restriktive Anwen-

'[Die] Stadt gibt [die] Linie vor bei § 34 BauGB. [...] Klage als latente Gefahr, doch Rechtsabteilung ist gut aufgestellt.'[995]

7.1.4 Zwischenfazit: Pragmatische Stadtentwicklung nach § 34 BauGB

Im Vergleich zum Instrument des Bebauungsplans ermöglicht die Planersatzvorschrift des § 34 BauGB grundsätzlich eine städtebauliche Entwicklung mit günstigeren Verfahren und schnelleren Baugenehmigungen gemäß dem vom Gesetzgeber eingerichteten bauplanungsrechtlichen Ordnungsrahmen. Es ist völlig legitim, dass sich die Gemeinde aus pragmatischen Erwägungen heraus immer wieder auf die planersetzende Funktion des § 34 BauGB verlässt und insoweit die städtebauliche Entwicklung ohne die aktive Steuerung durch Bebauungspläne erfolgt. Die von der unteren Bauaufsichtsbehörde in jedem Einzelfall vorzunehmende Auslegung der unbestimmten Rechtsbegriffe ist allerdings nicht immer eindeutig. Insbesondere bei umfangreichen Bauvorhaben in heterogener Bebauungsumgebung kann sich eine gewisse Spannbreite an plausiblen Rechtsauffassungen zeigen. Dadurch eröffnet sich faktischer Beurteilungsspielraum im Rahmen der originär gebundenen Zulässigkeitsprüfung des § 34 BauGB. Die untere Bauaufsichtsbehörde hat die Aufgabe, jederzeit eine neutrale Genehmigungsentscheidung ohne sachfremde Erwägungen zu treffen.

Es wird nicht davon ausgegangen, dass die in den Gemeindeverwaltungen angesiedelten unteren Bauaufsichtsbehörden stets völlig neutral und unabhängig von den gemeindeeigenen stadtentwicklungspolitischen Zielvorstellungen handeln. Im Kontext der Stadtentwicklung nach § 34 BauGB kann im Falle des Vorliegens faktischer Beurteilungsspielräume daher potenziell Raum für stadtentwicklungspolitische Steuerung bestehen. Denkbar ist hier zunächst eine unmittelbare Einflussnahme, die je nach Interessenlage der Gemeinde eine negative oder positive Beurteilung eines strittigen Vorhabens nach § 34 BauGB zur Folge hat.[996] Weiterhin kann die Gemeinde in informelle Verhandlungen mit dem Investor treten und bei

dung des § 34 BauGB durch das Bezirksamt erst den Raum für Verhandlungen zwischen Senatsverwaltung und Investor (vgl. Kap. 6.1 und Kap. 7.1.3.1).

995 C2, Z. 28ff. [Gesprächsprotokoll].

996 Vgl. WBM-Projekt in Berlin-Mitte (Kap. 7.1.3.3); 'Klarschiff' in Flensburg (Kap. 7.1.3.3).

einer starken eigenen Verhandlungsposition die positive Beurteilung nach § 34 BauGB von sachfremden Gegenleistungen abhängig machen.[997]

Das Steuerungsdefizit bei § 34 BauGB, einer der Kernunterschiede zum Bebauungsplan, kann in der Praxis ins Gegenteil verkehrt werden. Dann eröffnet die Unbestimmtheit der Tatbestandsvoraussetzungen des § 34 BauGB und die schwer auf den Einzelfall übertragbare Rechtsprechung faktische Beurteilungsspielräume, die eine Steuerung potenziell zulassen und den Charakter als Plan**ersatz**vorschrift infrage stellen. Die pragmatischen Handlungsmöglichkeiten der Gemeinde sind dabei je nach spezifischer Fallgestaltung rechtlich fragwürdig.

7.2 Grenzen einer Stadtentwicklung nach § 34 BauGB

Im Rahmen der Stadtentwicklung und insbesondere der Nachverdichtung macht es in vielerlei Hinsicht einen Unterschied, ob das Instrument des Bebauungsplans oder die Planersatzvorschrift des § 34 BauGB zur Anwendung kommt. Vor allem die jeweils vorgesehenen Verfahren und der Umgang mit öffentlichen und privaten Belangen differieren stark.[998] Das BauGB sieht vor, dass sich das Baugeschehen im unbeplanten Innenbereich regulär innerhalb des Ordnungsrahmens des § 34 BauGB vollziehen darf. Dementsprechend kann die Gemeinde aufgrund ihrer von der Verfassung geschützten Planungshoheit von einer aktiven Planung absehen und nahezu unbegrenzt auf eine städtebauliche (Weiter-)Entwicklung gemäß § 34 BauGB vertrauen. Die pragmatischen Möglichkeiten einer Stadtentwicklung nach § 34 BauGB können dabei unter Umständen die vom Gesetzgeber intendierte Funktion einer gebundenen Plan**ersatz**vorschrift überschreiten.[999]

Das BVerwG stellt im entsprechenden Kontext explizit heraus, dass der Gesetzgeber den Bebauungsplan zum zentralen städtebaulichen Steuerungs- und Gestaltungsinstrument bestimmt hat (Planmäßigkeitsprinzip).[1000] Aus theoretischer Perspektive lässt sich diese Auffassung schlüssig begründen. Was sie tatsächlich für die Praxis bedeutet, ist angesichts des hohen Stellenwerts der Planersatzvorschrift des § 34 BauGB und der be-

997 Vgl. ‚Box Seven‘ in Berlin-Friedrichshain (Kap. 7.1.3.1); ‚Wohnen am Waldpark‘ in Potsdam (Kap. 7.1.3.2).

998 Vgl. Kap. 3.

999 Vgl. Kap. 7.1.

1000 BverwG (Fn. 913), BauR 2004, 443 (445); vgl. Kap. 2.1.

reits dargestellten pragmatischen Anwendungsmöglichkeiten nicht ohne weiteres erkennbar. Es stellt sich daher die Frage:

Fragestellung B: Inwieweit sind einer Stadtentwicklung nach § 34 BauGB in der Praxis tatsächlich Grenzen gesetzt?

Die Grenzen der Anwendbarkeit des § 34 BauGB bestehen in theoretischer Hinsicht vor allem aus den Tatbestandsvoraussetzungen des Einfügens nach Art und Maß der baulichen Nutzung, der Bauweise und der überbaubaren Grundstücksfläche (§ 34 Abs. 1 S. 1 und Abs. 2 BauGB). Das im Einfügungsgebot aufgehende Rücksichtnahmegebot und das Verbot der Begründung oder Erhöhung bodenrechtlicher Spannungen machen deutlich, ab wann der Einsatz bauleitplanerischer Maßnahmen erforderlich und insofern die Grenze der Anwendung des § 34 BauGB erreicht ist. In besonderen Fällen können die weiteren Kriterien der § 34 Abs. 1 S. 2 und Abs. 3 BauGB als Genehmigungshindernis zum Tragen kommen.[1001]

Die Durchsetzung dieser Zulässigkeitsschranken erfolgt in erster Linie durch eine gesetzmäßige Rechtsanwendung der unteren Bauaufsichtsbehörde. Die potenzielle Geltendmachung subjektiver Abwehrrechte kann zu einer gerichtlichen Überprüfung der bauaufsichtsbehördlichen Genehmigungsentscheidung führen. Des Weiteren sind kommunalaufsichtliche Maßnahmen denkbar, die die Gemeinde anlässlich städtebaulicher Fehlentwicklungen nach § 34 BauGB zur Planung verpflichten (originäre Planungspflicht).[1002] Die tatsächliche Bedeutung dieser Grenzen in der Praxis ist zu prüfen.

Zahlreiche Aspekte sind qua Gesetz nicht in der Lage, der Zulässigkeit nach § 34 BauGB formell entgegenzustehen. Darunter zählen etwa eine Beeinträchtigung öffentlicher Belange mit Fernwirkung oder potenzielle Widerstände aus der lokalen Wohnbevölkerung. Es ist fraglich, auf welche Weise sich diese der Planersatzvorschrift des § 34 BauGB fremden Aspekte als mittelbare Grenzen einer Stadtentwicklung nach § 34 BauGB darstellen können.

1001 Vgl. Kap. 2.3.2.
1002 BverwG (Fn. 913), BauR 2004, 443 (446).

7.2.1 Rechtsschutz Dritter

Die gerichtliche Überprüfbarkeit bauaufsichtsbehördlicher Genehmigungsentscheidungen bildet eine zentrale Grenze der Stadtentwicklung nach § 34 BauGB. Insbesondere angesichts der im vorigen Kapitel aufgezeigten Möglichkeiten einer pragmatischen Stadtentwicklung nach § 34 BauGB, die zum Teil rechtliche Zweifel aufwerfen, kann eine Klarstellung durch die Rechtsprechung von durchschlagender Wirkung sein. Dem Gericht kommt die Aufgabe zu, die vom Gesetzgeber für den Einzelfall vorgesehene Rechtslage nachzuvollziehen und als Letztentscheidungsinstanz deren Durchsetzung zu veranlassen. Das Gericht wird jedoch nicht von Amts wegen tätig, um den Grenzen des Rechts zur Geltung zu verhelfen. Die Eröffnung des Verwaltungsrechtswegs im Zusammenhang mit einem erlassenen oder abgelehnten Verwaltungsakt, hier einer Baugenehmigung nach § 34 BauGB, erfordert eine Klageerhebung durch ein in seinen Rechten verletztes Rechtssubjekt (§ 42 Abs. 2 VwGO).

Bauwillige Eigentümer sind im Falle der Ablehnung eines Bauantrags nach § 34 BauGB als Adressaten des belastenden Verwaltungsakts stets klagebefugt, da ein Eingriff in das Grundrecht der Eigentumsfreiheit vorliegt (Art. 14 Abs. 1 S. 1 GG).[1003] Eine restriktive Auslegungspraxis der unbestimmten Rechtsbegriffe des § 34 BauGB findet hier seine Grenze. Je nach Klagebereitschaft des Vorhabenträgers ist diese Grenze in tatsächlicher Hinsicht stark oder weniger stark ausgeprägt.

Die von einer Baugenehmigung nach § 34 BauGB ‚belasteten' Dritten sind als Nichtadressaten des Verwaltungsakts nicht in gleichem Maße klagebefugt. Nennenswerte Rechtsschutzmöglichkeiten Dritter entstehen lediglich über den Gebietserhaltungsanspruch in Fällen des § 34 Abs. 2 BauGB und über das im Einfügungsgebot enthaltene Rücksichtnahmegebot.[1004] Um einer Nachbarklage aufgrund eines Verstoßes gegen das Rücksichtnahmegebot zum Erfolg zu verhelfen, ist in der Regel das Vorliegen einer unzumutbaren Beeinträchtigung erforderlich.[1005] Nach herrschender Meinung können nur Grundstückseigentümer entsprechende Rechte geltend machen. Mieter werden hingegen nicht als Nachbarn im Sinne des Bebauungsrechts angesehen.[1006]

1003 Vgl. Kap. 2.3.6.
1004 Vgl. Kap. 2.3.6.
1005 *Uechtritz*, VBlBW 2016, 265 (266).
1006 Vgl. Kap. 3.8.

Es soll untersucht und diskutiert werden, welche Bedeutung dem Rechtsschutz Dritter als Grenze einer Stadtentwicklung nach § 34 BauGB in der Praxis zukommt:

Teilfragestellung B1: Inwieweit sind subjektive Abwehransprüche Dritter dazu in der Lage, der städtebaulichen Entwicklung nach § 34 BauGB durch Nachbarklagen Grenzen zu setzen?

Teilfragestellung B2: Was bedeutet es für die Nachverdichtung gemäß § 34 BauGB, dass Mieter nicht als Nachbarn im Sinne des Bebauungsrechts gelten?

7.2.1.1 Relevanz des Rechtsschutzes Dritter in der Praxis

Hinsichtlich der Relevanz des Rechtsschutzes Dritter als Grenze einer baulichen Entwicklung nach § 34 BauGB im konkreten Anwendungsfall ist die Frage von Bedeutung, ob klagebefugte und zudem an einer Klage interessierte Nachbarn vorhanden sind.

Im Fall des Wohnungsbauprojekts auf dem Freudenberg-Areal in Berlin-Friedrichshain gab es zwar möglicherweise klagebefugte, doch de facto keine klagewilligen Nachbarn:

> „Das Problem ist ja an der Stelle: Sie haben ja keinen, der gegen klagt. […] Sie [haben] dann halt höchstens noch die Möglichkeit […], gegen eine Baugenehmigung als Nachbar halt zu klagen, wenn halt Ihre Nachbarrechte irgendwie verletzt sind. Aber das ist in dem Fall halt schwer denkbar.“[1007]

In der von Blockrandbebauung geprägten näheren Umgebung des Vorhabens ist mit einem hohen Anteil an Mietverhältnissen zu rechnen. Aufgrund des nach herrschender Auffassung geltenden Prinzips der Repräsentation liegt es in der Verantwortung der Eigentümer, gegen mögliche rechtswidrige Beeinträchtigungen durch Baumaßnahmen nach § 34 BauGB vorzugehen. Es ist zu erwarten, dass der Bodenwert der umliegenden Grundstücke infolge einer Bebauung des vormals brachliegenden Freudenberg-Areals steigt.

> „Nachbarn gab's schon, aber die waren ja alle sozusagen auf der anderen Straßenseite und das kann ja dann auch nur der Eigentümer machen und nicht die Leute, die dort wohnen. […] Und das machen die in der Regel

1007 A1, Z. 378ff.

nicht, also wenn es jetzt nicht wirklich den Wert ihres Grundstücks schwer tangiert."[1008]

Die Bürgerinitiative ‚Ideenwerkstatt Freudenberg-Areal' wollte erreichen, dass die juristischen Möglichkeiten ausgeschöpft werden. Letztlich blieb es bei der über den Naturschutzverband ‚Naturfreunde Berlin' erhobenen Verbandsklage gegen die Baugenehmigungen nach § 34 BauGB, die an der Antragsbefugnis scheiterte.[1009]

„Eine Nachbarschaftsklage wäre besser gewesen, aber dafür hat uns einfach der mutige Nachbar gefehlt. Einer gegen Bauwert. Bauwert ist [...] ein sehr großes Unternehmen mit guten Kontakten."[1010]

Die im Rahmen des WBM-Nachverdichtungsprojekts in Berlin-Friedrichshain geplanten 22 Punkthochhäuser sollten auf Grundstücken inmitten WBM-eigener Wohnquartiere errichtet werden. Die Bebauung der näheren Umgebung besteht daher fast ausschließlich aus Mietwohngebäuden der WBM (Abb. 7).[1011] Im Bereich des Blocks Andreasstraße/Singerstraße/Koppenstraße waren beispielsweise 5 Punkthochhäuser auf Park- und Grünflächen geplant, lediglich umgeben von WBM-eigenen Gebäuden.[1012] Im Umfeld von 11 Punkthochhäusern an drei weiteren Standorten (Lange Straße, Palisadenstraße, Georgenkirchstraße) befinden sich nur vereinzelt Gebäude nicht im Eigentum der WBM.[1013] Die prägende Bebauung besteht auch hier aus den zeilenartigen Gebäudeblöcken der WBM.

Da Mieter nach herrschender Meinung nicht als Nachbarn im Sinne des Bebauungsrechts gelten, war eine gerichtliche Überprüfung der nach Auffassung von WBM und Senat vorliegenden Zulässigkeit nach § 34 BauGB für den Großteil der Vorhaben von Anfang an faktisch ausgeschlossen.

Die nähere Umgebung des Wohnungsbauprojekts in Potsdam ist von einer Mischung aus Miete und Eigentum geprägt. Die großen Abstände zwischen den Vorhaben und der umliegenden Bebauung lassen allerdings fraglich erscheinen, inwieweit hier überhaupt subjektive Abwehrrechte Dritter gegen Baugenehmigungen nach § 34 BauGB entstehen können

---

1008 A1, Z. 385ff.

1009 Vgl. Kap. 6.1.3.

1010 A3, Z. 281ff.

1011 MGHS 2014, S. 12.

1012 Ebd.; WBM o.J.

1013 Darunter im Bereich Lange Straße in gewisser Distanz vier mehrstöckige Gebäude, in der Palisadenstraße ein Wohnblock der Wohnungsbaugenossenschaft Friedrichshain eG und in der Georgenkirchstraße zwei Schulen.

(vgl. Abb. 8 und 9).[1014] Hätte die untere Bauaufsichtsbehörde bei der Stadt Potsdam die Vorhaben entsprechend der weniger restriktiven, offenbar nicht unplausiblen Rechtsauffassung des Investors nach § 34 BauGB genehmigt, wäre eine gerichtliche Überprüfung der Genehmigungsentscheidungen mittels potenzieller Nachbarklagen kaum möglich.

In Flensburg legte der einzige klageberechtigte Nachbar Widerspruch gegen die Baugenehmigung für das ‚Klarschiff'-Projekt ein. Es wurde eine außergerichtliche Einigung erzielt, sodass es nicht zu einer richterlichen Überprüfung der bauplanungsrechtlichen Zulässigkeit des Vorhabens nach § 34 BauGB kam.[1015] Die Werftkontorhäuser dienten zwar als wesentlicher Beurteilungsmaßstab für das Einfügen in die Eigenart der näheren Umgebung. Aufgrund der Entfernung von 80 m konnten jedoch keine unmittelbaren Beeinträchtigungen im Sinne des Rücksichtnahmegebots entstehen (Abb. 10, C). Die Berücksichtigung als prägende Bebauung begründet keine subjektiven Abwehrrechte der entsprechenden Eigentümer.[1016]

Im Fall des WBM-Wohnungsbauprojekts auf der Berliner Fischerinsel befinden sich die umliegenden 21-geschossigen Wohnhochhäuser im Eigentum öffentlicher Wohnungsunternehmen des Landes Berlin, die Blockrandbebauung an der Ecke Gertraudenstraße/Fischerinsel hingegen in privatem Eigentum (Abb. 12).[1017] Der oder die letztgenannten Eigentümer wären im Gegensatz zu den Mietern der Wohnhochhäuser potenziell klageberechtigt gegen eine Genehmigung der von WBM und Senat ursprünglich verfolgten Hochhausbebauung nach § 34 BauGB.

7.2.1.2 Schlussfolgerung: Rechtsschutz Dritter als faktisch schwache Grenze

Die Relevanz des Rechtsschutzes Dritter als Grenze der Stadtentwicklung gemäß § 34 BauGB ist in großem Maße vom Kontext des Einzelfalls abhängig. In sehr homogen bebauten unbeplanten Gebieten können Dritte

---

1014 Lediglich bei drei der im Norden gelegenen Vorhaben kann eine nennenswerte Nähe zu bereits bestehender Bebauung festgestellt werden.; vgl. Kap. 6.4.1; vgl. Entwurf Vorhabenbezogener B-Plan Nr. 33 ‚Waldpark Großbeerenstraße', Begründung, Stand: 09.02.2015, S. 15, 34; Entwurf Vorhabenbezogener B-Plan Nr. 33 ‚Waldpark Großbeerenstraße', Planzeichnung, Stand: 09.02.2015.

1015 Vgl. Kap. 6.6.1 c).

1016 Vgl. Kap. 2.3.3 und Kap. 2.3.6.

1017 Vgl. Kap. 6.7.1 a); WBM o.J.; Berlinovo Immobilien Gesellschaft mbH o.J., S. 6.

grundsätzlich ein höheres Maß an Rücksichtnahme verlangen und auf dem Rechtsweg geltend machen. In Fällen einer heterogenen Bebauungsstruktur ist dies in geringerem Maße möglich.[1018] Die Durchschlagskraft des Rücksichtnahmegebots als berechtigter Klagegrund ist begrenzt und erfordert eine unmittelbare und handgreifliche Betroffenheit. Dies setzt eine große räumliche Nähe, meist sogar eine direkte Nachbarschaft voraus.[1019] Demzufolge kann es in der Praxis vorkommen, dass ein nach § 34 BauGB genehmigtes Vorhaben aufgrund der Abstände zur benachbarten Bebauung faktisch nicht in der Lage ist, diese ggf. sogar für die Beurteilung im Sinne des Einfügungsgebots prägende Umgebungsbebauung in rücksichtsloser Weise zu beeinträchtigen. Potenzielle Nachbarklagen im Rahmen des § 34 BauGB sind daher je nach Fallgestaltung mit zum Teil großen Unsicherheiten verbunden.

Weiterhin spielt in der Praxis die Eigentumsstruktur in der Nachbarschaft eine wichtige Rolle, da diese für die Klagebefugnis und das Klageinteresse Dritter bedeutsam ist. Dabei sind Grundstückseigentümer oder sonstige dinglich Berechtigte, wie z.B. der durch Auflassungsvormerkung gesicherte Käufer, zwar potenziell klageberechtigt, jedoch nicht unbedingt an einer Klage interessiert. Beispielsweise könnten nicht vor Ort wohnende Eigentümer oder größere Investmentgesellschaften primär an einer Bodenwertsteigerung durch Bautätigkeit in der Nachbarschaft interessiert sein und nicht an der Abwendung unzumutbarer Beeinträchtigungen für die tatsächliche Grundstücksnutzung.[1020]

Je nach Situation im Einzelfall gilt im Blick auf den Rechtsschutz Dritter als Grenze einer Stadtentwicklung nach § 34 BauGB die Redewendung: ‚Wo kein Kläger, da kein Richter'. Entweder es gibt formell keine klageberechtigten Dritten oder es gibt faktisch keine Kläger, da die klagewilligen Nachbarn nicht klagebefugt sind (z.B. Mieter) und die klagebefugten Nachbarn nicht klagewillig sind (z.B. wegen des Interesses an Bodenwertsteigerungen). In einem solchen Fall steht die Genehmigungsentscheidung nach § 34 BauGB und somit die Durchführung entsprechender Bauprojekte unter besonderen Vorzeichen: Die Genehmigungsentscheidung der Bauaufsichtsbehörde muss zwar nach wie vor rechtmäßig erfolgen, jedoch ist keine gerichtliche Überprüfung durch Nachbarklagen zu befürchten.

1018 *Wolf*, NVwZ 2013, 247 (250); vgl. Kap. 3.7.

1019 OVG Lüneburg, Beschl. v. 20.12.2013 – 1 ME 214/13, KommJur 2014, 191; *Uechtritz*, VBlBW 2016, 265 (273); vgl. Kap. 2.3.3.

1020 *Seibel*, BauR 2003, 1674 (1676 f.); *Thews*, NVwZ 1995, 224 (227ff.); *Scholl* 2001, S. 268ff.; vgl. Kap. 3.8.

Die sich in der Praxis mit gewisser Variation darstellende Diskrepanz zwischen dem Rechtsschutz des Vorhabenträgers und dem Rechtsschutz Dritter bei § 34 BauGB kann für die Stadtentwicklung nach § 34 BauGB in der Praxis von großer Bedeutung sein. Einer restriktiven Rechtsanwendung des § 34 BauGB sind klarere Grenzen gesetzt als einer weniger restriktiven Rechtsanwendung. Es gibt mit anderen Worten immer einen klageberechtigten ‚Fürsprecher' für die Eigentumsfreiheit, hingegen nicht immer einen klageberechtigten ‚Fürsprecher' für die Beschränkung der Eigentumsfreiheit. Die betroffene Nachbarschaft muss daher gegebenenfalls allein auf die verantwortungsvolle und rechtmäßige Anwendung des § 34 BauGB durch die Bauaufsichtsbehörde vertrauen.

Die eingeschränkte Bedeutung des Rechtsschutzes Dritter als Grenze einer Stadtentwicklung nach § 34 BauGB erleichtert die im vorigen Kapitel aufgezeigten informellen Steuerungs- und Kooperationsmöglichkeiten im Rahmen der originär gebundenen Planersatzvorschrift.

7.2.2 Originäre Planungspflicht der Gemeinde

Aus planungstheoretischer Perspektive besteht die Möglichkeit, dass eine städtebauliche Entwicklung auf Basis des § 34 BauGB städtebauliche Missstände und Fehlentwicklungen auslöst, die ein zwingendes planerisches Eingreifen der Gemeinde erforderlich machen. Die Errichtung von einerseits gemäß § 34 BauGB zulässigen Vorhaben begründet andererseits einen qualifizierten Steuerungsbedarf und in letzter Konsequenz eine originäre Planungspflicht der Gemeinde. Die Verpflichtung zur Bauleitplanung stellt in diesem Fall eine mittelbare Grenze der Stadtentwicklung nach § 34 BauGB dar.[1021]

Wie bereits dargestellt, definiert das BVerwG in groben Zügen, wann ein entsprechender Handlungsbedarf ausgelöst wird und betont den Ausnahmecharakter der originären Planungspflicht.[1022] Mit einer Diskussion anhand der Fallstudien soll der Frage nachgegangen werden:

1021 Vgl. Kap. 3.9.

1022 Es werden besonders gewichtige Gründe vorausgesetzt. Anhaltspunkte lassen sich etwa aus der „Definition der städtebaulichen Missstände in § 136 Abs. 2 und 3 BauGB gewinnen" (BVerwG (Fn. 913), BauR 2004, 443 (446)). Vgl. die Ausführungen in Kap. 3.9.

Teilfragestellung B3: Welche Relevanz hat die originäre Planungspflicht als absolute Schranke einer Stadtentwicklung im unbeplanten Innenbereich in der Praxis?

Zu diesem Thema wurde ein Expertengespräch im Ministerium für Inneres, ländliche Räume und Integration des Landes Schleswig-Holstein geführt:

Tabelle 8: Experteninterview Innenministerium Schleswig-Holstein (Eigene Darstellung)

Expertengespräch	Experte	Funktion / Charakterisierung	Datum	Dauer (Min.)
Innenministerium Schleswig-Holstein	Informant F1 Informant F2	• Referat für Städtebau und Ortsplanung, Städtebaurecht • Oberste Bauaufsichtsbehörde	07.08.2017	65:57

7.2.2.1 Die originäre Planungspflicht in der Praxis

Dem BVerwG zufolge ist die Gemeinde zur Planung verpflichtet,

> „wenn die Genehmigungspraxis auf der Grundlage von § 34 Abs. 1 und 2 BauGB städtebauliche Konflikte auslöst oder auszulösen droht, die eine Gesamtkoordination der widerstreitenden öffentlichen und privaten Belange in einem förmlichen Planungsverfahren dringend erfordern.“[1023]

Entsprechend relevante Belange können potenziell den Vorschriften in § 1 Abs. 5 und 6 BauGB entnommen werden.[1024] Fraglich ist dabei, inwieweit sich ein Planungsbedarf (§ 1 Abs. 3 S. 1 BauGB) im Zusammenhang mit öffentlichen Belangen aus § 1 Abs. 5 und 6 BauGB tatsächlich zu einer originären Planungspflicht verdichten kann.

Die erste Fallgestaltung in diesem Kontext bezieht sich auf das aus dem Sozialstaatsprinzip hervorgehende öffentliche Interesse an einer dem Wohl der Allgemeinheit dienenden sozialgerechten Bodennutzung unter Berücksichtigung der Wohnbedürfnisse der Bevölkerung und dabei im Speziellen auf eine Gemeinde, in der der Bedarf einer Versorgung einkommensschwächerer Bevölkerungsschichten mit Wohnraum von besonderem Gewicht ist (§ 1 Abs. 5 S. 1 und Abs. 6 Nr. 2 BauGB). Besteht die Möglichkeit, dass ein umfangreiches Wohnungsbauvorhaben nach § 34 BauGB, das in klarem Widerspruch zu den genannten Belangen steht, qualifizierten

1023 BVerwG (Fn. 913), BauR 2004, 443 (446).

1024 *Peine*, DÖV 1983, 909 (913 f.); mit anderen Worten: *Ingold* 2007, S. 224.

Handlungsbedarf im Sinne einer originären Planungspflicht auslöst? Als fiktives Beispiel kann das 650 Wohneinheiten umfassende Wohnungsbauprojekt auf dem 2,6 ha großen Freudenberg-Areal in Berlin dienen, mit der Abwandlung, dass die genehmigungsrechtlich nicht erforderliche Kooperation mit der öffentlichen Wohnungsbaugesellschaft HOWOGE unterblieben und stattdessen ausschließlich hochpreisige Wohnungen entstanden wären. Ist die Anwendung der Planersatzvorschrift des § 34 BauGB zur ‚Steuerung' der städtebaulichen Ordnung und Entwicklung in einem solchen Fall eindeutig nicht mehr vertretbar und stattdessen eine Planung obligatorisch?[1025]

Davon kann nicht die Rede sein. Das Sozialstaatsprinzip stellt dem Staat zwar die Aufgabe, auf eine gerechte Sozialordnung hinzuwirken und dabei u.a. auch die Wohnraumversorgung einkommensschwächerer Bevölkerungsgruppen sicherzustellen,[1026] jedoch liegt es in der Verantwortung der selbstverwalteten Gemeinde, die ihrer Auffassung nach geeigneten Maßnahmen zur Erreichung dieser Ziele zu ergreifen. Es ist abzustreiten, dass ein konkretes Bauvorhaben nach § 34 BauGB einen objektiv zwingend erforderlichen Handlungsbedarf zur Sicherung entsprechend sozialstaatlich motivierter Entwicklungsziele am betroffenen Standort auslöst. Der Gemeinde steht es frei, sich gegen eine Planung zu entscheiden und die Versorgung mit Sozialwohnungen durch andere Maßnahmen auf anderen Flächen oder z.B. über die Bautätigkeit öffentlicher Wohnungsbauunternehmen zu realisieren. Solange in Bezug auf die Versorgung mit Wohnraum und das Erfordernis sozial stabiler Bewohnerstrukturen keine Gefahr für Leib und Leben besteht,[1027] ist ein zwingendes Einschreiten der Gemeinde im Zusammenhang mit einem spezifischen Vorhaben nicht geboten.

Die zweite Fallgestaltung bezieht sich auf die Belange der Baukultur, des Denkmalschutzes und der Denkmalpflege sowie die Berücksichtigung erhaltenswerter Ortsteile von städtebaulicher Bedeutung und die Gestaltung des Orts- und Landschaftsbildes (§ 1 Abs. 6 Nr. 5 BauGB). Als Beispiel lässt sich die Nachverdichtung in den Münchner Gartenstadtgebieten anführen.[1028] Kann ein zwingender planerischer Handlungsbedarf aufgrund des öffentlichen Interesses am Schutz erhaltenswerter Ortsteile entstehen?

1025 BVerwG (Fn. 913), 443 (446).

1026 *Weigelt* 2016, S. 58 f.; *Ingold* 2007, S. 51 f.; BVerfG, Beschl. v. 13.01.1982 – 1 BvR 848/77, NJW 1447 (1449).

1027 Ein qualifizierter Handlungsbedarf könnte etwa bei einer hohen quartiersbezogenen Kriminalitätsbelastung in der Größenordnung von sozialen Unruhen entstehen (*Weigelt* 2016, S. 61 ff.).

1028 Vgl. Kap. 6.3.

Auch bei dieser Fallgestaltung ließe sich ein Planungsbedarf herleiten (§ 1 Abs. 3 S. 1 BauGB),[1029] jedoch keine originäre Planungspflicht. Es ist Aufgabe der selbstverwalteten Gemeinde, im Rahmen der Abwägung über den Erhalt städtebaulich erhaltenswerter Ortsteile oder einzelner Bauobjekte zu entscheiden. Dabei kommt den genannten Belangen kein absoluter Vorrang vor anderen Belangen zu. Im Falle denkmalgeschützter Gebäude oder Ensembles bestünde zwar eine besondere Gewichtigkeit der betroffenen Belange,[1030] diesbezüglichen Beeinträchtigungen durch Vorhaben nach § 34 BauGB werden jedoch bereits die im Baugenehmigungsverfahren zu prüfenden Vorschriften des Denkmalschutzrechts (vgl. Art. 6 BayDSchG) und die der Planersatzvorschrift immanente Schranke des Ortsbildschutzes entgegentreten (§ 34 Abs. 1 S. 2 BauGB). Die Entstehung eines darüber hinausgehenden zwingenden Steuerungsbedarfs durch Bauleitplanung als einzige abwägungsfehlerfreie Handlungsmöglichkeit ist hier nicht vorstellbar. Im konkreten Fall der Münchner Gartenstadtgebiete ist die Erhaltenswürdigkeit der meisten Ortsteile fachlich ohnehin umstritten.[1031]

Von größerer Bedeutung für die Ermittlung einer originären Planungspflicht in der Praxis dürfte die Entstehung städtebaulicher Missstände im Sinne des § 136 Abs. 2 und 3 BauGB sein, denn nach der Rechtsprechung des BVerwG lassen sich hier „Anhaltspunkte für das Vorliegen eines qualifizierten planerischen Handlungsbedarfs“[1032] gewinnen. Als Beispiel für diese dritte Fallgestaltung kann das WBM-Nachverdichtungsprojekt in Berlin-Friedrichshain dienen. Im Planungsprozess wurde kontrovers diskutiert, ob eine weitere Nachverdichtung im bereits dicht bebauten Gebiet schädliche Umweltauswirkungen und ungesunde Wohnverhältnisse hervorrufen würde.[1033]

Die Abwendung derartiger Entwicklungen wird in erster Linie über die in § 34 Abs. 1 S. 2 BauGB enthaltene Anforderung des Erhalts gesunder Wohn- und Arbeitsverhältnisse sowie das im Einfügungsgebot aufgehende Rücksichtnahmegebot gewährleistet, sodass generell wenig Raum für die

---

1029 Der VGH München verweist im Zusammenhang mit der Aufhebung der Münchner Gartenstadtsatzung konkret auf den Bebauungsplan als geeignetes Instrument zum Erhalt schutzwürdiger Ortsteile (VGH München, Urt. v. 30.05.2003 – 2 BV 02.689, BeckRS 2008, 34109).

1030 *Söfker/Runkel* in: *E/Z/B/K*, BauGB, § 1 Rn. 133 f. (117. Lfg. Mai 2015).

1031 Vgl. Kap. 6.3.3 b).

1032 BVerwG (Fn. 913), BauR 2004, 443 (446).

1033 B4, Z. 185ff., 235ff., 251ff., 606ff.; WBM 2015 a, S. 3; WBM 2016 a, S. 7; vgl. Kap. 6.2.2.

Entstehung städtebaulicher Missstände im unbeplanten Innenbereich bleibt. Da sich die Prüfung der entsprechenden Tatbestände nur auf die Auswirkungen einzelner Bauvorhaben auf die nähere Umgebung bezieht und übergeordnete bzw. schrittweise Entwicklungen unbeachtet bleiben, sind dennoch Fälle denkbar, in denen ein planerisches Einschreiten zwingend erforderlich ist. Die schrittweise Nachverdichtung durch vereinzelt ‚implantierte' Punkthochhäuser in Friedrichshain-West bietet zumindest die Möglichkeit, dass gegebenenfalls entstehende städtebauliche Missstände und ein daraus abzuleitender qualifizierter Handlungsbedarf erst infolge einer kumulativen Betrachtung der jeweils im Einzelfall nach § 34 BauGB zu genehmigenden Vorhaben ermittelt werden können.[1034] Hätten die drohenden Beeinträchtigungen tatsächlich ein entsprechendes Maß erreicht, hinge die Durchsetzung des zwingenden Planungsbedarfs von der als Bezirksaufsicht tätigen (§§ 9 bis 13 a AZG BE)[1035] und gleichzeitig über die landeseigene Wohnungsbaugesellschaft WBM faktisch selbst am Projekt beteiligten Senatsverwaltung ab.[1036]

Die kommunalaufsichtliche Durchsetzung von Planungspflichten stellt einen sehr starken Eingriff in die verfassungsrechtlich geschützte Selbstverwaltungshoheit der Gemeinde dar (Art. 28 Abs. 2 S. 1 GG) und ist demzufolge mit großen Unwägbarkeiten verbunden. Da die Gemeinde umfangreiche Rechtsschutzmöglichkeiten hat, sind einerseits extreme Fallgestaltungen erforderlich und andererseits ein striktes Vorgehen der Kommunalaufsicht vonnöten.[1037] Trotz der außergewöhnlichen Dimensionen und des unverkennbaren Handlungsbedarfs im Präzedenzfall des Gewerbegebiets in Mülheim-Kärlich konnte die betroffene Gemeinde sechs Jahre lang gegen die Durchsetzung einer Planungspflicht prozessieren. Das mit einer Fläche von 120.000 m^2 für ein Zentrum der Grundversorgung deutlich überdimensionierte Gewerbegebiet genießt Bestandsschutz.[1038]

1034 Die WBM ließ Gutachten zu den Themen Klima, Lärm/Schallschutz, Luftschadstoffe, Bäume und Verkehr erstellen, die sowohl **objektbezogene** als auch **übergreifende** Betrachtungen umfassten (WBM 2016 a, S. 3).

1035 Die Durchsetzung eines zwingenden Planungserfordernisses durch Eingriffe des Senats ist in Berlin mit geringeren Unberechenbarkeiten verbunden, da die Bezirke keine Selbstverwaltungshoheit im Sinne des Art. 28 Abs. 2 S. 1 GG besitzen (Art. 66 Abs. 2 Verf BE).

1036 Die Senatsverwaltung strebte explizit eine Entwicklung über § 34 BauGB an (vgl. Kap. 6.2.1).

1037 *Moench*, DVBl. 2005, 676 (681 f.); *Schmidt* 2013, S. 201.

1038 Vgl. Kap. 3.9.

Einen ähnlichen Fall, der den extremen Ausnahmecharakter der originären Planungspflicht als Schranke einer städtebaulichen Entwicklung nach § 34 BauGB verdeutlicht, bildet der ‚Ostseepark' in der schleswig-holsteinischen Stadt Schwentinental (ca. 17.000 Einwohner). Mit einer *Verkaufsfläche* von ca. 90.000 m^2 ist der Ostseepark „eine der größten nicht überplanten Einzelhandelsagglomerationen der Bundesrepublik Deutschland."[1039] Wegen erheblicher Kaufkraftabflüsse aus benachbarten Gemeinden (u.a. Kiel und Plön) und einem Verstoß gegen landesplanerische Vorgaben sollte die Gemeinde zur Planung verpflichtet werden. Nach einer langjährigen, zuletzt gerichtlichen Auseinandersetzung zwischen der planungsunwilligen Gemeinde und den Umlandgemeinden sowie der Landesplanungsbehörde wurde die Pflicht zum Einsatz bauleitplanerischer Maßnahmen mit Urteil vom 14.03.2017 bestätigt.[1040] Die geforderte Planung reduziert die Entwicklung der Einzelhandelsnutzung auf den Bestandsschutz.

> „Da sind wir jetzt in Schleswig-Holstein, glaube ich, das erste Mal dabei, dass wir eine Kommune irgendwo hintragen, dass sie einen Plan aufstellen soll und das ist extrem [betont] schwierig."[1041]

> „[...] die wollen halt nicht [...] und haben natürlich auch alle möglichen Instrumente in der Hand, solche Dinge zu verzögern und es müssen viele verschiedene Behörden zusammenarbeiten, um eine Gemeinde dahin zu bringen."[1042]

> „Wir haben X Gerichtsverfahren da jetzt schon durch [...], also, so nach dem Motto: Es passt uns nicht und eigentlich gibt es da eine Planungspflicht; so funktioniert es eben nicht [...]. Das sind ganz seltene Fälle [...] wie gesagt: Gerichtlich hat man das ja wirklich minimal, minimale Rechtsprechung gibt es dazu und das spiegelt schon auch das wider, dass es einfach sich kaum umsetzt."[1043]

1039 VG Schleswig, Urt. v. 14.03.2017 – 2 A 219/14, BeckRS 2017, 105607.

1040 Ebd.; Die Gemeinde verzichtete darauf, Berufung einzulegen. Der Rechtsstreit scheint damit vorerst beendet.

1041 F1, Z. 419ff.

1042 F1, Z. 423ff.

1043 F1, Z. 442ff.

7.2.2.2 Schlussfolgerung: originäre Planungspflicht praktisch kaum relevant

Es ist nicht das Ziel dieser Arbeit, die Praxisrelevanz der originären Planungspflicht umfassend und abschließend zu untersuchen. In Anbetracht der gewonnenen Erkenntnisse spricht jedoch vieles dafür, die originäre Planungspflicht im Zusammenhang mit der Stadtentwicklung nach § 34 BauGB als faktisch nahezu unbedeutende Schranke anzusehen. Dies äußert sich nicht zuletzt durch das in der Praxis kaum erfassbare Bewusstsein für die Relevanz dieser absoluten Grenze einer Anwendung des § 34 BauGB:[1044]

> „[…] Ich glaube nicht, dass das irgendwie so als drohendes Schwert da irgendwo hängt. […] Im Prinzip können die wirklich eigenverantwortlich und frei handeln und das sind minimale Fälle, wo die mal eins auf die Mütze bekommen haben und gesagt wurde: Jetzt müsst ihr aber einen Plan aufstellen. Und deswegen ist das auch nicht präsent; also weder den Verwaltungen, noch den politischen Vertretern."[1045]

Der Einsatz der Bauleitplanung liegt in der hoheitlichen Eigenverantwortung der Gemeinde. Es gibt gemeindefreundlichere und praktikablere Aufsichtsmittel, um eine Gemeinde zur Planung zu bewegen, als die zwingende Durchsetzung einer Planungspflicht.[1046]

7.2.3 Planerischer Steuerungsbedarf

Die städtebauliche Entwicklung gemäß § 34 BauGB kann trotz bauplanungsrechtlicher Zulässigkeit eine Beeinträchtigung öffentlicher Belange hervorrufen oder stadtentwicklungspolitischen Zielsetzungen entgegenwirken. Die Entstehung einer originären Planungspflicht in solchen Fällen ist nicht zuletzt aufgrund der herausragenden Stellung der kommunalen Planungshoheit von minimaler praktischer Relevanz, wie die Ausführungen im vorigen Kapitel darlegten. Es stellt sich daher weiterführend die Frage:

1044 In keiner der untersuchten Fallstudien wurde das Thema der originären Planungspflicht als Grenze einer Stadtentwicklung nach § 34 BauGB ernsthaft und sichtbar diskutiert.

1045 F1, Z. 490 f., 497ff.

1046 *Brüning/Vogelsang* 2009, S. 102 f.

Teilfragestellung B4: Welche Verantwortung trägt die Gemeinde hinsichtlich der Einschränkung einer zulässigen baulichen Entwicklung nach § 34 BauGB?

7.2.3.1 Steuerungsbedarf als mittelbare Grenze in der Praxis

Die Planersatzvorschrift des § 34 BauGB bietet grundsätzlich keinen Raum für unmittelbare gemeindliche Steuerungseinflüsse, damit eine Beeinträchtigung öffentlicher Belange abgewendet oder konkrete stadtentwicklungspolitische Ziele verfolgt werden können. Das Recht der kommunalen Planungshoheit gewährt der Gemeinde hingegen die Möglichkeit, selbst aktiv planerisch tätig zu werden und einer ungewollten Stadtentwicklung nach § 34 BauGB Grenzen zu setzen (§ 1 Abs. 3 S. 1 BauGB).[1047] Die folgenden Beispiele veranschaulichen dies:

Die städtebauliche Entwicklung des Freudenberg-Areals in Berlin-Friedrichshain ließ aufgrund des geplanten Projektumfangs substanzielle Auswirkungen auf Belange von quartiers- bzw. stadtweiter Bedeutung erkennen. Es bestand insbesondere ein öffentliches Interesse an der Schaffung von bezahlbarem Wohnraum sowie an sozialer und grüner Infrastruktur, das im Falle einer rein privatwirtschaftlich motivierten Umsetzung über § 34 BauGB potenziell nicht oder kaum berücksichtigt worden wäre. Der Bezirk wollte daher bis zuletzt einen vorhabenbezogenen Bebauungsplan aufstellen und eine Entwicklung nach § 34 BauGB abwenden. Über die rechtlich fragwürdige Kooperation zwischen Vorhabenträger und landeseigener Wohnungsbaugesellschaft wurde schließlich die Baufreiheit des Vorhabenträgers deutlich eingeschränkt und eine Berücksichtigung der genannten öffentlichen Steuerungsinteressen im Rahmen des § 34 BauGB ermöglicht.[1048]

Seit der Aufhebung der Münchner Gartenstadtsatzung im Jahr 2003 stellt sich die Frage, ob und wie die Stadt auf die zunehmende Nachverdichtung in den durch eine aufgelockerte Bebauungsstruktur geprägten Gartenstadtgebieten reagiert. Die Stadt München ist nicht dazu verpflich-

---

1047 Vgl. Kap. 2.1.1.

1048 In Anbetracht der vorliegenden Erkenntnisse hätte die Realisierung des Bauprojekts samt Umsetzung der stadtentwicklungspolitischen Ziele des Senats nach letztem Planungsstand über die Aufstellung eines Bebauungsplans erfolgen müssen (vgl. Kap. 6.1 und Kap. 7.1.3.1).

tet, den Erhalt der Gartenstadtgebiete zu verfolgen.[1049] Sie kann es jedoch tun, wenn sie dies als für die städtebauliche Entwicklung und Ordnung erforderlich ansieht (§ 1 Abs. 3 S. 1 BauGB).[1050] Es ist eine stadtentwicklungspolitische Entscheidung in Verantwortung des Münchner Stadtrats, inwieweit die sich grundsätzlich nach § 34 BauGB vollziehende Stadtentwicklung in den Gartenstadtgebieten durch planerische oder sonstige Maßnahmen begrenzt und gesteuert werden soll. Zu diesem Zweck können verschiedene Instrumente und Planungsstrategien zum Einsatz kommen.[1051]

Die im unbeplanten Innenbereich gelegene Wohnsiedlung in der Käthe-Kollwitz-Straße in Eckernförde stand unter baulichem Veränderungsdruck (Fallstudie 5).[1052] Die Gemeinde wollte zunächst von der Aufstellung eines Bebauungsplans zur Sicherung des erhaltenswerten Gebietscharakters absehen und lediglich eine Gestaltungssatzung erlassen. Da sich die Bautätigkeit allerdings nach Auffassung der Gemeinde gebietsunverträglich fortsetzte (§ 1 Abs. 6 Nr. 5 BauGB), wurde ein Planungserfordernis festgestellt (§ 1 Abs. 3 S. 1 BauGB). Die Gemeinde entschloss sich dazu, einen einfachen Bebauungsplan aufzustellen und der baulichen (Weiter-)Entwicklung nach § 34 BauGB auf diese Weise gezielt Grenzen zu setzen.

7.2.3.2 Schlussfolgerung: Gemeinde trägt Verantwortung für Planmäßigkeit

Es ist öffentliche Aufgabe der selbstverwalteten Gemeinde, die städtebauliche Entwicklung und Ordnung des Gemeindegebiets nach eigenen Vorstellungen zu leiten und dabei insbesondere über den Einsatz der Bauleitplanung als zentralem städtebaulichen Steuerungsinstrument zu bestimmen (Planmäßigkeitsprinzip).[1053] Eine bauplanungsrechtlich zulässige Entwicklung nach § 34 BauGB ist dabei nicht unweigerlich im Interesse der Gemeinde, wie anhand der Beispiele aus den Fallstudien veranschaulicht wurde. Es liegt daher in der Verantwortung des örtlichen Plangebers, eine ungewollte städtebauliche Entwicklung nach § 34 BauGB durch Planung abzuwenden.[1054] Dabei ist eine reine Verhinderungsplanung unzulässig.

1049 Vgl. Kap. 7.2.2.1.
1050 VGH München, Urt. v. 30.05.2003 – 2 BV 02.689, BeckRS 2008, 34109.
1051 Vgl. Kap. 6.3.3 und Kap. 7.3.
1052 Vgl. Kap. 6.5.
1053 BVerwG (Fn. 913), BauR 2004, 443 (445); vgl. Kap. 2.1.
1054 *Rubel*, DVBl. 2018, 403 (410).

Vielmehr sind positive Planungsziele erforderlich, um den Einsatz bauleitplanerischer Maßnahmen zu rechtfertigen.[1055]

Die Aufstellung von Bebauungsplänen kostet Geld und Zeit. Darüber hinaus können planerische Eingriffe im unbeplanten Innenbereich und somit die Begrenzung der Stadtentwicklung nach § 34 BauGB unter Umständen Entschädigungsansprüche auslösen.[1056] Die Gemeinde entscheidet, ob dieser Aufwand tragbar ist.

Die Steuerung der Stadtentwicklung im unbeplanten Innenbereich kann nicht nur mithilfe des Instruments des Bebauungsplans, sondern auch mit anderen formellen oder informellen Planungsinstrumenten und -strategien erfolgen.[1057]

7.2.4 Widerstand aus der Bevölkerung

Im Falle der aktuell in wachsenden Städten praktizierten Nachverdichtung kann davon ausgegangen werden, dass in der Öffentlichkeit im Allgemeinen und in der lokalen Wohnbevölkerung im Speziellen oftmals ein substanzielles Interesse an Stadtentwicklung und Bürgerbeteiligung besteht.[1058] Bei der Anwendung der Planersatzvorschrift des § 34 BauGB ist jedoch keine Öffentlichkeitsbeteiligung vorgesehen, sodass die Einbindung der Bürger hier nicht ohne Weiteres verwirklicht werden kann. Diese Diskrepanz bietet unter Umständen gewisses Konfliktpotenzial.

Teilfragestellung B5: Inwieweit kann sich potenzieller Widerstand aus der Bevölkerung als mittelbare Grenze auf die Stadtentwicklung im unbeplanten Innenbereich auswirken?

1055 Vgl. Kap. 2.1.1.
1056 Vgl. Kap. 2.1.8.
1057 Vgl. Kap. 7.3.
1058 Vgl. Kap. 3.1 und Kap. 3.6.

7.2.4.1 Bedeutung von Bürgerprotesten im Rahmen des § 34 BauGB in der Praxis

Im Fall des Wohnungsbauprojekts ‚Box Seven' in Berlin-Friedrichshain spielte die Beteiligung der Bürger am Aushandlungsprozess um die bauliche Entwicklung des Freudenberg-Areals lange Zeit eine große Rolle. Dies rührt allerdings in erster Linie daher, dass viele Jahre lang von einem Planungserfordernis ausgegangen wurde und somit Raum für eine Beteiligung der Bürger bestand. Der Versuch, die Konflikte mit der lokalen Wohnbevölkerung und insbesondere der Bürgerinitiative ‚Ideenwerkstatt Freudenberg-Areal' mithilfe diverser informeller Beteiligungsangebote abzubauen, misslang jedoch. Der direkte Dialog zwischen den beteiligten Akteursgruppen Verwaltung, Bezirkspolitik, Investor und Bürger führte in diesem Fall nicht zu einer Lösung der Konflikte, sondern verstärkte diese noch.[1059]

> „Das ist halt das Hauptproblem [...] bei einer Stadt, die wächst, dass natürlich die Leute, die schon eine Wohnung haben, die Freiflächen, die sie vor der Nase haben, natürlich nicht für andere Wohnungen [...] wollen. Den Konflikt hat man fast überall und natürlich haben dann die Bezirkspolitiker oftmals das Problem, dass sie sich natürlich immer schlecht gegen den Willen ihrer Bevölkerung [...] stellen wollen und dann muss [...] der Senat die Interessen des Gesamtlandes eben mal annehmen und dann als Korrektiv eingreifen."[1060]

Letztendlich stellte die von der Obersten Bauaufsicht (Senatsverwaltung) befürwortete Anwendung des § 34 BauGB auch eine pragmatische ‚Lösung' der Konflikte mit Nachbarschaft und Bezirkspolitik dar, denn eine Beteiligung der Öffentlichkeit und eine Konfliktschlichtung im Rahmen eines Bebauungsplanverfahrens waren legitimerweise nicht mehr erforderlich.[1061]

Im Fall des WBM-Nachverdichtungsprojekts in Berlin-Friedrichshain wurde bereits mit der Veröffentlichung des Masterplans eine Umsetzung über § 34 BauGB angekündigt. Dies führte zu Kritik bei der lokalen Wohnbevölkerung, die eine formelle Öffentlichkeitsbeteiligung und eine Interessenabwägung der betroffenen Belange im Rahmen eines Bebauungsplanverfahrens forderte. WBM und Senat richteten daraufhin zwar diverse

1059 A1, Z. 93ff.; vgl. Kap. 6.1.2.
1060 A1, Z. 609ff.
1061 Vgl. Kap. 6.1.3 und Kap. 6.1.4.

Informations- und Beteiligungsveranstaltungen aus, jedoch blieb der Konflikt um die Frage ‚§ 34 BauGB oder B-Plan' bis zuletzt ungelöst.[1062]

> „Es gibt aber einen entrüsteten Aufruhr in der Bevölkerung: Wir wollen da einen B-Plan haben, nur das ist ein demokratisches Instrument, § 34 ist undemokratisch und wollen da unbedingt einen B-Plan haben."[1063]

Aufgrund der anhaltenden Bürgerproteste, zuletzt ausgedrückt durch einen erfolgreichen Einwohnerantrag, entschloss sich der Bezirk, einer baulichen Entwicklung nach § 34 BauGB durch sieben Planaufstellungsbeschlüsse Einhalt zu gebieten. Die Nachverdichtungsbestrebungen der WBM wurden schließlich von der neugewählten Stadtentwicklungssenatorin gestoppt. Eine Realisierung auf Basis des § 34 BauGB ist nicht mehr aktuell.[1064]

> „Es geht letztlich um Bürgerbeteiligung. Ich meine, das ist ja ganz klar: Der Druck kam von den Bürgern. Die Senatorin hat gesagt vor der Wahl: Das muss alles neu angegangen werden."[1065]

Die fehlende formelle Öffentlichkeitsbeteiligung und die mangelnde Akzeptanz des Instruments des § 34 BauGB bei der lokalen Wohnbevölkerung bildeten aus Sicht des Bezirks und der neuen Stadtentwicklungssenatorin eine Grenze der Stadtentwicklung nach § 34 BauGB.

In Flensburg wurde die Relevanz der Bürgerbeteiligung im Rahmen der Stadtentwicklung nach § 34 BauGB erkannt und das Verfahren zum gemeindlichen Einvernehmen (§ 36 BauGB) um eine dreiwöchige Öffentlichkeitsbeteiligung erweitert. Auf diese Weise soll die Öffentlichkeit eingebunden und somit u.a. der Entstehung von Widerstand aus der Bevölkerung, einer potenziellen mittelbaren Grenze der Stadtentwicklung nach § 34 BauGB, entgegengewirkt werden.[1066]

Im Fall des WBM-Hochhausprojekts auf der Fischerinsel in Berlin-Mitte trug der Bürgerprotest wesentlich zum Scheitern der ursprünglichen Planung bei. Kritisiert wurden zum einen die Höhenmaße des geplanten Wohnhochhauses und zum anderen die Umsetzung über § 34 BauGB. Es gab zwar diverse Informations- und Beteiligungsveranstaltungen, jedoch reichten diese offenbar nicht aus, um die nötige Akzeptanz in der lokalen Wohnbevölkerung hervorzurufen.[1067]

1062 Vgl. Kap. 6.2.1 und Kap. 6.2.2.
1063 A2, Z. 332ff.
1064 Vgl. Kap. 6.2.2, Kap. 6.2.3 und Kap. 6.2.4.
1065 B2, Z. 255ff.
1066 Vgl. Kap. 6.6.2.
1067 Vgl. Kap. 6.7.1 b).

> „Auf der Fischerinsel musste die WBM nach Bürgerprotesten, politischem Druck des Bezirks und der neuen Senatorin für Stadtentwicklung und Wohnen umplanen und auf das umstrittene Wohnhochhaus verzichten."[1068]

Nach dem Regierungswechsel führte die WBM ein neues Bürgerbeteiligungsverfahren durch und wählte anschließend auf Druck von Bezirk und Senat eine weniger umfangreiche Planvariante aus. Die Akzeptanz der Bürger wurde somit trotz ursprünglich intendierter Anwendung des § 34 BauGB als relevanter Faktor aufgefasst und entsprechend partizipative Maßnahmen eingeleitet, um Widerstände in der lokalen Wohnbevölkerung abzubauen.

7.2.4.2 Schlussfolgerung: Widerstand aus der Bevölkerung als potenzielle Grenze

Die Stadtentwicklung nach § 34 BauGB kann gegebenenfalls auf bedeutende Widerstände aus der Bevölkerung stoßen, wobei zwei Ursachenzusammenhänge identifiziert werden können. Zum einen ist dies die inhaltliche Kritik an Bauvorhaben, zunächst unabhängig von der Wahl des Planungs- bzw. Genehmigungsinstruments. Immer wieder kommt es zu öffentlicher Kritik an Bauvorhaben im eigenen Wohnumfeld oder in exponierten Lagen der Stadt, da etwa Anwohner oder generell an der Planung interessierte Bürger andere Vorstellungen von einer für das betroffene Gebiet geeigneten städtebaulichen Entwicklung haben. Im Falle des § 34 BauGB bleibt diese Kritik allerdings außen vor, da sie planungstheoretisch nicht von Belang ist. Mögliche konstruktive Anregungen werden nicht gehört, etwaige Konflikte bleiben ungelöst, Unmutsäußerungen können nicht geregelt vorgebracht werden. Dies kann die Intensität des Widerstands noch verstärken und die Entstehung größerer Proteste gegen Bauvorhaben im unbeplanten Innenbereich begünstigen.

Zum anderen ist dies die generelle Kritik am Instrument und der Anwendungspraxis des § 34 BauGB. Der Umstand, dass die Genehmigung von Bauvorhaben nach § 34 BauGB ohne ein ausführliches Planungsverfahren, ohne eine umfassende Ermittlung und Beurteilung betroffener Belange, ohne Öffentlichkeitsbeteiligung und ohne eine planerische Abwägung durch die Gemeindevertretung erfolgt, kann als tiefgreifender Mangel aufgefasst werden. Die planungstheoretischen Hintergründe zu Aufbau

1068 Bezirksamt Mitte von Berlin 2017, S. 6.

und Stellung des § 34 BauGB in der Systematik des Städtebaurechts sind dem Großteil der Menschen ebenso unbekannt wie das Prinzip der demokratischen Legitimationskette im Falle gebundener Verwaltungsentscheidungen.[1069] Daher ist die Genehmigung von Vorhaben im unbeplanten Innenbereich für Dritte zum Teil schwer nachzuvollziehen.

Dem wird zusätzlich Vorschub geleistet, wenn rechtlich nicht vorgesehene faktische Beurteilungsspielräume ausgenutzt und auf diese Weise baurechtlich fragwürdige Genehmigungen erteilt werden.[1070] Es fehlen grundsätzlich Beteiligungsangebote, um im Baugenehmigungsverfahren des § 34 BauGB für Transparenz und Akzeptanz zu sorgen. Sofern seitens der lokalen Wohnbevölkerung kein ausreichendes Vertrauen in die Eignung des § 34 BauGB als sachgerechte Planersatzvorschrift und das pflichtgemäße Verwaltungshandeln der Bauaufsichtsbehörden bei dessen Anwendung besteht, ist das Aufkommen deutlicher Vorbehalte gegen eine städtebauliche Entwicklung auf Grundlage des § 34 BauGB nachvollziehbar.

Sollte es im Vorfeld einer baulichen Entwicklung nach § 34 BauGB zu öffentlicher Kritik oder sogar Protesten aus der Bevölkerung kommen, hat dies keine unmittelbare rechtliche Relevanz und kann der Umsetzung entsprechender Bauvorhaben formell nicht entgegenstehen. Kritik aus der Bevölkerung kann völlig legitim mit dem Hinweis auf die rechtmäßige Anwendung des § 34 BauGB als gebundene Planersatzvorschrift abgewiesen werden. Ungeachtet dessen können Widerstände aus der Bevölkerung dazu führen, dass die beteiligten Akteure in ihrer Handlungsweise beeinflusst werden:

Zuvorderst ist die Möglichkeit zu nennen, dass die Gemeindevertretung den Widerstand aus der Bevölkerung zum Anlass nimmt, ihre städtebaulichen Zielsetzungen für den in Rede stehenden Teilbereich des Gemeindegebiets zu überdenken. Die Gemeinde kann aktiv planerisch tätig werden und die aus ihrer Sicht angemessene städtebauliche Entwicklung und Ordnung des Gemeindegebiets durch den Einsatz erforderlicher bauleitplanerischer Maßnahmen sichern (§ 1 Abs. 3 S. 1 BauGB).[1071] Je nach Akteurskonstellation (privater oder öffentlicher Vorhabenträger) und Projektverlauf sind anderweitige Steuerungs- und Beteiligungsmöglichkeiten vorstellbar.[1072] Die Motivation der Gemeindevertretung, mit konkreten Maßnahmen auf öffentliche Kritik aus der Bevölkerung zu reagieren, dürfte

1069 Vgl. Kap. 2.3 und Kap. 3.6.
1070 Vgl. Kap. 7.1.2 und Kap. 7.1.3.
1071 Ggf. Plansicherung: §§ 14 bis 18 BauGB; vgl. Kap. 2.1.1 und Kap. 2.1.7.
1072 Vgl. Kap. 7.3.

steigen, wenn eine Kommunalwahl und somit die Erneuerung der eigenen demokratischen Legitimation im Raum stehen. Die Fallbeispiele der langjährigen Kontroverse um die bauliche Entwicklung des Flensburger Ostufers und ihre Auswirkungen auf die Kommunalwahl 2008[1073] sowie der Projektverlauf der WBM-Nachverdichtung in Friedrichshain-West und auf der Fischerinsel im Einflusshorizont der Wahlen des Berliner Abgeordnetenhauses und der Bezirksverordnetenversammlungen 2016 veranschaulichen dies.[1074]

Kommunale Wohnungsbauunternehmen können aufgrund ihres gemeinwohldienlichen Selbstverständnisses besonders an einer Berücksichtigung von Anregungen und Kritik seitens der Bürger interessiert sein.[1075] Sollten deutliche Widerstände im Zusammenhang mit baulichen Maßnahmen eines kommunalen Wohnungsunternehmens aufkommen, ist eine würdigende Reaktion plausibel. Vorstellbar ist etwa die freiwillige Ausrichtung von Informations- und Beteiligungsangeboten, wie in den Fällen der WBM-Nachverdichtung in Friedrichshain-West und auf der Berliner Fischerinsel geschehen.[1076]

Der Einfluss von Widerständen aus der Bevölkerung auf private Vorhabenträger dürfte demgegenüber deutlich geringer sein. Die möglichst zügige und gewinnbringende Realisierung von Bauvorhaben steht im Mittelpunkt. Kooperatives Handeln mit dem Ziel einer konfliktärmeren Projektumsetzung oder einem Image-Gewinn ist jedoch denkbar.[1077]

In besonderen Fällen einer öffentlichen Kontroverse um eine städtebauliche Entwicklung nach § 34 BauGB ist auch eine bewusste oder unbewusste Beeinflussung der bauaufsichtsbehördlichen Genehmigungsentscheidung möglich. Potenzielle faktische Beurteilungsspielräume bei der Auslegung der unbestimmten Rechtsbegriffe des § 34 BauGB könnten unter Umständen entsprechend genutzt werden.[1078] Im Fall der Münchner Gartenstädte ist die öffentliche Kritik an der Beeinträchtigung des Gartenstadtcharakters eine Teilerklärung für die restriktive Rechtsanwendung des § 34 BauGB bei der Lokalbaukommission.[1079]

Eine theoretisch nach § 34 BauGB zulässige städtebauliche Entwicklung kann bedeutende Widerstände aus der Bevölkerung hervorrufen. Inwie-

---

1073 Vgl. Kap. 6.6.1 b).
1074 Vgl. Kap. 6.2 und Kap. 6.7.1.
1075 Vgl. Kap. 3.5.
1076 Vgl. Kap. 6.2.2 und Kap. 6.7.1.
1077 Vgl. Kap. 3.5.
1078 Vgl. Kap. 7.1.2 und Kap. 7.1.3.
1079 Vgl. Kap. 6.3.4 und Kap. 7.1.3.3.

weit diese tatsächlich als mittelbare Grenzen einer Stadtentwicklung im unbeplanten Innenbereich wirksam werden, ist zuvorderst abhängig von den Reaktionen der Gemeinde und/oder des Vorhabenträgers.

7.2.5 Zwischenfazit: Grenzen einer Stadtentwicklung nach § 34 BauGB

Die Stadtentwicklung im unbeplanten Innenbereich erfolgt zulässigerweise nach den Maßgaben der Planersatzvorschrift des § 34 BauGB. Das bedeutet nicht, dass die Baugenehmigungsbehörde die alleinige Verantwortung für die städtebauliche Entwicklung in diesen bedeutend großen Teilbereichen des Gemeindegebiets trägt und jedes aus Behördensicht zulässige Bauvorhaben auch tatsächlich zur Umsetzung gebracht werden kann. Es lassen sich vielmehr weitere Grenzen einer Stadtentwicklung nach § 34 BauGB identifizieren, die allerdings in ihrer Ausprägung im Einzelfall stark variieren.

Im Zusammenhang mit der städtebaulichen Entwicklung im unbeplanten Innenbereich ist der Rechtsschutz Dritter eine wichtige, wenn auch faktisch oftmals nur schwach ausgeprägte Grenze. Die geltende Rechtslage ermöglicht lediglich in seltenen Fällen besonders qualifizierter, unzumutbarer Betroffenheit eine gerichtliche Überprüfung von Baugenehmigungen nach § 34 BauGB durch Klagen benachbarter Dritter. Dabei können nur Grundstückseigentümer und sonstige dinglich Berechtigte entsprechende Abwehrrechte geltend machen. Gibt es keine klagebefugte oder klagewillige Dritte, gibt es auch keinen Richter, der die Durchsetzung des Rechts zur Beschränkung der Eigentumsfreiheit veranlassen kann.

Die sich nach der Planersatzvorschrift des § 34 BauGB vollziehende Stadtentwicklung im unbeplanten Innenbereich kann theoretisch einen zwingenden Steuerungsbedarf der Gemeinde in Form einer originären Planungspflicht auslösen. Dies ist jedoch lediglich in extremen Ausnahmefällen einer besonders eklatanten Entstehung von städtebaulichen Missständen und Fehlentwicklungen vorstellbar. Zudem ist die kommunalaufsichtliche Durchsetzung einer Planungspflicht gegen die verfassungsrechtlich gesicherte Planungshoheit der Gemeinde mit großen Schwierigkeiten verbunden. Die originäre Planungspflicht als Grenze einer Stadtentwicklung nach § 34 BauGB bleibt daher in der Praxis faktisch ohne Bedeutung.

Ein nach § 34 BauGB zulässiges Bauvorhaben kann zugleich öffentlichen Interessen und stadtentwicklungspolitischen Zielvorstellungen der Gemeinde widerstreben. Es ist Ausdruck der kommunalen Selbstverwaltung, die Stadtentwicklung im unbeplanten Innenbereich im Falle eines

Planungsbedarfs durch den Einsatz bauleitplanerischer Maßnahmen zu steuern.

Sollten im Zusammenhang mit Bauvorhaben nach § 34 BauGB Widerstände in der Bevölkerung aufkommen, ist vor allem die Reaktion der Gemeindevertretung von Bedeutung. Die gewählten Volksvertreter könnten ein Interesse daran haben, den Einwänden aus Teilen ihres Gemeindevolks offen zu begegnen. Unter Umständen kann sich die Gemeinde zur aktiven Planung entschließen oder beispielsweise informelle Beteiligungsangebote zum Abbau von Widerständen gegenüber der städtebaulichen Entwicklung nach § 34 BauGB schaffen.

7.3 Steuerung der Stadtentwicklung im unbeplanten Innenbereich

Die Planersatzvorschrift des § 34 BauGB regelt die städtebauliche (Weiter-)Entwicklung des unbeplanten Innenbereichs gemäß dem vom Gesetzgeber bundesrechtlich verankerten Ordnungsrahmen. Das entbindet die selbstverwaltete Gemeinde allerdings nicht von der Verantwortung für die städtebauliche Entwicklung dieser Teilbereiche ihres Gemeindegebiets.[1080] Nicht zuletzt aufgrund der Grenzen einer Stadtentwicklung nach § 34 BauGB kann es im Interesse der Gemeinde liegen, steuernd Einfluss auf die Stadtentwicklung im unbeplanten Innenbereich zu nehmen. Da sich im Rahmen des § 34 BauGB auf rechtmäßige Weise kein Raum für unmittelbare Steuerung bietet, sind die Möglichkeiten einer **proaktiven Steuerung** über den Einsatz anderer formeller und/oder informeller Instrumente bzw. Strategien zu untersuchen.

Fragestellung C: Mit welchen Maßnahmen und Instrumenten lässt sich die Stadtentwicklung im unbeplanten Innenbereich steuern?

Es lassen sich in diesem Zusammenhang verschiedene zentrale Strategien identifizieren, deren Chancen und Grenzen in der Praxis jeweils anhand der empirischen Fallstudien dargestellt werden. Die Anwendbarkeit und die Eignung einzelner Strategien ist stark abhängig von der Sachlage und den Interessen im Einzelfall. Es wird kein Anspruch auf Vollständigkeit erhoben.

1080 BVerwG (Fn. 913), BauR 2004, 443 (445).

7.3.1 Strategie 1: qualifizierter Bebauungsplan

Die Bauleitplanung ist das zentrale Gestaltungsinstrument im Städtebaurecht und die Aufstellung von Bebauungsplänen die klassische Handlungsstrategie der Gemeinde für die Realisierung von Steuerungsinteressen im unbeplanten Innenbereich. Es ist Aufgabe der selbstverwalteten Gemeinde, Bebauungspläne aufzustellen, sobald und soweit es für die städtebauliche Entwicklung und Ordnung gemäß ihrer städtebaulichen Konzeption erforderlich ist (§ 1 Abs. 3 S. 1 BauGB). Die Ermittlung eines Planungsbedarfs setzt demnach voraus, dass eine städtebauliche Entwicklung gemäß § 34 BauGB von den planerischen Vorstellungen der Gemeinde für das entsprechende Gebiet abweicht.

Der qualifizierte Bebauungsplan ist ein starkes, formelles Steuerungsinstrument, denn er regelt die Bebaubarkeit der Grundstücke innerhalb seines Geltungsbereichs abschließend (§ 30 Abs. 1 BauGB). Kommt ein vorhabenbezogener Bebauungsplan zum Einsatz, ist die Durchführung der Planung vertraglich gesichert (§ 30 Abs. 2 BauGB).[1081]

Das Instrument des qualifizierten Bebauungsplans bietet Chancen und Grenzen im Hinblick auf die Steuerung der Stadtentwicklung im unbeplanten Innenbereich. Dies soll zunächst anhand eines Beispiels aus den Fallstudien verdeutlicht werden.

7.3.1.1 Beispiel aus der Praxis

Im Fall der WBM-Nachverdichtung in Berlin-Friedrichshain lehnten die WBM und die alte Senatsverwaltung für Stadtentwicklung und Umwelt (SPD) die von lokaler Wohnbevölkerung und Bezirkspolitik geforderte Aufstellung von Bebauungsplänen ab, da dies mit deutlichen Verzögerungen im Projektverlauf und höherem finanziellem Aufwand verbunden wäre.[1082] Ohnehin seien Steuerungsmöglichkeiten bei den sich im Eigentum der landeseigenen Wohnungsbaugesellschaft befindlichen Grundstücken in ausreichendem Maße gegeben: Freiwillige fachgutachterliche Untersuchungen zu den Umweltauswirkungen der Vorhaben sowie dem quartiersbezogenen Infrastrukturbedarf wurden durchgeführt, ebenso diverse Informations- und Beteiligungsveranstaltungen. Man versuchte, sich in mancherlei Hinsicht an ein Bebauungsplanverfahren anzunähern und gleich-

---

1081 Vgl. Kap. 2.1.3.1 und Kap. 2.1.3.2.

1082 Vgl. Kap. 6.2.2.

zeitig die Flexibilität und den Pragmatismus des § 34 BauGB zu bewahren (Stichwort: ‚§ 34 Plus'). [1083]

> „Jetzt haben wir bei der WBM ja ein WBM-Quartier quasi, wo alles landeseigen ist und da stellt sich dann schon die Frage, rein von der Effizienz her, macht man es sich mit einem B-Plan halt viel komplizierter." [1084]

Die neue Landesregierung (Rot-Rot-Grün) und die von den Linken geführte Senatsverwaltung für Stadtentwicklung und Wohnen möchte hingegen eine neue Planungskultur etablieren und den Bebauungsplan als zentrales Steuerungsinstrument stärken. Von besonderer Relevanz ist dabei die im Bebauungsplanverfahren verankerte förmliche Öffentlichkeitsbeteiligung, die durch weiterführende informelle Beteiligungsangebote noch ausgeweitet werden soll. Generell wird eine planvollere Stadtentwicklung in Berlin angestrebt, mit einer Stärkung der stadtweiten Stadtentwicklungsplanung und einer planmäßigeren Umsetzung derselben auf Bezirksebene. [1085] Diese stadtentwicklungspolitische Neuausrichtung lässt sich maßgeblich zurückführen auf die politischen Vorstellungen der das Stadtentwicklungsressort führenden Linken. [1086]

Die Vorgehensweise einer Anwendung des Bebauungsplans als Regelinstrument zielt darauf ab, die Qualität und den partizipativen Charakter der Stadtentwicklung zu verbessern. Es ist noch offen, inwieweit diese Strategie Erfolg haben wird, denn sie ist mit hohem Arbeitsaufwand und hohen Kosten für Verwaltung und Investoren verbunden. [1087] Zudem bedeutet ein Mehr an Beteiligung nicht unbedingt ein Mehr an Akzeptanz und Kompromissbereitschaft seitens der Bürger.

> „Partizipationsverfahren brauchen auch gewisse Grenzen, weil wir haben das andere Ziel und das ist genauso dringlich: die Wohnraumversorgung der Bevölkerung […]. Also, wir haben dann zwar die Bürger unendlich be-

---

1083 Befinden sich Grundstücke im öffentlichen Eigentum, bietet sich viel Handlungsspielraum.; vgl. Kap. 7.3.4.1.

1084 B2, Z. 121ff.

1085 „Ein langfristigeres Denken und ein strategisches Denken und ein vernünftiges stadtentwicklungspolitisches Denken ist natürlich eigentlich gerade die neue Ausrichtung." (B3, Z. 538ff.).

1086 Die Linke Berlin 2016, S. 55ff.

1087 „Ich muss auch die Privaten ins Boot bekommen. Die Städtischen sollen 6.000 im Jahr bauen. 14.000 sollen die Privaten. Und das ist der nächste große Konfliktpunkt, die natürlich dann auch sagen: […] Naja, B-Planverfahren überall, Partizipationsverfahren überall, alles schön und gut, wir lassen da auch mit uns reden und... aber nur bis zu gewissen Grenzen und anders als die Städtischen sind die Privaten natürlich auch frei, in anderen Städten zu investieren." (B3, Z. 216ff.).

> teiligt; unter Umständen kommt es dann dazu, dass gar nicht gebaut wird im extremsten Fall oder wesentlich später oder so abgespeckt, dass eigentlich die quantitativen Ziele nicht mehr erreicht werden können."[1088]
> „Das ist gerade ein Dilemma. Da muss man einen Weg finden und das ist eine der schwierigsten Aufgaben und ich glaube, das ist auch [der Stadtentwicklungssenatorin] und der ganzen Abteilung hier bewusst, dass das jetzt gerade die ganz große Herausforderung ist: Wie kriegen wir es hin, die Bürger vernünftig zu beteiligen, vernünftige Planungsprozesse hier zu machen, aber auch 100.000 neue Wohnungen zu schaffen."[1089]

Das WBM-Nachverdichtungsprojekt in Friedrichshain-West wurde bislang nicht mit dem Ziel der Aufstellung eines qualifizierten Bebauungsplans weiterverfolgt. Es ist fraglich, mit welchem Aufwand eine solche Vorgehensweise verbunden wäre.

7.3.1.2 Chancen und Grenzen

Die Anwendung des qualifizierten Bebauungsplans als Steuerungsinstrument für die Stadtentwicklung im unbeplanten Innenbereich bietet diverse Chancen. Zunächst ist das komplexe Bebauungsplanverfahren zu nennen, das eine umfassende Ermittlung und Beurteilung betroffener privater und öffentlicher Belange garantiert. Die Umweltprüfung sowie die Öffentlichkeits- und Behördenbeteiligung bilden in diesem Zusammenhang zentrale Verfahrensschritte in fachlicher und partizipativer Hinsicht. Die planerische Abwägung der demokratisch legitimierten Gemeindevertretung ermöglicht eine zielgerichtete und eigenverantwortliche Steuerung bei gleichzeitiger Wahrung rechtsstaatlicher Abwägungsgrundsätze. Das Planmäßigkeitsprinzip wird zur Geltung gebracht.[1090]

Die Aufstellung eines qualifizierten Bebauungsplans kann die Steuerungsinteressen der Gemeinde verbindlich festschreiben und eine davon abweichende bauliche Entwicklung ausschließen. Die obligatorische Öffentlichkeitsbeteiligung ermöglicht eine Einbindung der an Partizipation interessierten Bürger. Anregungen und Kritik können erfasst und gegebenenfalls die Akzeptanz für die Planung erhöht werden. Die darüber hinaus bestehende Klagemöglichkeit gegen den Erlass von Bebauungsplänen dient dem Schutz privater Interessen. Sollte die Aufstellung eines vorhabenbezogenen Bebauungsplans Bodenwertsteigerungen auslösen, ist ein

1088 B3, Z. 205ff.
1089 B3, Z. 210ff.
1090 Vgl. Kap. 2.1.4.

potenziell von der Gemeinde beschlossenes Modell der kooperativen Baulandentwicklung anwendbar.[1091]

> „Bei 34 muss ich eine Entscheidung treffen anhand der Sachlage und der Kriterien, die ich habe und dann komme ich zu Ja oder Nein und bei der Planung habe ich immer noch eine Bandbreite, in der ich mich bewegen kann und kann meine eigenen Schwerpunkte setzen und kann auch Öffentlichkeitsbeteiligung machen [...]; das wird ja auch immer unterschätzt, dass das wichtig ist, dass man die Leute mitnimmt und deswegen ist eigentlich bei größeren Projekten immer ein Planverfahren zu empfehlen."[1092]

Bedeutsame Grenzen der qualifizierten Bebauungsplanung als Steuerungsstrategie im unbeplanten Innenbereich sind der finanzielle, der personelle und der zeitliche Aufwand. Die Gemeinden, und im Falle vorhabenbezogener Bebauungspläne anteilig die Investoren, müssen die Durchführung der Bebauungsplanverfahren leisten. Im Kontext des Wohnungsbaus in wachsenden Städten kann dies tendenziell zu einer Verzögerung der Bautätigkeit und zu einer Verteuerung der Wohnraumpreise führen.[1093] Je nach Sachlage im Einzelfall können Entschädigungsansprüche für die Aufhebung von zulässigen Nutzungen infolge der Überplanung entstehen.[1094] Bei einer reinen Angebotsplanung ist die tatsächliche Umsetzung der Planung nicht garantiert und der Erlass eines qualifizierten Bebauungsplans kann insofern eine Blockade der Bautätigkeit bewirken.[1095]

Die Eignung der Strategie zur Aufstellung qualifizierter Bebauungspläne im unbeplanten Innenbereich ist in hohem Maße abhängig vom aktiven Planungs- und Gestaltungswillen der Gemeinde. Möchte die Gemeinde die Stadtentwicklung in einem entsprechenden Gebiet gezielt und verbindlich steuern, bietet der qualifizierte Bebauungsplan dafür vielfältige Möglichkeiten. Der damit einhergehende Aufwand muss bewältigt werden.

Für manche stadtentwicklungspolitischen Zielsetzungen, wie etwa die zügige und günstige Schaffung von Wohnraum, kann die Anwendung dieser Strategie kontraproduktiv sein. Das Ausbleiben einer qualifizierten Planung und der zumindest partielle Einsatz der Planersatzvorschrift des § 34

1091 Vgl. Kap. 3.4.

1092 F1, Z. 702ff.

1093 Die zügige Schaffung von möglichst preiswertem Wohnraum kann im öffentlichen Interesse liegen (§ 1 Abs. 6 Nr. 2 BauGB).

1094 Vgl. Kap. 2.1.8.

1095 Vgl. die Anforderungen an den Erlass eines Baugebots in den §§ 175 und 176 BauGB; vgl. Kap. 2.1.6.

BauGB kann den öffentlichen Interessen der Gemeinde daher unter Umständen zuträglich sein.

7.3.2 Strategie 2: einfacher B-Plan und § 34 BauGB

Über die Aufstellung eines einfachen Bebauungsplans (§ 30 Abs. 3 BauGB) ist eine verbindliche Steuerung der Stadtentwicklung im unbeplanten Innenbereich möglich. Im Unterschied zum qualifizierten Bebauungsplan regelt der einfache Bebauungsplan die Bebaubarkeit der Grundstücke innerhalb seines Geltungsbereichs nur partiell, sodass sich die bauplanungsrechtliche Zulässigkeit von Vorhaben im Übrigen nach den Bestimmungen der Planersatzvorschrift des § 34 BauGB richtet. Kongruent zum qualifizierten Bebauungsplan setzt die Aufstellung eines einfachen Bebauungsplans ein von der Gemeinde zu ermittelndes Planungserfordernis voraus (§ 1 Abs. 3 S. 1 BauGB). Die Verfahrensschritte bei der Bebauungsplanaufstellung sind ebenfalls vollständig durchzuführen.

Welche Chancen und Grenzen der einfache Bebauungsplan als Steuerungsinstrument im unbeplanten Innenbereich bietet, lässt sich anhand zweier Beispiele aus der Praxis veranschaulichen.

7.3.2.1 Beispiele aus der Praxis

Im Fall der städtebaulichen Entwicklung innerhalb des Wohngebiets ‚Käthe-Kollwitz-Straße' in Eckernförde kam der einfache Bebauungsplan als Steuerungsinstrument zum Einsatz. Das von der Gemeinde mit der Planung verfolgte Ziel war der Erhalt des Gebietscharakters der architekturhistorisch wertvollen Wohnsiedlung. Zu diesem Zweck wurden verbindliche Regelungen für die äußeren Maße und die Gestaltung der Bestandsgebäude getroffen. Die Ausweisung rückwärtiger Baufenster sollte die Möglichkeiten baulicher Erweiterungen klar umgrenzen. Somit wurden die aus Sicht der Gemeinde relevanten Aspekte planerisch gesichert und im Übrigen Raum für die freie Entfaltung des privaten Eigentums gelassen.[1096]

> „Mit dem Bebauungsplan […] soll ein Kompromiss zwischen den privaten (Steigerung der Wohnqualität und Gestaltungsspielraum des Eigentums)

1096 Vgl. Kap. 6.5.3 und Kap. 6.5.4.

und den öffentlichen Belangen (Erhalt des Ortsbildes) erreicht werden."[1097]

Im Fall der Nachverdichtung in den Münchner Gartenstädten wurde eine flächendeckende Steuerung über das Instrument des einfachen Bebauungsplans als ungeeignet befunden. Es wäre zwar theoretisch möglich, die erweiterten Abstandsflächenregelungen der aufgehobenen Gartenstadtsatzung als örtliche Bauvorschriften im Rahmen einfacher Bebauungspläne festzusetzen (Art. 81 Abs. 2 S. 1 BayBO), das erforderte in der Praxis jedoch die Durchführung unzähliger Bebauungsplanverfahren und dabei in jedem Einzelfall u.a. eine Ermittlung und Beurteilung der betroffenen Belange, eine Öffentlichkeits- und Behördenbeteiligung, eine Umweltprüfung und eine planerische Abwägung. Der finanzielle und personelle Aufwand wäre beträchtlich. Darüber hinaus bedeutete eine erneute Einschränkung der nach Aufhebung der Gartenstadtsatzung schlagartig entstandenen Baurechte einen umfangreichen Entzug zulässiger Nutzungen nach § 34 BauGB. Dies würde in vielen Fällen Entschädigungsansprüche auslösen.[1098]

7.3.2.2 Chancen und Grenzen

Die Aufstellung einfacher Bebauungspläne ermöglicht die Durchführung eines regulären Bebauungsplanverfahrens und somit eine planmäßige Steuerung der Stadtentwicklung unter Wahrung des Abwägungsgebots und weiterer Verfahrensanforderungen wie etwa der Öffentlichkeitsbeteiligung.[1099] Aufgrund der Anwendung des § 34 BauGB in den offenen Teilfragen der bauplanungsrechtlichen Zulässigkeit von Vorhaben verbleibt ein gewisses Maß an Flexibilität. Somit ist eine spezifische und verbindliche Absicherung von Planungszielen möglich, ohne die städtebauliche Entwicklung des Gebiets gänzlich vorzudefinieren. Die Gemeinde kann die von ihr verfolgten Planungsziele festschreiben und zugleich Raum für die Entfaltung der Eigentumsfreiheit innerhalb der Grenzen des § 34 BauGB belassen.

1097 Stadt Eckernförde, Einfacher Bebauungsplan Nr. 71 ‚Käthe-Kollwitz-Straße', Begründung, 29.09.2016, S. 7.

1098 Vgl. die Ausführungen in Kap. 6.3.3 b).

1099 Vgl. die Chancen einer Aufstellung qualifizierter Bebauungspläne in Kap. 7.3.1.2.

Die reguläre Durchführung eines Bebauungsplanverfahrens ist mit finanziellem und personellem Aufwand verbunden, auch wenn dieser im Fall des einfachen Bebauungsplans tendenziell geringere Ausmaße annimmt als im Fall des qualifizierten Bebauungsplans. Die Anwendung kooperativer Baulandmodelle ist ausgeschlossen und die tatsächliche Durchführung der Planung bleibt ungewiss (Angebotsplanung). Unter Umständen kann die Aufstellung einfacher Bebauungspläne Entschädigungsansprüche im betroffenen Gebiet auslösen, wie das Beispiel der Münchner Gartenstädte deutlich macht.

Die Kombination von einfachem Bebauungsplan und Planersatzvorschrift sorgt für eine Absicherung gemeindlicher Planungsziele bei gleichzeitig bestehender Flexibilität im Rahmen des § 34 BauGB. Der planerische Steuerungseingriff beschränkt sich auf einzelne Teilfragen der Zulässigkeit von Vorhaben, wobei Kosten und Nutzen eines Bebauungsplanverfahrens vollständig zum Tragen kommen.

7.3.3 Strategie 3: informelle Planung

Im Zusammenhang mit der Stadtentwicklung im unbeplanten Innenbereich lassen sich Strategien informeller Planung anwenden. Aufgrund der nicht vorhandenen gesetzlichen Bestimmung sind dabei vielfältige Konzepte denkbar.[1100] Zwar entfalten informelle Planungen keine unmittelbare Bindungswirkung für die Zulässigkeit von Vorhaben, jedoch können sie als vorbereitende oder unterstützende Maßnahmen einen essentiellen Beitrag für die Steuerung der Stadtentwicklung im unbeplanten Innenbereich leisten. Die Beispiele aus der Praxis veranschaulichen die Chancen und Grenzen informeller Planung in diesem Kontext.

7.3.3.1 Beispiele aus der Praxis

In den Münchner Gartenstadtgebieten kommen mit der sogenannten ‚blockweisen Betrachtung' und dem ‚Rahmenplan' zwei informelle Instrumente mit dem Ziel einer Steuerung der Stadtentwicklung im unbeplanten Innenbereich zum Einsatz. Der Rahmenplan nach Münchner Ausführung ist eine vorbereitende Planung, bei der eine Bestandsaufnahme des betroffenen Gebiets durchgeführt, möglicher Handlungsbedarf festgestellt

1100 Vgl. Kap. 2.5.

und ggf. erforderliche Steuerungsempfehlungen formuliert werden. Die sich bereits gut anderthalb Jahre in der testweisen Erarbeitung befindlichen Rahmenpläne (Stand: Juli 2018) lassen angesichts erster Entwürfe sehr aufwendige Untersuchungsansätze erkennen. In Anbetracht der stetig fortschreitenden Bautätigkeit in den Untersuchungsgebieten und mangels rechtlicher Verbindlichkeit der Rahmenpläne ist die Effektivität dieser Maßnahme fraglich.[1101] Demgegenüber ermöglicht die sich bereits seit einigen Jahren in Anwendung befindliche blockweise Betrachtung eine Art Monitoring der sukzessiven Nachverdichtung in den Münchner Gartenstädten. Es kann ein gewisser praktischer Nutzen im Hinblick auf eine ‚zielführendere' Anwendung des § 34 BauGB sowie eine leichtere Ermittlung von Steuerungsbedarfen erwartet werden, wobei die Bindungswirkung auch hier begrenzt ist.[1102]

> „Blockweise Betrachtung [...] und Rahmenplanung. Zwei Begriffe. Rahmenplanung, nette Sache, ich weiß immer noch nicht, was genau da rauskommt. Es ist ja kein irgendwie gesetzlicher Begriff. Beides hat den Riesennachteil: Es ist unverbindlich. Wenn also ein Investor sagt: 34, bestehe ich drauf. Dann wird das genau nach 34 durchgezogen und ich habe diese Möglichkeit zu bremsen nicht."[1103]

Die in Eckernförde praktizierte Maßnahme der Verdachtsgebietsuntersuchungen ist im Ansatz mit der Rahmenplanung in München vergleichbar: Unbeplante Gebiete mit baulichem Veränderungsdruck werden begutachtet und die Verträglichkeit einer zu erwartenden Weiterentwicklung nach § 34 BauGB geprüft.

> „Das war mal so ein Versuch, Gebiete mit Veränderungsdruck so ein bisschen aufzulisten und [...], dass die Planung mal schneller ist als die Ausführung [...], dass wir uns wirklich vorher mal Gedanken machen: Wie wollen wir [...], dass sich das entwickelt?"[1104]

> „Deshalb sind diese Verdachtsgebiete dann gemacht worden. [...] Es geht nicht, dass die Verwaltung jetzt einfach hier irgendwie immer durchmarschiert, sondern wir wollen hier öffentlich das diskutiert haben."[1105]

Im Vergleich zu den Münchner Rahmenplänen lassen die Verdachtsgebietsuntersuchungen in Eckernförde eine pragmatischere Herangehens-

---

1101 Die Evaluation des Instruments der Rahmenpläne erfolgt spätestens im Jahr 2020.

1102 Vgl. die ausführliche Darstellung beider informeller Instrumente in Kap. 6.3.3 c) und Kap. 6.3.4.

1103 C5, Z. 240ff.

1104 E3, Z. 243ff.

1105 E3, Z. 274ff.

weise erkennen. Die Studien enthalten kompakte Analysen zu verschiedenen Teilthemen mit jeweils empfohlenem Handlungsbedarf. Pro Jahr werden zwei Verdachtsgebietsstudien durchgeführt, was der Aktualität der Bestandsaufnahme zuträglich ist. Der Fall des Wohngebiets in der Käthe-Kollwitz-Straße macht dabei deutlich, dass die Erstellung der Verdachtsgebietsstudien lediglich ein vorbereitender Planungsschritt ist, auf den bei Bedarf der Einsatz formeller Instrumente folgen muss. Erst in der Kombination von informeller und formeller Planung war hier eine zielführende Steuerung der Stadtentwicklung im unbeplanten Innenbereich möglich.[1106]

7.3.3.2 Chancen und Grenzen

Die Konzeption und der Einsatz von Instrumenten informeller Planung eröffnen den Gemeinden umfangreiche Handlungs- und Gestaltungsspielräume. Besonders hervorzuheben sind informelle Planungen, die die Untersuchung von Gebieten mit bevorstehender städtebaulicher Entwicklung nach § 34 BauGB zum Gegenstand haben. Sie bieten Informationen über die städtebauliche Ausgangslage, prognostizieren die Auswirkungen einer Entwicklung nach § 34 BauGB und analysieren deren Vereinbarkeit mit den stadtentwicklungspolitischen Interessen der Gemeinde. Derartige informelle Planungen geben der Gemeinde eine mehr oder weniger detaillierte Beurteilungsgrundlage, auf deren Basis fundiertere Entscheidungen über den tatsächlichen Steuerungsbedarf und die dafür geeigneten Steuerungsinstrumente mit Bindungswirkung getroffen werden können.[1107] Informelle Planungen selbst sind nicht in der Lage, Entschädigungsansprüche seitens der betroffenen Grundstückseigentümer auszulösen.[1108] Ferner kann die Gemeinde frei darüber bestimmen, ob im Rahmen der informellen Planung Angebote für eine informelle Beteiligung der Bürger geschaffen werden sollen.[1109]

Die zentrale Beschränkung informeller Planung liegt in ihrer mangelnden Bindungswirkung. Die Zulässigkeit von Vorhaben nach § 34 BauGB

1106 Vgl. Kap. 6.5.3 und Kap. 6.5.4.

1107 Informelle Planungen können ein Planungserfordernis im Sinne des § 1 Abs. 3 BauGB begründen.; *Uechtritz*, ZfBR 2010, 646 (647 f.); vgl. Kap. 2.5.

1108 Die konzeptionelle Beschränkung zulässiger Nutzungen im Rahmen informeller Planungen entfaltet keine Rechtskraft.

1109 Vgl. Kap. 7.3.3.3.

kann nicht auf rechtmäßige Weise von den Inhalten informeller Planungen beeinflusst werden. Sollte etwa auf die vorbereitende Untersuchung eines Gebiets mithilfe informeller Planung kein Einsatz formeller und somit rechtlich verbindlicher Steuerungsinstrumente folgen, richtet sich die Zulässigkeit von Vorhaben unverändert nach den Bestimmungen des § 34 BauGB. Zwar könnte ein Vorhabenträger aus freien Stücken im Sinne der in Gestalt informeller Planung formulierten Zielvorstellungen der Gemeinde handeln, jedoch hängt dies entscheidend von der Kooperationsbereitschaft des entsprechenden Eigentümers ab. Somit ist es möglich, dass Maßnahmen informeller Planung letztlich ohne echte Folgen für die Stadtentwicklung im unbeplanten Innenbereich bleiben. In jedem Fall muss die Gemeinde den entsprechend notwendigen finanziellen und personellen Aufwand betreiben.

Maßnahmen informeller Planung haben keine unmittelbare Auswirkung auf die Stadtentwicklung im unbeplanten Innenbereich. Sie lösen per se einen mehr oder weniger großen Arbeits- und Kostenaufwand aus, ohne eine tatsächliche Steuerungswirkung zu entfalten. Daher kommen informelle Planungen vornehmlich als vorbereitende Maßnahme zum Einsatz, in deren Folge gegebenenfalls formelle Steuerungsmaßnahmen eingeleitet werden. In dieser Funktion kann die Anwendung informeller Planung zweckdienlicher Bestandteil einer proaktiven Strategie zur Steuerung der Stadtentwicklung im unbeplanten Innenbereich sein.

7.3.3.3 Exkurs: Chancen und Grenzen informeller Beteiligung

Die Genehmigung von Vorhaben nach § 34 BauGB erfordert keine Beteiligung der Öffentlichkeit. Teilweise entsteht jedoch im Rahmen der Stadtentwicklung im unbeplanten Innenbereich ein Bedarf an Partizipation, wie etwa die Ausführungen zum Thema ‚Widerstand aus der Bevölkerung als Grenze einer Stadtentwicklung nach § 34 BauGB' verdeutlichen.[1110] Dies kann der bauwillige Eigentümer zum Anlass nehmen, im Vorfeld einer städtebaulichen Entwicklung nach § 34 BauGB Angebote informeller Beteiligung zu schaffen. Dabei besteht großer Gestaltungsspielraum hinsichtlich der im Einzelfall geeigneten Beteiligungsmethoden.

Maßnahmen informeller Beteiligung im Kontext der Stadtentwicklung nach § 34 BauGB bieten Raum für öffentliche Diskussionen über die in Rede stehenden Bauvorhaben. Kritik und Anregungen aus der Bevölke-

---

1110 Vgl. Kap. 7.2.4.1.

rung können vorgebracht werden, von denen unter Umständen die inhaltliche Ausgestaltung der Bauprojekte profitiert. Ferner lassen sich gegebenenfalls die Akzeptanz für die Planung erhöhen und mögliche Widerstände in der lokalen Wohnbevölkerung abbauen.[1111]

Ob diese Wirkungen eintreten, ist allerdings keineswegs garantiert. Im Gegenteil können Maßnahmen informeller Beteiligung auch wirkungslos sein oder sogar negative Effekte hervorrufen.[1112] Dies hängt von einzelfallspezifischen Faktoren ab, wie etwa der Eignung der konkreten Beteiligungsmethode in der jeweiligen Situation. Beispielsweise bietet die Durchführung monolinearer Informationsveranstaltungen nur begrenzte Möglichkeiten, um einem substanziellen Partizipationsbedürfnis der Bürger zu begegnen. Anstatt dass Widerstände in der Bevölkerung abgebaut werden, können sich diese im Zuge einer informellen Beteiligung gegebenenfalls noch verstärken.[1113]

Angebote informeller Beteiligung sind somit nicht unweigerlich dazu geeignet, die öffentliche Akzeptanz gegenüber einer geplanten städtebaulichen Entwicklung im unbeplanten Innenbereich zu steigern.[1114] Ferner ist die Durchführung von informellen Beteiligungsverfahren mit einem mehr oder weniger großen Aufwand an Geld und Zeit verbunden. Folglich kann nicht generell erwartet werden, dass private oder öffentliche Vorhabenträger an einer freiwilligen Schaffung informeller Beteiligungsangebote interessiert sind.[1115]

1111 Vgl. Kap. 7.2.4.2.

1112 Die informellen Beteiligungsverfahren im Rahmen der WBM-Nachverdichtung in Friedrichshain-West und auf der Fischerinsel konnten beispielsweise keinen wirkungsvollen Beitrag zum Abbau der Widerstände in der Bevölkerung leisten (vgl. Kap. 6.2.2 und Kap. 6.7.1 a) und b)).

1113 Vgl. die konfliktträchtige Beteiligung im Vorfeld des Wohnungsbauprojekts ‚Box Seven' in Berlin (Kap. 6.1.2).

1114 Es stellen sich hohe Anforderungen an den für die Ausrichtung der Beteiligung verantwortlichen Akteur bzw. die damit beauftragten Moderatoren, wenn die Maßnahme der informellen Beteiligung zweckdienlich sein und die Stadtentwicklung im unbeplanten Innenbereich aufwerten soll.

1115 Bei Vorhaben, die nicht nur unwesentliche Auswirkungen auf die Belange einer größeren Zahl von Dritten haben können, kann die Behörde darauf hinwirken, dass der Vorhabenträger eine frühe Öffentlichkeitsbeteiligung durchführt (§ 25 Abs. 3 S. 1 VwVfG). Im Ausnahmefall ist eine Anwendung dieser Regelung auf Bauvorhaben im unbeplanten Innenbereich denkbar. Seitens des Vorhabenträgers besteht jedoch keine Pflicht zur Durchführung entsprechender partizipativer Maßnahmen (*Kallerhoff/Fellenberg* in: *Stelkens/Bonk/Sachs*, VwVfG, § 25 Rn. 68ff. (9. Aufl. 2018)).

7.3.4 Strategie 4: freiwillige Kooperation der Vorhabenträger

Wenn ein Bauvorhaben nach § 34 BauGB umgesetzt werden soll und die Gemeinde nicht durch formelle Maßnahmen steuernd tätig geworden ist, besteht weiterhin die Möglichkeit, dass sich der Vorhabenträger verantwortlich zeigt und aus freien Stücken im Sinne der gemeindlichen Interessen handelt. Dies kann beispielsweise in Form einer direkten Modifizierung der Vorhabenplanung geschehen oder mittels der Durchführung informeller Planungs- und/oder Beteiligungsverfahren.

Die Bereitschaft zur freiwilligen Übernahme von Verantwortung ist allgemein stark davon abhängig, ob es sich um öffentliche oder private Vorhabenträger handelt. Dies gilt ebenfalls für die jeweiligen Einflussmöglichkeiten der Gemeinde mit dem Ziel, solcherlei Maßnahmen hervorzurufen. Im Folgenden werden die entsprechenden Wirkungszusammenhänge in groben Zügen dargestellt, um die Bedeutung derartiger Handlungsweisen im Kontext der Stadtentwicklung nach § 34 BauGB aufzuzeigen. Der Begriff ‚Kooperation' meint hier nicht eine aktive Zusammenarbeit zweier Akteure, sondern eine kooperative Offenheit für fremde Interessen und eine Berücksichtigung derselben im Rahmen des eigenen Handelns.

7.3.4.1 ‚Freiwillige Kooperation' öffentlicher Vorhabenträger

a) Chancen

Das unternehmerische Selbstverständnis öffentlicher Vorhabenträger, z.B. das einer kommunalen Wohnungsbaugesellschaft, ist grundsätzlich von einer besonderen Orientierung an Interessen des Gemeinwohls geprägt.[1116] Darüber hinaus ist aufgrund der öffentlichen Beteiligung am jeweiligen Unternehmen mit einer Offenheit für direkte gemeindliche Steuerungseinflüsse zu rechnen. Öffentlichen Wohnungsbaugesellschaften können etwa spezifische gemeinwohldienliche Sachziele durch ihre Eigner auferlegt werden. Die Berliner Kooperationsvereinbarung zwischen Senat und städtischen Wohnungsbaugesellschaften sieht beispielsweise vor, dass bei Wohnungsneubau generell mindestens 50 % der Wohnungen eine Mietpreis- und Belegungsbindung aufweisen und die Mieten der übrigen Wohnungen im Durchschnitt bei unter 10 €/m² liegen müssen.[1117] Auf

1116 Vgl. Kap. 3.5.
1117 SenStadtWo Berlin 2017 b, S. 6.

diese Weise kommen gemeindliche Steuerungsinteressen bei der Bautätigkeit im unbeplanten Innenbereich zur Geltung.

Doch auch jenseits formalisierter Zielbestimmungen kann davon ausgegangen werden, dass sich öffentliche Vorhabenträger in gewissem Maße kooperativ im Hinblick auf die Berücksichtigung gemeindlicher bzw. gemeinwohlbezogener Interessen zeigen dürften. Dies kann anhand des Falls der WBM-Nachverdichtung in Berlin-Friedrichshain verdeutlicht werden: Hier führte die WBM ein bei Anwendung des § 34 BauGB nicht erforderliches Planungs- und Beteiligungsverfahren durch, bei dem fachliche Gutachten zur Gebietsverträglichkeit der geplanten Entwicklung eingeholt und mehrere öffentliche Beteiligungsveranstaltungen ausgerichtet wurden. Zuletzt nutzte der neugewählte Senat seinen Einfluss dahingehend, dass die WBM ihre Bestrebungen zur Umsetzung der Bauvorhaben bis auf Weiteres einstellt.[1118]

b) Grenzen

Die unternehmerischen Aktivitäten öffentlicher Vorhabenträger unterliegen dem Grundsatz der Wirtschaftlichkeit.[1119] Maßnahmen kooperativen Handelns zum Zwecke der Berücksichtigung öffentlicher Interessen wie beispielsweise die generelle Schaffung eines gewissen Anteils an Sozialwohnungen oder die Durchführung gesetzlich nicht erforderlicher Planungs- und Beteiligungsverfahren im Vorfeld einer städtebaulichen Entwicklung nach § 34 BauGB bedeuten einen Mehraufwand in finanzieller und zeitlicher Hinsicht. Dies kann die Wirtschaftlichkeit der Wohnungsbautätigkeit öffentlicher Unternehmen gefährden. Zudem entsteht ein Wettbewerbsnachteil gegenüber privaten Vorhabenträgern, die sich vergleichbaren Ansprüchen nicht ausgesetzt sehen.[1120] Schließlich kann die Durchführung informeller Planungs- und Beteiligungsverfahren einer politischen Debatte Raum geben, die im Endeffekt eine zielführende Umsetzung von Bauvorhaben nach § 34 BauGB erschwert.[1121]

1118 Vgl. Kap. 6.2.3 und Kap. 6.2.4; Ein vergleichbarer Fall mit Blick auf die ‚freiwillige Kooperation' öffentlicher Vorhabenträger ist das Wohnungsbauprojekt der WBM auf der Fischerinsel (vgl. Kap. 6.7.1).

1119 Vgl. Kap. 3.5.

1120 B3, Z. 326ff., 341ff., 354ff.

1121 Vgl. die Fallstudien über die Projekte der WBM in Kap. 6.2 und Kap. 6.7.1; vgl. zudem Kap. 7.3.3.3.

Öffentlichen Vorhabenträgern kann ein bedeutendes Maß an Kooperationsbereitschaft im Blick auf die Berücksichtigung gemeindlicher Steuerungsinteressen oder die Vornahme freiwilliger gemeinwohldienlicher Maßnahmen im Zusammenhang mit der Bautätigkeit im unbeplanten Innenbereich zugeschrieben werden. Der entsprechende finanzielle und zeitliche Aufwand ist zu tragen, ebenso wie die Risiken einer Offenheit für kommunalpolitische Einflüsse.

7.3.4.2 Freiwillige Kooperation privater Vorhabenträger

a) Chancen

Private Vorhabenträger können aus verschiedenen Motiven heraus interessiert sein an einer Übernahme von Verantwortung in Form einer freiwilligen Berücksichtigung gemeindlicher Steuerungsinteressen oder der Durchführung nicht erforderlicher informeller Planungs- bzw. Beteiligungsverfahren im Rahmen der städtebaulichen Entwicklung nach § 34 BauGB. Neben einer rein altruistischen Motivlage, die in der Praxis selten anzutreffen sein dürfte, sind erstens Beweggründe zu nennen, die einen mindestens partiellen Eigennutz in Gestalt eines Imagegewinns intendieren. Die freiwillige Bereitschaft zur Umsetzung gemeindlicher Interessen oder der Vornahme sonstiger gemeinwohldienlicher Maßnahmen kann vom Investor öffentlichkeitswirksam verwertet werden. Im Fall des Wohnungsbauprojekts ‚Box Seven' in Berlin-Friedrichshain versuchte der Investor beispielsweise, einen Imagegewinn aus seinem kooperativen Handeln zu schlagen, indem die angeblich freiwillige Übernahme gesellschaftlicher Verantwortung mit Nachdruck auf verschiedenen Wegen publik gemacht wurde.[1122]

Es ist zweitens eine freiwillige Kooperation privater Vorhabenträger denkbar, wenn daraus ein Nutzen für die Projektumsetzung zu erwarten ist. Exemplarisch kann hier auf die Durchführung informeller Beteiligungsverfahren zum Abbau von Widerständen aus der Bevölkerung hingewiesen werden.[1123] Vorstellbar ist auch die Berücksichtigung gemeindli-

---

1122 Ein möglicher Imagegewinn war in Anbetracht der vorliegenden Erkenntnisse nicht der ausschlaggebende Grund für die Kooperationsbereitschaft des Vorhabenträgers.; vgl. dazu Kap. 6.1.3, Kap. 6.1.4 und Kap. 7.1.3.1.

1123 Der Investor des Projekts ‚Box Seven' in Berlin-Friedrichshain zeigte sich anfangs u.a. deshalb kooperativ und beteiligte sich an den Bürgerforen, da er den

cher Steuerungsinteressen zwecks einer wohlwollenden Beurteilung der vom Vorhabenträger intendierten Bautätigkeit durch die Gemeinde.[1124]

Die freiwillige Kooperation privater Vorhabenträger kann durch verschiedene Maßnahmen angeregt werden. Darunter zählen beispielsweise der Abschluss von Vereinbarungen zwischen Gemeinde und wohnungswirtschaftlichen Verbänden, bei denen sich letztere dazu bereiterklären, auf ihre Mitglieder einzuwirken, damit diese eine Berücksichtigung gemeindlicher Steuerungsinteressen erwägen.[1125] In den Münchner Gartenstädten sollen private Eigentümer im Rahmen von Bauberatungen zu einer Beachtung der u.a. in den Rahmenplänen erarbeiteten gebietsspezifischen Entwicklungsziele angehalten werden.[1126] Weiterhin können Gemeinden gemäß § 25 Abs. 3 VwVfG auf Investoren von Vorhaben, die nicht nur unwesentliche Auswirkungen auf die Belange einer größeren Zahl von Dritten haben, einwirken und die freiwillige Vornahme einer frühen Öffentlichkeitsbeteiligung fordern.[1127]

b) Grenzen

Die genannten Möglichkeiten einer Übernahme gesellschaftlicher Verantwortung durch private Vorhabenträger unterliegen in letzter Konsequenz stets dem subjektiven Interesse des entsprechenden Eigentümers. Die Gemeinde kann weder auf direkten (z.B. § 25 Abs. 3 VwVfG) noch auf indirekten Wegen (z.B. mit dem Verweis auf informelle Planungen oder den Abschluss von Vereinbarungen mit wohnungswirtschaftlichen Verbänden) einen zwingenden Einfluss auf die Kooperationsbereitschaft privater

---

Abbau von Widerständen gegen sein Bauvorhaben für möglich hielt (vgl. Kap. 6.1.2 und Kap. 7.3.3.3).

1124 In Potsdam führte die letztendlich vonseiten des Investors gezeigte Kooperationsbereitschaft dazu, dass die Gemeinde die Genehmigung eines der Bauvorhaben wohlwollend nach § 34 BauGB beurteilte (vgl. Kap. 6.4.4 und Kap. 7.1.3.2). Der Fall des Wohnungsbauprojekts ‚Box Seven' in Berlin zeigt in noch deutlicherer Weise, wie die Umsetzbarkeit eines Vorhabens von der ‚freiwilligen' Kooperationsbereitschaft des Investors profitieren kann (vgl. Kap. 6.1.3, Kap. 6.1.4 und Kap. 7.1.3.1).

1125 Etwa mit dem Ziel der Schaffung eines gewissen Anteils an Sozialwohnungen, wie beispielsweise praktiziert in Hamburg (Behörde für Stadtentwicklung und Wohnen Hamburg 2016, S. 11) und Berlin (SenStadtUm Berlin 2014 b, S. 8).

1126 Vgl. Kap. 6.3.3 c); Stadtbaurätin in: Ausschuss für Stadtplanung und Bauordnung, Vortrag am 16.07.2014, 14-20/V00909, S. 6, 31.

1127 Vgl. Kap. 7.3.3.3.

Grundstückseigentümer ausüben. Es ist völlig legitim und entspricht dem betriebswirtschaftlichen Streben privater Investoren, dass Formalziele ökonomischer Art im Mittelpunkt des Handelns stehen und für eine freiwillige Übernahme darüber hinausgehender gesellschaftlicher Verantwortung kein Platz bleibt, zumal eine bauliche Entwicklung innerhalb der Inhalts- und Schrankenbestimmungen des § 34 BauGB im Grundsatz auch dem Wohl der Allgemeinheit dient (§ 34 Abs. 1 bis 3 BauGB i.V.m. Art. 14 Abs. 1 S. 1 und Abs. 2 S. 2 GG).[1128] Ferner sind Investoren nicht zwingend örtlich verwurzelt, wie etwa im Falle internationaler Investmentgesellschaften. Die Offenheit für fremde Interessen der Gemeinde oder der lokalen Wohnbevölkerung dürfte hier äußerst gering sein.

In concreto befänden sich die Bauprojekte der WBM in Berlin-Friedrichshain und auf der Berliner Fischerinsel wahrscheinlich bereits in der Umsetzung, wenn es sich um private Vorhabenträger gehandelt hätte. Schließlich wurden in beiden Fällen positive Bauvorbescheide bzw. Widerspruchsbescheide erteilt.[1129]

> „Die WBM hat halt eben diese ganzen Vorbescheidsanträge gestellt; die haben Baurecht für diese 17 Türme und könnten die bauen, aber sie werden es nicht tun, weil sie den politischen Konflikt halt fürchten. [...] Wenn es jetzt ein echter Privater wäre, also nicht eine städtische Wohnungsbaugesellschaft, dann wären die Messen jetzt gesungen."[1130]

Grundsätzlich kann von privaten Vorhabenträgern im Zusammenhang mit Bauvorhaben nach § 34 BauGB keine Offenheit für die freiwillige Berücksichtigung gemeindlicher Steuerungsinteressen oder die Durchführung sonstiger Maßnahmen mit Gemeinwohlbezug erwartet werden. Zwar kann die Gemeinde die Übernahme von gesellschaftlicher Verantwortung durch private Investoren auf verschiedenem Wege fordern, jedoch bleibt die Bereitschaft zur freiwilligen Kooperation stets entscheidend von den Eigeninteressen des einzelnen Investors abhängig.

1128 Vgl. etwa die konfrontative Haltung des Investors im Fall ‚Wohnen am Waldpark' in Potsdam (vgl. Kap. 6.4 und Kap. 7.1.3.2); vgl. in theoretischer Hinsicht Kap. 3.3 und Kap. 3.5.

1129 Vgl. Kap. 6.2 und Kap. 6.7.1.

1130 B1, Z. 157ff.

7.3.5 Sonstige Strategien

Es lassen sich diverse weitere Strategien einer gemeindlichen Steuerung der Stadtentwicklung im unbeplanten Innenbereich anführen. Diese erfordern in besonderem Maße das Vorliegen bestimmter städtebaulicher, planerischer oder eigentumsbezogener Rahmenbedingungen im betroffenen Gebiet. Anhand praktischer Beispiele aus den Fallstudien werden Chancen und Grenzen der jeweiligen Strategien und Instrumente in vereinfachter Form betrachtet.

7.3.5.1 Erhaltungssatzung und § 34 BauGB

Mit dem Instrument der Erhaltungssatzung kann die Erhaltung der städtebaulichen Eigenart eines Gebiets auf Grund seiner städtebaulichen Gestalt verfolgt werden (§ 172 S. 1 Nr. 1 BauGB).[1131] Eine entsprechende Maßnahme erfordert das Vorhandensein baulicher Anlagen oder Gebäudeensembles, die äußerlich erkennbare Besonderheiten, z.B. in architekturhistorischer Hinsicht, aufweisen und als solche prägende Wirkung auf die städtebauliche Gestalt des Gebiets ausüben.[1132] Die Erhaltungssatzung wird in Form eines Bebauungsplans oder einer sonstigen Satzung erlassen und ist fortan als öffentlich-rechtliche Vorschrift bei der Genehmigung von baulichen Vorhaben zu berücksichtigen.[1133]

a) Chancen

Im Gegensatz zum Bebauungsplan als Instrument der Gestaltung ist die Erhaltungssatzung ein Instrument der Bewahrung. Beim Erlass einer Erhaltungssatzung wird die weitere bauliche Entwicklung im betroffenen Gebiet einem Genehmigungsvorbehalt entsprechend dem Erhaltungsziel unterstellt, weswegen keine Eingriffe in bestehende Bebauungspotenziale vorgenommen und folglich zunächst keine Entschädigungsansprüche ausgelöst werden (§ 42 BauGB). Darüber hinaus kann der Erlass von Erhaltungssatzungen ohne die Durchführung eines Bebauungsplanverfahrens

---

1131 *Stock* in: *E/Z/B/K*, BauGB, § 172 Rn. 27 (122. Lfg. August 2016).

1132 BVerwG, Urt. v. 04.12.2014 – 4 CN 7.13, NVwZ 2015, 901 (902).

1133 Vgl. die theoretischen Grundlagen zum Instrument der Erhaltungssatzung in Kap. 2.4.

erfolgen, was einen vergleichsweise geringen Aufwand in finanzieller und zeitlicher Hinsicht bedeutet.[1134]

Der Funktion nach erscheint die Erhaltungssatzung beispielsweise als geeignetes Instrument für die Sicherung der aufgelockerten Bebauungsstruktur in den Münchner Gartenstadtgebieten: Mit Aufhebung der Gartenstadtsatzung entstand plötzlich eine flächendeckende Erhöhung der Bebauungspotenziale, die sofort im Falle der Aufstellung von Bebauungsplänen hätte berücksichtigt werden müssen.[1135] Die Bewahrung der aufgelockerten Bebauungsstruktur durch aktiv-gestalterische Planung würde dabei eine unmittelbare Einschränkung des Eigentums bedeuten. Anders ist es mit dem Instrument der Erhaltungssatzung, das auf den Erhalt der tatsächlich vorhandenen baulichen Anlagen abzielt und mögliche Einschränkungen der privaten Eigentumsfreiheit auf zukünftige Genehmigungsentscheidungen im Einzelfall verlagert. Solange bauliche Maßnahmen den Erhaltungszielen genügen, kann sich das Eigentum im Rahmen des § 34 BauGB frei entfalten.

b) Grenzen

Wie bereits ausgeführt, kann das Instrument der Erhaltungssatzung nicht beliebig zum Erhalt bebauter Gebiete eingesetzt werden, sondern nur insoweit die Ermächtigungsgrundlage und die darin vom Gesetzgeber abschließend geregelten Erhaltungsziele dazu berechtigen (hier: § 172 Abs. 1 S. 1 Nr. 1 und Abs. 3 BauGB).[1136] Die Anwendungsmöglichkeiten der Erhaltungssatzung sind somit in räumlicher und inhaltlicher Hinsicht von Gesetzes wegen begrenzt. In München werden die Anforderungen an den Erlass einer Erhaltungssatzung dergestalt interpretiert, dass eine Anwendung in den Gartenstadtgebieten gänzlich ausgeschlossen ist. Die objektive Schutzwürdigkeit der Gebiete mit Gartenstadtcharakter sei regelmäßig unzureichend, um auf diesem Wege die Nachverdichtung mit dem Ziel des Erhalts der gebietsprägenden aufgelockerten Bebauungsstruktur zu steuern.[1137]

1134 *Stock* in: *E/Z/B/K*, BauGB, § 172 Rn. 68 (115. Lfg. November 2014).

1135 Vgl. Kap. 6.3.3 b).

1136 Vgl. die Ausführungen am Kapitelbeginn sowie die theoretischen Grundlagen in Kap. 2.4.

1137 Vgl. Kap. 6.3.3 b).

Mit dem Erlass einer Erhaltungssatzung erfolgt keine aktive und in die Zukunft gerichtete Gestaltung der städtebaulichen Entwicklung, sondern eine Unterschutzstellung erhaltenswerter Strukturen im Bestand. Es kann zu einer Stagnation der privaten Bautätigkeit kommen. Unter Umständen muss die Gemeinde infolge der Versagung von Genehmigungen den Erhalt der entsprechenden baulichen Anlagen selbst übernehmen (§ 173 Abs. 2 BauGB).[1138]

In besonderen unbeplanten Gebieten ermöglicht der Erlass einer Erhaltungssatzung die partielle Steuerung der städtebaulichen Entwicklung mit dem Ziel des baulichen Bestandsschutzes. Die grundsätzliche Anwendbarkeit des § 34 BauGB bleibt unangetastet.

7.3.5.2 Bebauungsplanaufhebung und § 34 BauGB

a) Chancen

In besonderen Fallkonstellationen kann die Aufhebung bzw. Teilaufhebung eines bestehenden Bebauungsplans in Zusammenhang gebracht werden mit einer anschließenden städtebaulichen Entwicklung nach § 34 BauGB. Die im Zuge des Aufhebungsverfahrens durchzuführende Öffentlichkeitsbeteiligung und die planerische Abwägung eröffnen mittelbare Steuerungs- und Beteiligungsmöglichkeiten im Vorfeld der zu erwartenden baulichen Maßnahme.

Als Beispiel kann das geplante Tagungshotel in Flensburg dienen:[1139] Das gesamte Projekt wurde zunächst im Zuge informeller Gespräche zwischen Gemeinde und Vorhabenträger ausverhandelt. Aufgrund der für die Projektumsetzung erforderlichen Teilaufhebung des in diesem Bereich geltenden Bebauungsplans entstand Raum für eine formelle Steuerung und Beteiligung mit indirektem Bezug zum geplanten Bauvorhaben nach § 34 BauGB. Die Entscheidungsverantwortung lag bei der Politik.

b) Grenzen

Die Kombination einer Bebauungsplanaufhebung mit einer anschließenden städtebaulichen Entwicklung nach § 34 BauGB betrifft seltene Einzel-

1138 Vgl. Kap. 2.4.
1139 Vgl. Kap. 6.6.3.

fälle und ist mit Unsicherheiten in Bezug auf das Erreichen der gemeindlichen Zielsetzungen verbunden. Ein entscheidendes Risiko besteht darin, dass das zum Zeitpunkt der Bebauungsplanaufhebung in Rede stehende Vorhaben nicht oder nicht in gewünschter Weise im fortan unbeplanten Innenbereich zur Umsetzung gebracht wird. Der Grundstückseigentümer ist nicht verpflichtet, vormals in Aussicht gestellte bauliche Maßnahmen tatsächlich zu realisieren.

In Flensburg wurden beispielsweise nach Aufhebung des Bebauungsplans deutliche Modifikationen an den Plänen des Tagungshotels vorgenommen.[1140] Die gemeindliche Steuerung in Form der bauleitplanerischen Abwägung zugunsten der Bebauungsplanaufhebung ermöglichte zwar eine potenzielle Umsetzung des Projekts über § 34 BauGB, konnte jedoch keinen zwingenden Einfluss auf die letztendliche Ausgestaltung des Vorhabens ausüben. Die Zulässigkeit von Vorhaben richtete sich nach Aufhebung des Bebauungsplans ausschließlich nach dem Ordnungsregime der Planersatzvorschrift des § 34 BauGB.

In besonderen Fällen kann über die Aufhebung eines Bebauungsplans Raum für eine mittelbare Steuerung und Beteiligung im Zusammenhang mit letztlich nach § 34 BauGB umzusetzenden Vorhaben geschaffen werden. Eine formelle Kopplung von Bebauungsplanaufhebung und Projektrealisierung nach § 34 BauGB ist auf diese Weise nicht möglich.

7.3.5.3 Grundstücksverkauf und § 34 BauGB

a) Chancen

Wenn die Gemeinde Eigentümerin eines Grundstücks ist, hat sie umfangreiche Steuerungsmöglichkeiten hinsichtlich dessen baulicher Verwertung. Im Zuge des Grundstücksverkaufs kann sie die Berücksichtigung spezifischer gemeindlicher Steuerungsinteressen bei der Bebauung des Grundstücks absichern. Es lassen sich etwa vertragliche Vereinbarungen schließen, die den Vorhabenträger zur Schaffung eines gewissen Anteils an Sozialwohnungen oder der Durchführung einer informellen Bürgerbeteiligung verpflichten. Das Beispiel des Wohnungsbauprojekts ‚Alte Feuerwache' in Kiel zeigt, wie die Veräußerung des Grundstücks mit der Durchführung eines mehrstufigen Wettbewerbsverfahrens verknüpft wurde. Die Stadt war dadurch maßgeblich an der Ausgestaltung des Bauvorhabens be-

1140 Vgl. Kap. 6.6.3.

teiligt und konnte über den Grundstücksverkauf dessen Umsetzung sicherstellen.[1141]

b) Grenzen

Die Verfügbarkeit gemeindlicher Grundstücke ist begrenzt, weswegen nur in bestimmten Fallkonstellationen Möglichkeiten der Steuerung über den Verkauf von Grundstücken entstehen. Für den Vorhabenträger sind derartige Maßnahmen unter Umständen mit einem zusätzlichen finanziellen und zeitlichen Aufwand verbunden, der die Wirtschaftlichkeit einer baulichen Verwertung gefährden kann. Die Gemeinde muss daher eine ausreichend starke Verhandlungsposition vorweisen, um die gewünschten Gegenleistungen vom Grundstückskäufer einfordern zu können. Die Lage und der Bodenwert des Grundstücks sind dabei ebenso von Bedeutung wie die Haushaltssituation der Gemeinde.[1142]

Der Verkauf eigener Grundstücke ermöglicht der Gemeinde eine gezielte Steuerung der Stadtentwicklung im unbeplanten Innenbereich. Damit die Steuerungsinteressen tatsächlich realisiert werden, ist eine gewinnbringende Verwertbarkeit der Grundstücke aufseiten des privaten Käufers notwendig.

7.3.5.4 Öffentlich-private Zusammenarbeit bei § 34 BauGB

Die Strategie einer informellen Kooperation zwischen Gemeinde und Vorhabenträger in Form der Koppelung behördlicher Leistungen an sachfremde Gegenleistungen im Zusammenhang mit Bauvorhaben nach § 34 BauGB ist rechtlich äußerst fragwürdig und wird daher an dieser Stelle nicht näher behandelt. Der Fall des Wohnungsbauprojekts ‚Box Seven' in Berlin-Friedrichshain und die übrigen Erkenntnisse aus Empirie und Literatur deuten darauf hin, dass eine derartige Vorgehensweise manchen Gemeinden als gangbarer Weg einer pragmatischen Steuerung der Stadtentwicklung im unbeplanten Innenbereich erscheint.[1143]

1141 Vgl. Kap. 6.7.2.
1142 Vgl. Kap. 3.1.
1143 Vgl. Kap. 7.1.3.1 und Kap. 7.1.3.4.

7.3.6 Zwischenfazit: Steuerung der Stadtentwicklung im unbeplanten Innenbereich

Die städtebaulichen Interessen der Gemeinde können im unbeplanten Innenbereich auf verschiedene Weise zur Geltung gebracht werden. Dabei ist ein proaktives Vorgehen nötig, bei der die Gemeinde im Vorfeld einer eintretenden städtebaulichen Entwicklung nach § 34 BauGB steuernd tätig wird. Es eröffnen sich eine Reihe von Steuerungsstrategien formeller und informeller Art.

Das formelle Instrument des Bebauungsplans erfordert ein aufwendiges Verfahren und löst gegebenenfalls Entschädigungsansprüche aufgrund von Eingriffen in bestehende Nutzungsrechte aus, weist jedoch umfangreiche Steuerungsmöglichkeiten und eine große Verbindlichkeit auf. Je nach Kontext ist die Aufstellung eines einfachen Bebauungsplans ausreichend, um die gewünschte Steuerung vorzunehmen. Ein gewisses Maß an Flexibilität über die partielle Anwendung des § 34 BauGB bleibt dadurch gewahrt. Spätestens zum Zeitpunkt eines Bauantrags ist das Vorliegen positiver Planungsziele notwendig, sollte die entsprechende bauliche Entwicklung noch mit dem Einsatz plansichernder Maßnahmen abgewendet werden.

Informelle Planungen weisen einerseits große Flexibilität in ihrer Anwendung auf, kranken andererseits jedoch an der mangelnden rechtlichen Verbindlichkeit. Bedeutende Einsatzmöglichkeiten bieten sich im Rahmen der Untersuchung und Beurteilung von bevorstehenden Entwicklungen nach § 34 BauGB. Eine informelle Planung, die nicht in der Vornahme formeller Steuerungsmaßnahmen mündet oder vom Vorhabenträger aus freien Stücken Berücksichtigung findet, läuft faktisch leer.

Die Bereitschaft von Vorhabenträgern einer baulichen Maßnahme nach § 34 BauGB, sich freiwillig kooperativ in Bezug auf nicht formell fixierte und somit rechtlich unverbindliche gemeindliche Steuerungsinteressen zu zeigen, variiert stark. Öffentliche Vorhabenträger sehen sich in höherem Maße verantwortlich für derartige Interessen und können zum Teil direkte Weisungen von der Gemeinde erhalten. Bei privaten Vorhabenträgern ist eine freiwillige Einschränkung der zulässigen Grundstücksverwertung hingegen kaum zu erwarten.

In besonderen Situationen eröffnen sich der Gemeinde weitere Möglichkeiten der gezielten Steuerung im unbeplanten Innenbereich, etwa über den Verkauf eigener Grundstücke oder den Erlass einer Erhaltungssatzung.

Um die Stadtentwicklung im unbeplanten Innenbereich gemäß den gemeindlichen Entwicklungserfordernissen zu leiten, ist aktives Vorausdenken und Gestalten notwendig. Der Gemeinde steht dabei ein breites Instrumentarium verschiedener Steuerungsmaßnahmen zur Verfügung, deren zielführender Einsatz mit der Inkaufnahme finanziellen, personellen und zeitlichen Aufwands verbunden ist.

8 Fazit

Das Forschungsfeld der Stadtentwicklung gemäß § 34 BauGB und die Frage nach den Möglichkeiten der Steuerung und Beteiligung im unbeplanten Innenbereich lassen sich im Zusammenspiel von Theorie und Praxis in geeigneter Weise untersuchen. Aus planungstheoretischer Perspektive stehen sich im Kontext der Innenentwicklung Bebauungsplan und Planersatzvorschrift als zentrale Instrumente gegenüber. Ersterer bietet der Gemeinde die Möglichkeit zur Planung, Steuerung und Bürgerbeteiligung, letztere bietet dem privaten Eigentümer die Möglichkeit einer baulichen Entwicklung seines Grundstücks innerhalb der gemäß § 34 BauGB für den unbeplanten Innenbereich vorgesehenen Inhalts- und Schrankenbestimmungen des Eigentums. Da der Gesetzgeber die Zulässigkeit von Vorhaben nach § 34 BauGB bereits abschließend geregelt hat, bleibt im Zuge des Baugenehmigungsverfahrens weder Raum für die besondere Geltendmachung spezifischer öffentlicher Belange (Steuerung) noch für eine Beteiligung der Öffentlichkeit. Das Einfügen von Vorhaben in die Eigenart der näheren Umgebung (§ 34 Abs. 1 S. 1 BauGB) muss lediglich im Rahmen gebundener Verwaltungsentscheidungen von den Bauaufsichtsbehörden nachvollzogen werden.

Durch die Untersuchung konkreter Anwendungsfälle konnte demgegenüber aufgezeigt werden, dass das Interesse an einer gezielten Steuerung sowie einer Beteiligung der Öffentlichkeit in der städtebaulichen Praxis auch bei § 34 BauGB von großer Bedeutung sein kann und zum Teil über die Ausgestaltung bzw. sogar über die generelle Umsetzbarkeit eines Bauvorhabens im unbeplanten Innenbereich entscheidet. Im Rahmen der umfangreichen Wohnungsbauprojekte ‚Box Seven' in Berlin-Friedrichshain und ‚Wohnen am Waldpark' in Potsdam spielte beispielsweise die Realisierung von kommunalen Steuerungsinteressen eine wichtige Rolle. In beiden Fällen eröffneten sich aufgrund von Rechtsunsicherheiten bezüglich der bauplanungsrechtlichen Zulässigkeit nach § 34 BauGB gewisse Spielräume für Verhandlungen zwischen Gemeinde und privatem Investor. Die Planersatzvorschrift des § 34 BauGB war eingebettet in übergeordnete Planungs- und Aushandlungsprozesse.

Anhand von Projekten der öffentlichen Wohnungsbaugesellschaft WBM in Berlin-Friedrichshain-West und auf der Berliner Fischerinsel wird die Relevanz der Bürgerakzeptanz bzw. Bürgerbeteiligung im Kontext der

Stadtentwicklung nach § 34 BauGB deutlich. In beiden Fällen entwickelte sich substanzielle öffentliche Kritik an den geplanten Vorhaben, die trotz vorliegender Zulässigkeit nach § 34 BauGB letztlich im Scheitern des Projekts (Friedrichshain-West) bzw. einer Umplanung (Fischerinsel) resultierte. Mit der Durchführung diverser Beteiligungsverfahren konnte keine ausreichende Akzeptanz bei der lokalen Wohnbevölkerung geschaffen werden.

Die Fallstudien über die Nachverdichtung in den Münchner Gartenstadtgebieten und in Eckernförde stellen heraus, wie eine bauliche Entwicklung innerhalb des bundesgesetzlichen Ordnungsrahmens des § 34 BauGB die gemeindlichen Entwicklungsziele konterkarieren und einen Steuerungsbedarf auslösen kann. Für die Steuerung der Stadtentwicklung im unbeplanten Innenbereich wurde in beiden Gemeinden die Anwendung verschiedener formeller und informeller Planungsinstrumente bzw. -strategien diskutiert und teilweise verwirklicht. Es zeigt sich ein differenziertes Bild der je nach Sachlage zielführenden oder weniger zielführenden Maßnahmen.

Die Relevanz unmittelbarer Steuerung im Rahmen des § 34 BauGB ist gegeben, weil sich eine Diskrepanz zwischen Theorie und Praxis in Bezug auf die Funktion des § 34 BauGB als rein gebundener Planersatzvorschrift zeigt. Der Anspruch, dass in jedem Einzelfall eine zweifelsfreie Auslegung der unbestimmten Rechtsbegriffe des § 34 BauGB erfolgt, ist nicht aufrechtzuerhalten. Insbesondere bei Vorhaben in heterogener Bebauungsumgebung sind oftmals unterschiedliche Rechtsauffassungen hinsichtlich der Zulässigkeit nach § 34 BauGB vertretbar. Somit entstehen je nach konkreter Fallgestaltung gesetzlich nicht vorgesehene faktische Beurteilungsspielräume aufseiten der Baugenehmigungsbehörde. Wenn faktische Beurteilungsspielräume existieren, besteht potenziell Raum für sachfremde Steuerungseinflüsse und/oder für Verhandlungen zwischen Gemeinde und Vorhabenträger.[1144] Die Planersatzvorschrift des § 34 BauGB kann dadurch zum aktiven Steuerungsinstrument einer pragmatischen Stadtentwicklung im unbeplanten Innenbereich werden (**Fragestellung A**).

Eine derartige pragmatische Anwendungspraxis des § 34 BauGB ist in mehrerlei Hinsicht problematisch. Zum einen liegt ein Verstoß gegen das Koppelungsverbot vor, wenn sachfremde Gegenleistungen mit einem Verwaltungsakt verknüpft werden, auf dessen Erteilung ein Rechtsanspruch

---

1144 Vorausgesetzt die untere Bauaufsichtsbehörde ist Teil der Gemeindeverwaltung, wovon im Falle größerer Städte ausgegangen werden kann.

besteht. Zum anderen wird die Systematik des Bauplanungsrechts durchbrochen, wenn unmittelbare Steuerung und somit Planung im Rahmen der Plan**ersatz**vorschrift des § 34 BauGB erfolgt. Der Gesetzesvollzug des § 34 BauGB im Rahmen gebundener Verwaltungsentscheidungen ist überhaupt nur möglich, weil der demokratisch legitimierte Bundesgesetzgeber die Steuerung der baulichen Entwicklung des unbeplanten Innenbereichs bereits abschließend vorgenommen hat. Wenn nun auf Vollzugsebene faktisch erneut gesteuert wird, müssten auch vergleichbare Maßstäbe wie bei anderen gemeindlichen Steuerungsinstrumenten wie etwa dem Bebauungsplan gelten: Eine rechtsstaatliche Planung erfordert u.a. eine Abwägung der berührten öffentlichen und privaten Belange[1145] und begründet Abwehrrechte der vom planerischen Handeln betroffenen Dritten etc.

Die Planung der städtebaulichen Entwicklung der Gemeinde ist Aufgabe der demokratisch legitimierten Gemeindevertretung, sodass eine von der Bauaufsichtsbehörde vorgenommene unmittelbare Steuerung im Rahmen des § 34 BauGB die Planungshoheit der Gemeinde unterwandert (Art. 28 Abs. 2 S. 1 GG). Die Genehmigungsvorschrift des § 34 BauGB wird faktisch zur Ersatzplanung und es entsteht Raum für beliebige, womöglich willkürliche Steuerung ohne demokratische Legitimation und jenseits rechtsstaatlicher Verfahren.

Nun könnte einerseits das BVerwG die teilweise auftretenden Beurteilungsspielräume bei der Anwendung des § 34 BauGB anerkennen oder andererseits der Gesetzgeber diese durch eine Gesetzesänderung explizit in der Vorschrift verankern. Eine solche Legitimierung der Steuerung im Rahmen des § 34 BauGB hätte weitreichende Konsequenzen: Die abschließende Bestimmung von Inhalt und Schranken des Eigentums im unbeplanten Innenbereich würde sich von der Ebene des Gesetzgebers auf die Vollzugsebene verlagern, infolgedessen bei der Anwendung des § 34 BauGB zum einen die bereits aufgezeigten Fragen der Rechtsstaatlichkeit und der demokratischen Legitimation des faktisch planerischen Handelns gelöst werden müssten. Zum anderen würde die grundsätzliche Bebaubarkeit des unbeplanten Innenbereichs im Rahmen des vom Gesetzgeber als Planersatz eingerichteten Ordnungsregimes aufgehoben, was zu einer substanziellen Einschränkung der privaten Eigentumsfreiheit führte. Ferner entzöge sich die bauplanungsrechtliche Zulässigkeit von Vorhaben aufgrund der anerkannten Steuerungsspielräume fortan der vollständigen gerichtlichen Überprüfbarkeit. Schließlich müssten das Bauplanungsrecht und das Prinzip der Planmäßigkeit vollkommen neu ausgeformt werden,

1145 BVerwG, Urt. v. 30.04.1969 – 4 C 6.68, BauR 1970, 35.

da u.a. die herausgehobene Stellung der Bauleitplanung als zentrales städtebauliches Steuerungs- und Gestaltungsinstrument infrage gestellt wäre.

In Anbetracht dieser Ausführungen lässt sich nachvollziehen, warum die Rechtsprechung weiterhin den hohen Anspruch aufrechterhält, dass in jedem Einzelfall der Anwendung des § 34 BauGB eine einzig zutreffende Auslegung der unbestimmten Rechtsbegriffe möglich sein muss und insofern keinerlei Beurteilungsspielraum existiert. Ebenso sind potenzielle gesetzgeberische Maßnahmen zur Einführung von Steuerungsspielräumen oder der Verschärfung der Zulässigkeit von Vorhaben nach § 34 BauGB abwegig, denn diese würden schlagartig bundesweit geltende Ansprüche auf Baurecht entziehen und eine Neukonzeption des Bauplanungsrechts erforderlich machen. Vielmehr ist eine Beibehaltung des geltenden Rechts hinsichtlich des Themas der Steuerung bei § 34 BauGB zu befürworten, denn kommunale Steuerungsinteressen lassen sich im unbeplanten Innenbereich bereits auf anderem Wege realisieren. Erforderlich ist einerseits die Achtung der Grenzen der Stadtentwicklung nach § 34 BauGB und andererseits ein bedarfsgerechter Einsatz formeller und informeller Steuerungsinstrumente durch die Gemeinde. Die Verwaltung ist mit den für eine pflichtgemäße Aufgabenwahrnehmung erforderlichen finanziellen und personellen Ressourcen auszustatten.

Das BVerwG postuliert mit Hinweis auf das Planmäßigkeitsprinzip, dass die städtebauliche Entwicklung der Gemeinde maßgeblich mithilfe der Bauleitplanung und lediglich **ersatzweise** nach den Maßgaben des § 34 BauGB erfolgen soll.[1146] Dieser Anspruch begegnet einer Realität, in der die Grenzen der Anwendbarkeit des § 34 BauGB nicht stets klar umrissen sind. Die Fallstudien konnten verdeutlichen, wie stark die Relevanz der hier aufgezeigten Grenzen einer Stadtentwicklung nach § 34 BauGB in der Praxis variiert (**Fragestellung B**):

Die Stadtentwicklung im unbeplanten Innenbereich wird in erster Linie durch die behördliche Durchsetzung der normierten Zulässigkeitsanforderungen des § 34 BauGB begrenzt. Da eine Baugenehmigung nach § 34 BauGB eine rein gebundene Verwaltungsentscheidung und keinen aktiven Planungsakt darstellt, können benachbarte Grundstückseigentümer allerdings nur in seltenen Fällen subjektive Abwehrrechte geltend machen, um eine gerichtliche Überprüfung der behördlichen Auslegung der unbestimmten Rechtsbegriffe des § 34 BauGB zu erwirken. Es besteht eine Diskrepanz zu den als Adressaten abgelehnter Bauanträge stets abwehrberech-

1146 BVerwG (Fn. 913), BauR 2004, 443 (445).

tigten bauwilligen Eigentümern. Demzufolge bildet der Rechtsschutz Dritter nur eine schwache Grenze für die Baufreiheit im unbeplanten Innenbereich. Dies erhöht die Verantwortung der Bauaufsichtsbehörde, eine rechtmäßige Anwendung des § 34 BauGB zu gewährleisten und dadurch den Grenzen des Rechts Geltung zu verschaffen.

Die Genehmigung von Vorhaben nach § 34 BauGB ist dazu in der Lage, öffentliche Interessen zu beeinträchtigen und stadtentwicklungspolitische Zielsetzungen der Gemeinde zu konterkarieren. In vielen wachsenden Städten sind dies aktuell beispielsweise Belange der Versorgung einkommensschwächerer Bevölkerungsgruppen mit Wohnraum, die im Rahmen des § 34 BauGB keine Berücksichtigung finden. Aufgrund der verfassungsmäßig gewährten Planungshoheit ist es der Gemeinde möglich, die bauplanungsrechtliche Situation im betroffenen Gebiet durch eigene Planung entscheidend zu verändern und dadurch einer baulichen Entwicklung nach § 34 BauGB aktiv und verbindlich Grenzen zu setzen bzw. Baurecht größeren Umfangs zu schaffen (Art. 28 Abs. 2 S. 1 GG i.V.m. § 1 Abs. 3 S. 1 BauGB). Die Gemeinde trägt die volle Verantwortung für die Ermittlung eines Planungsbedarfs und die Realisierung entsprechender Steuerungsinteressen, denn eine Verdichtung planerischen Ermessens zu einer originären Planungspflicht und eine kommunalaufsichtliche Durchsetzung derselben sind in der Praxis faktisch nicht von Bedeutung. Möchte die Gemeinde nicht planen, kann sie nahezu unbegrenzt auf eine Anwendung des § 34 BauGB und die vom Bundesgesetzgeber definierten Schranken einer Stadtentwicklung im unbeplanten Innenbereich vertrauen.

Eine weitere praxisrelevante Grenze der Stadtentwicklung nach § 34 BauGB kann in Widerständen aus der Bevölkerung bestehen. Öffentliche Einwände gegen bauliche Maßnahmen nach § 34 BauGB sind grundsätzlich ohne rechtlichen Belang, können jedoch faktisch die Durchführung der betroffenen Projekte gefährden oder weitreichendere politische Kontroversen im Kontext der Stadtentwicklung auslösen. Ob auf die entsprechenden Widerstände aus der Bevölkerung reagiert wird und inwieweit diese die Stadtentwicklung im unbeplanten Innenbereich letztlich beeinflussen können, ist stark abhängig vom Interesse des Vorhabenträgers und/ oder dem Interesse und den Handlungsmöglichkeiten der Gemeinde.

Dem Thema potenziell entstehender Widerstände aus der Bevölkerung könnte dadurch begegnet werden, dass der Gesetzgeber bei Vorhaben nach § 34 BauGB ab einer gewissen Größe die zwingende Durchführung einer Öffentlichkeitsbeteiligung verlangt. Fraglich ist dabei, wie sich ein entsprechend allgemeinverbindlicher Grenzwert festlegen lässt, der die tatsächlich in der Praxis kontrovers diskutierten Vorhaben einbezieht. Ebenfalls unsicher ist, ob der Zweck einer solchen Beteiligung über eine reine Information der Öffentlichkeit hinausreicht, denn die Belange privater Dritter haben bei § 34 BauGB jenseits des sehr engen Wirkungskreises des Rücksichtnahmegebots keine Relevanz.

Eine größere Beachtung ist in diesem Kontext dem Thema der Transparenz im Zusammenhang mit baulichen Maßnahmen nach § 34 BauGB beizumessen. Spätestens sobald die Realisierung eines umfangreichen Bauvorhabens nach § 34 BauGB bevorsteht und die Gemeinde nicht anderweitig planen möchte, sollte der Öffentlichkeit vermittelt werden, dass sich die Stadtentwicklung im unbeplanten Innenbereich nicht im rechtsfreien Raum vollzieht, sondern sie rechtsstaatlichen Genehmigungsanforderungen unterliegt und demokratisch legitimiert ist. Die Zulässigkeit von Vorhaben nach § 34 BauGB sollte bei Bedarf in nachvollziehbarer Weise erläutert werden. Eine verbesserte Kommunikation zwischen Bauaufsichtsbehörde, Gemeindevertretung und Öffentlichkeit in dieser Frage hat das Potenzial, Widerstände aus der Bevölkerung abzubauen und den Mangel an echten Beteiligungsverfahren im Zusammenhang mit einer städtebaulichen Entwicklung nach § 34 BauGB weniger kritikwürdig erscheinen zu lassen.

Die Gemeinde ist verantwortlich für die Stadtentwicklung in den nicht beplanten Bereichen ihres Hoheitsgebiets. Sollen hier Steuerungsinteressen oder Bürgerbeteiligung auf rechtmäßigem Wege realisiert werden, lässt sich dies mit dem Einsatz formeller und/oder informeller Instrumente bzw. Handlungsstrategien erreichen (**Fragestellung C**):

Die Aufstellung qualifizierter Bebauungspläne ermöglicht eine formelle Steuerung und eine Beteiligung der Öffentlichkeit, ist hingegen mit hohem Zeit- und Kostenaufwand verbunden und deshalb in der Praxis nicht stets das Mittel der Wahl im Falle eines Steuerungsbedarfs im unbeplanten Innenbereich. Eine flexiblere Alternative stellt daher der einfache Bebauungsplan dar, der nur Teilfragen der Zulässigkeit von Vorhaben innerhalb seines Geltungsbereichs planerisch sichert und im Übrigen eine Bebauung nach § 34 BauGB gewährt. Mithilfe qualifizierter und einfacher Bebauungspläne lassen sich spezifische Steuerungsinteressen im unbeplanten Innenbereich verbindlich festschreiben, ohne jedoch deren tatsächliche Umsetzung zu garantieren.

Informelle Planungen sind vielfältig einsetzbar, allerdings nicht rechtsverbindlich und daher ohne direkte Auswirkung auf die Zulässigkeit von Vorhaben im unbeplanten Innenbereich. Von besonderem Forschungsinteresse ist hier eine **proaktive** Steuerungsstrategie, die eine frühzeitige Untersuchung unbeplanter Gebiete mithilfe informeller Instrumente vornimmt und auf Basis der gewonnenen Erkenntnisse einen zielführenderen Einsatz verbindlicher Steuerung ermöglicht. Weitere Anwendungsfelder für Maßnahmen informeller Planung und Beteiligung bieten sich im Zusammenhang mit Bauprojekten öffentlicher Vorhabenträger oder im Rahmen der Verwertung gemeindeeigener Grundstücke.

Nicht formalisierte Steuerungsinteressen der Gemeinde können gegebenenfalls unmittelbare Berücksichtigung durch den bauwilligen Eigentümer finden. Dabei besteht eine große Diskrepanz zwischen öffentlichen und privaten Vorhabenträgern. Erstere weisen in der Regel nicht nur eine gewisse intrinsische Motivation für die Berücksichtigung gemeinwohldienlicher Belange auf, sondern können zum Teil von der Gemeinde zur Umsetzung der genannten Interessen bewegt werden. Letztere sind vergleichbaren Ansprüchen nicht unterworfen, sodass die unmittelbare Wirkung gemeindlicher Steuerungsinteressen, informeller Planungen oder sonstiger Gemeinwohlbelange im Rahmen der privaten Bautätigkeit nach § 34 BauGB von geringer Bedeutung ist.

Weitere stark situativ bedingte Steuerungsmöglichkeiten eröffnen sich etwa mit dem Instrument der Erhaltungssatzung sowie mit der Aufhebung geltender Bebauungspläne in Kombination mit einer anschließenden baulichen Entwicklung nach § 34 BauGB.

Sowohl in Bezug auf die Anwendung formeller Planungsinstrumente als auch auf die der informellen Planung und Beteiligung bieten sich weiterführende Möglichkeiten eines Erfahrungsaustauschs über den Umgang mit der städtebaulichen Entwicklung nach § 34 BauGB in der kommunalen Praxis: Anhand von Best-Practice-Beispielen lassen sich Konzepte bzw. Leitfäden ausarbeiten, wie eine Gemeinde die Stadtentwicklung im unbeplanten Innenbereich in verschiedenen Fallkonstellationen über informelle Planung vorbereiten bzw. begleiten und bei Bedarf möglichst effektiv mithilfe formeller Instrumente steuern kann. Das gestiegene Interesse der Öffentlichkeit an der städtebaulichen Entwicklung nach § 34 BauGB verlangt im Einzelfall ergänzende Maßnahmen im Bereich der informellen Beteiligung sowie eine bessere Vermittlung der Legitimität einer entsprechenden Bautätigkeit ohne formelle Planung der Gemeinde. Hier können ‚erfolgsversprechende' Methoden der informellen Beteiligung aufgezeigt werden.

Die Diskussion um die städtebauliche Entwicklung im Spannungsfeld zwischen Planmäßigkeit und privater Eigentumsfreiheit, zwischen öffentlichen Steuerungsinteressen und pragmatischen Vorteilen einer baulichen

Entwicklung ohne formelle Planung durchzieht mit gewisser Abwandlung die fast 60-jährige Geschichte der Planersatzvorschrift des § 34 BauGB. Damals wie heute beruht die rechtsstaatliche und demokratische Legitimation der Stadtentwicklung im unbeplanten Innenbereich darauf, dass die Verwaltung einen von jeglichen Steuerungseinflüssen freien Gesetzesvollzug gewährleistet und dem Planmäßigkeitsprinzip Rechnung trägt. Selbst wenn der idealtypische Anspruch einer in jedwedem städtebaulichen Kontext eindeutigen Beurteilung von Vorhaben nach § 34 BauGB faktisch nicht aufrechterhalten werden kann, ist eine stadtentwicklungspolitisch neutrale, rein fachlich begründete bauaufsichtsbehördliche Anwendung des § 34 BauGB zwingend geboten. Die aktive Steuerung der Stadtentwicklung bleibt dem örtlichen Plangeber vorbehalten, der seiner Verantwortung für die Stadtentwicklung im unbeplanten Innenbereich auf geeignete Weise nachkommen muss.

Literatur

Aktionsbündnis Lebenswertes Wohnen in Friedrichshain-West (2015): Offener Brief an den Regierenden Bürgermeister von Berlin. Oktober 2015. URL: http://www.friedrichshain-west.de/index.php/offenerbrief/ (Zugriff: 31.01.2018).

Aktionsbündnis Lebenswertes Wohnen in Friedrichshain-West (2016 a): Offener Brief an die WBM vom 07.09.2016 mit dem Aufruf zur Aussetzung der Bauplanung Krautstraße. URL: http://www.friedrichshain-west.de/wp-content/uploads/2016/09/160907_Offener_Brief_an_WBM.jpg (Zugriff: 21.11.2017).

Aktionsbündnis Lebenswertes Wohnen in Friedrichshain-West (2016 b): Aushang der WBM mit Datum vom 24.11.2016. Ankündigung erster Baumaßnahmen in der Krautstraße. URL: http://www.friedrichshain-west.de/index.php/erstebaumassnahmen/ (Zugriff: 21.11.2017).

Albers, H.-H. (2011): Corporate Urban Responsibility: die gesellschaftliche Verantwortung von Unternehmen in der Stadtentwicklung. Frankfurt am Main.

Altenburger, R. (2013): Gesellschaftliche Verantwortung als Innovationsquelle. In: *Altenburger, R.* (Hrsg.): CSR und Innovationsmanagement. Gesellschaftliche Verantwortung als Innovationstreiber und Wettbewerbsvorteil. Heidelberg, S. 1-18.

Altrock, U. (2011): Anmerkungen zu einer Geschichte der Institutionen in der Stadtplanung in Deutschland. In: polis s02/2011, 12-17. URL: http://www.montag-stiftungen.de/fileadmin/Redaktion/Urbane_Raeume/PDF/Projekte/BeyondInstitutions/polis-final.pdf (Zugriff: 10.02.2018).

Arbeitsgemeinschaft Bamberg, Lübeck und Regensburg (1974): Zur Erhaltung und Erneuerung alter Städte. Überlegungen am Beispiel Bamberg, Lübeck, Regensburg. In: Zeitschrift für Stadtgeschichte, Stadtsoziologie und Denkmalpflege 1974, 314-321.

Architektenkammer Berlin (Hrsg.) (2018): Wohnungsneubau Fischerinsel. Wettbewerbsergebnis, Bürgerproteste, politisches Taktieren – und jetzt? In: DABregional 1/18, S. 6-10.

Asum GmbH (2013): Bebauung Freudenberg-Areal. Dokumentation der Fachgespräche. URL: https://web.archive.org/web/20140724213000/http://block74.traveplatz-berlin.de/wp-content/uploads/2013/05/Dokumentation-mit-Anhang.pdf (Zugriff: 31.01.2018).

Bärenbrinker, V. (2012): Nachhaltige Stadtentwicklung durch Urban Governance. Berlin (Schriften zum Öffentlichen Recht 1200).

Battaglia, M. P. (2008): Nonprobability Sampling. In: *Lavrakas P. J.* (Hrsg.): Encyclopedia of Survey Research Methods. Thousand Oaks, S. 523-526.

Battis, U. (2006): Öffentliches Baurecht und Raumordnungsrecht. Stuttgart.

Battis, U., Krautzberger, M. und *R.-P. Löhr* (B/K/L) (Begr.) (2016): Baugesetzbuch Kommentar. 13. Auflage. München.

Battis, U., Mitschang, S. und *O. Reidt* (2013): Stärkung der Innenentwicklung in den Städten und Gemeinden. In: NVwZ 2013, 961-969.

Battis, U., Mitschang, S. und *O. Reidt* (2017): Das Gesetz zur Umsetzung der Richtlinie 2014/52/EU im Städtebaurecht und zur Stärkung des neuen Zusammenlebens in der Stadt (BauGB-Novelle 2017). In: NVwZ 2017, 817-826.

Bauwert AG (2016 a): Box Seven – Leben am Park. Printmedium. Stand: April 2016.

Bauwert AG (2016 b): Bundesministerin besucht Box Seven Baustelle. URL: http://www.box-seven.de/de/#video (Zugriff: 21.11.2017).

Bauwert AG (o.J.a): Perspektive Freudenberg-Areal. Von der Industriebrache zu einem lebendigen Wohnquartier und öffentlichem Park. Internetauftritt. URL: freudenberg-areal.de (Zugriff: 02.02.2018).

Bauwert AG (o.J.b): Gerichtsbeschluss – VG Berlin vom 29.06.2015. URL: http://freudenberg-areal.de/wp-content/uploads/2015/07/Gerichtsurteil-B%C3%BCrgerinitiative-vom-29.6.2015_opt.pdf (Zugriff: 31.01.2018).

Baxter, P. und *S. Jack* (2008): Qualitative Case Study Methodology: Study Design and Implementation for Novice Researchers. In: The Qualitative Report 13 (4), 544-559.

BBSR (Bundesinstitut für Bau-, Stadt- und Raumforschung) (2000): Stadtentwicklung und Städtebau in Deutschland. Ein Überblick. (Berichte, Band 5). URL: http://www.bbsr.bund.de/BBSR/DE/Veroeffentlichungen/Abgeschlossen/Berichte/2000_2005/Downloads/Bd5Stadtentwicklung.pdf?__blob=publicationFile&v=3 (Zugriff: 10.02.2018).

BBSR (Bundesinstitut für Bau-, Stadt- und Raumforschung) (2014): Städtebauliche Nachverdichtung im Klimawandel. (ExWoSt-Informationen 46/1). URL: http://www.bbsr.bund.de/BBSR/DE/Veroeffentlichungen/ExWoSt/46/exwost46_1.pdf?__blob=publicationFile& (Zugriff: 10.02.2018).

Behörde für Stadtentwicklung und Wohnen Hamburg (2015): Mietenspiegel 2015 der Freien und Hansestadt Hamburg. URL: https://www.mieterverein-hamburg.de/export/sites/default/.content/dokumente/mietenspiegel/ mietenspiegel-2015.pdf (Zugriff: 09.01.2018).

Behörde für Stadtentwicklung und Wohnen Hamburg (Hrsg.) (2016): Bündnis für das Wohnen in Hamburg. Vereinbarung für das Bündnis für das Wohnen zwischen der Freien und Hansestadt Hamburg und den wohnungswirtschaftlichen Verbänden Hamburgs über Wohnungsneubau, Klimaschutz und Energieeffizienz, Erhalt der Backsteinfassaden, integrative Wohnungspolitik und Mietrecht in Hamburg für die 21. Legislaturperiode. URL: http://www.hamburg.de/contentblob/6282258/3637d716bc3528e49d5b6df9e3531202/data/2016-06-07-buendnistext.pdf (Zugriff: 07.05.2018).

Berkemann, J. und *G. Halama* (2011): Handbuch zum Recht der Bau- und Umweltrechtlinien der EG. Bonn.

Berlinovo Immobilien Gesellschaft mbH (o.J.): Büro/Praxis auf der Fischerinsel in Berlin-Mitte. Provisionsfrei direkt vom Eigentümer mieten. Exposé. URL: https://d2qfnj9mv71tll.cloudfront.net/01c11357-2b5f-498c-8713-e23bb8bbb8ab-1151780287.pdf (Zugriff: 03.04.2018).

Bezirksamt Friedrichshain-Kreuzberg (2009): Sanierungsgebiet Traveplatz-Ostkreuz. Zweistufiger städtebaulicher Ideenwettbewerb zur Entwicklung eines Teilbereichs des Blocks 4. URL: http://www.stadtentwicklung.berlin.de/staedtebau/foerderprogramme/stadterneuerung/de/traveplatz/download/wettbewerb_block_74_auslobung.pdf (Zugriff: 31.01.2018).

Bezirksamt Friedrichshain-Kreuzberg (2016): Integriertes städtebauliches Entwicklungskonzept (ISEK) Friedrichshain-West. URL: http://www.stadtentwicklung.berlin.de/staedtebau/foerderprogramme/stadtumbau/fileadmin/user_upload/Dokumentation/Projektdokumentation/Friedrichshain_Kreuzberg/FG_Friedrichshain_West/PDF/ISEK_fhWest.pdf (Zugriff: 21.11.2017).

Bezirksamt Mitte von Berlin (Hrsg.) (2016): Ecke köpenicker. Zeitung für das Sanierungsgebiet Nördliche Luisenstadt. Nr. 5 – August/September 2016. URL: http://www.luisenstadt-mitte.de/download/pdf/akteure/ecke/160729_Ecke_05_August_September_2016.pdf (Zugriff: 25.01.2018).

Bezirksamt Mitte von Berlin (Hrsg.) (2017): Ecke müllerstraße. Zeitung für das „Aktive Zentrum“ und Sanierungsgebiet Müllerstraße. Nr. 8 – Dezember 2017/Januar 2018. URL: http://www.muellerstrasse-aktiv.de/mueller-aktiv/wp-content/uploads/2017/12/ecke_nr8-17-mueller_web.pdf (Zugriff: 17.04.2018).

Bielenberg, W. (1977): Schwerpunkte der Novelle zum Bundesbaugesetz. In: BlGBW 1977, 141-144.

Bienek, H. G. und *M. Krautzberger* (2008): Aktuelle Fragen zum städtebaulichen Innenbereich nach § 34 BauGB und zum Außenbereich nach § 35 BauGB. In: UPR 2008, 81-83.

Blum, C. (2011): Die Bestimmung des Gemeinwohls. Berlin.

BMUB (Bundesministerium für Umwelt, Naturschutz, Bau und Reaktorsicherheit) (2015): Bündnis für bezahlbares Wohnen und Bauen. Kernempfehlungen und Maßnahmen. URL: http://www.bmub.bund.de/fileadmin/Daten_BMU/Download_PDF/Wohnungswirtschaft/buendnis_kernempfehlungen_massnahmen_bf.pdf (Zugriff: 12.02.2018).

Boeddinghaus, G. (1986): Das Einfügungsgebot des § 34 Abs. 1 BBauG als Mittel zur Wahrung einer vorgegebenen städtebaulichen Ordnung. In: BauR 1986, 506-512.

Bohlken, E. (2011): Die Verantwortung der Eliten – eine Theorie der Gemeinwohlpflichten. Frankfurt.

Borchert, D. (2005): Bauleitplanung durch Beliehene. Trier (Schriftenreihe zum Raumplanungs-, Bau- und Umweltrecht 4).

Bowen, G. A. (2009): Document Analysis as a Qualitative Research Method.In: Qualitative Research Journal 9 (2), 27-40.

Brenner, M. (2014): Öffentliches Baurecht. Heidelberg.

Breuer, R. (1983): Baurechtlicher Nachbarschutz. In: DVBl. 1983, 431-440.

Brügelmann, H. (Begr.): Baugesetzbuch, Loseblatt-Kommentar. Stuttgart.

Brüning, C. und *K. Vogelsang* (2009): Die Kommunalaufsicht. Aufgaben, Rechtsgrundlagen, Organisation. Berlin.

Bundesminister für Raumordnung, Bauwesen und Städtebau (Hrsg.): Materialien zum BauGB – Berichte der Arbeitsgruppen und der Gesprächskreise zum Baugesetzbuch. Wermelskirchen (Schriftenreihe 03 „Städtebauliche Forschung" des Bundesministers für Raumordnung, Bauwesen und Städtebau Heft Nr. 03.108).

Bundesregierung (2012): Nationale Nachhaltigkeitsstrategie. Fortschrittsbericht 2012. URL: http://www.bundesregierung.de/Content/DE/Publikation/Bestellservice/2012-05-08-fortschrittsbericht-2012.pdf?__blob=publicationFile (Zugriff: 10.02.2018).

Bündnis Gartenstadt München (2012): Forderungen des Bündnis Gartenstadt München. URL: http://www.gartenstadt-harlaching.de/gs-muc/presseerkl%e4rung/forderungen.pdf (Zugriff: 09.01.2018).

Bündnis Gartenstadt München (o.J.): Bündnis Gartenstadt München – Intro. URL: http://www.gartenstadt-harlaching.de/gs-muc.htm#intro (Zugriff: 21.11.2017).

Bunzel, A. (2007): Das beschleunigte Verfahren für Bebauungspläne der Innenentwicklung. In: LKV 2007, 444-450.

Bunzel, A. (2015): Soziale Wohnraumförderung durch städtebauliche Verträge. In: ZfBR 2015, 11-18.

Bunzel, A. (2017): Neues Städtebaurecht im Planspieltest – die Novelle 2016/2017. In: ZfBR 2017, 220-228.

Burrack, M. (2013): Abschöpfung von Bodenwertsteigerungen in Berlin? In: Das Grundeigentum 2013, 1316-1322.

CDU-Fraktion in Flensburg (2013): Neues Hafenhotel? Offener Brief an die Fraktionen. URL: http://www.ig-ostufer.de/phpBB3/viewtopic.php?f=2&t=129 (Zugriff: 02.02.2018).

Claus, S. (2010): § 34 III BauGB – Wie nah liegen doch Fernwirkungen. Eine kontrollierte Verwunderung über die Entscheidung des BVerwG zum „zentralen Versorgungsbereich". In: NVwZ 2010, 753-756.

Decker, A. (2007): Der spezielle Gebietserhaltungsanspruch. In: JA 2007, 55-58.

Depenheuer, O. (1993): Der Mieter als Eigentümer? Anmerkungen zum Beschluß des BVerfG vom 26. 5. 1993, NJW 1993, 2035. In: NJW 1993, 2561-2564.

Deutscher Verband (Deutscher Verband für Wohnungswesen, Städtebau und Raumordnung e.V.) (Hrsg.) (2016): Mehr Bauland für bezahlbaren Wohnungsbau. Gute Beispiele kommunaler Boden- und Liegenschaftspolitik. URL: http://www.deutscher-verband.org/fileadmin/user_upload/documents/Brosch%C3%BCren/Mehr_Bauland_bezahlbarer_Wohnungsbau_DV.pdf (Zugriff: 12.02.2018).

Die Linke Berlin (2016): Unser Plan für ein soziales und ökologisches Berlin. URL: https://www.die-linke-berlin.de/fileadmin/download/2016/wahlprogramm.pdf (Zugriff: 26.04.2018).

Dürr, H. (2005): Nachbarschutz im öffentlichen Baurecht. In: KommJur 2005, 201-212.

Dürr, H. (2015): Aktuelle Probleme im öffentlichen Baunachbarrecht. In: VBlBW 2015, 319-329.

Dziallas, O. (2006): Innenbereich und Außenbereich. In: NZBau 2006, 308-310.

Ehrbeck, H. (2006): Der Beitrag kommunaler Stadtplanung zur Steuerung der Bodennutzung. URL: http://www.pt.rwth-aachen.de/dokumente/publikationen/pt_materialien_13.pdf (Zugriff: 10.02.2018).

Einig, K., Grabher, G., Ibert, O. und *W. Strubelt* (2005): Urban Governance. In: IzR 9/10.2005, I-IX.

Einig, K., Jonas, A. und *B. Zaspel* (2009): Der Einsatz von Fallstudien zur Evaluation von Raumordnungsplänen. In: Land Use Economics and Planning – Discussion Paper 09-09. URL: http://edoc.difu.de/edoc.php?id=80JAKRFY (Zugriff: 29.05.2018).

Epping, V. und *C. Hillgruber* (Hrsg.): Beck'scher Online-Kommentar Grundgesetz. München.

Erbguth, W. (1987): Rechtssystematische Grundfragen des Umweltrechts. Berlin (Schriften zum Umweltrecht 7).

Ernst Basler + Partner AG (2013): Langfristige Siedlungsentwicklung, Konzeptgutachten. URL: https://www.muenchen.de/rathaus/dam/jcr:d18038b2-3eb5-4c0d-89f7-2aace1a691d1/05_konzeptgutachten_20130418_anlage01kl.pdf (Zugriff: 21.11.2017).

Ernst, W., Zinkahn, W., Bielenberg, W. und *M. Krautzberger* (E/Z/B/K) (Begr.): Baugesetzbuch, Loseblatt-Kommentar. München.

F + B Forschung und Beratung für Wohnen, Immobilien und Umwelt GmbH (2017): Berliner Mietspiegel 2017. Grundlagendaten für den empirischen Mietspiegel und Aktualisierung des Wohnlagenverzeichnisses zum Berliner Mietspiegel 2017. Methodenbericht. URL: http://www.stadtentwicklung.berlin.de/wohnen/mietspiegel/de/download/Mietspiegel2017_Endbericht.pdf (Zugriff: 09.01.2018).

Finkelnburg, K. (1977): Die Zulässigkeit baulicher Vorhaben nach der Neufassung des Bundesbaugesetzes. In: NJW 1977, 840-843.

Fischerinselinitiative (o.J.): Kein weiteres Hochhaus auf die Fischerinsel! URL: https://fischerinselinitiative.wordpress.com/2016/01/31/kein-weiteres-hochhaus-auf-die-fischerinsel/ (Zugriff: 25.01.2018).

Flick, U. (2011): Triangulation. Eine Einführung. 3. Auflage. Wiesbaden.

Fraktion DIE LINKE im Abgeordnetenhaus von Berlin (2016): Antwortbrief der Fraktion DIE LINKE vom 13.09.2016 auf den ‚5-vor-12-Parteienbrief' des Aktionsbündnisses Lebenswertes Wohnen in Friedrichshain-West. URL: http://www.friedrichshain-west.de/wp-content/uploads/2016/09/160913_5-vor-12-Brief_Antwort_Die_Linke.pdf (Zugriff: 31.01.2018).

Franßen, Y. (2016): Die städtebauliche Entwicklung zwischen Bebauungsplan und Planersatznormen. In: DVBl. 2016, 956-963.

Franßen, Y. (2017): „Urbane Gebiete" und Auswirkungen auf Stadtentwicklung und Umwelt. In: ZUR 2017, 532-539.

Franz, T. (2000): Freiraumschutz und Innenentwicklung. Das Verhältnis von Freirauminanspruchnahme und Innentwicklung vor der Forderung nach ökologischem Bauen. Berlin (Schriften zum Umweltrecht 104).

Froschauer, U. und *M. Lueger* (2003): Das qualitative Interview. Zur Praxis interpretativer Analyse sozialer Systeme. Wien.

Gaentzsch, G. (2009): Das Gebot der Rücksichtnahme bei der Zulassung von Bauvorhaben. In: ZfBR 2009, 321-329.

Gatawis, S. (2006): Die Neuregelung des § 34 III Baugesetzbuch (BauGB). In: NVwZ 2006, 272-277.

Gatz, S. (2013): Zur langen Geschichte des § 34 BBauG/BauGB. In: DVBl. 2013, 1304-1309.

Geiger, A. (2015): Gutachterliche Stellungnahme zu Rechtsfragen der Entschädigungspflicht nach § 42 BauGB bei Änderung oder Aufhebung der zulässigen Nutzung eines Grundstücks durch Bebauungsplan zur Sicherung und Bewahrung der Gartenstadtgebiete im nicht qualifiziert überplanten Innenbereich; im Auftrag der Landeshauptstadt München. URL: http://agrdmn.info/t3/fileadmin/user_upload/Gutachten.pdf (Zugriff: 21.11.2017).

Gläser, J. und *G. Laudel* (2009): Experteninterviews und qualitative Inhaltsanalyse als Instrumente rekonstruierender Untersuchungen. 3. Auflage. Wiesbaden.

Graulich, V. (1999): Immissionsschutzrechtliche Konflikte zwischen Landwirtschaft und Wohnbebauung. Baden-Baden (Gießener Abhandlungen zum Umweltrecht 6).

Gröhn, K. und *U. Hellmann-Sieg* (2009): Zur Klagebefugnis eines vormerkungsberechtigten Grundstückskäufers gegen Planfeststellungsbeschlüsse und im Bauplanungsrecht. In: BauR 2009, 935-943.

Gutman, A. und *D. Thompson* (2004): Why Deliberative Democracy? Princeton.

Harms, J. (2011): Corporate Social Responsibility (CSR) als Aufgabe öffentlicher Unternehmen? Betrachtungen aus ökonomischer und haushaltsrechtlicher Sicht. In: *Sandberg, B.* und *K. Lederer* (Hrsg.) (2011): Corporate Social Responsibility in kommunalen Unternehmen. Wirtschaftliche Betätigung zwischen öffentlichem Auftrag und gesellschaftlicher Verantwortung. Wiesbaden, S. 83-95.

Hauth, M. (2016): Überzeugt die Rechtsprechung zum Bebauungszusammenhang (§ 34 BauGB) noch? In: BauR 2016, 1258-1265.

Hauth, M. (2018): Ändert das BVerwG seine Rechtsprechung zu § 34 BauGB? – Hoffentlich! In: BauR 2018, 462-465.

Helfferich, C. (2014): Leitfaden- und Experteninterviews. In: *Baur, N.* und *J. Blasius* (Hrsg.): Handbuch Methoden der empirischen Sozialforschung, S. 559-574. Wiesbaden.

Hellriegel, M. und *L. Teichmann* (2014): Sozialgerechte Bodennutzung (SoBoN) – Voraussetzung und Grenzen für städtebauliche Verträge zwischen Plangebern und Bauherren. In: BauR 2014, 189-197.

Henning, A. (2014): Der verfassungsrechtliche Eigentumsbegriff. Eine logisch-analytische Rekonstruktion des bundesverfassungsgerichtlichen Modells. Baden-Baden (Kieler rechtswissenschaftliche Abhandlungen 68).

Hering, L. und *R. J. Schmidt* (2014): Einzelfallanalyse. In: *Baur, N.* und *J. Blasius* (Hrsg.): Handbuch Methoden der empirischen Sozialforschung, S. 529-541. Wiesbaden.

HOWOGE GmbH (2014): HOWOGE kauft Projektentwicklung mit 122 Wohnungen und einer Kita in Berlin-Friedrichshain. Pressemitteilung. URL: https://www.howoge.de/fileadmin/user_upload/user_upload/140709_PM_HOWOGE_kauft_Projektentwicklung_mit_122_Wohnungen_in_Berlin-Friedrichshain.pdf (Zugriff: 21.11.2017).

HOWOGE GmbH (o.J.): Neubauprojekte – Freudenbergareal. URL: http://web.archive.org/web/20170925132615/https://www.howoge.de/bauen/neubauprojekte/freudenbergareal.html (Zugriff: 31.01.2018).

Huber, P. M. (1999): Rechtliche Grenzen von Planwertausgleich und städtebaulichen Verträgen. In: DÖV 1999, 173-183.

Ideenwerkstatt Freudenberg-Areal (o.J.): Ideenwerkstatt Freudenberg-Areal. Information – Partizipation. URL: http://web.archive.org/web/20160919183345/http://block74.traveplatz-berlin.de/ (Zugriff: 31.01.2018).

IG Ostufer Flensburg (2009): Vom Kailagerhaus zum „Klarschiff" oder die unendliche Geschichte. URL: https://web.archive.org/web/20110101192944/http://www.ig-ostufer.de/folder28-9-09.pdf (Zugriff: 02.02.2018).

IG Ostufer Flensburg (2010 a): Wie geht es weiter mit „Klarschiff" am Ostufer? URL: http://web.archive.org/web/20110101211409/http://www.ig-ostufer.de/joomla/index.php?option=com_content&view=article&id=15&Itemid=16 (Zugriff: 02.02.2018).

IG Ostufer Flensburg (2010 b): „Klarschiff" gestrandet auf dem Ostufer-Riff oder die erste Fortsetzung der unendlichen Geschichte. URL: https://web.archive.org/web/20160823110308/http://www.ig-ostufer.de/ig-ostufer-informiert.pdf (Zugriff: 02.02.2018).

IG Ostufer Flensburg (2011): Das Ostufer für Bürger und Besucher. URL: https://akopol.files.wordpress.com/2011/07/ig-ostufer-plan-entwurf-ballastkai.pdf (Zugriff: 02.02.2018).

Ingold, A. (2007): Erstplanungspflichten im System des Planungsrechts. Berlin (Schriften zum öffentlichen Recht 1078).

Jäde, H. (1985): Das Einfügungsgebot beim Maß der baulichen Nutzung und bei der Teilungsgenehmigung. In: BauR 1985, 639-646.

Jäde, H. (1985): Planungsgebot – Abwägungsgebot – Rücksichtnahmegebot. Zur Einheit des Bauplanungsrechts. In: BayVBl. 1985, 577-581.

Jäde, H. (1993): Der Mieter als Nachbar. In: UPR 1993, 330-332.

Jäde, H. (2008): Zur aktuellen Entwicklung des Bauordnungsrechts. In: ZfBR 2008, 538-549.

Kaplonek, B. und *M. Mittag* (2006): Nachbarschutz im öffentlichen Baurecht. In: JA 2006, 664-670.

Kersten, J. (2013): Die Abwägung im Bauplanungsrecht. In: JURA 2013, 478-491.

Kirsch & Drechsler Hausbau Gesellschaft mbH (2016): Barrierefreie Eigentumswohnungen im Mehrfamilienhaus in Potsdam – Großbeerenstraße 303. Nicht veröffentlicht.

Kitschun, S. (2015): Nachverdichtung nur mit Augenmaß. Mitglied der SPD-Fraktion im Abgeordnetenhaus von Berlin. URL: http://susanne-kitschun.de/nachverdichtung-nur-mit-augenmass/ (Zugriff: 31.01.2018).

Kleinlein, K. (1986): Das Planmäßigkeitsprinzip des BBauG und der bauplanungsrechtliche Nachbarschutz. In: DÖV 1986, 1010-1017.

Klie, O. (2015): Nachverdichtung in Großstädten. Modern, maßvoll und sozialverträglich. In: DW 02/2015, 22-25.

Knieling, J., *Othengrafen, F.* und *T. Preising* (2012): Privatisierung von Stadt- und Regionalentwicklung. Gesellschaftlicher Nutzen oder Verwirklichung von Unternehmenszielen? "Corporate Spatial Responsibility" oder „Corporate Spatial Strategy"? In: RuR 2012, 451-464.

Kohler-Gehrig, E. (2016): Wohnraumkündigung durch Gemeinden zur Unterbringung von Flüchtlingen. In: VBlBW 2016, 235-240.

Koll-Schretzenmayr, M. und *S. Kramp* (2009): Freund oder Feind? Was es wirklich bedeutet, Bauflächenpotenziale zu mobilisieren. In: Wissenschaft & Umwelt Interdisziplinär 12/2009, 157-168.

Krausnick, D. (2005): Factory-Outlet-Center – Erfolgsmodell des Einzelhandels ohne bauplanungsrechtliche Zukunft? In: VerwArch 2005, 191-212.

Krautzberger, M. (2007): Bauleitplanung im vereinfachten und im beschleunigten Verfahren nach dem BauGB 2007. In: UPR 2007, 170-174.

Krautzberger, M. (2010): 50 Jahre Städtebaurecht des Bundes. In: NVwZ 2010, 729-733.

Krautzberger, M. (2017): Erweiterung des Anwendungsbereichs des beschleunigten Verfahrens durch § 13 b BauGB. In: ZfBR 2017, 644-646.

Krautzberger, M. und *B. Stüer* (2007): BauGB 2007: Stärkung der Innenentwicklung. In: DVBl. 2007, 160-169.

Krautzberger, M. und *B. Stüer* (2013): BauGB-Novelle 2013. Gesetz zur Stärkung der Innenentwicklung in den Städten und Gemeinden und weiteren Fortentwicklung des Städtebaurechts. In: DVBl. 2013, 805-815.

Kromrey, H. (2006): Empirische Sozialforschung. 11. Auflage. Stuttgart.

Krüper, J. (2010): Das Einvernehmen der Gemeinde nach § 36 BauGB – Materiell-, verfahrens- und prozessrechtliche Aspekte. In: ZJS 2010, 582-591.

Krüper, J. und *V. Herbolsheimer* (2017): § 34 BauGB verstehen und anwenden – Teil 1/2. In: JURA 2017, 286-293.

Krüper, J. und *V. Herbolsheimer* (2017): § 34 BauGB verstehen und anwenden – Teil 2/2. In: JURA 2017, 532-544.

Kuchler, F. (1989): Naturschutzrechtliche Eingriffsregelung und Bauplanungsrecht. Das Verhältnis der naturschutzrechtlichen Eingriffsregelung zu den Vorschriften des Baugesetzbuches über die Zulässigkeit von Vorhaben und die Bauleitplanung. Berlin (Schriften zum Umweltrecht 13).

Kühl, A. (1996): Die Rechtsstellung der obligatorisch Berechtigten im öffentlichen Baurecht. Baden-Baden (Nomos-Universitätsschriften / Recht 212).

Lamnek, S. (2005): Qualitative Sozialforschung. 4. Auflage. Weinheim.

Landeshauptstadt Kiel (2009): Perspektiven für die Kieler Innenstadt. URL: https://www.kiel.de/de/kiel_zukunft/kiel_plant_baut/innenstadt/_dokumente_innenstadt/rahmenkonzept.pdf (Zugriff: 03.02.2018).

Landeshauptstadt München (1998): Perspektive München, Zusammenfassung des Stadtentwicklungskonzepts 1998. URL: https://www.muenchen.de/rathaus/dam/jcr:1e1e0b8e-6adb-4d7e-a390-0d07aa02cb2b/Perspektive_1998.pdf (Zugriff: 21.11.2017).

Landeshauptstadt München (2009): Die Sozialgerechte Bodennutzung. Der Münchner Weg. URL: https://www.regensburg-digital.de/wp-content/uploads/2017/10/SoBoN-2010.pdf (Zugriff: 12.02.2018).

Landeshauptstadt München (Hrsg.) (2006): Bericht zur Wohnungssituation in München 2004-2005. URL: https://www.muenchen-transparent.de/dokumente/920522.pdf (Zugriff: 09.01.2018).

Landeshauptstadt München (Hrsg.) (2016): Bericht zur Wohnungssituation in München 2014-2015. URL: https://www.muenchen-transparent.de/dokumente/4230406/datei (Zugriff: 09.01.2018).

Landeshauptstadt München (Hrsg.) (2017): Demografiebericht München – Teil 1. Analyse und Bevölkerungsprognose 2015 bis 2035. URL: https://www.muenchen.de/rathaus/dam/jcr:5bcfb10e-5c87-4ae1-9d2d-eb2dd8a1d43d/2017_Demografiebericht1_2035.pdf (Zugriff: 09.01.2018).

Landeshauptstadt Potsdam (2016): Richtlinie zur sozialgerechten Baulandentwicklung in der Landeshauptstadt Potsdam (Potsdamer Baulandmodell). URL: https://www.potsdam.de/sites/default/files/documents/anlage2-potsdamerbaulandmodell.pdf (Zugriff: 12.02.2018).

Landeshauptstadt Potsdam (2018): Neue Bevölkerungsprognose für Potsdam. Pressemitteilung Nr. 17 vom 12.01.2018. URL: https://www.potsdam.de/17-neue-bevoelkerungsprognose-fuer-potsdam (Zugriff: 16.01.2018).

Lebuhn, H., Holm, A., Junker, S. und *K. Neitzel* (2017): Wohnverhältnisse in Deutschland – eine Analyse der sozialen Lage in 77 Großstädten. Bericht aus dem Forschungsprojekt „Sozialer Wohnversorgungsbedarf". URL: https://www.boeckler.de/pdf_fof/99313.pdf (Zugriff: 13.02.2018).

Lederer, K. (2011): Kommunalunternehmen mit gesellschaftlicher Verantwortung – CSR als Element der Re-Politisierung und Demokratisierung der Kommunalwirtschaft. In: *Sandberg, B.* und *K. Lederer* (Hrsg.): Corporate Social Responsibility in kommunalen Unternehmen. Wirtschaftliche Betätigung zwischen öffentlichem Auftrag und gesellschaftlicher Verantwortung. Wiesbaden, S. 33-50.

Lenz, W. (1978): Der Begriff „Einfügen" bei der Zulässigkeit von Vorhaben im nicht beplanten Innenbereich. In: BauR 1978, 329-336.

Linksfraktion in Flensburg (2013): Neues Hafenhotel? Offener Brief an die Fraktionen. URL: http://www.ig-ostufer.de/phpBB3/viewtopic.php?f=2&t=129 (Zugriff: 02.02.2018).

Lübke, I. (2010): Kooperative Stadtentwicklung durch kooperative Planung. Erfahrungen aus europäischen Stadtregionen. Berlin.

Mager, U. und *L. Fischer* (2015): Vom Wert des Repräsentationsprinzips. Zum Drittschutz von obligatorisch Berechtigten im öffentlichen Bau- und Fachplanungsrecht. In: VBlBW 2015, 313-319.

Mampel, D. (1994): Der Mieter ist nicht Nachbar. In: UPR 1994, 8-11.

Mampel, D. (1999): Art. 14 GG fordert sein Recht. Aufbruch zu einem verfassungsdirigierten öffentlichen Baurecht. In: NJW 1999, 975-981.

Mampel, D. (1999): Modell eines neuen Drittschutzes im unbeplanten Innenbereich. Zur verfassungsrechtlichen Notwendigkeit der Neuordnung des Nachbarschutzes im unbeplanten Innenbereich. In: BauR 1999, 854-862.

Maunz, T. und *G. Dürig* (Begr.): Grundgesetz, Loseblatt-Kommentar. München.

Mayer, H. O. (2009): Interview und schriftliche Befragung. Entwicklung, Durchführung, Auswertung. 5. Auflage. München.

Meadows, D. H., Meadows, D. L., Randers, J. und *W. W. Behrens III* (1972): Die Grenzen des Wachstums – Bericht des Club of Rome zur Lage der Menschheit. Stuttgart.

MGHS (Architekturbüro Meyer, Große, Hebestreit, Sommerer) (2014): Masterplan friedrichshain. URL: http://www.stb-fhain.de/Archiv 2014/StadtQM%202014-11-19_Anlage%20WBM%20Nachverdichtung.pdf (Zugriff: 31.01.2018).

MGHS (Architekturbüro Meyer, Große, Hebestreit, Sommerer) (2014): Masterplan friedrichshain. URL: http://www.stb-fhain.de/Archiv 2014/StadtQM%202014-11-19_Anlage%20WBM%20Nachverdichtung.pdf (Zugriff: 31.01.2018).

Mitschang, S. (2003): Steuerung der städtebaulichen Entwicklung durch Bauleitplanung. Zur Weiterentwicklung der räumlichen Gesamtplanung auf der örtlichen Ebene. Köln.

Mitschang, S. (2013): Städtebauliche Planungsinstrumente für die Innenentwicklung. In: ZfBR 2013, 324-336.

Moench, C. (2005): Die Planungspflicht der Gemeinde. In: DVBl. 2005, 676-686.

Möller, A. und *M. Hatz* (2013): Bringt die Sozialwohnungsquote den Bauboom für Wohnungen in Berlin zum Erliegen? In: Das Grundeigentum 2013, 314-327.

Möller, K. H. und *S. Knickmeier* (2010): Die erweiterte Schutzwirkung des allgemeinen und besonderen Gebietserhaltungsanspruchs. In: NordÖR 2010, 138-142.

Musil, A. und *S. S. Kirchner* (2012): Das Recht der Berliner Verwaltung. Heidelberg.

Owen, G. T. (2014): Qualitative Methods in Higher Education Policy Analysis: Using Interviews and Document Analysis. In: The Qualitative Report 19 (52), 1-19.

PAF (Projektgesellschaft Alte Feuerwache Kiel mbH & Co. KG) (o.J.): Leben im Bewusstsein von Zukunft und Geschichte – die Alte Feuerwache Kiel. URL: http://www.alte-feuerwache-kiel.de/ (Zugriff: 03.02.2018).

Patton, M. Q. (1990): Qualitative evaluation and research methods. 2. Auflage. Newbury Park, CA.

Paul, M. (2004): Rechtliche Bindungen und Steuerungsmöglichkeiten der Gemeinde bei der Ansiedlung von Einkaufszentren in der Innenstadt. In: NVwZ 2004, 1033-1040.

Pauli, F. (2005): Das Gebot der Rücksichtnahme und Drittschutz im Bauplanungsrecht. Frankfurt am Main (Europäische Hochschulschriften Reihe 2, Band 4209).

Peine, F.-J. (1983): Umgehung der Bauleitplanungspflicht bei Großvorhaben. In: DÖV 1983, 909-917.

Peuker, E. (2011): Bürokratie und Demokratie in Europa. Legitimität im europäischen Verwaltungsverbund. Jena (Studien zum europäischen und deutschen öffentlichen Recht 1).

Portz, N. (2013): Öffentlichkeitsbeteiligung und plebiszitäre Elemente in der Bauleitplanung. In: *Krautzberger, M., H.-W. Rengeling* und *K. Saerbeck* (Hrsg.): Festschrift für Bernhard Stüer zum 65. Geburtstag. München, S. 239-254.

Posser, H. und *H. A. Wolff* (Hrsg.): Beck'scher Online-Kommentar VwGO (BeckOK VwGO). München.

Projektgesellschaft Ballastkai (Projektgesellschaft Ballastkai GmbH & Co. KG) (2010): Klarschiff. Exklusives Wohnen und Arbeiten direkt am Meer im Zentrum Flensburgs. URL: http://web.archive.org/web/20160829153604/http://klarschiff-flensburg.de/Images/klarschiff_web.pdf (Zugriff: 02.02.2018).

Przyborski, A. und *M. Wohlraab-Sahr* (2014): Qualitative Sozialforschung: Ein Arbeitsbuch. München.

Rabe, K. und *D. Heintz* (2006): Bau- und Planungsrecht. Stuttgart.

Referat für Stadtplanung und Bauordnung München (2016): Gartenstädte, Erhalt des Charakters und bauliche Entwicklung. Handlungsansätze und Rahmenplanung. URL: http://www.gartenstadt-harlaching.de/gs-muc/BlwBetr_RaPl/vortrag_gartenstadt_ha4.pdf (Zugriff: 21.11.2017).

Reidt, O. (2007): Zentrale Versorgungsbereiche auf Grund von (informellen) Planungen – interkommunale Abstimmung und weitere Anforderungen nach § 34 III BauGB. In: NVwZ 2007, 664-666.

Rieger, W. (2015): Qualifizierende und damit zugleich individualisierender Umstände als Voraussetzungen für eine drittschützende Wirkung des Rücksichtnahmegebots? In: UPR 2015, 241-243.

Rixner, F., Biedermann, R. und *S. Steger* (Hrsg.) (2010): Systematischer Praxiskommentar BauGB/BauNVO. 1. Auflage. Köln.

Rubel, R. (2018): § 34 Abs. 1 BauGB: Grundlagen und Grenzen der Innenbereichsentwicklung. In: DVBl 2018, 403-410.

Rüthers, B. (1993): Ein Grundrecht auf Wohnung durch die Hintertür? In: NJW 1993, 2587-2589.

Salheiser, A. (2014): Natürliche Daten: Dokumente. In: *Baur, N.* und *J. Blasius* (Hrsg.): Handbuch Methoden der empirischen Sozialforschung, S. 813-827. Wiesbaden.

Sandberg, B. (2011): CSR-Politik zwischen öffentlichem Auftrag und Stakeholder-Erwartungen – Eine empirische Studie zum Selbstverständnis öffentlicher Unternehmen. In: *Sandberg, B.* und *K. Lederer* (Hrsg.): Corporate Social Responsibility in kommunalen Unternehmen. Wirtschaftliche Betätigung zwischen öffentlichem Auftrag und gesellschaftlicher Verantwortung. Wiesbaden, S. 131-148.

Schäfer, R. und *G. Schmidt-Eichstaedt* (1984): Das Bundesbaugesetz in der Praxis. Ergebnisse einer Rechtstatsachenuntersuchung. In: DVBl. 1984, 588-596.

Scharmer, E. (1992): Das Bebauungsrecht im unbeplanten Innenbereich. Die Entwicklung einer Norm zwischen Gesetzgeber, Rechtsprechung und Vollzug. Berlin (Schriften zum öffentlichen Recht 620).

Scheidler, A. (2011): § 34 Abs. 3 BauGB als Mittel zur Verhinderung einer Innenstadtverödung. In: LKRZ 2011, 41-46.

Schiller, G. (2015): Rechtliche Kurzstellungnahme zur Baumaßnahme Großbeerenstraße 299 im Geltungsbereich des Entwurfs des vorhabenbezogenen Bebauungsplans Nr. 33 „Waldpark Großbeerenstraße". Unveröffentlicht.

Schlarmann, H., Uechtritz, M. und *T. Krappel* (2011): Nochmals: Erfordern Entscheidungen der unteren Baurechtsbehörde nach §§ 31, 33 bis 35 BauGB in Stadtkreisen und Großen Kreisstädten das Einvernehmen des Gemeinderats? In: VBlBW 2011, 136-141.

Schlichter, O. (1978): Bauen im Planbereich, im unbeplanten Innenbereich und im Außenbereich. Berlin.

Schlichter, O. (1983): Baurechtlicher Nachbarschutz. In: NVwZ 1983, 641-649.

Schmidt, R. (2013): Die Beschränkung kommunalen Planungsermessens durch gemeindliche Planungspflichten bei der Bauleitplanung. Frankfurt am Main (Europäische Hochschulschriften Reihe 2, Band 5474).

Schmidt-Aßmann, E. (1976): Die Novelle zum Bundesbaugesetz. In: NJW 1976, 1913-1918.

Schmidt-Aßmann, E. (1991): Verwaltungslegitimation als Rechtsbegriff. In: AöR 1991, 329-390.

Schmidt-Eichstaedt, G. (1978): Die Zulässigkeit des Bauens innerhalb der im Zusammenhang bebauten Ortsteile nach § 34 des novellierten Bundesbaugesetzes. In: JZ 1978, 12-17.

Schmidt-Preuß, M. (1992): Kollidierende Privatinteressen im Verwaltungsrecht. Das subjektive öffentliche Recht im multipolaren Verwaltungsrechtsverhältnis. Berlin (Schriften zum öffentlichen Recht 627).

Schmidt-Preuß, M. (1995): Nachbarschaft des „Mieter-Eigentümers"? In: NJW 1995, 27-29.

Scholl, W. (2001): Der Mieter als Nachbar – subjektiv-öffentlichrechtliche Abwehransprüche aus obligatorischen Schuldverhältnissen. Tübingen.

Seibel, M. (2003): Obligatorisch Berechtigte im öffentlichen Baunachbarrecht. In: BauR 2003, 1674-1679.

Selle, K. (2013): Über Bürgerbeteiligung hinaus... Stadtentwicklung als Gemeinschaftsaufgabe? Analysen und Konzepte. Detmold.

Senatsverwaltung für Stadtentwicklung Berlin (2009): Flächennutzungsplan Berlin. Stand: November 2009. URL: https://www.stadtentwicklung.berlin.de/planen/fnp/pix/historie/11_FNP_2009_gr.pdf (Zugriff: 24.07.2018).

Sendler, H. (1968): Zulässigkeit von Bauvorhaben. Die §§ 29 bis 34 des Bundesbaugesetzes. In: BBauBl. 1968, 12-16, 63-68.

SenStadtUm Berlin (Senatsverwaltung für Stadtentwicklung und Umwelt Berlin) (Hrsg.) (2012): Bündnis für soziale Wohnungspolitik und bezahlbare Mieten. URL: http://www.stadtentwicklung.berlin.de/wohnen/wohnungsbau/download/mietenbuendnis/buendnis_wohnen_broschuere.pdf (Zugriff: 31.01.2018).

SenStadtUm Berlin (Senatsverwaltung für Stadtentwicklung und Umwelt Berlin) (Hrsg.) (2014 a): Stadtentwicklungsplan Wohnen 2025, URL: http://www.stadtentwicklung.berlin.de/planen/ stadtentwicklungsplanung/de/wohnen/download/step_wohnen_2025_bericht.pdf(Zugriff: 25.07.2016).

SenStadtUm Berlin (Senatsverwaltung für Stadtentwicklung und Umwelt Berlin) (Hrsg.) (2014 b): Bündnis für Wohnungsneubau in Berlin. Vereinbarung zwischen der Senatsverwaltung für Stadtentwicklung und Umwelt, dem BBU Verband Berlin-brandenburgischer Wohnungsunternehmen e.V., dem BFW Landesverband Berlin / Brandenburg e.V. und den Unterstützern. URL: https://www.stadtentwicklung.berlin.de/wohnen/neubaubuendnis/verbaendebuendnis.pdf (Zugriff: 07.05.2018).

SenStadtUm Berlin (Senatsverwaltung für Stadtentwicklung und Umwelt Berlin) (Hrsg.) (2015): Berliner Modell der kooperativen Baulandentwicklung. Leitlinie für den Abschluss städtebaulicher Verträge im Land Berlin. URL: http://www.stadtentwicklung.berlin.de/wohnen/wohnungsbau/download/vertraege/1_leitlinie.pdf (Zugriff: 12.02.2018).

SenStadtWo Berlin (Senatsverwaltung für Stadtentwicklung und Wohnen Berlin) (Hrsg.) (2017 a): Mehr Partizipation für Berlin – Stadt der Leitlinienentwicklung für Bürgerbeteiligung. Pressemitteilung vom 25.10.2017. URL: http://www.stadtentwicklung.berlin.de/aktuell/pressebox/archiv_volltext.shtml?arch_1710/nachricht6443.html (Zugriff: 21.11.2017).

SenStadtWo Berlin (Senatsverwaltung für Stadtentwicklung und Wohnen Berlin) (Hrsg.) (2017 b): „Leistbare Mieten, Wohnungsneubau und soziale Wohnraumversorgung". Kooperationsvereinbarung mit den städtischen Wohnungsbaugesellschaften Berlins. URL: https://www.stadtentwicklung.berlin.de/wohnen/wohnraum/wohnungsbaugesellschaften/download/kooperationsvereinbarung.pdf (Zugriff: 07.05.2018).

Sieverts, T. (2011): Beyond Institutions. Inspirationen für selbstbewusste Stadtentwickler. In: polis s02/2011, 6-11. URL: http://www.montag-stiftungen.de/fileadmin/Redaktion/Urbane_Raeume/PDF/Projekte/BeyondInstitutions/polis-final.pdf (Zugriff: 10.02.2018).

Spannowsky, W. (2014): Die Abgrenzung zwischen dem Innen- und Außenbereich im Sinne der §§ 34 und 35 BauGB nach dem Kriterium des Bebauungszusammenhangs. In: ZfBR 2014, 738-744.

Spannowsky, W. und *G. Manssen* (Hrsg.): Beck'scher Online-Kommentar Bauordnungsrecht Bayern (BeckOK BayBO). München.

Spannowsky, W. und *L. Eiding* (Hrsg.): Beck'scher Online-Kommentar Bauordnungsrecht Hessen (BeckOK HBO). München.

Spannowsky, W. und *M. Uechtritz* (Hrsg.): Beck'scher Online-Kommentar Bauordnungsrecht Baden-Württemberg (BeckOK BWLBO). München.

Spannowsky, W. und *M. Uechtritz* (Hrsg.): Beck'scher Online-Kommentar Baugesetzbuch (BeckOK BauGB). München.

Spannowsky, W., Hornmann, G. und *N. Kämpfer* (S/H/K) (Hrsg.): Beck'scher Online-Kommentar Baunutzungsverordnung (BeckOK BauNVO). München.

Stadt Eckernförde (2014): Verdachtsgebietsstudie C, Bereich Käthe-Kollwitz-Straße begrenzt durch Bystedtredder und Langmarckstraße. URL: http://eckernfoerde.de/media/custom/280_748_1.PDF?1415878619 (Zugriff: 02.02.2018).

Stadt Eckernförde (2017): Verwaltungsbericht für die Jahre 2007 – 2016. URL: http://www.eckernfoerde.de/media/custom/2460_1349_1.PDF?1486369832 (Zugriff: 21.11.2017).

Stadt Eckernförde (Hrsg.) (2013): Wohnraumversorgungskonzept Eckernförde, Fortschreibung 2013. URL: http://www.steg-hamburg.de/download/stadterneuerung-stadtentwicklung/2013/131015.WVKEckernfrdeohneA3.pdf (Zugriff: 21.11.2017).

Stadt Leipzig (Hrsg.) (2015): Kooperative Baulandentwicklung. URL: https://www.leipzig.de/fileadmin/mediendatenbank/leipzig-de/Stadt/02.6_Dez6_Stadtentwicklung_Bau/61_Stadtplanungsamt/Stadtentwicklung/Leipzig_weiter_denken/Wohnen/Report_16_SWS_Ansicht_dp_20Seiten_Ansicht_klein.pdf(Zugriff: 12.02.2018).

Stadtteilbüro Friedrichshain (2016): Die WBM Nachverdichtung, Einladung zur Diskussionsveranstaltung am 25.08.2016. URL: http://www.friedrichshain-west.de/wp-content/uploads/2016/08/160825_Veranstaltungsflyer_WBM_Nachverdichtung.pdf (Zugriff: 21.11.2017).

Statistisches Amt der Landeshauptstadt München (2011): Münchner Statistik, 1. Quartalsheft. URL: https://www.muenchen.de/rathaus/dam/jcr:ac84bba0-a762-4935-956d-4040dbf905e7/mb110104.pdf (Zugriff: 08.01.2018).

Steffen, U. (1999): Der Anspruch des Nachbarn auf Bewahrung der Gebietsart. In: BayVBl. 1999, 161-168.

Stelkens, P., Bonk, H. J. und *M. Sachs* (Begr.) (2018): Verwaltungsverfahrensgesetz: VwVfG, Kommentar. 9. Auflage. München.

Stühler, H.-U. (2011): Der allgemeine und besondere Gebietserhaltungsanspruch und seine Abgrenzung zum Gebot der Rücksichtnahme nach § 15 Abs. 1 S. 1 BauNVO. In: BauR 2011, 1576-1590.

Theis, C. (2004): Abwehrmöglichkeiten der Nachbarn gegen das Einfügungsgebot des § 34 Abs. 1 BauGB verletzende Baugenehmigungen trotz Aussichtslosigkeit der Nachbarklage bei Gericht. In: BauR 2004, 1703-1706.

Thews, M. (1995): Der „Eigentümer-Mieter“ im baurechtlichen Nachbarstreit. In: NVwZ 1995, 224-230.

Thormann, M. (1996): Abstufungen in der Sozialbindung des Eigentums. Stuttgart (Marburger Schriften zum öffentlichen Recht 11).

Timmermann, F. H. (2008): Der baurechtliche Nachbarschutz. Münster.

Tomerius, S. (2008): Auswirkungen der Baugesetzbuch-Novelle 2007 – Impulse für mehr Innenentwicklung und Flächensparen in den Gemeinden? In: ZUR 2008, 1-7.

Traub, H. (2015): Der Ausverkauf kommunalen Wohneigentums; ein Verstoß gegen staatliche Gewährleistungsverantwortung? Hamburg (Schriftenreihe Verfassungsrecht in Forschung und Praxis 119).

Uechtritz, M. (2007): § 34 III BauGB – Klarstellungen und offene Fragen. In: NVwZ 2007, 660-663.

Uechtritz, M. (2010): Die Bedeutung informeller Planungen für die Bauleitplanung und für Genehmigungsentscheidungen. In: ZfBR 2010, 646-653.

Uechtritz, M. (2013): Rechtsstaatlichkeit städtebaulicher Planung – Entwicklungen. In: *Spannowsky, W.* (Hrsg.): Schnittmengen zwischen Planung und Planverwirklichung im Städtebaurecht. Festschrift für Hans-Jörg Birk zum 70. Geburtstag. München, S. 25-48.

Uechtritz, M. (2016): Das baurechtliche Rücksichtnahmegebot: Konkretisierung von Reichweite und Inhalt durch Fallgruppenbildung. In: DVBl. 2016, 90-100.

Uechtritz, M. (2016): Das Rücksichtnahmegebot: dogmatische Verankerung und Bedeutung für den baurechtlichen Nachbarschutz. In: VBlBW 2016, 265-273.

V. Mangoldt, H., *Klein, F.* und *C. Starck* (Begr.) (2005): Kommentar zum Grundgesetz: GG. 5. Auflage. München.

Vogel, W. (1977): Die Änderung des § 34 BBauG als Entschädigungstatbestand. In: BauR 1977, 6-11.

Voßkuhle, A. und *T. Wischmeyer* (2015): Grundwissen – Öffentliches Recht: Das Sozialstaatsprinzip. In: JuS 2015, 693-695.

WBD (Wohnbau Düsseldorf GmbH) (o.J.): Ab sofort! Neubau: 50 möblierte Studentenapartments zu vermieten. URL: http://studentenapartments-kiel.de/ (Zugriff: 03.02.2018).

WBM (Wohnungsbaugesellschaft Berlin-Mitte mbH) (2015 a): Protokoll – 1. Runder Tisch zur Stadtentwicklung Berlin-Friedrichshain-West. URL http://neubauvorhaben-krautstrasse.de/fileadmin/user_upload/2016/protokolle/Protokoll_1__Runder_Tisch_31_08_2015.pdf (Zugriff: 21.11.2017).

WBM (Wohnungsbaugesellschaft Berlin-Mitte mbH) (2015 b): Friedrichshain, Potenzialanalyse Wohnungsneubau. Planungsstand: 03.09.2015. URL: https://www.wbm.de/fileadmin/medien/Neubau/Masterplan/frhain_potenzialanalysestand_04.09.15.pdf (Zugriff: 31.01.2018).

WBM (Wohnungsbaugesellschaft Berlin-Mitte mbH) (2015 c): Protokoll – 2. Runder Tisch zur Stadtentwicklung Berlin-Friedrichshain-West. URL: http://neubauvorhaben-krautstrasse.de/fileadmin/user_upload/2016/protokolle/Protokoll_2__Runder_Tisch_30_11_2015.pdf (Zugriff: 21.11.2017).

WBM (Wohnungsbaugesellschaft Berlin-Mitte mbH) (2015 d): Nichtoffener zweiphasiger Realisierungswettbewerb mit Ideenteil. Wohnungsneubau Fischerinsel. Dokumentation. URL: https://www.wbm.de/fileadmin/medien/Neubau/fischerinsel/WBM_Fischerinsel_DokumentationWettbewerb.pdf (Zugriff: 25.01.2018).

WBM (Wohnungsbaugesellschaft Berlin-Mitte mbH) (2016 a): Protokoll – 3. Runder Tisch zur Stadtentwicklung Berlin-Friedrichshain-West. URL http://neubauvorhaben-krautstrasse.de/fileadmin/user_upload/2016/protokolle/Protokoll_3.Runder_Tisch.pdf (Zugriff: 21.11.2017).

WBM (Wohnungsbaugesellschaft Berlin-Mitte mbH) (2016 b): Nachtrag zum Protokoll – Workshop „Neubauvorhaben der WBM in Friedrichshain-West am Beispiel Krautstraße“ vom 19.02.2016. URL: http://neubauvorhaben-krautstrasse.de/fileadmin/user_upload/2016/protokolle/WBM_Nachtrag_zum_ASUM-Protokoll_Workshop_19.02.16.pdf (Zugriff: 31.01.2018).

WBM (Wohnungsbaugesellschaft Berlin-Mitte mbH) (2016 c): Protokoll – Workshop „Neubauvorhaben der WBM in Friedrichshain-West am Beispiel Krautstraße“ vom 19.02.2016. URL: http://neubauvorhaben-krautstrasse.de/fileadmin/user_upload/2016/protokolle/Protokoll_Workshop_19022016.pdf (Zugriff: 31.01.2018).

WBM (Wohnungsbaugesellschaft Berlin-Mitte mbH) (2016 d): Protokoll – 4. Runder Tisch zur Stadtentwicklung Berlin-Friedrichshain-West. Unveröffentlicht.

WBM (Wohnungsbaugesellschaft Berlin-Mitte mbH) (2016 e): Protokoll – 5. Runder Tisch zur Stadtentwicklung Berlin-Friedrichshain-West. Unveröffentlicht.

WBM (Wohnungsbaugesellschaft Berlin-Mitte mbH) (2017): Neubauvorhaben Fischerinsel – Beteiligungsverfahren und Diskussion der Entwurfsvarianten im Juli und August 2017. Endbericht. URL: https://www.wbm.de/fileadmin/medien/Neubau/fischerinsel/WBM-NeubauFischerinsel_Abschlussbericht_2017-09_Beteiligung.pdf (Zugriff: 21.11.2017).

WBM (Wohnungsbaugesellschaft Berlin-Mitte mbH) (o.J.): Übersicht Wohnungsbestand. URL: https://www.wbm.de/de/wohnen/bestandsuebersicht/ (Zugriff: 03.04.2018).

Weigelt, T. (2016): Die wachsende Stadt als Herausforderung für das Recht: rechtliche Instrumente zum Erhalt und zur Schaffung heterogener Bevölkerungsstrukturen in der Innenstadt. Tübingen (Studien und Beiträge zum öffentlichen Recht 26).

Weiß-Ludwig, R. (2018): Abgrenzung Innen- und Außenbereich. „Ein – nicht nur – bauplanungsrechtlicher Dauerbrenner“. In: NordÖR 2018, 1-7.

Werna, E., *Keivani, R.* und *D. Murphy* (2009): Corporate Social Responsibility and Urban Development. Lessons from the South. Basingstoke.

Weyreuther, F. (1977): Rechtliche Bindung und gerichtliche Kontrolle planender Verwaltung im Bereich des Bodenrechts. In: BauR 1977, 293-309.

Weyreuther, F. (1979): Bauen im Außenbereich. Köln.

Weyreuther, F. (1981): „... und wenn sonstige öffentliche Belange nicht entgegenstehen“ (§ 34 Abs. 1 BBauG). In: BauR 1981, 1-13.

WiF (Wir in Flensburg) (2009): Schreiben an den Oberbürgermeister bezüglich des Bauvorhabens „Klarschiff“. URL: http://www.wir-in-flensburg.de/unsere-themen/bauplanung/klarschiff/2009-08-07%20-%20Klarschiff_Widerspruch_WiF.pdf?attredirects=0 (Zugriff: 02.02.2018).

WiF (Wir in Flensburg) (o.J.a): Klarschiff. Historie, Projektablauf, Presseschau. URL: https://web.archive.org/web/20170613121018/http://www.wir-in-flensburg.de/unsere-themen/bauplanung/klarschiff (Zugriff: 03.02.2018).

WiF (Wir in Flensburg) (o.J.b): 4-Sterne-Hotel. Historie, Projektablauf, Presseschau. URL: http://www.wir-in-flensburg.de/unsere-themen/bauplanung/4-sterne-hotel (Zugriff: 02.02.2018).

WiF-Fraktion in Flensburg (2013): Neues Hafenhotel? Offener Brief an die Fraktionen. URL: http://www.ig-ostufer.de/phpBB3/viewtopic.php?f=2&t=129 (Zugriff: 02.02.2018).

Winter, L. (2013 a): Bauleitplanung und Internet. Beteiligungsverfahren des Baugesetzbuches im Wandel. Göttingen (Planungsrecht 16).

Winter, L. (2013 b): Bauleitplanung und elektronische Beteiligung – Beteiligungsverfahren des Baugesetzbuches im Wandel. In: *Krautzberger, M.*, *Rengeling, H.-W.* und *K. Saerbeck* (Hrsg.): Bau- und Fachplanungsrecht – Festschrift für Bernhard Stüer. München, S. 295-313.

Wolf, N. (2013): Drittschutz im Bauplanungsrecht. Zur Weiterentwicklung eines stagnierenden Prozesses. In: NVwZ 2013, 247-251.

Wollmann, H. (2000): Implementation des Städtebaurechts in ostdeutschen Kommunen oder: der (bemerkenswert) rasche Übergang von „versickernder" zu „normaler" Rechtsanwendung. In: *Esser, H.* (Hrsg.): Der Wandel nach der Wende. Gesellschaft, Wirtschaft, Politik in Ostdeutschland. Wiesbaden.

Yin, R. K. (2009): Case study research – design and methods. Thousand Oaks.

Ziekow, J. (2006): Die städtebauliche Erforderlichkeit des Bebauungsplans. In: VerwArch 2006, 115-137.

Zoubek, G., *Book, A.*, *Börger, M.*, *Bülow, W.*, *Dickschen, C.*, *Grooterhorst, J.*, *Menke, R.*, *Paßlick, H.*, *Thurn, P.* und *W. Wesener* (1985). Zu den „Materialien zum Baugesetzbuch". Stellungnahme des Zentralinstituts für Raumplanung an der Westfälischen Wilhelms-Universität zu Münster. In: DVBl. 1985, 36-46.

Rechtsquellen

8. VO-LBO: Landesverordnung zur Übertragung von Aufgaben der unteren Bauaufsichtsbehörde auf amtsfreie Gemeinden und Ämter (8. VO-LBO) vom 19. September 1974 (GVOBl. 1974, 349), letzte berücksichtigte Änderung: § 2 geändert (LVO v. 3.12.2008, GVOBl. S. 741).

AGBauGB Bln (Gesetz zur Ausführung des Baugesetzbuchs): Gesetz zur Ausführung des Baugesetzbuchs (AGBauGB) in der Fassung vom 7. November 1999 (GVBl. 1999, S. 578), zuletzt geändert durch Artikel 1 des Gesetzes vom 6. Dezember 2017 (GVBl. S. 664).

AZG BE (Allgemeines Zuständigkeitsgesetz Berlin): Gesetz über die Zuständigkeiten in der Allgemeinen Berliner Verwaltung (Allgemeines Zuständigkeitsgesetz – AZG) in der Fassung vom 22. Juli 1996 (GVBl. 1996, S. 302, 472), zuletzt geändert durch Artikel 29 des Gesetzes vom 19.12.2017 (GVBl. S. 695).

ÄndG BBauG 1976 (Gesetz zur Änderung des Bundesbaugesetzes 1976): Gesetz zur Änderung des Bundesbaugesetzes vom 18. August 1976 (BGBl. I S. 2221).

BauGB (Baugesetzbuch): Baugesetzbuch in der Fassung der Bekanntmachung vom 3. November 2017 (BGBl. I S. 3634).

BauGB 1986 (Baugesetzbuch 1986): Baugesetzbuch in der Fassung der Bekanntmachung vom 08. Dezember 1986 (BGBl. I S. 2253).

BauGB 2004 (Baugesetzbuch 2004): Baugesetzbuch in der Fassung der Bekanntmachung vom 23. September 2004 (BGBl. I S. 2414), zuletzt geändert durch das Europarechtsanpassungsgesetz Bau (EAG Bau) vom 24. Juni 2004 (BGBl. I S. 1359).

BauGB 2007 (Baugesetzbuch 2007): Baugesetzbuch in der Fassung der Bekanntmachung vom 23. September 2004 (BGBl. I S. 2414), zuletzt geändert durch das Gesetz zur Erleichterung von Planungsvorhaben für die Innenentwicklung der Städte vom 21. Dezember 2006 (BGBl. I S. 3316).

BauGB 2013 (Baugesetzbuch 2013): Baugesetzbuch in der Fassung der Bekanntmachung vom 23. September 2004 (BGBl. I S. 2414), zuletzt geändert durch das Gesetz zur Stärkung der Innenentwicklung in den Städten und Gemeinden und weiteren Fortentwicklung des Städtebaurechts vom 20. Juni 2013 (BGBl. I S. 1546) (BauGB-Änderungsgesetz 2013).

BauGB-MaßnahmenG 1990 (Maßnahmengesetz zum Baugesetzbuch 1990): Auszug aus dem Gesetz zur Erleichterung des Wohnungsbaus im Planungs- und Baurecht sowie Änderung mietrechtlicher Vorschriften (Wohnungsbau-Erleichterungsgesetz – WoBauErlG) vom 17. Mai 1990 (BGBl. I S. 926).

BauGB-MaßnahmenG 1993 (Maßnahmengesetz zum Baugesetzbuch 1993): Auszug aus dem Gesetz zur Erleichterung des Wohnungsbaus im Planungs- und Baurecht sowie Änderung mietrechtlicher Vorschriften (Wohnungsbau-Erleichterungsgesetz – WoBauErlG) Neufassung vom 6. Mai 1993 (BGBl. I S. 622).

BauNVO (Baunutzungsverordnung): Baunutzungsverordnung in der Fassung der Bekanntmachung vom 21. November 2017 (BGBl. I S. 3786).

BauNVO 1962 (Baunutzungsverordnung 1962): Verordnung über die bauliche Nutzung der Grundstücke (Baunutzungsverordnung) vom 26. Juni 1962 (BGBl. I S. 429).

BauROG 1998 (Bau- und Raumordnungsgesetz 1998): Gesetz zur Änderung des Baugesetzbuchs und zur Neuregelung des Rechts der Raumordnung (Bau- und Raumordnungsgesetz 1998 – BauROG) vom 18. August 1997 (BGBl. I S. 2081).

BayBO (Bayerische Bauordnung) 1974: Bayerische Bauordnung (BayBO) in der Fassung der Bekanntmachung vom 01. Oktober 1974 (GVBl. S. 513).

BayBO (Bayerische Bauordnung) 1998: Bayerische Bauordnung (BayBO) in der Fassung der Bekanntmachung vom 04. August 1997 (GVBl. S. 434).

BayBO (Bayerische Bauordnung) 2008: Bayerische Bauordnung (BayBO) in der Fassung der Bekanntmachung vom 14. August 2007 (GVBl. S. 588, BayRS 2132-1-I).

BayBO (Bayerische Bauordnung): Bayerische Bauordnung (BayBO) in der Fassung der Bekanntmachung vom 14. August 2007 (GVBl. S. 588, BayRS 2132-1-I), die zuletzt durch § 2 des Gesetzes vom 12. Juli 2017 (GVBl. S. 375) geändert worden ist.

BayDSchG (Bayerisches Denkmalschutzgesetz): Bayerisches Denkmalschutzgesetz (BayDSchG) in der in der Bayerischen Rechtssammlung (BayRS 2242-1-WK) veröffentlichten bereinigten Fassung, das zuletzt durch § 1 Abs. 255 der Verordnung vom 26. März 2019 (GVBl. S. 98) geändert worden ist.

BBauG 1960 (Bundesbaugesetz 1960): Bundesbaugesetz in der Fassung der Bekanntmachung vom 23. Juni 1960 (BGBl. I S. 341-388).

BBauG 1976 (Bundesbaugesetz 1976): Bundesbaugesetz in der Fassung der Bekanntmachung vom 18. August 1976 (BGBl. I S. 2256, ber. S. 3617).

BezirksausschussS (Bezirksausschuss-Satzung): Satzung für die Bezirksausschüsse der Landeshauptstadt München (Bezirksausschuss-Satzung). Bekanntmachung am 20.12.2004 (MüABl. S. 553, ber. MüABl. 2005, S. 12).

BezVwG BE (Bezirksverwaltungsgesetz Berlin): Bezirksverwaltungsgesetz in der Fassung vom 10. November 2011 (GVBl. 2001, S. 692), zuletzt geändert durch Artikel 2 des Gesetzes vom 14.03.2016 (GVBl. S. 90).

BGB (Bürgerliches Gesetzbuch): Bürgerliches Gesetzbuch in der Fassung der Bekanntmachung vom 2. Januar 2002 (BGBl. I S. 42, 2909; 2003 I S. 738), das zuletzt durch Artikel 1 des Gesetzes vom 20. Juli 2017 (BGBl. I S. 2787) geändert worden ist.

BImSchG (Bundes-Immissionsschutzgesetz): Bundes-Immissionsschutzgesetz in der Fassung der Bekanntmachung vom 17. Mai 2013 (BGBl. I S. 1274), das zuletzt durch Artikel 3 des Gesetzes vom 18. Juli 2017 (BGBl. I S. 2771) geändert worden ist.

BLPFestG Hbg (Bauleitplanfeststellungsgesetz Hamburg): Gesetz über die Feststellung von Bauleitplänen und ihre Sicherung (Bauleitplanfeststellungsgesetz) in der Fassung vom 30. November 1999.

GartS (Gartenstadtsatzung): Satzung zur Sicherung der Gebiete mit Gartenstadtcharakter in der Landeshauptstadt München (Gartenstadtsatzung) vom 31. Juli 2000 (Bekanntmachung am 25. August 2000 und 11. September 2000).

GG (Grundgesetz für die Bundesrepublik Deutschland): Grundgesetz für die Bundesrepublik Deutschland in der im Bundesgesetzblatt Teil III, Gliederungsnummer 100-1, veröffentlichten bereinigten Fassung, das zuletzt durch Artikel 1 des Gesetzes vom 13. Juli 2017 (BGBl. I S. 2347) geändert worden ist.

GG 1949 (Grundgesetz für die Bundesrepublik Deutschland 1949): Grundgesetz für die Bundesrepublik Deutschland in der Fassung der Bekanntmachung vom 23. Mai 1949 (BGBl. I S. 1).

GO BY (Gemeindeordnung für den Freistaat Bayern): Gemeindeordnung (GO) in der Fassung der Bekanntmachung vom 22. August 1998 (GVBl. S. 796, BayRS 2020-1-1-I), die zuletzt durch Art. 17 a Abs. 2 des Gesetzes vom 13. Dezember 2016 (GVBl. S. 335) geändert worden ist.

GO SH (Gemeindeordnung für Schleswig-Holstein): Gemeindeordnung für Schleswig-Holstein (Gemeindeordnung – GO -) in der Fassung vom 28. Februar 2003, letzte berücksichtigte Änderung: § 76 geändert (Ges. v. 04.01.2018, GVOBl. S. 6).

GVO (Besondere SiedlungsgebieteVO 930): Verordnung der Landeshauptstadt München über Mindestabstandsflächen, Höhenlage von Gebäuden, Gestaltung von Dächern und von unbebauten Flächen bebauter Grundstücke in besonderen Siedlungsgebieten vom 14. Dezember 1979. Stadtratsbeschluss vom 12.12.1979 und Bekanntmachung vom 18.12.1979 (Sondernummer 5). Änderungen: 14.06.2004 (GVBl. Nr. 11, S. 217), 11.02.2008 (MüABl. S. 225).

LBO SH (Landesbauordnung für das Land Schleswig-Holstein): Landesbauordnung für das Land Schleswig-Holstein (LBO) vom 22. Januar 2009, mehrfach geändert (Art. 1 Ges. v. 14.06.2016, GVOBl. S. 369).

LWaldG (Waldgesetz des Landes Brandenburg): Waldgesetz des Landes Brandenburg (LWaldG) vom 20. April 2004 (GVBl.I/04, [Nr. 06], S. 137) zuletzt geändert durch Artikel 1 des Gesetzes vom 10. Juli 2014 (GVBl.I/14, [Nr. 33]).

MBO (Musterbauordnung): Musterbauordnung – MBO – in der Fassung vom 1. November 2002, zuletzt geändert durch den Beschluss der Bauministerkonferenz vom 21. September 2012. URL: https://www.bauministerkonferenz.de/lbo/VTMB102.pdf.

MBO 2002 (Musterbauordnung 2002): Musterbauordnung – MBO – in der Fassung vom 1. November 2002. URL: https://www.is-argebau.de/lbo/VTMB100.pd f.

ROG (Raumordnungsgesetz): Raumordnungsgesetz vom 22. Dezember 2008 (BGBl. I S. 2986), das zuletzt durch Artikel 2 Absatz 15 des Gesetzes vom 20. Juli 2017 (BGBl. I S. 2808) geändert worden ist.

Städtebauförderungsgesetz 1971: Gesetz über städtebauliche Sanierungs- und Entwicklungsmaßnahmen in den Gemeinden (Städtebauförderungsgesetz) in der Fassung der Bekanntmachung vom 27. Juni 1971 (BGBl. I S. 1125).

UmwRG (Umwelt-Rechtsbehelfsgesetz): Umwelt-Rechtsbehelfsgesetz in der Fassung der Bekanntmachung vom 23. August 2017 (BGBl. I S. 3290).

UVPG (Gesetz über die Umweltverträglichkeitsprüfung): Gesetz über die Umweltverträglichkeitsprüfung in der Fassung der Bekanntmachung vom 24. Februar 2010 (BGBl. I S. 94), das zuletzt durch Artikel 2 des Gesetzes vom 8. September 2017 (BGBl. I S. 3370) geändert worden ist.

Verf BE (Verfassung von Berlin): Verfassung von Berlin vom 23. November 1995 (GVBl. 1995, S. 779), zuletzt geändert durch Gesetz vom 22.03.2016 (GVBl. S. 114).

VwGO (Verwaltungsgerichtsordnung): Verwaltungsgerichtsordnung in der Fassung der Bekanntmachung vom 19. März 1991 (BGBl. I S. 686), die zuletzt durch Artikel 5 Absatz 2 des Gesetzes vom 8. Oktober 2017 (BGBl. I S. 3546) geändert worden ist.

VwVfG (Verwaltungsverfahrensgesetz): Verwaltungsverfahrensgesetz in der Fassung der Bekanntmachung vom 23. Januar 2003 (BGBl. I S. 102), das zuletzt durch Artikel 11 Absatz 2 des Gesetzes vom 18. Juli 2017 (BGBl. I S. 2745) geändert worden ist.

Wohnraumförderungsgesetz (WoFG): Wohnraumförderungsgesetz vom 13. September 2001 (BGBl. I S. 2376), das zuletzt durch Artikel 3 des Gesetzes vom 2. Oktober 2015 (BGBl. I S. 1610) geändert worden ist.

ZustKat AZG BE (Allgemeiner Zuständigkeitskatalog): Allgemeiner Zuständigkeitskatalog (ZustKat AZG) zu § 4 Abs. 1 S. 1 AZG BE – Aufgaben der Hauptverwaltung außerhalb der Leitungsaufgaben (Planung, Grundsatzangelegenheiten, Steuerung, Aufsicht), Anlage des AZG BE.

Anhang

Anhang 1: Interviewleitfaden – Beispiel A

Informant D1	**Interviewleitfaden: Stadtentwicklung mithilfe des § 34 BauGB - Wohnungsbauprojekt "Waldpark Großbeerenstraße" in Babelsberg -**
Themenschwerpunkte	Überschrift: Steuerung / öffentliche Belange, B-Plan vs. § 34 BauGB 1) Wahl des Instruments: § 34 BauGB vs. B-Plan: Steuerungsmöglichkeiten für sozialen Wohnungsbau (Zentral!) 2) Anwendbarkeit des § 34 BauBG – Außenbereich im Innenbereich? (Grundstücksgröße – 27.000 m^2 (2,7 Hektar)) (Zentral!) 3) Städtebauliche Erforderlichkeit / derivate Planungspflicht: kein bezahlbarer Wohnraum nun; Entschädigungszahlungen als faktisches Hindernis? Ausblick: Verantwortung des Investors / CUR?
Einleitung	<u>einleitende Worte von mir:</u> **Hintergrund:** Auf dem Gelände Waldpark – Großbeerenstraße ist ein Neubauprojekt geplant (Wohnungsbau). (B-Plan Nr. 33 wurde nicht mehr fortgeführt. Bauanträge nach § 34 BauGB, abgelehnt, Gerichtsverfahren.) **Datenschutzerklärung ausfüllen** <u>offene Frage zum Einstieg:</u> (positiv) **Zu Beginn können Sie mal kurz etwas zu dem entsprechenden Projekt erzählen. Worum geht es bei diesem Bauvorhaben?**
B-Plan vs. § 34 BauGB	**Hintergrundinformation:** Wer war vorher Grundstückseigentümer – Stadt oder privat? Im FNP als Wald deklariert, dann wieder zu Bauland? <u>Themenbereich A</u>) **B-Plan oder § 34 BauGB / Steuerung / Ziele** ursprüngliche Idee: **Wie wollte die Stadt ursprünglich ihre städtebaulichen Ziele umsetzen?** -> Steuerung über B-Plan, bezahlbarer Wohnraum gefordert; **Stadt mit stärkerer Verhandlungsposition!?** -> **mögliche finanzielle Beteiligung der Stadt / Entschädigung?** [Bedarf an preisgedämpftem Wohnraum in Potsdam?] **Warum wollte der Investor dann über § 34 BauGB bauen?** **Wie wurde diese Idee bei der Stadt aufgenommen?** **Stadt wollte aber Ziele umsetzen / steuern. Kooperativer Ansatz scheiterte – daher konfrontativer Ansatz?**

Informant D1	**Interviewleitfaden: Stadtentwicklung mithilfe des § 34 BauGB - Wohnungsbauprojekt "Waldpark Großbeerenstraße" in Babelsberg -**
§ 34 BauGB -Verfahren	Themenbereich B) **Zulässigkeit nach § 34 BauGB** (Baugenehmigungsverfahren) Das Baugenehmigungsverfahren hatte offenbar keinen positiven Ausgang. Nicht nach § 34 BauGB zulässig. **-> Welche Zulassungstatbestände wurden negativ beurteilt?(Akteneinsicht!?!!)** -> **Außenbereich im Innenbereich?** (ca. 2,7 ha) Der Vorhabenträger hatte offenbar ein Gutachten, dass die Zulässigkeit nach § 34 BauGB stützt. Die Stadt hatte ebenfalls ein Gutachten. -> **Wer hat Recht? Begründung für beides möglich?** Gebundene Entscheidung / kein Beurteilungsspielraum bei § 34 BauGB – **warum gibt es hier zwei Meinungen?** **-> Könnten hier auch stadtentwicklungspolitische Gründe relevant gewesen sein?**
Rechtsstreit	Themenbereich C) **Gerichtsverfahren:** Der Vorhabenträger scheint sich seiner Sache sehr sicher zu sein – **er hat Klage eingereicht. Was sagen Sie dazu?** Wie läuft das Verfahren? Denken Sie, dass die Stadt gewinnt? **Wann ist mit Urteilen zu rechnen?** Ist es üblich, dass die Stadt Potsdam in solchen Fällen den "harten Weg" eines Rechtsstreits geht?
Wie geht es weiter?	Themenbereich D) **Falls der Vorhabenträger das Verfahren gewinnt, wird wohl kein bezahlbarer Wohnraum geschaffen. Was tut die Stadt dann?** **Würde die Stadt dann planerisch eingreifen?** **Wäre ein Planungserfordernis gegeben im Blick auf die Versorgung der Bevölkerung mit bezahlbarem Wohnraum?** **-> Leitziel 3 des STEK: bezahlbarer Wohnraum – gemäß städtebaulicher Konzeption: Handeln?** (derivate Planungspflicht) **-> Ist bei Ihnen das Thema einer möglichen Planungspflicht in der Diskussion? Denken Sie, die Kommunalaufsicht könnte aktiv werden?** **-> Relevanz von Entschädigungszahlungen!?**
	Wichtige Schlussfrage: Wie geeignet ist § 34 BauGB für die Stadtentwicklung – welche Vor- und Nachteile bietet ein Bebauungsplan? Ausblick: Wie sind hier in Potsdam ansonsten die Erfahrungen mit § 34 BauGB? Welche Rolle spielt die Planersatznorm – wie wird auf fehlende Steuerungsmöglichkeiten reagiert?
optional	

Anhang 2: Interviewleitfaden – Beispiel B

Informant E3	**Interviewleitfaden: Stadtentwicklung mithilfe des § 34 BauGB, Nachverdichtung in Eckernförde**
Forschungsfragen	Überschrift: Steuerung und § 34 BauGB, Strategien, Demokratie 1) Problematik: Steuerungsmöglichkeiten beim § 34 BauGB 2) Strategien rund um die Stadtentwicklung mit dem § 34 BauGB (Verdachtsgebiete) 3) Demokratie und § 34 BauGB? 4) [Ausblick] § 34 BauGB vs. B-Plan ... Rechtsstaatsprinzip und Abwägungsgebot?
Einleitung	<u>einleitende Worte von mir:</u> **Hintergrund:** Wohnraumentwicklung, Bedarf an Bauflächen, architektonisch wertvolle und schützenswerte Siedlung, Grünflächen, Infrastruktur **Problematik:** fehlende Steuerungsmöglichkeiten mit § 34 (Erhalt der Siedlung, verhindern von großer Gebäudehöhe etc.); wie kann man steuern? ... zusätzliche/andere Instrumente nötig **Datenschutzerklärung ausfüllen** <u>offene Frage zum Einstieg:</u> (positiv) **Welche Rolle spielt die Nachverdichtung mit § 34 BauGB in Eckernförde?**
0) 34 allgemein **1) Steuerung**	**0) Nachverdichtung mit § 34 BauGB – Chancen und Gefahren für die Stadtentwicklung?** **Unbeplanter Innenbereich – § 34 BauGB greift hier als vom Gesetzgeber eingerichtete Ersatzplanung. Welchen Städtebau kann § 34 gewährleisten – und warum gibt es hier Grenzen und wo liegen die? Nach und nach verdichten als Problem!?** **§ 34 BauGB blind für öffentliche** [Wegfall der Klausel] **und private Belange** [**kaum Rechtsschutz**]**? Daher lieber Voruntersuchung in Verdachtsgebieten?** **1) Steuerung** <u>unmittelbare Steuerung über § 34 BauGB</u> **-> Steuerung über § 34 BauGB im engeren Sinne? (Beurteilungsspielraum, städtebaulicher Spielraum der Norm)** **§ 34 BauGB und städtebaulicher Spielraum: ist der Spielraum zu hoch, den § 34 BauGB vorgibt? z.B. Gestaltung,** **Maß der baulichen Nutzung, Geschossigkeit etc.** **-> welche Schwierigkeiten bieten sich bei der Zulässigkeitsprüfung, wenn besonderer Siedlungsdruck ist** (Investoren wollen Grundstück maximal ausschöpfen – Grenzen klar erkennbar?... Gefahr einer gerichtlichen Auseinandersetzung?) Der 34 kann nichts entwickeln, sondern nur den Bestand bewahren. **Doch inwieweit kann er das auch wirklich?**

Informant E3	**Interviewleitfaden: Stadtentwicklung mithilfe des § 34 BauGB, Nachverdichtung in Eckernförde**
1) Steuerung	informelle "Steuerung" über Verdachtsgebiete: **Am 04. Juli 2007 hat die Ratsversammlung beschlossen, dass Untersuchungen zu sogenannten "Verdachtsgebieten" angestellt werden sollten.** **Wie kam es dazu?** (**Hintergründe**) **Inwieweit kann man** also **eine Nachverdichtung nach § 34 BauGB nicht einfach laufen lassen?** (**Motive**) --> städtebauliche Untersuchung; Gebietsverträglichkeit einer Binnenverdichtung --> kaum B-Pläne gingen davon aus (Käthe-Kollwitz-Straße, Gebiet C; sonst noch?) **Wer definiert die Schwelle zur Planung?... Wann sagt man: jetzt muss geplant werden?** --> welchen weiteren Nutzen haben diese Untersuchungen: Hilfestellung für Zulässigkeitsprüfung nach § 34 BauGB? (Infos zu Ausreißern etc.?; § 34 – Voruntersuchung hier quasi) --> **Monitoring?** ("Derzeit... keine Notwendigkeit einer Planung" etc.) **"Der beste Weg führt über Einsicht und Überzeugung"** (Bauamtsleiter – 2014, zu Käthe-Kollwitz-Straße) **--> informelle Gespräche/Verhandlungen mit Bauträgern?** **--> Rolle der Verdachtsgebiete hier als Argumentationsgrundlage?** formelle Steuerung: --> welche strategische Rolle spielt die formelle Planung in der Binnenverdichtung? --> Kombination von einfachen B-Plänen und § 34 BauGB; warum nicht an mehreren Orten, wo Teilaspekte schützenswert sind, einfacher B-Plan? **Erhaltungssatzung – Instrument?**
2) Käthe-Kollwitz-Straße	Kernthema 2: Käthe-Kollwitz-Straße Käthe-Kollwitz-Straße... erst hat man gesagt: 34 reicht; dann doch Bauleitplanung; **warum dieser Wandel?** **--> politische Entscheidung?... oder Empfehlung durch Verwaltung?** In manchen anderen Verdachtsgebiete – auch schützenswerter Charakter in Teilfragen (Durchgrünung, Baustruktur etc.) --> warum wird hier **nicht auch über einfache B-Pläne abgesichert**, sondern **gewartet**, bis sich etwas tut. Also – Reaktion statt Aktion?
3) Demokratie	Kernthema 3) **Demokratie / Beteiligung** Akzeptanz von Nachverdichtung in der Bevölkerung? / **Akzeptanz erhöhen**? Wie wurde die Öffentlichkeitsbeteiligung bei der B-Planaufstellung Käthe-Kollwitz-Straße genutzt? **Vertrauen in die formellen und informellen Instrumente der Planung?... Strategien** hier?... Instrumentenmix? --> **Welche Rolle soll das Thema der Demokratie bei der Nachverdichtung in Eckernförde spielen?**

Informant E3	**Interviewleitfaden: Stadtentwicklung mithilfe des § 34 BauGB, Nachverdichtung in Eckernförde**
4) B-Plan vs. **§ 34 BauGB** **[Abwägung!]**	Ausblicksthema) **B-Plan vs. § 34 BauGB (Abwägung, strategische Eignung)** **Könnte man sagen, dass § 34 BauGB ein pragmatischer Weg ist, um die Stadtentwicklung weiter zu betreiben? Man spart sich komplizierte Planungs- und Abwägungsprozesse, aufwändige Beteiligungsverfahren. § 34 BauGB reicht offenbar weitestgehend aus. In besonderen Fällen dann mal steuernd eingreifen.** wichtige Schlussfrage I: **Was kann § 34 BauGB leisten? Objektbezug!? Kein gebietsbezogener Blick. Klein-Klein vs. visionäre Planung? Rolle der Verdachtsgebiete-Studien?** (nur informell!) wichtige Schlussfrage II: **Wie bewerten Sie das Instrument des § 34 BauGB im Gegensatz zum B-Plan aus Ihrer Sicht? (Vor- und Nachteile)** **--> z.B. Rechtssicherheit (auch wegen möglicher Nachbarschaftsklagen), Planungssicherheit** **--> Inwieweit eignet sich der § 34 BauGB als Genehmigungsinstrument für die Nachverdichtung in Eckernförde?**
optional	**Nehmen wir an, es wären genug Kapazitäten da für B-Pläne. Würde man dann nicht dennoch die Entwicklung nach 34 vorziehen – weil schnell und freier Markt?**

Kolibri 360 GmbH
Ferdinand-Jühlke-Straße 7
99095 Erfurt, Deutschland
produktsicherheit@kolibri360.de